新编21世纪公共管理系列教材

城市管理学

公共视角

陆 军 等 著

Urban Management

A Public Perspective

中国人民大学出版社
·北京·

内容简介

北京大学陆军教授领衔撰著的《城市管理学：公共视角》是一部系统阐述城市管理理论、方法与实践的教材。全书将城市管理的基础理论和方法工具有机地融合起来，系统引入公共管理、公共政策、城市经济学、福利经济等学科的基本理论和研究方法，旨在揭示城市组织、运行、管理的原理和规律。本书坚持“人民城市人民建、人民城市为人民”的理念，紧扣党和国家关于城市管理的相关精神和指导性文件，聚焦新时代中国城市社会治理领域的重点和难点问题，充分体现了当前城市管理理论与方法的前沿进展。城乡人口流动、人口市民化、基本公共服务均等化、城市更新、城市应急管理、城市摊贩管理等城市管理的重要内容都在书中得到了深入的分析和阐释。

本书适合作为城市管理、行政管理、公共事业管理、城乡规划及相关专业教材，同时也是城市管理、城市规划、城乡建设等领域的实务工作者系统学习城市管理理论知识的理想参考书。

作者简介

陆　军　北京大学政府管理学院副院长，教授、博士生导师，中国民主促进会中央社会和法制委员会副主任、民进北京市委员会委员、民进北京大学委员会副主委；兼任中国区域科学协会副理事长兼秘书长、中国区域科学协会城市管理专业委员会主任委员，中国城市经济学会公共经济与政策专业委员会主任委员，中国城市科学研究会数治城乡专业委员会副主任委员，公共经济研究会常务理事，北京城市管理学会副会长，《城市管理研究》（第1～6辑）主编等。主要研究领域为城市经济与城市管理、区域发展规划与政策、地方政府与公共财政等。近年来在城市管理与城市治理领域的主要著作包括《营建新型共同体：中国城市社区治理研究》《从失配到适配：北京公共产品空间匹配循证分析》《城市治理：重塑我们向往的发展》《中国城市精细化管理研究》《中国都市圈协同发展水平测度》《中国都市圈综合发展能力评价》。

出版说明

现代意义上的公共行政与公共管理研究和教育始于20世纪初的西方。时至今日，随着公共管理职业化的发展，公共行政与公共管理的研究和教育事业在西方发达国家方兴未艾。自20世纪80年代起，为了适应政府改革与公共管理人才培养的需要，我国的公共行政与公共管理研究和教育在经历了发展的挫折之后，开始了恢复和重建的工作。经过多年的发展，特别是公共管理一级学科的设置和我国公共管理硕士（MPA）教育的启动以及高校公共管理类本科专业的大量开设，公共管理已成为当代中国社会科学和管理科学领域的一个充满生机活力、具有远大发展前景的学科。

为了满足广大高校公共管理类专业的教学需要，在历届教育部高等学校公共管理类学科专业教学指导委员会的指导和支持下，中国人民大学出版社自1999年起，陆续出版了“21世纪公共行政系列教材”“21世纪公共管理系列教材”“21世纪公共事业管理系列教材”“公共管理系列教材”“公共管理核心课程系列教材”“21世纪劳动与社会保障系列教材”“21世纪土地资源管理系列教材”“21世纪城市规划与管理系列教材”等多个本科系列教材。这些教材被国内高校公共管理类专业广泛选用，并得到了公共管理学界的支持和认可，数十种教材被评为“十五”“十一五”“十二五”国家级规划教材，普通高等教育精品教材，以及各省市精品教材，为我国公共管理学科发展和人才培养做出了积极的贡献。

我国高等教育改革的进一步深化，以及新技术和新媒体的不断发展，对高校教材提出了更高的要求。为了回应这种要求，我们在广泛调研的基础上，拟对上述系列教材进行整合和提升，推出“新编21世纪公共管理系列教材”，以满足国内高校公共管理一级学科下设的行政管理、公共事业管理、劳动与社会保障、土地资源管理、城市管理、海关管理、交通管理、海事管理、公共关系学等本科专业的教学需要。

“新编21世纪公共管理系列教材”将秉承中国人民大学出版社“出教材学术精品，育人文社科英才”的宗旨，从本科教育的特点出发，从公共管理教育的特点出发，为广大高校公共管理类专业师生提供一套高质量的本科教材。在教材编写和内容安排上，“新编21世纪公共管理系列教材”强调基础知识、基本理论和基本技能，同时，也尽可能地体现创新性和前沿性，反映相关领域理论与实践的最新发展情况。

“新编21世纪公共管理系列教材”由中国人民大学、中山大学、北京大学、清华大学、复旦大学、厦门大学、武汉大学、浙江大学、吉林大学、东北大学、北京师范大学、山东大学、四川大学、西北大学等数十所国内著名大学的知名学者领衔著述，我们期望通过这种强强联合、优势互补、资源共享的方式，为国内公共管理学界奉上一套体现系统性、权威性、通用性，并兼具创新性、前沿性、启发性的精品教材。

公共管理的实践是不断发展和变化的。随着公共管理实践的不断发展，公共管理学科研究的范围、主题和内容也在不断地发展和变化。我们将紧跟公共管理学科的发展，与所有作者一起，不断对本套教材进行修订和完善。望广大读者给我们反馈信息，对本套教材提出批评和建议，以使我们能够在所有读者和作者的帮助下，与中国公共管理学科共同成长。

中国人民大学出版社

前言

针对城市管理实践中的各类问题，我国先后就推进城市执法体制改革、加强城市规划建设管理工作、实现中国特色社会主义城市管理精细化、完善城市治理机制、推进城市智慧管理，以及加强城市管理和服务体系智能化建设等一系列重大的系统性创新工作进行了战略部署和深入落实。迄今，我国已经从思想理念、组织体系、运行服务和技术支撑四个维度，建构起了中国城市管理与城市治理现代化的运行体系框架，为国家治理体系和治理能力现代化奠定了重要基础。

在进一步提升我国城市管理现代化水平和城市治理能力方面，党的二十大报告进一步明确，必须坚持以人民为中心的发展思想，坚持人民城市人民建、人民城市为人民，充分提高城市规划、建设、治理水平，加快转变超大、特大城市发展方式，实施城市更新行动，加强城市基础设施建设，打造宜居、韧性、智慧城市。同时，要提高防灾减灾救灾和重大突发公共事件处置保障能力，完善公共安全体系，推动公共安全治理模式向事前预防转型；要健全共建共治共享的社会治理制度，完善网格化管理、精细化服务、信息化支撑的基层治理平台，健全城乡社区治理体系，建设人人有责、人人尽责、人人享有的社会治理共同体。

在公共管理学科的大家庭中，城市管理学是最年轻的成员之一，也是最具应用特色、发展潜力和未来机遇的新领域。基于强烈的专业兴趣与学术责任感，我研究制定了学术体系、结构框架和重点内容等，带领团队历时两年得以完成本书。作为一个阶段性的成果，本书仅是我们对城市管理理论与实践的初步思考和学习心得。囿于时间、条件、能力和水平，本书难免存在不足之处，在此向所有同行专家、学者和朋友请教，敬希大家批评指正，鞭策我们不断学习进步、逐步完善。

本书的撰写分工如下：

导言：陆军，第 1 章：陆军、杨浩天，第 2 章：陆军，第 3 章：宋灏、陆军，第 4 章：陆军、汤文博，第 5 章：丁凡琳、陆军，第 6 章：蔡思远、陆军，第 7 章：杨浩天、陆军，第 8 章：黄伟杰、陆军、翟梦溪，第 9 章：陆军、孙翔宇，第 10 章：陆军、马楷原，第 11 章：刘海文、陆军，第 12 章：陆军、孙翔宇、马楷原，第 13 章：丁凡琳、陆军，第 14 章：吴佳嘉、陆军，第 15 章：钟林睿、陆军，第 16 章：毛文峰、陆军。

在本书即将付梓之际，感谢中国人民大学出版社策划编辑朱海燕，在本书的选题与策划过程中，给予了我们高水平的技术指导和全面支持。衷心感谢本书的责任编辑孟庆晓和邢玲珑，她们专业、高效的编辑水平，细致、耐心的职业素养，勤勉的工作态度，都给我留下了非常深刻的印象，成为本书高效率、高质量出版的重要保障。感谢北京大学政府管理学院句华教授、北京大学政治学与公共管理学教材研究与建设基地白彦教授的大力支持。

最后，借用美国著名建筑历史学家斯皮罗·科斯托夫的一句话——“城市具有无法抗拒的魅力，对城市的研究既是一种责任，也包含着崇敬”，与君共勉，并时时自励，我将继续为中国城市管理学的发展贡献绵薄之力。

陆军

于北京大学廖凯原楼

2023 年 4 月

目录

导　言

当代城市管理的新发展趋向

“城市”（urban）源于拉丁语“urbanus”，意指基于普遍性关系的社会和大多数人的联合体。人类最伟大的成就就是缔造了城市，并且一刻不停歇地塑造、改进和优化这个让自己不再纯粹地依赖大自然的生存空间。作为人类群居生活的高级形式，城市的功能与形式不断演变，其中最重要的是满足人类所需要的物理设施条件和社会发展环境。著名城市理论家刘易斯·芒福德在《城市发展史：起源、演变与前景》中，遵循自然主义进化论和人本主义的思想传统，建构了宏大的城市理论体系。芒福德认为，城市是人类赖以生产和发展的重要介质和空间载体，以及新文明的孕育之地。

然而，现代城市通过吸引产业、人口、服务、资源等生产要素进行空间聚集，迅速成为一种最具集聚效应和辐射影响力的人类生产空间形式。1900 年世界城市人口的比重仅为 9％，1950 年上升至 30％，2009 年该指标首次超过 50％。当前，世界城市人口以每周 100 万的速度递增，预计 2030 年 60％的地球人口将成为城市居民[①]。狂飙突进式的城市化进程引发了人口过度膨胀、环境污染加剧、公共服务短缺、基础设施紧张、就业困难增加等严重的城市问题和发展压力。纽约是最早经历人口过度集聚、交通拥堵、资源紧张和犯罪率上升的国际化大城市。第二次世界大战后的日本在 20 世纪 60 年代进入经济高速增长阶段，东京、大阪等大都市短期内人口迅速膨胀，进而导致地价上涨、交通堵塞和环境污染。新兴市场国家的大城市，如墨西哥城、里约热内卢、新德里等一众棚户城市（squatter city）的人口以每年数百万的速率快速扩张，这导致水、电和住房等基本公共服务严重短缺，城市贫困日益加剧。更为重要的是，“城市病”与城市管理的低效性进一步引发了市场经济体制改革滞后、社会失序、城乡发展失衡、利益分配不合理、治理组织和治理能力弱化等一系列城市发展的深层次矛盾，这些问题亟待通过现代城市管理进行矫正、规范、统筹、协调和组织控制，重塑城市发展的基底和增长框架。

在此背景之下，城市管理日渐成为现代管理学科体系中以城市开放复杂巨系统作为研究对象的新兴分支、重要场域和应用活动的综合性交叉学科。在此，我们运用理论文献与实践综述的基本方法，系统梳理了当代世界范围内的城市管理的最新发展动态和演进趋向。

1. 城市管理新理念与新思路不断突破

第一，社区成为现代城市管理与公共治理的基础单元。在全球化时代，文化、语言、

① United Nations Population Division. World urbanization prospects the 2014 revision. http://population. un. arg/wup/Publications/Files/WUP2014 - Report. pdf.

种族和民族等多种因素深度融合，吸引人口的大规模异地流动。作为安置大规模跨国、跨区域流动人口，以及承载多样性资本（diversity capital）的核心载体——社区，对城市社会的可持续发展发挥着重要的保障作用①。例如，在现代城市治理中，社区融资创新将风险投资工具、私募股权投资（private equity investing）等资本市场工具与一系列社会目标（social goals）结合起来，成为应对贫困、失业和环境质量下滑等“城市病”的新工具。国际经验显示，社区发展风险投资交易（community development venture capital transactions）在激励资源匮乏社区（resource-starved communities）开展生产性经济活动方面取得了成功②。

第二，可持续发展理念受到现代城市的高度关注。综合全球城市发展的历史经验可以发现，可持续发展指向的城市管理需要克服三类挑战：快速城市化进程产生的问题、城市发展面临的其他各类挑战以及城市环境的规划和管理问题。随着可持续发展管理思想不断深入人心，在全球范围内各国的城市管理实践中，卫生和排水、固体废物管理、环境敏感土地的退化、无控制的排放、交通堵塞、有害废物的不当处置、人群健康状况不佳、生产力低下、收入和生活质量下降等典型性问题，均被认为是实现全球城市可持续管理中具有较高优先权的待解决的核心问题③。

第三，以城市品牌吸纳价值流的新理念受到广泛认同。在全球范围内，新城市管理（new urban management）的逻辑框架日益受到重视。新城市管理重视城市对经济要素和商品流动的政策制定，强调以品牌中心（branded hubs）的城市建设策略来吸引价值流（value flows），并强烈建议城市政府加快完善经济要素的流动策略④。新城市管理理念认为，在动态数字化时代，进一步采用身份（identity）、形象（image）和声誉（reputation）等元素，创建区别于传统商业模式的新产品战略和产品路线图，是城市维护竞争优势和重塑新品牌价值的重要手段。

第四，“城市企业家的螺旋”（urbanpreneur spiral）对现代城市管理日益重要。在城市经济的前沿运行中，基于点对点商业交易模式的新经济组织，不仅对经济运行、政府调控和社会结构产生了全面性的直接冲击，而且还催生出区块链（block chain）、随需应变的平台（on-demand platforms）等新兴技术，为未来的城市商业更新准备了条件。因此，创新企业家精神孵化的城市环境，促进谙熟新型经济组织发展模式的新城市企业家供给，进而形成由新型城市企业家掌控决定权的城市经济增长和分工体系，对驱动城市共享经济的发展和吸引全球创新者聚集，最终形成以人群为基础的（crowd-based）新模

---

① RUBLE B A. Creating diversity capital：transnational migrants in Montreal，Washington，and Kyiv. Washington：Woodrow Wilson Center Press，2005.

② BARTLETT J W，STEINGLASS D E. Standard documents for community development venture capital transactions. Washington：University Press of America，1998.

③ LEITMANN J. Sustaining cities：environmental planning and management in urban design. New York：McGraw-Hill Professional，1999.

④ ANTTIROIKO A V. New urban management：attracting value flows to branded hubs. London：Palgrave Macmillan UK，2015.

式，并逐步取代以企业为中心的传统模式至关重要①。

2. 知识创新重塑战略管理核心价值观

整个 20 世纪，依靠野蛮开发利用资源和土地的传统工业社会快速发展，不仅导致城市资源枯竭（resource depletion）和生态环境恶化，还从根本上改变了由生产和消费支撑的城市基本运行模式。进入新经济时代后，基于知识的发展模式才是城市解决社会公平和生态挑战的根本举措②。

第一，知识成为城市规划和经济发展的核心基础，由科学研究、技术创新和智力创造的知识流（knowledge flows）支撑起的高附加值出口（high value-added exports）成为驱动城市经济系统发展的核心力量③。在知识经济时代，智力资本管理系统（intellectual capital management systems）对城市发展变得更加重要，一方面城市依靠知识与智力资本（knowledge and intellectual capital）为公司创造了新价值④，另一方面通过提高劳动者和居民的工作技能增强了城市经济的长期竞争力⑤。因此，提升城市公共部门的生产力和竞争力（the productivity and competitiveness of the public sector）非常重要。在知识经济时代，城市的发展管理任务，从在制造环节改变物理属性（physical manufacturing）转变为保护新思路开发、新产品和创意过程⑥。

第二，城市良好的生活环境、生活质量和高工资水平，吸引高教育水平的人才集聚，并形成学习效应（learning effect），促进产业集聚，提高知识型员工的效率，吸引众多的高科技公司增加研发投资，从而产生更多的知识专利⑦。研究发现，发展“创业型城市”（start-up city）的关键在于，城市能否激发企业家的创新天性和培育企业家的创新能力，所以让城市环境有利于创业者参与非传统的高风险投资变得十分重要⑧。从美国的就业地理分布中发现，旧金山、波士顿和达勒姆等中枢城市的劳动者凭借着高生产力和创造性，均获得了优厚的收入报酬。

第三，综合性多层次的战略管理方法（strategic management approach）意义重大。近 20 年来，战略管理方法已经替代了传统的知识管理模式。知识的创新应用主要源于教育、城市发展、治理和卫生保健、社会保障的共同推动，而非行业的内部积累。只有综

---

① COHEN B，MUÑOZ P，Richard Florida. The emergence of the urban entrepreneur：how the growth of cities and the sharing economy are driving a new breed of innovator. Calif：Praeger，2016.

② ALLEN A，LAMPIS A，SWILLING M. Untamed urbanism. New York：Routledge，2015.

③ CARRILLO F J. Knowledge cities：approaches，experiences，and perspectives. Oxford：Butterworth-Heinemann，2005.

④ BOUNFOUR A，EDVINSSON L. Intellectual capital for communities. New York：Routledge，2012.

⑤ GARMISE S. People and the competitive advantage of place：building a workforce for the 21st century（cities and contemporary society）. New York：Routledge. 2014.

⑥ POL P M J，VAN WINDEN W，WOETS P，et al. European cities in the knowledge economy：the cases of Amsterdam，Dortmund，Eindhoven，Helsinki，Manchester，Munich，Munster，Rotterdam and Zaragoza. New York：Routledge，2017.

⑦ SPITZLINGER R. Quality of life，human capital and the innovativeness of european cities. München：GRIN Verlag Publishing，2010.

⑧ BANNERJEE M K，BANNERJEE S，SASTRY P R. Start-up city：ten tales of exceptional entrepreneurship from bangalore's software miracle. New York：HarperCollins，2014.

合性的多层次方法（integrated multi-level approaches）才能维护知识和创新驱动的城市和区域发展环境[①]。在知识型城市的管理过程中，企业家人才管理战略（talent management）对知识与创新驱动的城市的发展环境提升和经济专业化至关重要[②]。在智慧城市（smart city）中，团队合作（big teaming）是大规模系统创新的前提要求，创新城市中须由领导者、执行者和合作者协商组建一个高效的合作平台[③]。

3. 技术进步驱动城市管理的智慧升级

建筑学、城市设计、历史和文化描述、史料编纂和人类学研究等是城市发展管理研究历史上的普遍方法论和工具。但自城市诞生以来，城市的演化就是非线性的，技术进步是驱动城市发展的核心动力。现代人类历史上每一次重大技术变革都对应着城市社会进步和城市管理范式的创新。在技术创新的支持下，城市管理的内容、形式和性质发生了根本性的转变。

第一，数字化系统正全面改变城市生活。智慧城市、智能手机、社交媒体、三维建模（3D modelling）、建筑信息建模（building information modelling，BIM）、物联网等，不断更新城市环境及居民信息[④]。城市数据管理系统（urban data management system，UDMS）可以洞悉城市数据的动态变动趋势。此外，全面感知的城市实验室项目（the sensible city laboratory）创建了一系列城市行动。例如，从辅助状态监测的自行车（assistive condition-monitoring bicycles）到装配嵌入式跟踪传感器的垃圾，再到移动能源、未来飞行器，设计者让公众与智慧城市共生发展（symbiotic development）[⑤]。

第二，技术创新促进城市管理制度创新。在数字化和移动技术时代，信息和通信技术（information and communication technology，ICT）与采用移动技术的基础设施是现代城市最重要的两类支撑工具。在技术条件下，通过监控、场所感知媒体和全球网络等媒介，可以探查并验证 ICT 和新城市基础设施对城市创新的影响。现代城市通过符号、价值和意识形态与全球网络紧密相连。场所感知媒体提供空间移动的自由，再创造场所，并监控城市中的所有人工产品，最终将城市变为一个完全可控制的空间单元[⑥]。技术创新也为制度创新创造了条件。例如，在技术进步的支持下，现代城市依据精明增长和可持续发展的要求，将工作目标转化为关键绩效指标（key performance indicator，KPI）和

---

① METAXIOTIS K，CARRILLO F J，YIGITCANLAR T. Knowledge-based development for cities and societies：integrated multi-level approaches. Hershey：IGI Global，2010.

② ISRAELITE L. Talent management：strategies from six leading companies. Alexandria：ASTD，2009.

③ EDMONDSON A，REYNOLDS S S. Building the future：big teaming for audacious innovation. Oakland：Berrett-Koehler Publishers，2016.

④ ELLUL C，ZLATANOVA S，RUMOR M，et al. Urban and regional data management：UDMS annual 2013. FL：CRC Press，2013.

⑤ RATTI C，CLAUDEL M. The city of tomorrow：sensors，networks，hackers，and the future of urban life. New Haven：Yale University Press，2016.

⑥ FIRMINO R J，DUARTE F，ULTRAMARI C. ICTs for mobile and ubiquitous urban infrastructures：surveillance，locative media and global networks. Hershey：IGI Global，2010.

标杆学习（bench-marking）方法，来实现综合管理[①]。

第三，城市数字化管理向智慧化管理模式转型。信息化时代，信息应用平台（如互联网、移动互联网、物联网等）、大生产平台和智能物流技术的创新，令边际成本趋近于零，颠覆了传统城市的经济组织和社会运行模式，使得城市在经济形态、产业布局与空间结构方面与工业时代的城市大相径庭，产生了诸多新机制与新特征。一方面，借助信息化的手段、工具和技术平台，城市管理的参与度和治理模式出现重大变化。例如，众筹的城市社会资本和人性化企业日益增多，消费者可以通过电子商务平台参与定制创建开放性的城市服务生态；此外城市通过对公共行业的实时管控，大幅提升了资源和产品的供需匹配效率。另一方面，城市依托电子政务系统优化城市管理的组织结构和流程，完善政府运作模式，促进信息化与城市化高度融合发展，孕育出智慧城市。

4. 战略伙伴合作关系的影响广泛深入

第一，公私合作的理念与操作模式日益成熟深入。2001 年的“9·11”恐怖袭击事件和 2005 年的卡特里娜飓风，在美国公共政策和灾害管理领域掀起轩然大波，引发国家高度重视应对灾难性事件的能力建设。在突发事件的应急管理及之后的国家恢复战略中，美国绝大部分由私营部门所有和负责运营的物理网络和虚拟网络（physical and virtual networks）与政府互惠互利，营建了良好的公私合作关系，使得公私合作成为减灾（disaster mitigation）、筹备（preparedness）、响应（response）和恢复（resilience）等灾难全周期管理的重要工具，为现代公共管理如何积极应对城市危机管理的复杂性增加了一个重要的可选择项[②]。

第二，私人部门积极参与城市基础设施供给。在全球范围内，高品质公共服务（high quality public services）是城市社会经济发展的基础支撑，市政基础设施也是改善城市公共服务水平和提高建成区建筑环境质量的必要前提。然而，当前普遍性的难题是：在交通、能源、供水、卫生保健、教育和通信等一些关键领域中，公共资源远远无法满足实际需要。因此，近年来私人部门越来越多地参与城市市政建设、经济性或社会性基础设施（economic and social infrastructure）、基本公共服务（urban basic services）的政府采购活动中[③]，通过建立基础设施供给链（infrastructure delivery chain）来提升城市的基础设施投资和资源管理，满足地方社会、经济和环境需要[④]。此外，全球城市管理经验也表明，公私合作伙伴关系在创建扶贫合作伙伴关系（pro-poor partnerships）时也能发挥重大作用，通过谋定战略框架，加快政策的制定与监督执行，重点推进公私合作的

---

① JHA S K. Sustainable environment：low cost arsenic removal and integrated waste management. Charleston：CreateSpace Independent Publishing Platform，2015.

② ABOU-BAKR A J. Managing disasters through public-private partnerships. Washington：Georgetown University Press，2013；ROSENTHAL U，et al. Complexity in urban crisis management：amsterdam's response to the Bijlmer Air Disaster. New York：Routledge，2014.

③④ HOWES R，ROBINSON H. Infrastructure for the built environment：global procurement strategies. New York：Routledge，2006.

服务供给信息服务与流程建设①。

第三，非政府组织逐渐成为城市参与式管理框架的主角。进入全球化进程后，世界范围内的城市化率快速提升，政府的财政支持能力和公共服务供给水平无法满足城市化和城市增长的需要，且缺口差额巨大。非政府组织（non-governmental organizations）通过参与社区管理、提供相关服务和组织志愿活动等方式，协助缓解城市的环境问题和城市发展困难。现实中，非政府机构借助社区参与（community participation）形成了一个"分享城市"（sharing the city）的方案，构建出一个参与式城市管理框架（participatory framework for urban management）和社区参与的对策模型。参与式城市管理框架的核心是：鼓励城市或地方政府、开发机构、地方和国际的非政府组织、社区以及相关的社区组织（community-based organizations）等参与城市管理的不同行为主体，重新定位各自的角色和相互关系，共同分享城市的进步与收益②。

第四，在多中心、多层级的城市公共治理时代，多元主体与代理人各司其职，承担不同的职责和任务。一是城市政府的领导者（local government manager）须具备驾驭内外部资源的实力，能够通过奖赏、惩罚等制度安排，引领公共部门跨越"转型陷阱"（transition traps）③。二是治理的策划组织者（matchmakers）借助物理平台或虚拟平台（physical or virtual platforms）将"规划者、投资者、规则制定者、消费者、执行者、监督者、评价者、政策制定者"等不同主体联结起来，通过匹配过程，共同构建出多边平台（multisided platforms）④。三是"社会企业家"（social entrepreneurship）既对社会价值观产生直接影响，也已渗透到政府和私人企业的社会经济活动中。

5. 高度重视城市社会管理的严峻挑战

敏锐捕捉城市社会病（social ill），通过探其源头来寻找解决对策是现代城市管理的基本任务。综合城市管理的国际经验与实践可以发现，贫富悬殊、社会不公、社保不足、种族隔离等问题，是西方国家城市管理中社会问题的集中体现。例如，威斯康星州的密尔沃基是美国种族隔离最严重的城市之一。在美国城市中，极端贫困的家庭无力支付房屋租金，或者绝大多数的收入用于租房，导致贫困家庭被迫进入庇护所、肮脏的公寓，或者被迫居住在城市边缘地区和危险街区，这是困扰美国城市社会安全的核心问题⑤。对此，美国学者哈特威克的《城市经济学》将"为何有的城市出现衰退"、"如何调节城市的生活成本"、"如何界定与城市核心区的关系"以及"如何以公共财政促进城市增长"

---

① PLUMMER J. Focusing partnerships：a sourcebook for municipal capacity building in public-private partnerships. New York：Routledge，2013.

② ABBOTT J. Sharing the city：community participation in urban management. New York：Routledge，2013.

③ DALY P H，WATKINS M，REAVIS C. The first 90 days in government：critical success strategies for new public managers at all levels. Brighton：Harvard Business Review Press，2006；NEWELL C. The effective local government manager. Washington：Intl City County Management Assn，2004.

④ EVANS D，SCHMALENSEE R. Matchmakers：the new economics of multisided platforms. Brighton：Harvard Business Review Press，2016.

⑤ DESMOND M. Evicted：poverty and profit in the american city. Phoenix：Crown，2016.

等作为现代城市社会经济发展研究的经典命题[①]。此外，对城市贫民的健康医疗服务，也一直是美国城市医疗保健服务管理中一个悲剧性的悖论。例如，美国拥有世界一流的医生、保健服务系统、医疗技术和治疗方法，但针对城市贫民的医疗健康服务却存在着严重的供给短缺。如何消除城市医疗健康管理领域的“知识孤岛”（knowledge islands）效应，为不同阶层的人群提供无差别的健康服务，提升城市医疗服务的组织管理能力，改进护理的质量和效果，是长期以来一直困扰美国城市的一个难题[②]。随着在城市生活的居民规模越来越庞大，公共空间具有重要地位。自民主制度在古代希腊兴起以来，广场和城市公共空间就成为自治城市的核心。此外，城市的日新月异不断提醒我们，“社会组织如何变化”“劳动保障法如何变化”“社会安全网如何建设”等都将是未来城市发展与管理中亟待解决的重要问题[③]。现代城市必须重视从健康、就业、教育、家庭稳定和政治参与等多个方面重塑社会发展的机理。

现代城市的发展归根结底是公共管理和公共政策的结果，城市管理是实施公共管理的重要手段，城市管理具有鲜明的社会化特征。城市公共管理体系包含政治、法制、市场和生态“四个基底”与公平、效率和均衡“三个目标”。第一，在公平方面，城市管理重视完善管理组织和法律架构，提升城市民主化管理水平；形成城市社会网络，促进人口自由流动，降低转移人口的市民化成本，减少城市社会不平等。第二，在效率方面，坚持“小政府、大市场”的实施基础和制度保障；培育企业家精神，加快产业经济结构转型，提升城市创新环境；推进“大部制”的城市管理架构改革和机构综合设置，加快“多规合一”进程；完善城市管理绩效评估制度。第三，在均衡方面，强调城市公共产品和服务的均等化与持续有效供给、住宅与就业的空间对称、城市空间成长和边界控制、城乡协调发展和城镇规模结构体系的均衡。

6. 统筹协调规划的技术路线至关重要

当今世界的多数国家城市处于工业化和快速城市化阶段，普遍面对着城市人口规模快速扩大、基础设施需求激增、社会经济压力膨胀、环境损害程度不断加深和制度体系建设滞后等众多严峻挑战，迫切需要制定科学的城市管理技术路线。

第一，城市管理要以解决基础性问题为指针和前提。城市发展与管理的国际经验证明，人口规模、经济增长、城市形态、基本生活需要、就业收入、环境恶化和规划管理方法等一系列基础性的关键问题，是城市需优先解决的问题，否则城市发展将无从谈起[④]。发展中国家的基础能力更为不足，基本民生的服务管理任务更为紧迫。例如，非洲城市内罗毕的一项居民对城市公共服务满意度的调查结果显示，公共服务供给与满意度

---

① HARTWICK J M. Urban economics. New York：Routledge，2015.

② GIBBONS M C，BALI R，WICKRAMASINGHE N. Perspectives of knowledge management in urban health：healthcare delivery in the information age. Berlin：Springer，2010.

③ SUNDARARAJAN A. The sharing economy：the end of employment and the rise of crowd-based capitalism. Boston：The MIT Press，2016.

④ DRAKAKIS-SMITH D W. Third world cities（routledge perspectives on development）. New York：Routledge，2000.

之间呈现显著相关关系。为保障公共服务供应、提高居民满意度，招募服务人员时，应公平招聘（fair recruitment），给予较高的工资报酬，并妥善安排使其有条件照顾家庭和提高生产能力[①]。

第二，科学细化技术路线是规范城市管理的必备手段。国际城市管理实践表明，具有普遍意义的技术路线包括：第一，整合管理方法与手段，形成综合城市管理框架（integrated urban management framework，IUMF），避免城市管理项目分散化、碎片化；第二，参照组织框架和自然景观特征，构建一体化的物理系统和城市运行保障系统；第三，整合物理干预（physical interventions）、经济手段和制度演变，因地制宜构建可持续的城市管理政策目标系统[②]。

第三，统筹协调、综合规划是实现城市包容性增长和管理的核心方法。统筹协调对提升城市管理能力和管理水平不可或缺。统筹协调的核心方法是借助城市发展综合规划，协助城市管理者及其他的利益相关者（stakeholder）确定行动计划，遴选优先投资领域（priority investment area）[③]。尤其在人口政策制定、土地开发利用、城市设计规划等基础性管理领域，更强调协同管理方法（collaborative method），形成创造性的合作技能（creative co-operative skill），为实现参与式治理、互助合作和协同联动奠定广泛知识基础和形成探索行动方案。城市协作管理的基本流程和重点环节包括组成项目团队、确定项目团队功能、明确项目导向规划的目标和效益、考虑当地的特点、准备合作计划、收集和使用初始信息、定义项目内容、应对合作伙伴的具体策略等[④]。

第四，协同治理是城市管理联盟化的重要工具和保障。联盟化是城市广域空间管理的重要机制和途径。全球城市管理主要包含三个联盟模式：一是由区域一体化驱动形成涵盖中心城市、卫星城镇、城市腹地等不同规模等级城市的区域集合体；二是基于经济互补形成了大中小城市和小城镇产业协同、错位发展、分工协作的发展联盟；三是通过体制机制创新形成多中心、分散化、网络化的跨区域治理联盟组织。最终，跨区域治理通过市场协同、空间协同、政策协同和社会协同，实现互联互通和共治共享的总体目标。

7. 政治影响力对城市的渗透不断增强

作为地方公共行政的一项重要内容，城市管理具有典型的政治色彩，一方面要将主要为“关键少数”服务的传统的城市行政管理模式转变为为“所有人服务”的城市行政管理模式，再从市民对服务质量的认可中获得民意支持；另一方面，城市政府借助由此形成的参与式战略规划模式，获得政策制定与执行授权，保障城市发展的手段与目标具有合法性，进而实现政治理想。

---

① OMILLO F，EKISA L. Managing human capital in county government：a satisfied worker is a productive worker：a case of Nairobi City Council. Chisinau：Lap Lambert Academic Publishing，2012.

② KUMAR M D. Thirsty cities：how Indian cities can meet their water needs. Oxford：Oxford University Press，2014.

③ CHOE K A，ROBERTS B H. Competitive cities in the 21st century：cluster-based local economic development. Mandaluyong：Asian Development Bank，2011.

④ AHLAVA A，EDELMAN H. Urban design management：a guide to good practice. Oxford：Taylor & Francis，2014.

在当代城市管理中，处理好政府间相互关系（intergovernmental interaction）、跨行政区的土地纠纷（inter-jurisdictional territorial dispute），以及首都城市与一般地方政府之间的关系具有非常重要的现实意义①。迫于提升城市竞争力的内在压力，21 世纪的城市应加快发展集聚经济，组织政府、企业和社区制定发展战略框架。政治至上（politics matter）对制定城市未来发展目标和开展对外合作发挥关键作用。在城市管理中，政治影响力更偏好城市形象塑造，乐于通过协调方案达成地区间的政治经济联盟，或者维持城市在等级体系中的地位，或者在财力不足地区实现补贴发展模式②。

一国的首都城市因具有特殊的政治景观和社会政治需要，在城市建设上具有天然优势。从 19 世纪欧洲的经验来看，首都城市的建设与发展受益于一些重要的扩展和改进计划（improvement schemes），例如，维也纳的环城大道、巴黎的香榭丽舍大道③。然而，首都城市凝聚了更广泛的社会理想和政治复杂性以及需要体现深刻的政治威权，因此首都城市的规划、建设、景观展示等，须通过复杂的政治和意识形态议程来体现城市化、纪念性、仪式化等空间影响，这经常导致首都城市的管理政策陷入自相矛盾的境地④。此外，国家的宏观区域政策通常鼓励大城市的去中心化（decentralization）向外分散非核心功能，同时鼓励经济活动向城市中心商业区迁移，通过竞争发挥城市中心区的土地稀缺和空间昂贵的经济价值⑤。

当前，在很多发展中国家，很多城市管理任务都是由中央和省政府完成的。能源、教育、健康保险、安全、道路和电信等资源绝大部分都由国有化和准国有化的机构来供给。此外，诸如增加住房和创造就业机会的政府努力也由它们来承担。承担巨额发展成本或者受益人的支付不足以支撑的项目通常由中央政府独立进行融资，或者以国家一般公共收入来弥补其差额。

8. 风险控制和应急管理迫切需要完善

在大型的现代化城市中，人口集聚规模庞大、定居点（settlements）数量众多、住房和有形资产（material assets）密集、功能特征综合复杂。但受经济基础、发展水平和内外部政策等多种制约因素影响，众多的超大、特大型城市中，普遍存在设施水平参差不齐、内部社会经济不平等（inherent socio-economic inequalities）、应对风险能力不足、

---

① WAKJIRA K. Ethiopian federalism，federal capital city and urbanization：the management of inter-jurisdictional territorial dispute between the city of Addis Ababa and surrounding towns. Saarbrücken：VDM Verlag Dr. Müller，2011.

② PAGANO M A，BOWMAN A O M. Cityscapes and capital：the politics of urban development. Baltimore：Johns Hopkins University Press，1997.

③ HALL T. Planning Europe's capital cities：aspects of nineteenth-century urban development. New York：Routledge，2003.

④ CHRISTIE J J，BOGDANOVIC J，GUZMÁN E. Political landscapes of capital cities. Louisville：University Press of Colorado，2016.

⑤ U. S. Government Accountability Office. Government operations：Gsa's space management proposals for the national capital region and for the nation's cities：LCD-79-315. Washington：BiblioGov，2013.

灾难隐患众多等情况，城市风险管理（risk management）的脆弱性非常明显①。当面对各类突发事件的危害威胁时，城市社会经济发展的不平衡、不可持续与灾害相互叠加，进一步加剧城市的脆弱性和风险，亟待城市管理者予以特别关注。因此，理想的城市管理应具备洞察灾害脆弱性、减少自然灾害损失和形成可持续发展环境的能力，以便在城市运行和风险管理活动之间催化出良好的相互关系。

历史上，应急管理可以追溯到19世纪。芝加哥是探索城市危机管理和再生管理的重要案例。18世纪，芝加哥因为拥有理想的水路条件逐渐成长为大都市。但地形平坦使得城市排水不畅。尤其是在铁路系统替代了水路交通后，便利性导致城市人口激增，原来的城市湖泊无法再同时承担水源供给和污水储存的双重功能，最终导致城市气味恶臭、水体肮脏、疾病传播。到19世纪末，芝加哥设立芝加哥大都市区水资源回收局（the Metropolitan Water Reclamation District of Greater Chicago），通过逆转河流工程成功解决了芝加哥居民生活污水的处理问题，再次为港口城市的商业发展创造了良好条件②。

美国的“9·11”恐怖袭击事件和卡特里娜飓风自然灾害，在全球范围内转变了城市应急管理的传统观念和应对方法③。21世纪的城市应急管理（emergency management）出现了以下几个典型的发展趋向：第一，城市应急管理的核心议题已经演变为城市与国土安全、危害风险的评估方法、预防灾害的物资储备、灾害的缓解功能、降低灾后影响的战略，以及应急管理准备工作、应急管理中的沟通交流、灾害响应的功能和过程、灾后社区重建的政府和志愿者项目、城市应急管理的国际合作等。第二，保障城市安全逐步成为应急管理的核心目标，城市高度重视安全运行管理（security operations management）对降低财产损失和减少刑事司法案件的积极作用。在城市安全的控制、指挥、通信和决策的全过程管理中，城市运行的安全防范体系包括前瞻性的安全人员审查、使用社会媒体技术、安全职业证书与资格考试、防范工作场所暴力和电脑犯罪等重点环节④。第三，增加城市弹性是城市风险管理的重要手段。通过将系统性风险植入城市环境中，设计和规划未来的弹性城镇（resilient towns），创造出了一种新型的城市风险管理（urban risk management）。当前，增强城市弹性的重点对策包括：评估城市脆弱性，对地理位置易遭受自然和技术风险的城市项目进行弹性目标（resilience objectives）整合，地理信息的组织与分布，水文极端事件的管理，建立水源、环境与城市系统实验室，研究地理、城镇规划和区域发展的联系⑤。第四，在信息技术的支持下，扩大风险管理覆盖（expanded coverage of risk management）、增强灾害通信覆盖（enhanced coverage of disaster communications）、开发社交网站和更新应急管理信息功能等成为现代城市应急管理的有效措施。第五，“9·11”恐怖袭击事件发生后，从保护建筑物和居住者的目标出

① GENCER E A. The interplay between urban development，vulnerability，and risk management：a case study of the Istanbul metropolitan area. Berlin：Springer，2013.

② LANYON R. Building the canal to save Chicago. Chicago：Lake Claremont Press，2016.

③ HADDOW G，BULLOCK J，COPPOLA D P. Introduction to emergency management. Oxford：Butterworth-Heinemann，2020.

④ MCCRIE R D. Security operations management. Oxford：Butterworth-Heinemann，2001.

⑤ SERRE D，BARROCA B，LAGANIER R. Resilience and urban risk management. Florida：CRC Press，2012.

发，美国一方面高度重视应急项目辨识和管理风险的能力，另一方面逐步形成了一套针对犯罪现场和城市设计的安全管理体系，例如，针对人口密集的私人建筑安全问题和针对建筑物的潜在恐袭袭击进行重点防范，甚至强调从周边环境到建筑物立面等，完成一系列的信息设计理念更新①。

9. 公共财政决定城市管理模式和路径

第一，探索融资模式与城市管理之间的深层关系。融资和管理的关系，是现代城市发展中非常重要的专门性问题。城市政府的常规融资模式是依托土地资源的产权和使用权的出让，对土地资源及其他核心资产进行资本化处置，再以土地投资的形式支持城市构建集成管理模式。美国城市管理的经验表明，公共土地收购（public land acquisition）项目和城市精明增长效果之间具有正向关联。实施土地收购项目，可以平衡和保护城市空间增长②。

在发展中国家，土地融资（land-based financing）对城市的资本预算（capital budgets）、土地市场和基础设施融资均非常重要。用于基础设施建设的土地价值增量，将决定城市最终采用哪一种融资工具。目前通行的融资工具包括改良税（betterment levies）、开发商提取（developer exactions）、影响费（impact fees）以及变现公共所有的土地资产用于基础设施建设等③。

第二，实施要素综合管理，提升城市财政收入。现代城市经常面对收入降低、能源价格提升、公共问责诉求强烈、市政债券市场下滑等不利情况，必须制定一揽子的激励政策，盘活经济资源，改善基础设施，保障城市运行。对资源、资产和资本三大要素实施综合管理是提高城市财政收入的重要保障。因此，公共投资管理（public investment management）在城市基础设施部门的投资规划实践中应用广泛。然而，城市的市场容量限制、公共投资授权过程复杂、制度结构不合理等诸多问题，削弱了对公共投资的科学管理，要在尊重城市政治文化和管理传统的前提下，合理开发城市公共财政和金融工具，保证公共投资项目在长期内更为有效④。

第三，预算对城市公共财政收支具有决定性作用。西方国家开展城市资本预算与融资的程序步骤，主要包括：一是制定符合城市政府需要的资本预算流程；二是基于资本支出分配，制订资本改善计划；三是评估社区需求，依据成本-收益分析，对资本项目进行优先排序；四是评估潜在的公私合作项目，完善基础设施网络，利用有限公共资源撬动经济发展；五是稳固量入为出和按需付费（pay-as-you-go）的融资来源战略；六是利用租赁-购买合同（lease purchase agreements）满足资本需求；七是在市场上出售债务

---

① Federal Emergency Management Agency. Site and urban design for security：guidance against potential terrorist attacks：F. E. M. A. 430. Charleston：CreateSpace Independent Publishing Platform，2012.

② OUTTS C C，CHAPIN T S. Growth management and public land acquisition：balancing conservation and development. New York：Routledge，2016.

③ PETERSON G E. Unlocking land values to finance urban infrastructure. Washington：World Bank Publications，2008.

④ LAURSEN T，MYERS B. Public investment management in the new EU member states：strengthening planning and implementation of transport infrastructure investments. Washington：World Bank Publications，2009.

(sell debt)①。

10. 适宜性与幸福感是高质量生活源泉

面对严峻的环境污染和资源短缺危机，提升城市生活密集度常被作为万灵解药(panacea)。然而城市的人口密度与活动强度已然处于较高程度，地铁、人行道、塔式住宅鳞次栉比，抑制了城市的快乐生活。世界城市发展的动态表明，城市设计（urban design）是改善城市生活、增强城市幸福感的重要工具。哥伦比亚首都波哥大市引进的一种“性感”的口红色公共巴士，用以缓解心情、减轻焦虑。现代纽约的城市建筑师，从中世纪托斯卡纳山城的设计中获取了经验和灵感。还有更激进的设计者曾经将巴黎的城市高速公路变成了海滩。与绿色城市和低碳城市类似，借助丰富的历史详述、广泛的心理学认知以及基于个人的城市体验感受，快乐城市的理念对现代城市发展和管理具有重要的启示意义②。

城市适宜性设施是提升人类福祉的另一个重要途径。一是城市适宜性设施可以影响居民的区位选择。享乐价格、居住区位、外部性、Box-Cox 搜索、Hausman 测试等逐步成为城市设施市场分析的最新方法和工具。二是普遍关注建筑物高度、视野、高速公路噪声、娱乐中心和社区邻里构成等对城市适宜性的重要影响。三是阐释了城市结构、工资率、移民、区域设施市场等对适宜性设施的影响效应。例如，收入和就业差异将造成城市设施的实际效用差异③。

11. 专业教育学科体系完善且特色鲜明

依照《普通高等学校本科专业目录（2012 年）》的划分，中国城市管理专业是隶属于“公共管理”的二级学科。首先，对比总结美国公共管理或公共事务学院的专业设置，以此透视城市管理的专业交叉性与横向关系。美国公共管理和公共政策学院大体上均设置了城市管理及城市政策④（city management & urban policy）、环境政策与管理（environmental policy & management）、健康政策与管理（health policy & management）、信息与技术管理（information & technology management）、非营利机构管理（nonprofit management）、公共财政与预算（public finance & budgeting）、公共行政管理（public management administration）、公共政策分析（public policy analysis）、社会政策（social policy）等专业和研究方向。

其次，通过归纳开设城市管理专业的美国高校专业发展的总体特征发现美国城市管理专业发展的共同点和纵向特征也非常鲜明，主要包括如下特色：第一，研究视角非常多元化，专业和学科分散设置在不同院系，交叉学科研究项目流行；第二，高度重视实

---

① RIVENBARK W C，VOGT J，MARLOWE J. Capital budgeting and finance：a guide for local government. Washington：Intl City County Management Assn，2004.

② MONTGOMERY C. Happy city：transforming our lives through urban design. New York：Farrar，Straus and Giroux，2013.

③ DIAMOND D B，TOLLEY G S. The economics of urban amenities. Washington：Academic Press，2013.

④ https：//www. wholeren. com.

际问题研究，淡化方向性和普适性理论研究，研究内容非常具体，针对性强，常以欠发达城市与区域为对象；第三，没有学科模式和研究流派的束缚，方向灵活多样，对社会、经济、环境和国际需要反应迅速，总体趋势向社会发展转型；第四，基于问题导向、自由开放、注重实用、服务社会的宗旨与理念，美国城市管理学科的教育教学体系类型多样，专业核心课程层次丰富，覆盖面广泛。美国城市管理专业的教育培训体系如表 0－1 所示。

表 0－1　美国城市管理专业的教育培训体系

● 城市研究专业学士学位课程
● 双学位课程
● “4＋1”的联合学士学位/硕士学位课程
● 公共管理硕士学位课程
● 公共政策硕士学位课程
● 城市研究专业理学硕士学位课程
● 城市规划、设计与发展专业硕士学位课程
● 城市研究与公共事务专业的博士学位课程
● 学分课程
● 认证项目

此外，美国各高校城市管理专业教学体系之间最大的差异，主要源于该专业在高校内所隶属的学院、所依托的基础学科以及所制定的发展方向与执行战略等方面的差别。相反，在核心和主干课程设置方面，各学校城市管理专业的基本框架与课程设置却具有高度的相似性。

第1章

城市管理系统的框架与演进

城市管理系统是对城市管理主体作用于城市管理和服务对象的内容、活动、模式与手段的统称。本章包括三个部分，一是在国内外学者关于城市管理研究的成果综述的基础上，阐述了城市管理的概念与内涵特征；二是基于城市管理系统的内涵与特征，构建了城市管理系统的分析框架；三是论述了建设型、管治型和治理型三类城市管理系统的转换升级与形态演进。

重点问题

- 城市管理的概念与内涵特征
- 城市管理系统的作用与框架
- 现代城市管理系统的转换升级
- 治理型城市管理系统的组织特征与内部关系

1.1　城市管理的概念与内涵特征

1.1.1　国内外学者的研究综述

当前，学术界对城市管理概念与内涵的界定各有侧重，莫衷一是。国外学者中，戴维森和尼恩蒂德认为，城市管理的工作任务是“采取积极主动的态度，开发、管理和协调各种资源，以实现城镇的发展目标”①。但不同国家的城市管理差异性很大。例如，新兴经济体主要的城市管理包括对特殊人群制定的最低保障标准、制定分区政策，以及针对经济较落后区域、排水系统、污染和健康危害等城市问题的干预措施。新兴经济体的城市管理具有非常典型的公共问题的性质。克林克和布拉梅扎认为，城市管理是“在所有城市参与者的帮助下，兼顾私营部门目标和市民利益，在上级政府为实现经济可持续

① DAVIDSON F，NIENTIED P. Introduction to a special issue on urban management in the third world. Cities，1991，8（2）.

发展而规定的政策框架下，制定、实施、协调和评估城市发展的综合战略”[①]。

麦吉尔提出，城市管理应分析解决三个关键问题[②]：一是确定谁是城市管理的真正推动力量，政府抑或是城市建设过程中的所有参与者？二是在城市管理机构的建设中，必须平衡城市管理的部门利益与城市发展跨部门、综合性的特征之间的矛盾，保证城市管理机构与城市发展战略之间能相互匹配。三是要解决城市宏观战略规划与城市日常经营和微观主体活动之间的冲突。

范戴克认为，城市化和地方分权浪潮使得城市管理变得日益重要。如何界定城市管理的概念，将主要取决于城市各主要问题之间的联系，城市管理需应用综合方法解决错综复杂的城市问题。范戴克认为，城市管理的任务与宗旨是：努力协调和集成公共部门和私人部门的行动，以综合性的手段，解决城市居民面临的主要问题，以构建一个更有竞争力、更公平和可持续的城市[③]。范戴克的主要观点还包括：城市管理需要制定远景规划和城市发展战略；城市问题错综复杂，相互联系，须使用集成化的综合方法来分析；城市管理者必须关注所有利益相关者，每一个方案都应分析不同利益攸关者的贡献[④]。伊里纳・波佩斯库认为，城市管理是一个综合研究范式（comprehensive paradigm），主要分析分布在小城镇、大城市和大都市区等不同地区的城市居住区（urban settlements）的治理与发展[⑤]。

联合国人类住区规划署（UN-Habitat）在《健全的城市管理：规范框架》中指出，城市管理是“一个调和各种相互冲突或彼此不同利益以及可以采取合作行动的连续过程”，既包括正式的体制，也包括非正式的安排和市民的社会资本。关于城市管理的规范和标准，报告指出“健全的城市管理应表现为可持续性、权力下放、公平性、效率、透明度和责任制、市民参与和市民作用，以及安全保障”，这些规范相互依存、相辅相成。

国内学者则强调，应从地方政府职能的角度来梳理城市管理的范畴。关于城市管理的任务与目标，有学者研究指出，城市管理是运用法律、行政和技术等手段，使用城市的基本信息流对城市运行中的各类问题进行反馈和处理[⑥]；城市管理执法体制改革是城市管理工作的重要抓手[⑦]；要凸显城市政府行政、公共事务、社会管理的发展趋向和实践需要[⑧]。任务目标的渐进多样性决定了城市管理模式的丰富性，中国城市管理应包含城市统制、城市经营、城市治理三种模式[⑨]，部分学者主张引入新公共管理、城市多元化主体协同治理提升管理能力。部分国内学者认为，对城市管理的界定有广狭之分。广义的观点

---

① VAN KLINK A，BRAMEZZA I. Besturen van gebieden met nieuw elan. City management & marketing，1995，33（1）.

② MCGILL R. Urban management in developing countries. Cities，1998，15（6）.

③ VAN DIJK M P. Managing cities in developing countries：the theory and practice of urban management. Cheltenham：Edward Elgar，2006：212.

④ 范戴克．新兴经济中的城市管理．北京：中国人民大学出版社，2006.

⑤ POPESCU I. The role of municipal policy in urban development. Administratie si management public，2006（7）.

⑥ 阎耀军．城市网格化管理的特点及启示．城市问题，2006（2）.

⑦ 韩志明，潘辰子．当代中国城市精细化管理的实践及其反思．秘书，2020（4）.

⑧ 陆军．城市管理研究：第 1 辑．上海：华东理工大学出版社，2016.

⑨ 诸大建，刘冬华，许洁．城市管理：从经营导向向服务导向的变革．公共行政评论，2011，4（1）.

认为：城市管理包括与城市事务相关的一切管理活动①。与城市公共服务相关的政治、经济、文化、社会和生态文明等政府行为都属于城市管理②。管理是特定的政府职能部门为维持城市基础设施及其所在公共空间的良好秩序的所有活动③。然而，对城市管理的内涵界定，涉及相关职能机构的权力范围、城市的基础条件与环境以及社会组织的参与途径等综合影响因素，因此，城市管理虽然广泛，但按照内容可以划分为市政管理、城市社会管理和城市环境管理等④。

另有学者提出，城市管理和城市治理的指导理论并不相同。传统的城市管理强调政府对城市公共行政和公共事务的权威性管理，而城市治理是将治理理论运用于城市公共事务管理之中⑤。城市管理向治理演变，一是城市管理应向以市场精神和公民参与为实现途径的城市服务模式转变；二是管理上要有合法性、责任性、协作性和效能性，在结构上要对权力进行限制，并重视社会的广泛参与⑥；三是政府应通过发展与利益相关者之间的合作关系，推动并实现城市善治⑦。

1.1.2 城市管理的内涵特征

城市管理并非一个简单的学术概念，而是对现代城市管理活动的统称。要准确界定城市管理的内涵，须深刻理解城市管理的基本要素、权责范围、任务目标、活动特征、工具手段及其特殊属性。

1. 管理活动的对应性

管理活动严格依赖管理对象的特征，城市管理具有鲜明的异质性，城市管理活动集合与城市对象的发展阶段、功能定位和地理空间特征集合紧密相关，二者间是一种映射关系。

2. 管理目标的动态性

城市发展日新月异，处于持续的动态演进之中。城市管理的任务目标随演进状态持续调整。现代城市管理总体上包含整合城市功能、解决城市问题、改善城市环境和实现城市发展等四个阶段性目标。

3. 管理内容的层级性

城市管理的内容有广狭的分野。狭义的城市管理仅指市政管理，主要完成与城市的

---

① 尤建新，陈强．以公众满意为导向的城市管理模式研究．公共管理学报，2004（2）.

② 范志伟．城市管理概论．上海：上海交通大学出版社，2012：6.

③ 莫于川，雷振．从城市管理走向城市治理：《南京市城市治理条例》的理念与制度创新．行政法学研究，2013（3）.

④ 魏治勋．市域社会治理视阈下设区的市城市管理权限界定．法律科学，2021，39（5）.

⑤ 袁政．城市治理理论及其在中国的实践．学术研究，2007（7）.

⑥ 冯晓英．公共治理视角下的城市管理．北京社会科学，2009（6）.

⑦ 吴金群，王丹．近年来国内城市治理研究综述．城市与环境研究，2015（3）.

物质载体、空间规划、设施建设直接相关的管理活动，以及初步设置城市公共产品和公共事务服务的权限职责与活动方式。广义的城市管理包括城市运行管理和城市发展管理。城市运行管理的重点是维护公共空间、优化城市交通、改善人居环境、提高应急能力、提升城市防灾减灾能力和整合信息平台，维持城市运行的可持续性和稳定性。城市发展管理是在运行管理能力的基础上，促进经济增长、社会发展和消除贫困，通过科学制定激励机制和管理政策，全面提高城市社会经济的竞争力、辐射力和质量提升能力。

4. 管理主体的多样性

20 世纪 90 年代以来，随着区域一体化和全球化发展，城市管理进入了开放性、广域化和多主体网络化治理的时代。在彼此信任与相互合作的基础上，城市管理的组织模式创新日益呈现个性化、分权化和灵活化的发展趋向，现代城市系统的组织界限逐渐模糊，参与式管理系统及网络化治理模式形成潮流。一方面，现代城市管理出现以责任为导向、利益相关者多元化参与的趋势，政府机构、公共部门、私人部门、居民、企业、非政府组织、本地社区、民间团体、城市经理人、项目发起人、咨询与金融服务机构等主体日益深度参与城市管理；另一方面，主体间的协同合作关系日益紧密，诸如市政主体间关系、社会第三方组织关系、市场和社会及政府关系、公共部门与私人部门的伙伴关系、公共与私人社区间的伙伴关系、城乡与区域关系的调整对城市管理质量和治理能力的现代化至关重要。

5. 管理工具的科学性

作为一种描述并解决城市问题的主要工具，21 世纪的城市管理面临着一系列新挑战，亟待在大数据、互联网＋、物联网、云计算等现代信息技术创新的基础上，一方面实现战略、规划、建设和管理的过程连续性，另一方面集成科学性和定量化的管理方法，不断强化城市管理的智能化、网络化、精细化和现代化水平。现代城市管理的模式、方法和工具创新主要包括：城市居民对公共产品和公共服务的需求测度、城市潜在风险和不确定性识别、城市贫困人口需求的敏感性分析、重塑政府和新公共管理模型、资源利用效率和财务可行性分析、城市管理的有效性评估、城市管理的最优模式、城市增长的战略规划、土地利用分区规划、城市空间项目评价、城市公共管理政策过程与政策效应分析、制定城市管理的监控程序和评估实施框架等。

1.2　城市管理系统的作用与框架

构建全覆盖、标准化、数据支撑和可科学量化分析的管理系统，对推进城市转型升级，提升管理效率与质量，实现城市治理体系和治理能力现代化具有至关重要的基础性作用。本节基于城市管理系统的内涵特征，从价值、目标、主体、技术、评价、更新等维度，综合构建起全周期、全链条的现代城市管理系统的分析框架。

1.2.1 城市管理系统的作用

复杂系统理论是研究系统复杂性及非线性关系的科学方法[①]，它有助于提高人类对客观事物的非线性、非均衡特征的认知能力[②]。近年来，鉴于环境、社会和公共事务的复杂性和不确定性，复杂系统理论逐渐被引入社会科学研究领域，广泛应用于社会突发危机处理[③]、群体性事件机理[④]、社会协同治理[⑤]等研究中。伴随城市结构由简到繁、参与主体由单一到多元、管理手段从经验到科学，现代城市的管理模式从传统行政管理转变为采用规划和管理城市公共事务[⑥]，旨在通过政府、市场与社会的互动[⑦]，实现城市经济系统[⑧]、城市空间系统[⑨]、社会文明系统[⑩]等子系统之间的整体性协调，并借助各子系统之间的功能耦合，构建出一个具有适应性的动态演化复杂系统。

当前，城市管理多从管理流程、业务领域、部门架构三个方向展开分析。在管理流程分析方面，主要将城市管理分为信息、交互、提交、交易四个阶段，在新公共管理框架下，探索建立新型高效城市委托-管理模式[⑪]。在业务分析方面，针对流动摊贩、城市建筑、环境维护等领域，实现政府机构、信息资源、业务、服务与沟通渠道的整合[⑫]。在部门分析上，通过制度分析与发展研究框架，分析不同场合中，城市管理的相关制度与社会互动的构成关系[⑬]。中国传统的城市管理存在管理体制落后、条块分割、基层治理权责失配、量化体系不健全等短板[⑭]，因此，中国城市管理的未来研究应加强探索系统性、协同性等本质特征，加快构建整体性的研究框架，分析各子系统与各主体间相互作用的结构形态，创新机制，完善系统，优化工具，改进方法，实现城市治理体系和治理能力的现代化。

1.2.2 城市管理系统的框架

本节建立了一个涵盖战略目标、业务领域、实施部门和管理流程的整合性城市管理

---

① AMARAL L，UZZI B. Complex systems：a new paradigm for the integrative study of management，physical，and technological systems. Management science，2007，53（7）.

② 宋学峰．复杂性科学研究现状与展望．复杂系统与复杂性科学，2005（1）.

③ 李明强，张凯，岳晓．突发事件的复杂科学理论研究．中南财经政法大学学报，2005（6）.

④ 汪大海，何立军，玛尔哈巴·肖开提．复杂社会网络：群体性事件生成机理研究的新视角．中国行政管理，2012（6）.

⑤ 范如国．复杂网络结构范型下的社会治理协同创新．中国社会科学，2014（4）.

⑥ 联合国人类住区规划署．健全的城市管理：规范框架．https：//www. un. org/chinese/events/Habitat/15. htm.

⑦ 宋刚，陈锐．复杂性科学与现代城市管理．科学对社会的影响，2006（4）.

⑧ 王志美，张忠国．城市经济结构是城市经济发展的基础和方向．工业技术经济，2004（4）.

⑨ BOURNE L S. Internal structure of the city. New York：Oxford University Press，1982.

⑩ 邱国盛．论中国近代城市社会结构的演变．唐都学刊，2002（3）.

⑪ 王双．新公共管理框架下的城市管理体系．财经科学，2011（5）.

⑫ 李华．问题导向的整体性城市治理模式建构．社会科学家，2018（11）.

⑬ 陈建国．城市社区治理的政策选择：一个规范分析框架．公共行政评论，2010，3（2）.

⑭ 陆军，杨浩天．我国城市管理精细化的“十个不足”与“八大取向”．城市管理与科技，2019，21（5）.

系统分析框架（如图1－1所示），从价值、目标、主体、技术、评价、更新六个维度，通过系统解构，阐释基本原理、共轭关系、系统构架、发展动力、能力建设、耦合过程等城市管理系统的各种科学基础、社会内涵、理论框架和实践目标。

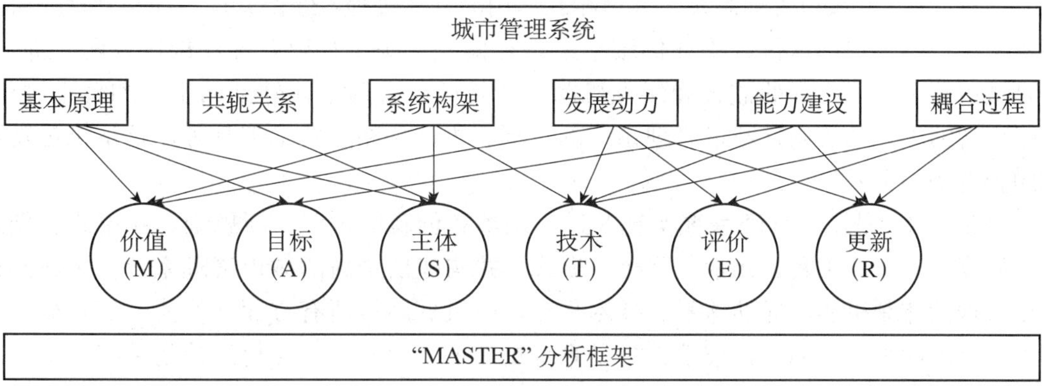

图1－1　城市管理的系统要素与分析框架

“MASTER”分析框架的核心在于，从城市管理的价值（meaning）出发，综合发展背景和社会环境因素，科学合理地确定城市管理目标（aim），剖析城市管理主体（subject）的职能定位及相互关系，特别是引导政府部门在关系结构中转换角色。然后，对城市运行中的技术工具（technology）、评价方式（evaluation）与更新过程（remolding）进行系统性的优化与迭代分析研究，最终构建支撑全领域、多主体、全链条综合分析的城市管理系统。

价值（M）是指城市管理系统在城市发展中所承担的时代使命，反映特定的环境下社会各界对城市管理工作的认知和需求状况。在不同时代、不同社会环境下，城市管理的价值不同。价值定位对城市管理的动机具有导向作用，是城市管理系统运转和城市管理工作的起点；价值也对城市管理系统发挥重要的调节作用，当城市管理的价值认知发生根本改变时，城市管理系统也会面临革新需求。

目标（A）是城市管理系统运行的预期效果，通过细化和分解城市管理系统的价值，明确城市管理系统未来一定时期内需要完成的组织任务。由于城市管理系统的目标受到社会现实的影响，因此目标制定分为信息收集、需求评估、制定规划、细化方案等环节，重点围绕城市管理目标确定管理战略，细化可操作的执行方案，落实相关预算和配套人员。

主体（S）是城市管理系统中对管理事务有责任、权利和义务并具备实践能力的主要“行为人”，包括政府、企业、市民、社会团体等，对管理主体的分析即是对管理组织结构的分析。各城市管理主体之间制度化的权益分配关系及其互动模式也称为城市管理结构①。伴随外在条件的结构性变化，各管理主体的力量对比和地位发生变化，所承担的职能也相应发生变化，由此产生不同的管理结构。

技术（T）是城市管理中主要运用的管理方法、工具和手段，包括城市管理的基础

① 王臻荣．治理结构的演变：政府、市场与民间组织的主体间关系分析．中国行政管理，2014（11）．

支撑、政策制度、工具方法等，贯穿于城市管理的计划、组织、指挥、协调、控制、保障的全过程。城市管理技术的高效性、科学性、灵活性等特征，决定了城市管理的价值实现与管理目标能否顺利完成。

评价（E）是城市管理系统与环境相互作用的反馈过程，经由管理主体与管理对象的相互作用，系统根据运行效果评估结果来矫正偏差。城市管理系统评价包含两个部分：一是城市管理主体内部的监督和纠偏机制，二是城市管理主体外部的反馈和矫正过程。根据评价结果，灵活调整城市管理系统的目标、主体关系、技术工具等，是系统运转形成闭合链条的重要环节。

更新（R）是城市管理系统实现改进、调整和创新的过程。新思维、新模式会创造新的制度、方法、工具、元素、路径、模式，并构建出全新的城市管理系统。更新涵盖城市管理的体制机制、标准体系、技术平台、政策保障等所有方面。价值改变是城市管理系统更新的根本驱动力，技术进步是系统更新的支撑条件，评价反馈是系统更新的决策依据。

“MASTER”分析框架中的六个维度，并非“雷达图”式的平面关系，六个维度将由城市管理系统的运行逻辑相互串联，共同组成城市管理系统的分析支点，如图 1-2 所示。其中，“MAS”分析和描述城市管理系统中的组织结构基础；“TER”透视和分析城市管理系统中的动态运行过程。此外，还需重点关注超越组织基础与运行过程之间的循环关系，如“ATE”“SER”“MTR”等，也可根据具体的分析需求选定研究视角。

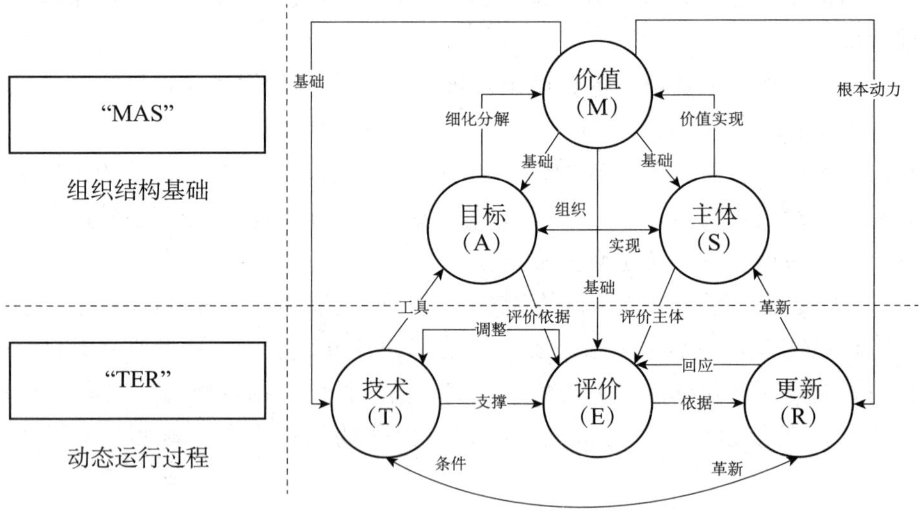

图 1-2 城市管理系统的分析框架

在应用范围上，“MASTER”分析框架既可用作评估分析框架，根据城市管理实践发现问题、总结经验、精准评估分析，也可用作战略分析框架，研判发展趋势、探索系统升级路径，为未来的城市管理战略制定提供依据和参考，如图 1-3 所示。

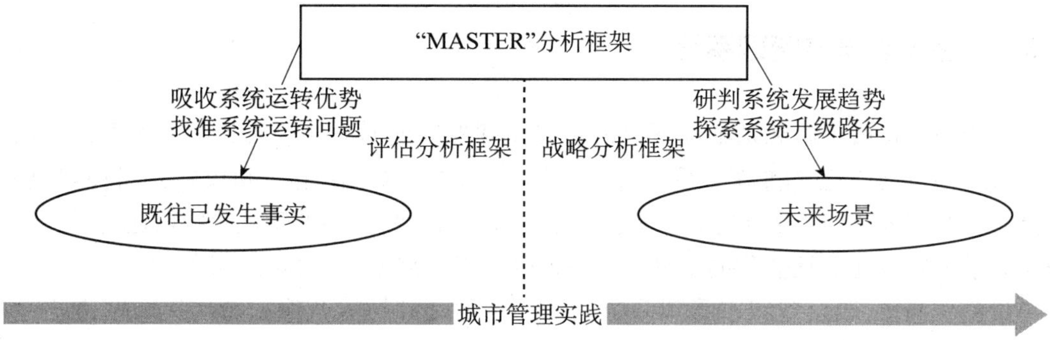

图 1-3　"MSATER"分析框架的应用场景

1.3　城市管理系统的转换升级

城市发展源于人类对理想居所的想象与设计以及对城市文明的探寻。近代城市科学由对城市社区的形态和结构的重新规划、设计和建设发端①。城市管理的发轫与发展也可概括为：依托城市的设计、建筑以及地理学等，经与管理科学、行为理论和社会理论融合，开启了对各类城市问题与管理活动的系统性研究，逐步从单纯的城市规划、城市基础设施建设，转向城市综合研究，而研究重点也逐步转向公共政策和城市综合管理，如图 1-4 所示。

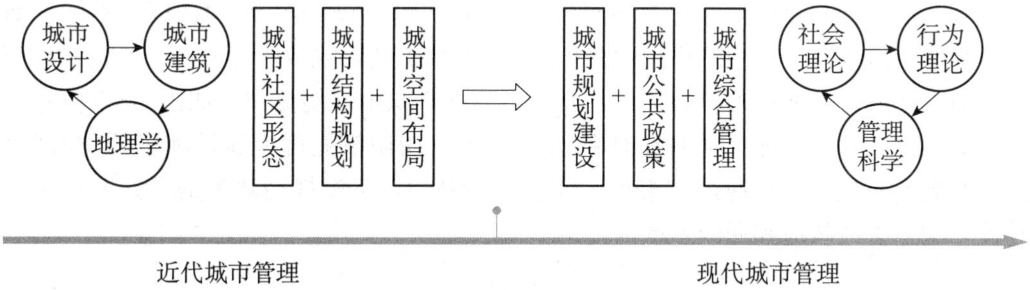

图 1-4　近代城市管理与现代城市管理的关系

回顾中华人民共和国成立后以及二战后民族国家取得政治经济独立后启动的城市的重建、发展与复兴的历史进程可以发现，在半个多世纪的时间里，城市发展均历经了建设、管治、治理的阶段。对应的，现代城市管理系统也相继完成了从"建设型"到"管治型"再到"治理型"的转换升级与形态演进。本节基于"MASTER"分析框架，采用因素解析的方法，分别阐释三类城市管理系统的基本内涵、形态特征、组织基础及其运行过程中的动态交互关系。

① 叶南客，李芸．现代城市管理理论的诞生与演进．南京社会科学，2000（3）.

1.3.1 建设型城市管理系统

大规模的市政设施和基础设施建设是现代城市发展的初始阶段。城市建设是一项高度综合、涉及面广泛、利益关系复杂的工作，需政府以政治能量和权威充当仲裁机构，控制各方委托人①。建设型城市管理系统是政府行政力量主导的管理阶段，通过革新管理技术，借助市场化、社会化的工具，提高行政效率，完成城市建设工作。

价值（M）：建设型城市管理系统的核心价值是“树立政府权威，提高城市建设效率”。在以物质环境和设施营建为中心的城市发展阶段，须由政府主导资源配给、集中资金、稳定政策和实施保障，对城市的规划、建设、管理实行全链条、全方位、强有力的掌控。因此，应创新管理技术、开发管理工具和提高管理效率，提升民众认同感，巩固政府权威，提升政府的配置资源效能。

目标（A）：围绕“权威高效”的系统价值，建设型城市管理系统包含有效配置建设资源、确立政府主导地位和提高行政效率三大核心目标。其一，城市的大规模集中建设工作，具有极强的综合性、系统性和政策性特征，涉及社会公众和集体的重大公共利益，须由政府调动各主体行为，完善社会、经济、法律等制度环境。其二，城市政府通过建设型财政支出加快各类市政工程和城市基础设施项目建设，通过公共财政支出提供公共环境、公共卫生、公共交通、公共治安等公共产品。其三，作为“综合性的城市权力机构”②，城市政府是公共利益的代表，具有“公共企业家”职能，因此应充分运用市场和企业管理方式，革新政府管理模式，改善行政效率，提高组织权威和影响力。

主体（S）：在建设型城市管理系统中，各主体呈现“环式”结构特征，主体之间地位不对称。政府依靠行政主导作用③发挥“元”治理责任，在价值导向、行为模式和利益诉求方面，政府居于权威的核心地位，其余主体在组织中环绕分布，如图 1-5 所示。环式管理结构是“权威高效”管理价值的组织基础。在城市大规模建设和资源配置阶段，政府具有高行政效率，并通过与市场、社会互相制约，不断提高政务信息公开程度，透明行政，构建责任政府和回应型政府。

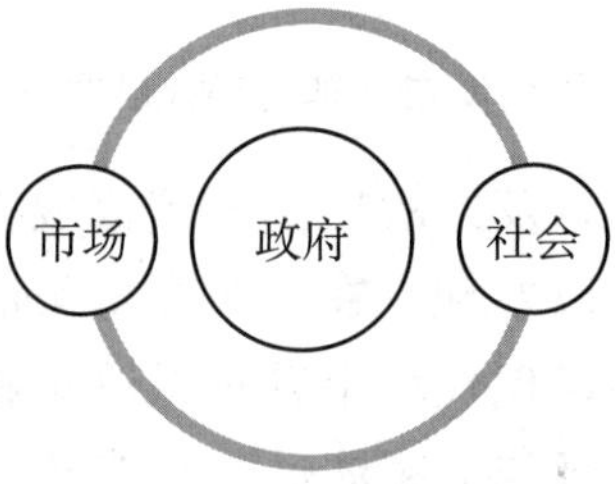

图 1-5 环式管理主体结构

技术（T）：建设型城市管理系统的技术工具，主要包括：第一，政府内部的组织工

---

① 王建国．析城市规划建设的政治因素．华中建筑，1990（1）．

② 刘玉民．城市建设管理中利益协调的制度平台设计探索．北京：清华大学，2009．

③ 王臻荣．治理结构的演变：政府、市场与民间组织的主体间关系分析．中国行政管理，2014（11）．

具。通过结构重组与流程再造，增强政府内部自下而上和横向协调[①]；政府内部采用不同形式的控制技术[②]，如分权、基层雇员赋权、电子政府、多部门协作、减少行政层级、提高效率等，实现扁平化的管理结构，重新规定信息和管理系统。第二，政府内部的竞争工具。通过竞争激励潜在供给者提升竞争力获得更多的资源分配。外包、政府间合同、强制性市场测试、放松管制、准市场和凭证计划等[③]内部竞争工具可以有效替代等级式的行政决策。第三，政府内部的激励工具。内部激励对提升管理效率具有直接效果，有助于形成正向循环累积效应。若排除个人主观意志的影响，激励工具会有效实现管理系统的权力合一[④]，如绩效工资、强制性效率奖、公共部门的平等和反寻租措施等。

评价（E）：建设型城市管理系统须秉持公共责任和顾客至上的理念，以提高服务质量和满足社会公众需求为基准，对政府内部绩效进行科学的量化评价[⑤]，"以结果为本"精准度量管理效果，在政府内部营造良性的竞争氛围，同时提高政府部门的行政效率和工作质量。

更新（R）：建设型城市管理系统的更新过程以政府内部绩效为依据，绩效评价具有计划调控、系统监控、政策评价和政府内部激励等功能。绩效结果应用对更新的作用包括：第一，绩效与政府部门预算相结合，基于当期绩效评价结果，调整下一预算周期的部门预算；第二，绩效与政府人事改革相结合，根据绩效结果调整政府雇员的工资、奖金发放和职位调动，激励公务员和基层管理者；第三，绩效与政府体制改革相结合，通过绩效评价裁撤冗余部门和雇员，进行组织优化[⑥]。

综合上述分析，建设型城市管理系统的组织基础及动态运行中的互动关系如图 1-6 所示。

1.3.2　管治型城市管理系统

随着基础设施不断完善和建设用地锐减，加之投资主体多元化、人口来源多渠道，城市管理的复杂性日益增强，城市管理将进入管治型阶段。管治型摒弃了政府自上而下的单一指挥型模式，强调政府要与社会各阶层互动，调动各方面的积极性，转向多元主体共建共享。由此，政府内部机构之间、多元管理主体之间，以及城市管理主体与城市社会环境之间的协调关系至关重要，强化管治型的综合管理是城市复杂性的必然要求[⑦]。

价值（M）：构建多元共治模式，化解不同利益主体矛盾，是管治型城市管理系统的核心价值。多元主体凝聚合作意识的关键，一是树立"以人为本，公共利益至上"的政府执政理念；二是营造"合作共治，共同担责"的社会文化氛围，构筑信任关系和责任

---

① 敬乂嘉．政府扁平化：通向后科层制的改革与挑战．中国行政管理，2010（10）.

②③ 竺乾威．从新公共管理到整体性治理．中国行政管理，2008（10）.

④ 郎玫．激励、价值与有效性：三权视角下政府绩效评价监督的模型选择．广州大学学报（社会科学版），2018，17（5）.

⑤ 彭国甫．对政府绩效评估几个基本问题的反思．湘潭大学学报（哲学社会科学版），2004（3）.

⑥ 包国宪，董静．政府绩效评价结果管理问题的几点思考．中国行政管理，2006（8）.

⑦ 宋刚，唐蔷．现代城市及其管理：一类开放的复杂巨系统．城市发展研究，2007（2）.

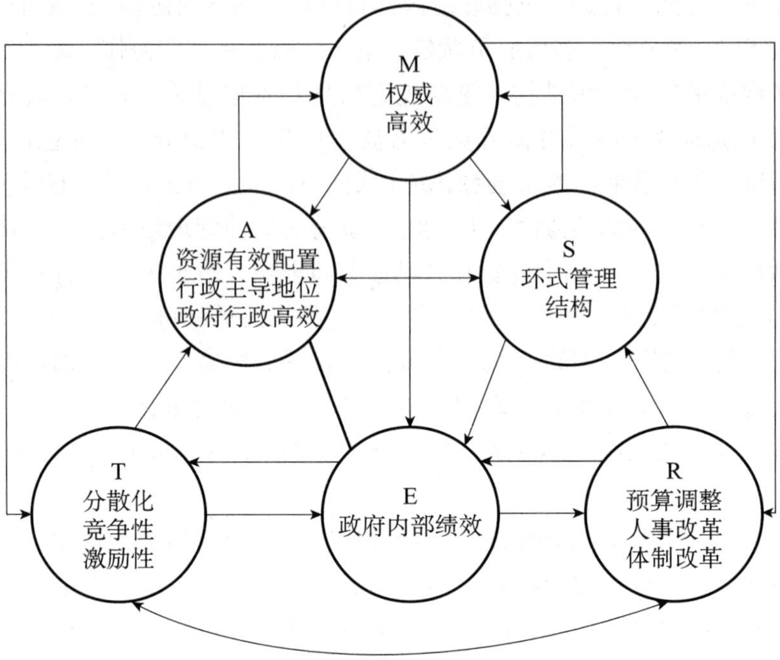

图 1-6　建设型城市管理系统

匹配意识，对社会共同利益做出整体性的及时回应，避免出现利益分割与责任碎片化。以法律形式确定各主体的职能职责、参与渠道、沟通方式和办事流程；构建涵盖平等协商机制、权责配置机制、利益均衡机制、矛盾纠纷机制等①多元主体的矛盾解决机制，以保证利益协调的制度化过程。

目标（A）：管治型城市管理系统的关键目标，一是强调政府与代表不同利益的部门、个人以及社会各阶层、各团体，构建制度化的平等对话机制，组成相互依赖的治理网络，共同参与城市管理②；通过多层级、多维度的互动，完善管理和服务创新③；在平等的基础上，按照参与、沟通、协商、合作的治理原则，增进城市公共利益，完成相互合作及利益整合④。二是处理综合性城市公共事务。城市政府与其他利益相关者，针对监督、调研、稽查和市民反馈，解决各种矛盾和城市公共问题，实现综合性城市管理工作的有序化⑤。三是提升城市居民福利水平。整合共享城市服务资源，平衡资源差异，保障所有群体获得机会均等、水平均等和结果均等的基本公共服务⑥。

主体（S）：管治型城市管理系统呈现出一种网络式、多层级、多主体的管理组织结构，如图 1-7 所示。社会组织发挥市场机制作用，积极参与城市公共事务综合性管理，

① 李祥，孙淑秋．从碎片化到整体性：我国特大城市社会治理现代化之路．湖北社会科学，2018（1）.

② 宋迎昌．城市管理的理论与实践．北京：社会科学文献出版社，2013：34.

③ 徐林．“花园城市”的“管”与“治”：新加坡城市管理的理念与实践．北京：中国社会科学出版社，2016：25-26.

④ 王佃利．城市管理转型与城市治理分析框架．中国行政管理，2006（12）.

⑤ 葛海鹰．经营城市与城市治理．中国行政管理，2005（1）.

⑥ 刘银喜，朱国伟，王翔．流动公共服务：基本范畴、供给类型与运行实态．中国行政管理，2018（12）.

三者交叠共存，构成合作型管理网络。

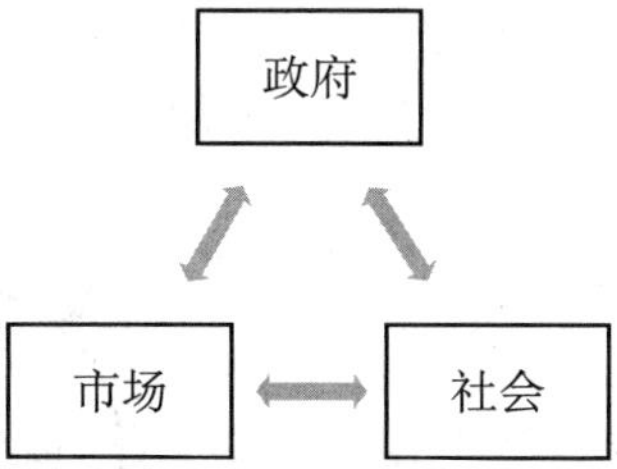

图 1-7 网络式管理主体结构

网络式管理结构体现了“多元共治、和谐平等”的价值取向，形成制度化的利益协调机制和矛盾解决机制，具有很强的稳定性。网络式管理结构并非无政府和去中心化，而是政府的“元”治理者地位由不同管理主体的协作型治理替代，所有主体均可以直接评价管理结果。治理型管理系统同时包含政府对社会的垂直管理和多元主体间的合作治理，从而降低对政府的依赖程度①。

技术（T）：管治型城市管理系统的技术，主要是探索城市数字化管理路径，一方面，建设与多元主体网络配套的信息技术平台，打破部门间、主体间的信息共享障碍，提高管理效率。另一方面，运用信息技术平台数据重新塑造管理流程，减少冗赘管理环节，降低管理成本，提高数据支撑城市管理决策的辅助功能。

评价（E）：在数据平台的辅助下，管治型城市管理的评价体系兼顾政府内部绩效考核和准确衡量社会协作效应的双重作用。在管理效果的衡量指标中，政府绩效之外的第三方评价体系包括：（1）客观指标，使用信息技术平台数据，构建反映城市管理水平的工具性指标，表征不同主体的管理绩效；（2）专家评价，邀请专家构建城市管理效能评价指数，对不同城市管理主体在各方面的表现进行综合性评价；（3）问卷调查评价，从消费者的角度，采用居民满意度方式，评价城市管理水平。

更新（R）：管治型城市管理系统的更新过程，以政府内部绩效评价和第三方评价为依据，在系统内部多元主体的互动关系中，完善管理系统评价，通过重塑管理流程、调整评价参与、创新服务供给行为，完成城市综合管理的更新工作。一方面，以公众需求为导向，政府灵活调整城市管理业务流程，保证第三方需求能够得到及时有效的回应；调整公共服务供给环节间的衔接程序，最大限度降低损耗。另一方面，在回应第三方需求的过程中，改进评价多元主体的参与渠道和参与机制，提高信息的传递和反馈效率。

综合上述分析，管治型城市管理系统的组织基础及动态运行中的互动关系如图 1-8 所示。

1.3.3 治理型城市管理系统

在治理型城市管理系统中，一方面，所有主体均被赋予了相同的治理地位，通过平

---

① 王臻荣．治理结构的演变：政府、市场与民间组织的主体间关系分析．中国行政管理，2014（11）.

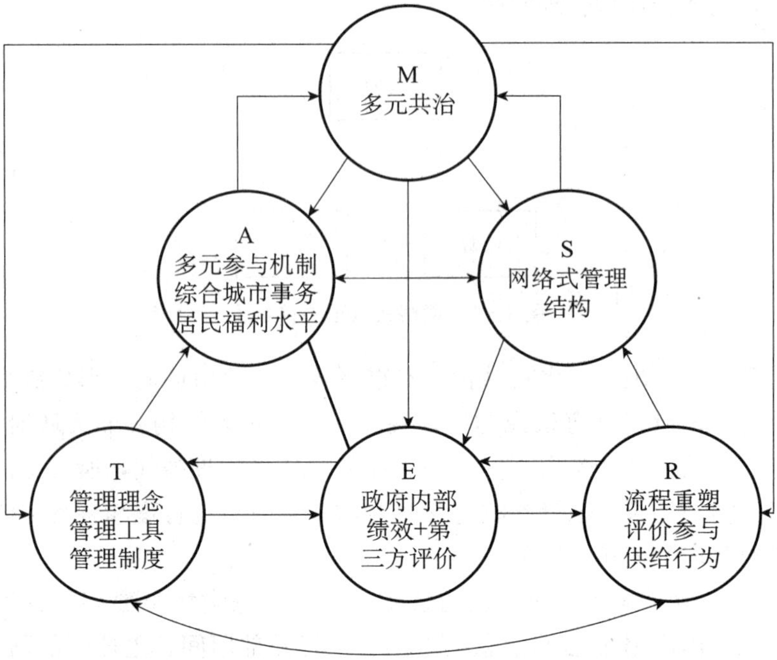

图 1－8　管治型城市管理系统

衡管理流程中各环节的网络联系，发挥治理主体能动性，满足个性化需求；另一方面，在全数据的基础上，架构全场域交互的管理系统，针对行政管理破碎化、社会资本参与激励不足和互动合作机制不持续等关键问题，通过信息互通、节点互联和收益分配共享，实现了城市高质量服务和整体效能的最大化。

价值（M）：当前，个人需求和偏好呈现个性化、多样化的特征[①]，经济收入的提升潜力决定人才的空间迁移[②]，居民对优质社会服务的需求，成为城市发展的主要驱动力[③]，城市发展须重视不同主体的异质性[④]。治理型城市管理系统的核心价值是，激发多元城市主体创造活力，关注居民多样化、人性化的生活要求，驱动城市高质量发展，提升公共服务供给和公众生活品质。

目标（A）：治理型城市管理系统运用现代科技，建设信息智能平台，从供需两端优化城市社会子系统，实现城市空间结构、经济环境和社会职能良性互动。一是满足人民生活需要。以多样性的休闲娱乐、高质量的城市社会服务和便捷的城市交通为重点，形成持续优化迭代的管理系统。二是激发创造活力。基于多元化、个性化的居民实际需求，实现动态调整，满足人民生活需要与激发城市管理活力，推动城市经济与社会文化发展。三是建立城市管理的智慧运行平台。功能覆盖信息存储和管理、服务资源信息共享以及

① GLAESER E L，KOLKO J，SAIZ A. Consumer city. Harvard institute of economic research working papers，2000（1901）.

② 弗罗里达．你属哪座城？．北京：北京大学出版社，2009.

③ 杨开忠．以地方品质为关键推动未来城市建设．群言，2019（8）.

④ 颜银根．微观主体异质性行为：新经济地理学的最新研究方向：兼评《产业空间分异与我国区域经济协调发展研究》一书．经济地理，2014，34（12）.

跨部门协同；辅以数据科学和智慧辅助的动态决策，实现公共服务供需匹配；基于数据挖掘，综合空间结构分析工具，实现城市管理系统的横向、纵向拉伸，提升城市服务效能，扩展城市服务范围。

主体（S）：治理型城市管理系统从封闭集中转变为开放分散，多元主体形成原子式多点发散的管理结构（如图 1－9 所示），共同承担城市服务的权责义务。一方面，针对区域空间结构、基础设施建设和公共服务资源的差异化，以及不同群体需求偏好的个性化和多样化特征，通过大数据平台形成协作关系网络；另一方面，深度挖掘信息数据的潜在价值，驱动城市管理系统向服务化、平台化、多元化和网络化转变，保障多元主体参与城市治理、产业促进、民生文化等，共享社会经济资源，建构发散式治理网络。

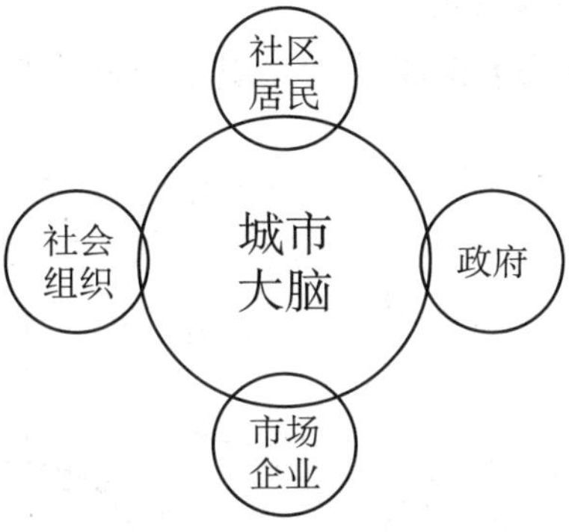

图 1－9　原子式管理主体结构

技术（T）：治理型城市管理系统的技术工具，主要包括：（1）设计信息中枢。依托数据资源体系，构建城市管理系统的中枢平台，自上而下展开顶层设计，制定城市运营的总体战略。基于城市管理的微观场景，自下而上构建涵盖由基础设施、数据融合、场景应用、标准评价与运营发展组成的城市运行体系。信息中枢为城市管理系统各主体提供智能辅助。（2）创建多样性的治理需求反映渠道。利用大数据的体量、多样性、价值和速度等技术特征，提升管理系统的响应速度和运用效率，提升公共服务的经济性、效率性、效果性①，增加社会公共价值；搭建多样化的服务感知体系，形成涵盖主动发现、被动发现和人工智能自动发现的城市问题反映渠道，实现城市服务系统的精细化、个性化和全覆盖。（3）营造可持续的城市服务合作创新环境。在多点发散治理结构下，政府依托政策法规和监督机制，保障主体权益，形成城市服务合作关系。用法律保障信息和数据共享，为合作软环境提供制度保障②，以利益共享创造新合作模式，激发各主体协同治理的动力。

评价（E）：治理型城市管理系统的根本目标是为居民创造美好的生活环境，主要以对公众个性化需求的满足程度和社会总体满意度来评价治理型城市管理系统的发展水平。（1）在宏观上制定城市管理的流程标准和评价体系，将标杆管理、精细化管理和全面质量管理等标准化方法，引入城市公共服务的顶层设计与考核评价；自上而下考核不同区

① 刘银喜，赵子昕，赵淼．标准化、均等化、精细化：公共服务整体性模式及运行机理．中国行政管理，2019（8）．

② 石国亮，张超，徐子梁．国外公共服务理论与实践．北京：中国言实出版社，2011．

域的信息平台软件、接口和标准体系，以及城市不同领域的信息共享水平，以提升主体合作能力。(2) 在微观上设计场景，综合信息数据和管理标准，将定性评价与定量评价相结合，完善城市管理标准和操作规范，实现线下的管理流程与工作要求和线上的数据规范与采集标准保持一致，确保高效率、高质量地供给城市服务。

更新 (R)：治理型城市管理系统建构了基于数据科学的城市管理模式。信息中枢平台负责信息交换、考核评价和城市系统的全面管理功能。伴随大数据、AI 等信息技术的嵌入，信息数据挖掘对城市治理的潜在价值日益提升。一方面，城市管理系统持续获得反馈信息，洞察公众群体的需求特征与行为模式，了解社会深层次需求；另一方面，运用大数据技术辅助管理决策，推动城市管理系统迭代，发挥多元主体协同创新的集合优势，充分满足异质性的公共服务需求。

综合上述分析，治理型城市管理系统的组织基础及动态运行中的互动关系如图 1-10 所示。

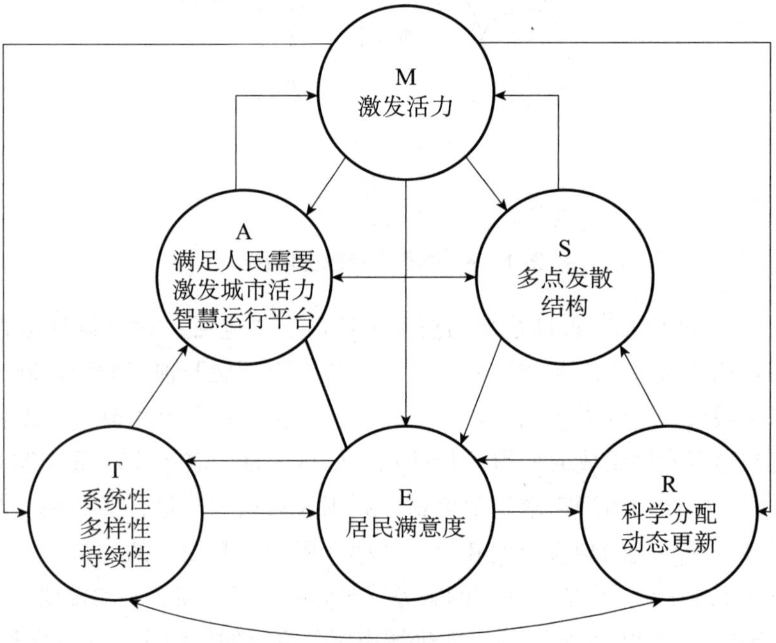

图 1-10　治理型城市管理系统

城市管理体系是城市管理主体作用于城市管理和服务对象的整个系统，主要包括范畴内容、任务目标、方法手段、组织模式和实施保障等五个核心维度。本章阐述了三种城市管理系统的形态及转换，未来城市管理体系将随着现代城市转型升级的动态发展而不断进步、革新和演进。

本章小结

城市管理的基本概念与内涵特征，受到不同国家的历史背景、发展水平、现实条件和任务目标差异化的影响，而莫衷一是、各有侧重。城市管理是对现代城市管理活动的统称，现代城市管理同时汇聚了管理活动的对应性、管理目标的动态性、管理内容的层级性、管理主体的多样性和管理工具的科学性等五个特征。城市管理系统是管理主体作用于管理客体和服务对象的模式、手段和内容的统称。从组织结构和活动中的相互关系来看，城市管理系统可以概括为一个涵盖价值理念、管理目标、管理主体、技术工具、评价方式与更新过程的核心分析框架。在城市运行中，城市管理系统通过系统性的优化与迭代、持续的演进，先后历经建设型、管治型和治理型三种组织结构。其间，城市管理系统的组织基础、职能定位和网络关系结构等不断进化，逐步形成了支撑全领域、多主体和全链条城市管理活动的高级系统形态。

关键术语

城市管理　城市管理系统　管治型城市管理系统　管理主体多样性　网络式管理主体结构　原子式管理主体结构

复习思考题

1. 简述国内外关于城市管理概念与内涵的研究现状。
2. 范戴克认为的城市管理任务与宗旨是什么？
3. 城市管理的内涵特征是什么？
4. 城市管理系统的作用有哪些？
5. “MASTER”城市管理系统的核心框架与组成内容是什么？
6. 管治型城市管理系统的组织基础是什么？
7. 治理型城市管理系统的组织基础及其在运行中的互动关系是怎样的？

进一步阅读的文献

1. Istanbul declaration on human settlements. https：//sdgs. un. org/sites/default/files/documents/7255Istanbul%2520Declaration%25201996. pdf.

2. BOGASON P，TOONEN T A J. Introduction：networks in public administration. Public administration，2010，76（2）.

3. 董树藩．都市管理概论．台北：台湾商务印书馆，1987.

4. 王富臣．论城市结构的复杂性．城市规划汇刊，2002（4）.

5. 王以邃．基于系统理论的城市形态复杂性探索．山西建筑，2005（11）.

6. 周干峙．城市及其区域：一个典型的开放的复杂巨系统．城市发展研究，2002（1）.

7. 戴汝为．数字城市：一个开放的复杂巨系统．中国工程科学，2005，7（8）.

8. 陆军．中国城市精细化管理研究．北京：科学出版社，2021.

9. 马彦琳，刘建平．现代城市管理学：第2版．北京：科学出版社，2006.

10. 沈建法．城市政治经济学与城市管治．城市规划，2000 (11).

11. 夏建中．新城市社会学的主要理论．社会学研究，1998 (4).

12. 王君，刘宏．从“花园城市”到“花园中的城市”：新加坡环境政策的理念与实践及其对中国的启示．城市观察，2015 (2).

第2章
城市管理的理论应用与技术支撑

“形而上”谓之“道”，“形而下”谓之“器”。城市管理研究体系包括两方面：一是建构包括基本理论、发展逻辑、专门知识和独立语言表达体系的学科理论基础；二是发展一套行之有效的分析工具、管理方法和实施技术等。两者相辅相成，合二为一。本章由三部分组成，第一部分归纳了市场失灵、政府失灵和治理缺陷引发的三个典型的城市管理问题；第二部分基于经典理论原理，概括了现代城市管理的理论应用基础；第三部分综述了大数据和智慧城市管理技术的现实应用。

重点问题

- 现代城市管理中的三类典型性问题
- 现代城市管理中的各理论分支及其综合应用
- 大数据在现代城市管理中的应用和促进作用
- 技术创新与智慧城市发展对城市管理的支撑

2.1 现代城市管理的典型问题

城市是人类的生活环境、文化发源地与传播中心以及各种制度的发展基础①，良好的管理是城市可持续发展的关键。城市结构②、自然群落的特征③、建筑科学发展④、信息时代的数字城市⑤等都是当前城市管理研究的重要维度。

城市管理是针对城市巨系统的一个多维度、多层次、多形态的动态复杂系统⑥。城市

---

① 董树藩．都市管理概论．台北：台湾商务印书馆，1987：22－26.

② 王富臣．论城市结构的复杂性．城市规划汇刊，2002（4）.

③ 王以邃．基于系统理论的城市形态复杂性探索．山西建筑，2005（11）.

④ 周干峙．城市及其区域：一个典型的开放的复杂巨系统．城市发展研究，2002（1）.

⑤ 戴汝为．数字城市：一类开放的复杂巨系统．中国工程科学，2005，7（8）.

⑥ 马彦琳，刘建平．现代城市管理学：第2版．北京：科学出版社，2006：21－28；宋刚，唐蔷．现代城市及其管理：一类开放的复杂巨系统．城市发展研究，2007（2）.

管理的理论基础具有典型的交叉学科属性。管理学侧重城市的公共治理与组织模式及其绩效研究①，经济学探讨城市发展的经济条件、体制机制和激励制度②，社会学研究城市的人群关系、公众参与、基层社会发展和社区治理③，城乡规划则强调城市的土地利用、规划实施和空间发展结构。城市管理学的理论与实践，须根据城市的复杂系统特征，以统合各交叉子学科的综合视角，一方面，构建涵盖理论辨析、案例分析和政策研究的整体框架，另一方面，加快推进系统性、动态性的应用研究。

2.1.1 市场失灵产生的城市问题

经济学理论证明，一个经济系统借助市场机制能够实现资源配置、生产效率与技术创新的最优化。然而，不完全竞争、外部性、公共物品、信息不对称、企业自利和激励不相容等，将导致市场失灵和经济系统失序，无法实现一般均衡。

当市场失灵时，经济产生外部性，私人成本和社会成本出现分异（divergence），市场竞争和政府效率低下，社会资源配置无法达到帕累托最优（Pareto Optimality）状态。面对市场运行的内在风险和不确定性，问题导向的政策供给在时间反应上会出现滞后性，不利于经济社会的稳定。此外，非排他性和非竞争性诱发“搭便车”机制，市场无法保障公共产品的可持续生产，加剧收入分配不公和贫富分化。再者，政府无法获取公众的真实意愿、消费需求和偏好显示，转而依靠代理人选择、民众授权模式、中间投票人与需求调查和数据技术工具，容易造成公共决策过程偏离公共目标和社会公共利益。

市场失灵产生的城市管理问题包括：（1）管理服务供需错位。一方面，市场调节机制滞后，企业主导的多元供给模式难以形成，城市公共产品和公共服务供给体系不完善、供给规模不足和供需品类不匹配；另一方面，背离“以人为本”的准则，淡化对民众个性化需求的服务意识，造成城市管理决策僵化，公共服务的质量和标准无法按需匹配，例如强制取缔“街头摊贩市场”，降低了居民生活的方便程度和满足感。（2）管理效果不持续。缺乏长效机制与市场化工具，运动式的突击整治和“以罚代管”导致违法建筑私搭乱建、街面环境秩序脏乱、住宅小区管理缺位、占道经营违章设摊、户外广告混乱无序、建筑和生活垃圾分类不力等顽疾反复出现、无法根治。（3）管理内容时空错位。一方面，城市在重大节日、重要时点、重大事件的管理投入、管理质量和社会效果，远超城市的日常管理水平。另一方面，在空间上，重点地区、形象工程和主干道的管理质量较高。而城市支路和背街小巷的私搭乱建、乱停车、人行道不畅通、设施老化、便利性不足、环境脏乱等问题比较严重。（4）专业人才队伍培养不足。由于城市的“管理和服务高度耦合”，所以城市管理与执法队伍的专业人才培养的市场激励机制与人力资本积累制度，以及人才市场的横向开发和交流机制非常重要。但市场机制不健全造成政府教育

---

① BOGASON P，TOONEN T. Introduction：networks in public administration. Public administration，1998，76（2）.

② 沈建法．城市政治经济学与城市管治．城市规划，2000（11）.

③ 夏建中．新城市社会学的主要理论．社会学研究，1998（4）.

机构为主、投资渠道单一、培养规模有限、专业质量不足，严重制约了复合型人才和专业化执法队伍的职业化建设，降低了城市管理的精细化水平和综合执法效率。

2.1.2　政府失灵产生的城市问题

政府失灵也称非市场失灵（non-market failure）是指由政府干预经济和纠正市场失灵的不当行为引发的资源配置低效率、公共秩序非最优和社会福利损失的状态。政府失灵由来已久，最早可追溯至二战后凯恩斯主义政府的干预政策造成“滞胀”，导致政府规模膨胀、巨额财政赤字、过度寻租、交易成本大增和社会经济低效率等。

政府失灵受政治体制、市场结构、行政制度、政府职能和公共治理组织模式等因素的影响，缘起非常复杂，但核心逻辑是政府与市场之间的关系问题。归纳起来，政府失灵的主要原因包括：(1) 政府决策涉及面广、过程复杂，信息获取难度大、决策成本高，政府的行政成本、交易成本和运行费用高，造成公共资源浪费、公共政策失灵、资源配置低效和社会福利损失；(2) 由于内在垄断和排他性，难以有效制定政府公共产品供给的绩效考核和评价标准，成本收益评价机制弱化，预算软约束无法激励政府提升运行效率；(3) 官员的激励制度、考核制度和行政监督体制不健全，政府官员滥用行政权力干预市场，设租寻租最大化个人收益，损害市场公平竞争秩序。

政府失灵产生的城市管理问题包括：(1) 政府主导公共产品垄断供给模式，造成城市公共产品供给不足、供需结构失衡、服务质量低劣、生产成本和价格居高不下、公共服务供给效率低下，政府预算资金缺口增大，无法满足居民的公共服务需求增长。(2) 政府集城市规划、国有资产经营、公共服务供给和社会管理于一身，一方面造成市场供求的越位、缺位和错位，另一方面对差异化需求、区域合作供给和吸引社会资本形成“挤出效应”。(3) 信息不完备和多重委托代理，政府公共决策科学化和民主化水平低，政策的不确定性强，权威性不足。(4) 法律法规不健全，运动式和选择性行政执法，信息公开、听证、纠纷申诉和社会监督不规范，居民知情权以政代法，矛盾调解不力、偏袒开发商、以权谋私。(5) 政府垂直管理，非政府第三方管理机构的独立性缺失；城市内外部信息的交流反馈机制弱化，抑制了社会共治体系，城市公共服务逆民营化屡见不鲜，跨行政区域的治理组织系统创新能力严重不足。(6) 公共管理的法律法规监督机制和决策程序不健全，政府的权力边界和权力范围模糊，市场产权制度保护乏力，规则导向和负责任的政府目标不明确。

2.1.3　治理缺陷引发的城市问题

斯托克指出，治理通过为良好秩序和集体行动创造环境条件，来缓解城市管理的问题与矛盾，消除市场和政府的失灵现象[①]。吉列尔莫·奥康奈、菲利普·施密特认为，司

---

① STOKER G. Public-private partnerships and urban governance//PIERRE J. Partnerships in urban governance. London: Palgrave Macmillan, 1998.

法独立、依法治国、媒体自由、行政权力下放、分权制衡等，是取得治理效果、实现城市管理的规范性和结构性改进的前提条件[①]。

当前，受客观条件和复杂实施环境的制约，城市治理的功能效果和作用范围均存在局限性，甚至造成治理失灵现象。造成治理失灵的主要因素包括：(1) 委托代理关系错配和缺位。政府利用委托方的强势地位，对居民自治组织和第三方机构进行政策规制与权力制衡[②]；但基层社会组织和居民无法表达真实的需求意愿与利益诉求，导致行政有效、治理无效[③]。(2) 产权归属不明确。根据产权理论，资源所有权归属明晰和交易成本为零时，将激励公众参与治理的积极性和责任感[④]。公共资源若缺乏明晰的产权归属责任，会诱发负外部性，并降低公众投资或参与城市治理的意愿[⑤]。(3) 市场化程度不足。公共设施与公共服务的准入门槛高、市场未完全开放、社会资本参与渠道有限，投/融资平台开发支撑工具不足，抑制了社会组织的发展规模、功能定位和能力建设，使其缺乏竞争力[⑥]。(4) 城市存在异质性。不同城市的地理条件、人口规模、资源禀赋、发展战略和组织规划均存在异质性，标准化的治理方案或政策措施难以适应复杂的现实情况。

治理缺陷引发的城市发展问题包括：(1) 在市政设施、道路交通、环卫环保和园林绿化等领域，大数据、物联网、云平台和智慧城市等技术创新，对智能化的部件管理、动态化的事件管理和城市提质增效具有重大意义。但政府补贴过度也会造成技术市场开发过剩，若引导不力还会造成共性技术、适用技术创新不足等问题。(2) 城市土地征收制度与土地资源配置的市场化机制存在矛盾。一方面，工业用地的低价与低效利用、土地资源浪费和房地产盲目扩张，另一方面，地方政府违法违规征地、小产权房违法违规用地和村庄用地大量闲置，两种现象并存，行为逻辑不符合市场价值规律。(3) 城市公共住房建设质量不高，生活设施不齐全，空间布局高度集聚，难以满足巨大的城市化需求，成为农民工市民化的障碍。(4) 政府在公共教育领域设置资质审批和监管体系，市场缺乏竞争形成垄断，教学质量的第三方机构评价体系尚未形成，社会资金难以进入，基础教育资源匮乏。(5) 受信息不对称和双向垄断的影响，医疗服务行业的市场调节机制失灵，药品和医疗服务价格居高不下、背离价值规律和正常供求关系，成为社会稳定的潜在风险。

2.2 现代城市管理的理论应用

城市管理是典型的问题导向的应用研究领域。针对市场失灵、政府失灵和治理失灵

---

① 奥康奈，施密特．威权统治的转型：关于不确定民主的试探性结论．北京：新星出版社，2012.

② 马海韵，华笑．当前我国公民有序参与城市治理的困境及消解．江西财经大学学报，2016 (2).

③ 林闽钢，超越“行政有效，治理无效”的困境：兼论创新社会治理体系的突破点．中共浙江省委党校学报，2014，30 (5).

④ COASE R H. The problem of social cost. Journal of law and economics，1960，3 (10).

⑤ ACEMOGLU D，JOHNSON S，ROBINSON J A. Institution as the fundamental cause of long-run growth. Handbook of economic growth，2005 (1).

⑥ 唐皇凤．我国城市治理精细化的困境与迷思．探索与争鸣，2017 (9).

分别引起的城市问题，我们综合公共经济、公共行政、协作性治理、新公共管理、公共选择、新公共服务和整体性治理等理论分支（见表2-1），结合矫正失灵的相关对策，构建城市管理的理论基础。

表2-1　经典理论学说关于矫正失灵的对策

理论学说	主要对策
公共经济理论	全面推进以市场化的资源配置为基础、以政府合理有效调控为主导的制度改革和政策创新体系
公共行政理论	以民主政治建设解决政府与市场的冲突，实现市场调节与政府干预的完美结合
协作性治理理论	构建以政府为主体、市场调节、社会参与、第三部门补充的协作性城市公共管理组织体系
新公共管理理论	探索政府、市场和社会三者互补耦合的多中心、多向度和多层次的公共管理体系，形成互利、均衡和可持续的体制机制
公共选择理论	推进公共目标由个人选择向集体选择演进，基于社会民主的政治进程，创建良性互动的政经关系架构和行之有效的政社互动政策
新公共服务理论	推进政府由管制型向服务型演进，实现公共行政价值范式的革命性转变，在政府与市场之间找到最优路径和理想的关系模式
整体性治理理论	基于大数据和信息技术工具，准确测度公民需求和消费偏好，系统整合政府内部机构和部门，形成城市网络化公共治理的新形态，全面提升公民公共利益的综合治理能力与水平

2.2.1　公共经济理论

城市的人口规模大和经济密度高，外部性强烈，在很多情况下，市场选择的结果是社会无效率，因此需要不断发展新的理论模型和实证研究工具，来解释新的社会经济现象①。公共经济学是研究经济效率、分配和政府政策的经济学核心分支学科，主要研究市场失灵、公共产品和非完全竞争（imperfect competition）条件下，市场失灵和外部性的矫正对策。20世纪50年代后，公共经济学逐步吸收公共财政（public finance）和规制经济理论，既重视公共债务和公共部门行为的宏观研究，也强调税收和最优社会保障政策（optimal social security policies）的作用。公共经济学新近引入政治过程、政府行为和公共支出，更为关注政府支出和税收，降低政府干预的市场非效率。面对非市场失灵，公共经济学主要研究政府如何设计更有效率的税收政策工具，并通过收入再分配增进社会福利，降低财政收入的筹集成本，认为政府还可以建立一定规模的公共生产部门，直接参与供给，保障城市公共产品和基本公共服务的持续供给，实现经济组织的高效运作。

---

① IOANNIDES Y M. From neighborhoods to nations：the economics of social interactions. Princeton：Princeton University Press，2013.

经济学中的均衡是指在控制其他要素不变的情况下，在单一市场条件下的理想化状态[①]，然而，在现实中，受人口流动、技术发展、区域不平衡和资源要素禀赋结构的异质性影响，市场难以实现唯一的稳定均衡状态。因此，精准化、差异化和有侧重的非均衡局部政策措施是城市管理的必然选择。依据经济学理论，完全无弹性的公共产品，宜采取自上而下的政府规划实现供求均衡；有弹性的商品与劳务，应采用市场动态调节机制实现供求均衡。此外，还应淡化政府间的管辖界限与责任范围，增强地区和部门间协商合作的灵活性，以降低交易成本，实现供需均衡。当前，在政策分析方面，公共经济学出现了实证主义趋向。因此，在公共经济的分析框架下，一方面，要研究经济行为主体对新政策介入的响应策略，力求通过制度设计引导、组织和保障经济社会运行的公平和效率；另一方面，重视公共政策均衡目标的设定，通过数据支撑，采用模拟方法可以测度城市政府行为与评估发展政策绩效，实现城市最优政策的选择。

城市管理应具备灵活的调节机制和应变能力，以处理突发事件，化解复杂多变的风险和不确定性[②]。责任下放、去中心化、引入社会资本等，既能提升城市适应外部环境和解决社会矛盾纠纷的能力[③]，也有助于多元主体形成适应性治理，协同解决城市问题的核心要害[④]。凯恩斯主义的相机抉择货币政策，强调根据市场情况和调节措施的不同特点，机动地选择政策组合及工具调节形式[⑤]。城市管理运用机制设定参与者的行为框架及政策浮动范围，并根据不同的区域、城市、阶段及对象的差异性，对管理框架进行及时的权衡、抉择与调整。此外，在城市管理中，民主协商是各参与主体互动博弈获取合作性结果的保障[⑥]，为规避信息不对称导致道德风险与逆向选择，城市管理必须容忍不同利益方碰撞、协调、反复博弈，以确保合作结果符合多数参与者的利益[⑦]。

2.2.2 公共治理理论

20 世纪 70 年代，非营利组织、社会中介组织等机构，在全球范围内快速涌现。1989 年，世界银行在《撒哈拉以南非洲：从危机走向可持续增长》中首次提出“治理危机”（crisis in governance）。全球治理委员会将“治理”定义为，不同利益主体联合行动，对利益间冲突进行调和的动态过程，是各类公共机构、私人机构与个体管理共同事务的多种方式的总称[⑧]。20 世纪 90 年代，治理逐步扩展成为一项兼具正式规则和不同行为主体利益的非正式制度安排，特别强调非政府机构在提供公共服务、参与公共管理和

---

① WALRAS L. Elements of pure economics：or the theory of social wealth. New York：Routledge，2013.

② 彼得斯．政府未来的治理模式．北京：中国人民大学出版社，2013：61.

③ ADGER W N. Social and ecological resilience：are they related?．Progress in human geography，2000，24（3）.

④ HATFIELD-DODDS S，NELSON R，COOK D C. Adaptive governance：an introduction，and implications for public policy. https：//ageconsearch. umn. edu/record/10440/.

⑤ RAICO R. Was Keynes a liberal?．Independent review，2008，13（2）.

⑥ DIXIT A，GROSSMAN G M，GUL F. The dynamics of political compromise. Journal of political economy，2000，108（3）.

⑦ CONGLETON R D. The median voter mode. Berlin：Springer，2004.

⑧ Commission on Global Governance. Our global neighborhood. Oxford：Oxford University Press，1995：23.

解决政府失灵中的作用。

自此，治理的以下新特征日益凸显：(1) 政府本位的传统社会管理体系被打破，第三部门、私营机构不断承担管理公共事务、提供公共服务的责任，开始成为社会权力中心；(2) 政府与非政府组织、非营利组织、社区组织、公民组织等社会主体间的相互依赖与平等合作日益紧密，逐渐形成自组织网络；(3) 在多元主体参与的框架内，新的管理方法和措施工具被不断采用，管理效率和治理效能大为提升；(4) 传统的政府-市场二元关系被政府-市场-公民社会的协作治理取代，应对复杂性、高昂成本和非正式制度挑战的治理能力迅速提升；(5) 治理组织与治理模式不断演变，引发“政府权力-市场边界-社会自治”三者关系的结构性变迁，去中心化、多中心治理、合作博弈等成为社会治理的新格局；(6) 公共部门责任通过政府分权逐步下沉，绩效管理、市场竞争和外包等政府公共管理体制改革不断加快[①]；(7) 制定政府公共支出水平与结构评价的分析框架，保持预算体制的内在约束和激励机制，强化财政总量控制，提升支出和资源配置效率[②]。

1999年世界银行报告《城市政府面临的挑战》指出，良好的治理应提升城市服务质量、促进城市竞争力和激活城市发展活力，最终以实现经济增长为目标。在道德和理想层面，治理框架须赋予公共部门责任感，推动行政管理现代化，创新公共部门运行模式，维护稳定的社会秩序。城市治理的重点是社会行动、城市政策和经济发展，治理具有现代化、更新、开放、变革、高效等特征。全新的治理需重视地方项目优先性评价、强调政治责任感以及提高全部公民对公共政策的良好认知。

为降低不确定性冲击集体行动，城市政府治理的前提是，通过调查、试验、研究和谈判等途径，完善规章、协定和法律，量化损益，制定集体决策的新规则，构建未来发展的制度架构。20世纪90年代，随着全球化、区域一体化和地方分权的步伐加快，全球制度结构和国际经济秩序的平衡逐渐向中心城市偏移，多层次的地方化分权与多极化的发展态势更加显著，地方创议权和地方公共政策催化了城市政治进程，一方面，城市政府成为公共行为中心，另一方面，非正式合作关系、契约式伙伴关系不断加强。

在基层社会的公共物品和外部性方面，市场是失灵的，因此基层社会治理非常重要。米勒指出，当公共物品被消费或生产时，一个人或组织的活动会对其他人或组织的效用产生意外影响[③]，因为存在外部性，微观个体效用与社会整体效用不等同。在城市基层社区，一方面人口固定化、需求规模小、服务范围狭窄、消费低效率，另一方面基本公共产品的非竞争和非排他属性，共同导致信息严重不对称，只能实现有限市场化，财政补贴在公共服务供给中居于核心地位。在有限市场化的情况下，作为基层社会的主要组织者，居委会供需两侧同体，居民仅是基层服务的被动消费者，城市基层社会问题无法得到充分解决。因此，扁平化激活市场化的基层社会需求，降低了基层社会管理成本，引入社会资本、向社会购买服务，推进了基层社会局部治理体制改革，可参见图2-1。

---

① 沃尔曼，孙存良，刘爽．四国地方政府改革比较研究．经济社会体制比较，2007（1）．

② 普拉丹．公共支出分析的基本方法．北京：中国财政经济出版社，2000：25.

③ MUELLER D C. Public choice. 3rd ed. London：Cambridge Press，2003：25.

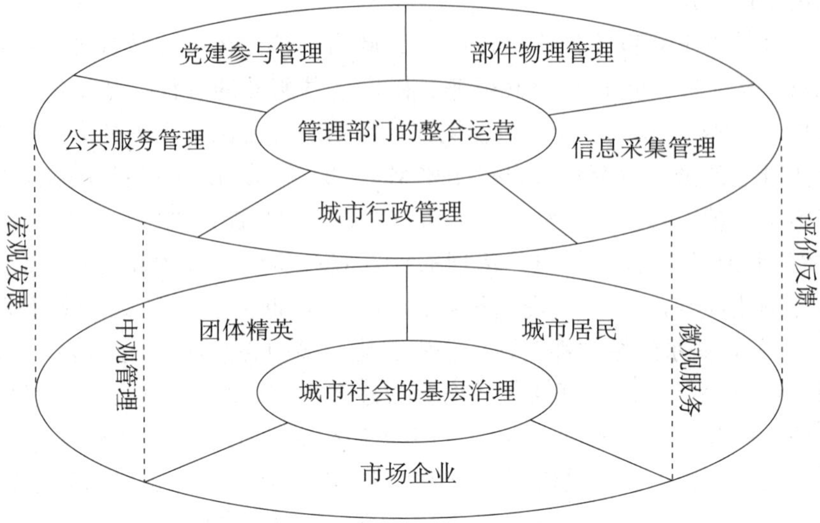

图 2-1　扁平化的中国城市治理模型

2.2.3　公共行政理论

1886 年，伍德罗·威尔逊发表《行政学研究》指出，行政管理应强调技术性事项，追求管理效率。20 世纪初，马克斯·韦伯从技术角度提出，在行政集权化体系内部，推进科层制能够实现最高度的效率①。科层制具有以下进步性：内部分工层级分明，行政规章职责严密；专业培训与按照资历政绩晋升的制度体系完善②；沟通、协调、控制和监督成本低；激励制度合理，决策非人格化，行为控制稳定，组织效益优；劳动力集聚衍生的城市社会冲突得到缓解。

科层制的“强制性协调”特征，符合资本主义工业社会和新兴产业组织对经济规模、企业效率和社会偏好的内在需求，遂成为工业化城市治理的普遍形式。然而，科层制治理结构有内生劣势：一是垂直一体化的官僚系统，权力等级严苛，中间层次繁多链条长，公共治理效率低下③；二是市场反应僵化，经济波动或市场不确定性将推高公共服务生产成本；三是政府加剧信息不对称，造成公共产品和服务的供需、品种和区位出现错配现象；四是规模化建设加剧财政支出压力，对工人实施严格监督增加社会矛盾冲突。总体上，传统行政管理体制几乎将全部公共事务纳入政府管制之下，弱化了企业、非营利组织、公民和个人等非政府主体的参与作用。

20 世纪七八十年代，城市化衍生“城市病”，各类城市社会问题日益严峻④，“去科

① WEBER M. Economy and society：an outline of interpretive sociology. Berkeley：The University of California Press，1978：223.

② 竺乾威．西方行政学说史．北京：高等教育出版社，2000.

③ 休斯．公共管理导论．北京：中国人民大学出版社，2001：2.

④ HALL T，HUBBARD P. The entrepreneurial city：new urban politics，new urban geographies?．Progress in human geography，1996，20（2）.

层制”的市场化和政府职能改革成为大城市摆脱治理困境的选择①。一方面，管理失灵迫使全能型政府重新确定社会职能；另一方面，向非政府部门转移部分权限，促进多元主体平等协商、自愿合作，形成扁平化的协作治理组织。扁平化治理模式有助于破解行政集权抑制创造力、等级森严压制公民权、自上往下层层覆盖限制横向合作，以及大型生产组织管理成本高昂、社会控制低效但风险高等诸多难题。在扁平化模式下，社会价值崇尚效率和质量，企业型政府将竞争引入公共管理，引导传统管理转向城市经营，关注顾客满意度，以市场化工具开发公共项目、处理公共事务、解决城市问题，生产优质公共产品和服务，对资源配置进行绩效监督，提高治理效率，增强城市活力。

20 世纪，公共行政学理论主要关注组织内部的激励管理，并不涉及跨组织、跨政府和跨部门的治理实践。在 20 世纪 60 年代以前，传统公共行政管理认为，地方政府是“全能政府”，须承担生产公共产品的全部责任。21 世纪是网络时代，公共组织与公共部门的边界逐渐模糊，公共部门与非公共部门之间的相互依赖与合作不断增强。协作性公共管理（collaborative public management）模式应运而生。在知识基础、价值取向、功能、操作规则与程序、整合机制、决策模式等方面，协作性管理与以官僚管理组织范式为基础的单一组织的等级管理模式完全不同，呈现出以下特征：第一，政府间协作关系的范畴，逐步从政府机构间的合作，向政府与准政府机构、非政府组织和非公共部门之间的契约的、管制的、援助的、互惠的协作性互动关系延伸。第二，在地方政府层面，辖区政府机构与非营利组织、营利组织、私营部门、市民协会之间的依赖普遍增强，合作方式多样灵活。第三，由于大都市区的数量、规模和密度不断扩张，一方面，城市的基础服务和日常管理对邻近城市产生直接影响；另一方面，中心城市与郊区、农村和周围地区之间的合作伙伴关系，已经成为城市外部事务管理的重要内容。20 世纪 90 年代，协作性管理在福利改革、公共事业、劳动力发展、就业培训、环境保护和社会服务等领域逐渐成为主流。

2.2.4　公共管理理论

二战后，主张政府干预市场失灵、提高社会福利水平的社会民主理念与强调个人自由主义、信奉市场经济的两种思潮长期处于激烈争论之中。根据瓦格纳定律（Wagner's Law）和鲍莫尔病（Baumol's disease），公共支出刚性增长，公共服务价格大幅上涨，政府财政压力将加大。有鉴于此，部分欧洲国家转变政府作用方式，尝试建构了新型福利国家模式。

20 世纪下半叶，全球化、信息化和知识经济时代来临，地方间的经济竞争和外向型发展成为关注焦点，新公共管理应运而生。新公共管理是一种新的政府治理模式，通过引入市场竞争和价格机制，提倡政府和公共部门借鉴企业化运营模式提高效率。新公共管理以政府为主体，以社会公共事务和公共利益为对象，依照管制、管理和服务的脉络

① HARRIES-JENKINS G. Bureaucracy in Great Britain in the 1980s. Journal of applied behavioral science，1980（3）.

递进发展。在任务目标、资源保障、实施手段、绩效评估、管理规范等方面，公共管理与企业管理具有显著差别，在理念目标、主体结构、资金来源和手段工具等方面，呈现出多元化的发展趋势与典型特征。

20 世纪 80 年代起，新公共管理运动开始正视科层制的痼疾，主张引入企业管理技术和分权、放松管制、委托等组织原则，通过再造顾客导向的公共服务机制、弘扬企业家精神、缩小政府规模、重新界定政府职能范围，改革政府作用方式。20 世纪 80 年代，公共组织和公共部门引入战略规划和战略管理。公共部门的战略管理成为公共管理的新领域。公共价值、可持续发展和人民本位是城市战略管理的重要支撑，城市战略管理也更加关注公共部门战略管理的价值建构和政府绩效的改进。

美国的行政改革通过引入竞争机制、应用现代科学技术和企业管理手段，建立了市民导向的行政服务体系。20 世纪 90 年代，戴维·奥斯本和特德·盖布勒在《改革政府：企业家精神如何改革着公共部门》中提出弘扬服务理念，用企业家精神重塑政府，并将再造政府的愿景与目标归纳为基于社区、竞争性、绩效驱动、结果导向、顾客导向、企业化、有预见能力、分权化和市场导向的导航而非划桨[①]。

但新公共管理因政府公共主体缺乏公共责任和民主精神，容易因政府过度扩张、侵害弱势群体利益、公共产品供给不足和加剧收入分配不公而招致批评[②]。作为公共管理的新范式，新公共服务理论将价值观、公共精神与公民权视为公共管理的重要精神。新公共服务理论秉持公共服务、民主治理和公民参与等核心理念[③]，重视服务公民而非顾客、追求公共利益、具有战略性、强调服务而非掌舵、重视人而非生产率等[④]。

2.2.5 公共选择理论

20 世纪 70 年代初，布坎南、塔洛克、布莱克在研究政府与政治的决策方法和程序以及集体选择和非市场决策问题时，引入经济学的分析方法和工具，创立了公共选择理论框架[⑤]。公共选择理论对城市公共管理的重要贡献在于：研究如何将个人偏好加总实现社会福利函数的最大化，以及研究如何在外部性、公共产品和规模经济的情境下实现资源有效配置。基于“理性人”假说，公共选择理论以个体的成本-收益分析诠释集体行为，揭示出当个人利益与公共利益不符时，官僚群体将通过谋求私利最大化的机会主义行为损害公共利益。布坎南在公共选择框架下分析政府的作用，强调社会秩序与制度的重要性，提出确立财产权和遵循一致同意的规则。

公共选择理论认为，政府应建立激励性制度，合理下放权力，精简人员机构，加强内外监督，完善行政责任制度，推进政府治理现代化，通过资源再分配平衡经济主体间

---

① 张国庆．公共行政学．3 版．北京：北京大学出版社，2007.

② 王佃利．城市治理中的利益主体行为机制．北京：中国人民大学出版社，2009：82.

③ 罗伯特·B. 登哈特，珍妮特·V. 登哈特．新公共服务：服务，而不是掌舵．北京：中国人民大学出版社，2010：24.

④ 同③40－41.

⑤ 丁芸．现代国际城市公共部门经济政策比较．北京：经济科学出版社，2006：47.

关系。在明确主体责任、搭建组织体系、推进法治建设的基础上，重塑公共治理的内容转换、流程再造和现代化模式，提高行政能力和效率。

2.2.6　新制度主义理论

20 世纪 60 年代，针对新古典经济学的制度缺位问题，非市场性的制度因素对于经济社会运行的影响的研究日益受到重视。在采用经济学方法研究产权和制度问题的过程中，逐步形成了包含组织、产权、契约和交易费用等核心内容的新制度经济学①。

新制度经济学将治理视为一种制度安排。威廉森认为，治理的目标是实现良好秩序，治理结构也可以视为制度框架②。根据新制度主义，城市治理通过制度安排和契约关系制约政府，为企业、非营利组织参与治理提供良好环境。20 世纪 90 年代后，现代城市对政治经济中的权力、话语、文化和制度的关注不断增长。新城市经济与规制理论、后福特主义和经济转型紧密关联③。信息不对称造成多重委托代理制失效，一方面提升了民众对代理人的监督成本，另一方面民众难以获知政府与官员真实的信息和意愿，委托人对代理人的监督流于形式。对此，新制度主义强调政府、企业、非营利组织、城市居民等利益攸关者共同构建多元主体的城市治理结构，制度性地确立政府、市场与社会三者的权责界限，提升城市治理能力。这也推动了新公共管理运动的发展。

现代城市中，社会资本是保证各群体或不同组织成员共同遵守规则，以捍卫各自利益、提升合作效率的非正式的价值观和行为规范。否则，社会群体间只能依靠合同、契约、等级制、宪法和法律等各种正式协调机制来规范。研究发现，社会资本既能有效降低正式协议在监督、立约、裁定和强制执行中的交易成本，还能促进更高水平的创新和群体适应④。因此，新制度主义强调克服产权、委托代理和逆向选择三大困境，完善市场化机制，提升经济运行效率，从根本上消除政府干预不足和干预过度并存的问题。新制度学派曾提出“诺斯悖论”来诠释双重失灵现象，认为市场经济需要一个公正的第三方执行者来监督产权和契约实施。无论是放任竞争还是赋权政府官员干预市场都只会适得其反，加剧困境。解决之道在于重视非政府职能、非正式制度、非市场决策和利益攸关方的伙伴关系，形成“政府-中介组织-市场”联动体系，改革政府体制，转变政府职能，制衡官员权力，完善市场机制，推动社会治理，增进公共利益。

此外，规范化的制度体系是城市管理研究的重要基础。城市公共产品和服务供给本质上是一项基于制度规则和城市公共资源经营的集体行动，集体行动的经济绩效受到不同制度安排的影响。奥斯特罗姆以一种结构化的编码形式，将定性研究的案例素材转换成符合模型分析要求的数据库，创建出了一套新的制度研究框架：实地与案例研究—理论假定—开发编码形式—检测不同的观点和复杂交互关系—变量选择和编码排序—模式

① 踪家峰．城市与区域经济治理．北京：经济科学出版社，2008：31.

② 威廉森．治理机制．北京：中国社会科学出版社，2001：13.

③ MCNEILL D，WHILE A. The new urban economies，handbook of urban studies. Thousand Oaks：SAGE Publications，2001.

④ 亨廷顿，哈里森．文化的重要作用：价值观如何影响人类进步．北京：新华出版社，2010.

研究—理论建构—工具设计与试验安排—制度发展研究与管理规划[①]。城市管理制度研究的逻辑体系为：调查地条件—制度设计—外部性及环境变化—制度与组织体系运行—政策执行条件变动—制度绩效—制度变迁的反馈与演化机制—新制度安排的形成。

2.3 现代城市管理的技术支撑

大数据、物联网、云平台和智慧城市的技术工具创新，对公共设施、道路交通、环卫环保、园林绿化等的部件管理智能化、事件管理动态化、属地管理高效化，以及对城市管理提质升级意义重大。

2.3.1 大数据如何支撑城市管理

城市管理日常工作越来越强调信息化、数字化、智能化，大数据凭借来源广、量级大和质量高等特征，日益成为城市管理的重要辅助手段。

空间尺度越微观越有利于城市管理研究[②]。大数据与机器学习通过大量连续可比的微观数据，辨识异质性问题，并对原本无法观测的变量进行量化。例如，在城市形态和空间分析上，结合夜间灯光与日间卫星图像，使用随机森林识别出城市边界[③]。利用建筑物的实际分布，在像素级别上与所构建的反事实密度进行对比，来识别城市地区的范围[④]。微观空间尺度有利于识别集聚现象[⑤]。此外，大数据有助于识别隐藏的因果关系，开展精细的城市运行机制分析。例如，通过网上问卷调查，使用支持向量机为谷歌街景图片打分，构造出 Streetscore 指数，衡量街道级别的安全度[⑥]；使用 Yelp 点评数据衡量城市中的消费隔离（consumption segregation）现象[⑦]；使用 Facebook 数据识别社交网络，衡量城市社会结构[⑧]。在城市舒适度（amenity）设施管理方面，使用基于地理位置的服务

---

① 奥斯特罗姆．公共事务的治理之道：集体行动制度的演进．上海：上海译文出版社，2012.

② GLAESER E L，KOMINERS S D，LUCA M，et al. Big data and big cities：the promises and limitations of improved measures of urban life. Economic inquiry，2018，56（1）.

③ VOGEL K B，GOLDBLATT R，HANSON G H，et al. Detecting urban markets with satellite imagery：an application to India. National bureau of economic research，2018.

④ DE BELLEFON M P，COMBES P P，DURANTON G，et al. Delineating urban areas using building density. Journal of urban economics，2021（9）.

⑤ 同②.

⑥ NAIK N，PHILIPOOM J，RASKAR R，et al. Streetscore-predicting the perceived safety of one million streetscapes//CVPRW′14. Proceedings of the IEEE conference on computer vision and pattern recognition workshops. IEEE Computer Society，USA，2014.

⑦ DAVIS D R，DINGEL J I，MONRAS J，et al. How segregated is urban consumption？. Journal of political economy，2019，127（4）.

⑧ BAILEY M，FARRELL P，KUCHLER T，et al. Social connectechess in urban areas. Journal of urban economics，2022（118）.

Foursquare获取餐厅位置和其他福利设施情况，研究城市景观和城市舒适度[①]；对推特数据进行情感分析，考察个人使用城市绿地时的情绪的时空变化，进行绿地规划[②]。在城市住房建设与管理方面，街景照片能衡量住宅物理特征的变化[③]，Streetscore指数的变化可以衡量城市士绅化（gentrification）的程度[④]，机器学习能预测街区士绅化过程[⑤]，房屋的外观和内部样式等物理条件能够预测房价[⑥]，使用卷积神经网络模型分析住房供给对集聚和就业的影响[⑦]，餐厅的属性训练机器学习模型预测街区级别的社会经济特征[⑧]，使用大众点评、高德地图提供的大数据判断“鬼城区域”[⑨]。在大数据时代，社区信息学（community informatics）、城市计算（urban computing）等新学科不断兴起。

城市管理的大数据主要应用在三个环节：（1）数据采集。政府设立专门机构获取数据。例如工商部门依托企业大数据，建立信用分级监管平台。交通部门依据车辆信息建立交通大数据平台。美国新泽西州运输部用政企合作的方式，通过英瑞克斯公司提供的主干道车速数据来分析路况[⑩]。瑞典斯德哥尔摩市通过采集家庭垃圾收集的数据，优化垃圾车队的行驶路线，最大程度地降低对高峰时期的交通影响[⑪]。（2）数据分析。大数据分析已经深入应用到城市管理的全过程。例如，中国城市建立大数据分析和管理平台，优化城市管理流程，提升城市管理效率。如2005年中国公安部开始建设“天网”工程，通过大数据和人脸识别技术对公共场所进行动态监控。杭州的城市大脑将交通、能源、供水等基础设施全部数据化，连接散落在各个单元的数据资源，自动调配公共资源。上海市通过物联网，安装智能烟感报警器，解决布线困难的小场所的消防问题。纽约市依据政府卫生和环保部门的油脂回收记录，结合餐厅数据和下水道数据，预测餐厅的非法倾倒行为[⑫]。芝加哥建立Windy Grid平台，综合城市所有公共场所的时空数据，来打击犯罪和防灾救灾。波士顿利用市民智能手机的震动寻找道路坑洞，提升道路维护的效

---

① ARRIBAS-BEL D，BAKENS J. Use and validation of location-based services in urban research：an example with dutch restaurants. Urban studies，2018，56（5）.

② ROBERTS H，SADLER J，CHAPMAN L. The value of Twitter data for determining the emotional responses of people to urban green spaces：a case study and critical evaluation. Urban studies，2018，56（4）.

③ NAIK N，KOMINERS S D，RASKAR R，et al. Computer vision uncovers predictors of physical urban change. Proceedings of the national academy of sciences，2017，114（29）.

④ GLAESER E L，KIM H，LUCA M. Measuring gentrification：using Yelp data to quantify neighborhood change. National bureau of economic research，2018.

⑤ READES J，DE SOUZA J，HUBBARD P. Understanding urban gentrification through machine learning. Urban studies，2018，56（5）.

⑥ GLAESER E L，KINCAID M S，NAIK N. Computer vision and real estate：do looks matter and do incentives determine looks. National bureau of economic research，2018.

⑦ GECHTER M，TSIVANIDIS N. The welfare consequences of formalizing developing country cities：evidence from the mumbai mills redevelopment. Working Paper，2018-12-12.

⑧ WILLIAMS S，XU W，TAN S B，et al. Ghost cities of China：Identifying urban vacancy through social media data. Cities，2019（94）.

⑨ DONG L，RATTI C，ZHENG S. Predicting neighborhoods' socioeconomic attributes using restaurant data. Proceedings of the national academy of sciences，2019，116（31）.

⑩ OVIDE S. Tapping“big data”to fill potholes. Wall street journal. http：//online.wsj.com/article/SB10001424052702303444204577460552615646874.html.

⑪ 李一男．大数据和物联网在国外城市治理中的前沿应用：公共价值促生的可操作化．兰州学刊，2015（10）.

⑫ 戈德史密斯，克劳福德．数据驱动的智能城市．杭州：浙江人民出版社，2019.

率。(3) 数据归档和隐私保护。美国颁布的《信息质量法》和新加坡出台的《个人数据保护法》对政府的数据处理、运行机制、软件版本进行严格规定，防止泄露个人隐私[①]。在保证数据安全的情况下，政府向公众公开海量原始数据，用户通过反馈加深数据认知。

城市应用大数据开发程序、建立平台常用的工具主要包括：(1) 地理信息系统(GIS)。在城市管理中，涉及空间数据的存储、运算、分析，对城市管理流程进行的可视化呈现，以及城市规划、道路和官网维护、城市设计方面，通常都采用 GIS 系统。(2) 人机交互。在数据平台进行人机信息交换和语言对话，是政府、公众主动参与城市管理过程的技术保障。例如，《柏林摩根邮报》的 Interaktiv 平台鼓励公众通过人机交互和可视化分析，探索德国的区域差异并提出相关意见。美国麻省理工学院的 AI station 项目通过车站内 Wi-Fi 信号的接收情况，分析旅客的行动轨迹，优化车站设计，增强用户体验。(3) 区块链。区块链是一个分布式存储、去中心化的数据库。当前，以区块链作为底层技术，结合自然人和法人真实信用身份 (IMI)，能解决人员真实身份确认问题。杭州市的“云上平台”利用区块链技术来测量道路健康平整度。

伴随电子化和信息化的发展，大数据在城市公共政策的制定、模拟与评估中的应用越来越广泛。一是大数据的即时预报 (nowcasting) 能力，可以提高政策的事前预测、评估水平[②]，以便制定前瞻式政策，提升公共政策的时效性。例如，德国、以色列和意大利使用搜索数据预测失业率[③]、使用 Yelp 数据预测地方尺度上的经济活动变化[④]，为制定政策提供实时的信息反馈。二是通过识别出隐藏的因果关系，提升制定应对式政策的能力。在城市政策模拟中，大数据可以弥补人为估计或假设参数的不足，提高外生参数的预测精度，此外，通过微观模拟模型[⑤]，可以突破宏观模型的局限，进行小尺度下的异质性分析。大数据算法可以增强基于因果关系识别的政策制定能力[⑥]。在土地开发、居住区位选择、企业区位选址、城市活动的时空分布等领域，大数据设定“城市模型”(urban model)，对外部冲击和具体政策的传导和影响进行量化表达[⑦]，或者建立城市形态-能耗-环境集成的多智能体模型 (FEE-MAS)，分析居民改变居住地和就业地选择时对通勤方式和能耗的影响[⑧]。目前，公共教育机构利用大数据制定学校的招生名额计划，分

---

① BERTOT J C，郑磊，徐慧娜，等．“大数据与开放数据的政策框架：问题、政策与建议”．电子政务，2014 (1).

② 魏航，王建冬，童楠楠．基于大数据的公共政策评估研究：回顾与建议．电子政务，2016 (1).

③ D'AMURI F，MARCUCCI J. “Google it!” forecasting the US unemployment rate with a Google job search index. MPRA paper，2009-11-19；SUHOY T. Query lndices and a 2008 downturn：Israel data. https：//www.boi.org.il/en/Research/Pages/papers_dp0906e.aspx.

④ GLAESER E L，KIM H，LUCA M. Nowcasting the local economy：using Yelp data to measure economic activity. National bureau of economic research，2017.

⑤ ORCUTT G. A new type of socio-economic system. The review of economics and statistics，1957，39 (2).

⑥ 黄璜，黄竹修．大数据与公共政策研究：概念、关系与视角．中国行政管理，2015 (10).

⑦ 龙瀛，茅明睿，毛其智，等．大数据时代的精细化城市模拟：方法、数据和案例．人文地理，2014，29 (3).

⑧ 龙瀛，张宇，崔承印．利用公交卡刷卡数据分析北京职住关系和通勤交通形态．地理学报，2012，67 (10).

配教育资源[①]。在城市医疗、税收、环境等领域的政策制定中，大数据也举足轻重。目前，常用的微观模拟平台有Urban Sim和ILUTE模型，Urban Sim分析和预测土地使用政策和基础设施投资对城市发展的影响，包含可达性、选址、土地价格和房地产发展等四个模块[②]。ILUTE（integrated land use，transportation，environment）模型旨在从土地利用、交通、环境综合评价方面模拟土地利用的演化过程，该模型也被用于以栅格尺度分析评价城市耗能[③]。

2.3.2 智慧城市管理的技术支撑

智慧城市具有感知化、互联化和智能化的功能特征，是城市发展和可持续社会经济增长的新范式[④]。智慧城市管理的适用技术包括：采用物联网（the internet of things，IoT）感知服务技术，建立全面感知的城市环境[⑤]；作为全新的计算范式[⑥]，云计算（cloud computing）联通设施运行数据和平台系统，进行全局实时分析，对城市管理提供预警预测；人工智能（artificial intelligence）的机器学习用于解析数据、自主学习和决策判断，深度学习有利于使用深层次神经网络解决城市复杂问题。中国试点使用智能监测和自动控制系统建设城市宜居环境，通过"集成化数字城市管理信息系统"提高城市管理的精准性。

在技术工具层面上，支撑智慧城市管理的关键技术还包括：建设面向全球物联网的无线传感器网络（wireless sensor network，WSN），在不同时空分辨率下，能从复杂传感环境中提取有用信息[⑦]；发展机器学习，从更大的时间-空间尺度上，进行多层复杂的学习活动[⑧]；构建超限学习机（extreme learning machine，ELM）的机器学习系统或方法，加快向集群、特征选择、代表性学习等领域扩展[⑨]；使用回归树集成改进人脸识别技术，通过高质量预测实现超实时性[⑩]。使用大型数据集，对利用卷积神经网络（CNN）

---

① WILLIAMSON B. Digital education governance：data visualization，predictive analytics，and "real-time" policy instruments. Journal of education policy，2016，31（2）.

② 费姝苏．城市模拟模型（UrbanSim）简介与可视化分析．科技视界，2014（30）.

③ CHINGCUANCO F，MILLER E J. A microsimulation model of urban energy use：modelling residential space heating demand in ILUTE. Computers，environment and urban systems，2012，36（2）.

④ HOLLANDS R G. Will the real smart city please stand up?：intelligent，progressive or entrepreneurial?. City，2008，12（3）.

⑤ PERERA C，ZASLAVSKY A，CHRISTEN P，et al. Sensing as a service model for smart cities supported by internet of things. Transactions on emerging telecommunications technologies，2014，25（1）.

⑥ 李乔，郑啸．云计算研究现状综述．计算机科学，2011，38（4）.

⑦ GUBBI J，BUYYA R，MARUSIC S，et al. Internet of things（IoT）：a vision，architectural elements，and future directions. Future generation computer systems，2013，29（7）.

⑧ POST F，NIELSON G，BONNEAU G. Data visualization：the state of the art. Berlin：Springer，2002.

⑨ HUANG G，HUANG G B，SONG S，et al. Trends in extreme learning machines：a review. Neural networks，2015（61）.

⑩ KAZEMI V，SULLIVAN J. One millisecond face alignment with an ensemble of regression Trees//CVPRW'14. Proceedings of the IEEE conference on computer vision and pattern recognition. IEEE Computer Society，USA，2014.

的大规模视频分类进行广泛的实证评估[①]。针对城市管理中的违章问题，改进 CNN 算法，对智慧管理系统的案件图像进行快速精确分类，节省计算时间和提高识别精度[②]。此外，还急需用于支持城市智能决策、参与式治理和智能城市规划结构的创新试验[③]。

智慧城市管理的关键环节与技术支点包括信息采集、特征提取、知识挖掘和智慧凝练。其中，信息采集是指通过调查、收集和分析感知数据、洞察趋势和预判策略[④]。特征提取是指通过数据挖掘和深度学习提取图像[⑤]、文献分析[⑥]、商业数据[⑦]、统计数据[⑧]，归纳背后情况。知识挖掘是指基于多源监测数据，开展日常监测、风险评估预警、决策支持和信息服务，把握城市运行规律[⑨]，提高决策分析方法和应用能力[⑩]。智慧凝练是指从管理科学角度，结合现状问题和目标愿景，优化战略规划。

本章小结

城市是一个多维度、多层次、多形态的复杂巨系统，城市管理的理论基础具有问题导向和综合性、动态性的交叉学科的典型特征。概括而言，现代城市管理面对的问题主要来自市场失灵、政府失灵以及治理缺陷三个方面。相应的，现代城市管理必须综合运用公共经济、公共治理、公共行政、公共管理、公共选择、新制度主义等关联性的理论分支，形成完整的城市管理的理论基础。在信息技术时代，大数据、物联网、云平台和智慧城市的工具创新，对现代城市的部件管理智能化、事件管理动态化、属地管理高效化，以及对传统城市管理提质升级均具有重大的现实意义和推进作用。未来，一方面提高大数据与机器学习对城市管理工作的技术支撑和辅助作用，另一方面加快完善感知化、互联化和智能化的智慧城市功能特征，构建出社会进步、经济增长、环境改善和发展可持续的城市管理新范式。

---

① KARPATHY A，TODERICI G，SHETTY S，et al. Large-scale video classification with convolutional neural networks//CVPRW'14. Proceedings of the IEEE conference on computer vision and pattern recognition. IEEE Computer Society，USA，2014.

② 杨浩，李灵巧，杨辉华，等．基于卷积神经网络的城管案件图像分类方法．计算机工程与应用，2018，54（10）.

③ BATTY M，AXHAUSEN K W，GIANNOTTI F，et al. Smart cities of the future. The european physical journal special topics，2012，214（1）.

④ PLOUFFE C R，VANDENBOSCH M，HULLAND J. Intermediating technologies and multi-group adoption：a comparison of consumer and merchant adoption intentions toward a new electronic payment system. Journal of product innovation management，2001，18（2）.

⑤ 吕启，窦勇，牛新，等．基于 DBN 模型的遥感图像分类．计算机研究与发展，2014，51（9）.

⑥ 曾文，李辉，徐红姣，等．深度学习技术在科技文献数据分析中的应用研究．情报理论与实践，2018，41（5）.

⑦ 刘龙飞，杨亮，张绍武，等．基于卷积神经网络的微博情感倾向性分析．中文信息学报，2015，29（6）.

⑧ 王永刚，李辉．基于灰色神经网络的民航事故征候预测模型研究．中国安全科学学报，2012，22（3）.

⑨ 杜明义，刘扬．物联网在城市精细化管理中的应用．测绘科学，2017，42（7）.

⑩ 张健钦，王佳嘉，杜明义．基于空间插值法的公交客流分布可视化分析．测绘通报，2015（4）.

关键术语

市场失灵　政府失灵　公共经济学　公共治理理论　公共选择理论　协作性管理　大数据　智慧城市管理

复习思考题

1. 市场失灵所产生的城市问题有哪些?
2. 造成政府失灵的主要因素有哪些?
3. 经典理论学说关于矫正失灵的对策是什么?
4. 科层制治理结构的内生劣势是什么?
5. 协作性治理的主要特征是什么?
6. 大数据在城市管理中的主要应用环节是什么?
7. 城市应用大数据开发程序和建立平台的常用工具有哪些?
8. 智慧城市管理中的适用技术有哪些?

进一步阅读的文献

1. ANGRIST J, AZOULAY P, ELLISON G, et al. Economic research evolves: fields and styles. American economic review, 2017, 107 (5).

2. ATHEY S, BAYATI M, DOUDCHENKO N, et al. Matrix completion methods for causal panel data models. Journal of American statistical association, 2021, 116 (536).

3. BELLONI A, CHERNOZHUKOV V, HANSEN C. High-dimensional methods and inference on structural and treatment effects? . Journal of economic perspectives, 2014, 28 (2).

4. DOUDCHENKO N, IMBENS G W. Balancing, regression, difference-in-differences and synthetic control methods: a synthesis. National bureau of economic research, 2016.

5. DUBEY A, NAIK N, PARIKH D, et al. Deep learning the city: quantifying urban perception at a global scale. https://link.springer.com/chapter/10.1007/978-3-319-46448-0_12#citeas.

6. HEUTEL G, MILLER N H, MOLITOR D. Adaptation and the mortality effects of temperature across US climate regions. National bureau of economic research, 2017.

7. JUMBA A, DRAGICEVIC S. High resolution urban land-use change modeling: agent city approach. Applied spatial analysis and policy, 2012, 5 (4).

8. SAIZ A, SIMONSOHN U. Proxying for unobservable variables with internet document-frequency. Journal of the European economic association, 2013, 11 (1).

9. SHEN Z，KAWAKAMI M，KAWAMURA M. Geo-simulation model using geographic automata for simulating land use patterns in urban partitions. Environment and planning b：planning and design，2009，36（5）.

10. SHEN Z，YAO X，KAWAKAMI M，et al. Simulating spatial market share patterns for impacts analysis of large-scale shopping center on downtown revitalization. Environment and planning b：planning and design，2011，38（1）.

11. STEVENS D，DRAGICEVIC S. A GIS-based irregular cellular automata model of land-use change. Environment and planning b：planning and design，2007，34（4）.

12. TURRELL A，SPEIGNER B J，DJUMALIEVA J，et al. Transforming naturally occurring text data into economic statistics：the case of online job vacancy postings. National bureau of economic research，2019.

13. MYLES G D. Public economics. London：Cambridge University Press，1995.

14. 陈水生．技术驱动与治理变革：人工智能对城市治理的挑战及政府的回应策略．探索，2019（6）.

15. 陈志成，王锐．大数据提升城市治理能力的国际经验及其启示．电子政务，2017（6）.

16. 刘宏宇．广东佛山："区块链"政务服务改革．瞭望，2017（34）.

17. 刘知远，张乐，涂存超．中文社交媒体谣言统计语义分析．中国科学：信息科学，2015，45（12）.

18. 陆军．中国城市精细化管理研究．北京：科学出版社，2021.

19. 龙瀛，毛其智，杨东峰，等．城市形态、交通能耗和环境影响集成的多智能体模型．地理学报，2011，66（8）.

20. 龙瀛，毛其智，沈振江，等．北京城市空间发展分析模型．城市与区域规划研究，2010，3（2）.

21. 孙粤文．大数据：现代城市公共安全治理的新策略．城市发展研究，2017，24（2）.

22. 锁利铭，冯小东．数据驱动的城市精细化治理：特征、要素与系统耦合．公共管理学报，2018，15（4）.

23. 文军，高艺多．技术变革与我国城市治理逻辑的转变及其反思．江苏行政学院学报，2017（6）.

24. 薛领，杨开忠，沈体雁．基于 agent 的建模：地理计算的新发展．地球科学进展，2004，19（2）.

25. 张福磊．城市治理研究与建构主义路径．中国行政管理，2015（8）.

26. 郑思齐，霍燚，张英杰，等．城市空间动态模型的研究进展与应用前景．城市问题，2010（9）.

27. 斯蒂格利茨．公共部门经济学：第 3 版．北京：中国人民大学出版社，2013.

第3章

城市公共产品的需求偏好

城市公共产品的需求偏好及其显示机制是城市经济学和公共经济学的热点和难点问题。有效的公共产品需求显示机制是实现城市公共产品和公共服务最优供给的前提。本章包括四个主要内容：一、在阐述公共产品及其需求理论的基础上，介绍公共经济学中的几个经典均衡模型；二、阐释几种经典的城市公共产品需求偏好显示机制；三、介绍基本的公共产品需求模型，进而阐述需求的空间模型和空间匹配分析方法；四、介绍几类主流的城市公共产品需求的测算方法。

重点问题

- 公共产品需求的研究综述及其主要的理论模型
- 公共产品需求的两个核心显示机制
- 基于D－S模型的公共产品需求的空间分析方法
- 当前公共产品需求测算的三类主要工具

3.1 公共产品需求的理论模型

3.1.1 公共产品需求的研究综述

1. 公共产品的内涵与需求

公共产品的概念最早由休谟提出，他认为公共产品是那些不会对任何人产生突出的利益，但对整个社会来说又必不可少的物品。现代经济学意义上的公共产品的概念最先由林达尔提出，后经萨缪尔森等经济学家逐渐完善①。恩德勒从伦理学角度进行了补充，他提出用非排斥和非竞争两条原则来定义公共产品②。还有学者对萨缪尔森提出的公共产品定义提

① SAMUELSON P A. The pure theory of public expenditure. Review of economics and statistics，1954（36）.

② 恩德勒．面向行动的经济伦理学．上海：上海社会科学院出版社，2002.

出了疑义，如朱明熙认为经典公共产品定义的立足点——市场经济和理性人假设并不成立，无论个人是否愿意，社会性的物品或服务都须由权威和最具影响力的公共机构负责提供[①]。随着对公共产品的研究渐成体系，研究对象也逐渐细化，涌现出大量关于准公共产品与地方公共产品的研究成果。布坎南首次讨论了准公共产品，并提出俱乐部产品理论[②]。蒂布特指出公共产品具有特定的地区性，个人只能通过迁居来选择消费的公共产品[③]。

相较于供给，对公共产品需求理论的研究少且薄弱，代表性的研究包括：林达尔指出，根据特定的税负分配，个人"需要"一个公共产品的总量，并构建了均衡模型。庇古认为，公共产品的最优供给将发生在公共产品消费的边际效用等于税收的边际负效用的点上[④]。萨缪尔森在对比私人产品局部均衡的基础上建立了局部均衡模型，并在社会生产约束条件下分析了公共产品供给的一般均衡[⑤]。由于纯公共品的特殊性，其研究范围和深度有限。为了避免上述问题的羁绊，当代公共经济学选取具有一定商品性质且影响更为广泛的准公共产品作为研究对象，并开发了新的理论模型与实证工具，不断完善公共产品需求理论体系。

2. 公共产品偏好显示机制

随着数学在经济学中的应用不断深化，对公共产品偏好的显示机制的分析也逐渐深入，主要通过20世纪中叶兴起的博弈论工具，包括逆向选择模型、拍卖模型等，间接揭示公共产品的需求偏好。维克里提出第二价格法，通过拍卖方式来出售，在各自出价隐藏的情况下，产品被卖给出价最高者，售价为次高价格。博弈论方法能证明在这种模式下，每人的占优策略都按其对该产品的真实价值来出价，真实需求得以显露。克拉克和格罗夫斯提出外部性税的概念，指出每人支付的价格等于行为的机会成本[⑥]。穆兰从税制设计的内生机制出发，提出序列成本分担方法，并用数学证明了这种方法可以有效揭示人们的真实偏好，且博弈的均衡结果是唯一的，还能防止人们结盟的策略性行为[⑦]。迪尔登则提出序列成本分担的一般成本方程，并证明了该分担方法可使代理人正确显示其偏好[⑧]。

除了通过设计激励机制间接显露人们的公共产品需求外，很多学者设置假定条件，以最大化个人效用为目的，建立理论模型并分析求解，得到公共产品需求函数的相关结论。霍夫曼在布雷顿相关研究的基础上，建立了基于消费的个人效用函数，通过函数推导得到个人在约束条件下最大化期望效用会隐瞒个人公共产品偏好的结果[⑨]。麦圭尔和艾

---

① 朱明熙．对西方主流学派的公共品定义的质疑．财政研究，2005（12）.

② BUCHANAN J M. An economic theory of clubs. Economica，1965（32）.

③ TIEBOUT C M. A pure theory of local expenditures. Journal of political economy，1956（64）.

④ PIGOU A C. A study in public finance. London：Macmillan，1947：23.

⑤ SAMUELSON P A. The pure theory of public expenditure. Review of economics and statistics，1954（36）.

⑥ CLARKE E H. Multipart pricing of public goods. Public choice，1971（11）；GROVES T. Incentives in teams. Econometrica，1973（41）.

⑦ MOULIN H. Serial cost-sharing of excludable public goods. Review of economic studies，1994（61）.

⑧ DEARDEN J A. Serial cost sharing of excludable public goods：general cost functions. Economics theory，1998（12）.

⑨ HOFFMAN R F. A note on demand for public goods. The Canadian journal of economics，1969，2（1）；BRETON A. A theory of the demand for public goods. The Canadian journal of economics and political science，1966，32（4）.

伦在假设只存在一个公共产品与一个私有产品的条件下，同样设立消费与收入条件约束下的个人效用函数，通过相对价格等指标的调整验证了边际替代率与相对价格的关系①。博姆对给定公共产品供给与政策成本条件下的模型进行了深入分析，提出了反向策略(counter-strategic)，得到在支付手段完全不确定的情况下可以消除激励与偏好误传的不对称的结论②。赖默斯评论了博姆的理论，驳斥了全民投票的作用，认为假设条件存在漏洞，即使应用反向策略仍然不能忽视偏好误传的影响，投票的结果并不代表个人的真实意愿，故全民投票的结果不能作为待决议公共项目的参考依据③。

3.1.2 公共产品需求的函数分析

1. 公共产品需求函数综述

在公共产品理论发展初期，公共产品需求被认为是无法测算的。经济学中的商品需求与价格呈负相关关系，但由于具有外部性与非竞争性或非排他性等特点，公共产品价格隐化，其需求与价格之间的关系并不显著。

随着理论不断深入，方法与工具不断更新完善，直接显示公共产品需求的实证方法渐成体系，通常以公共支出为因变量，以收入等指标为自变量，通过多元回归分析得到公共产品需求函数与相关结论。较为经典的利用实证方法进行公共产品需求分析的是博尔歇丁和迪肯以及伯格斯特龙和古德曼的研究，他们基于集体选择理论（collective choice theory）估计公共产品的需求弹性④。珀金斯扩展了博尔歇丁和迪肯的模型，需求方程中包括了其他公共产品和私人产品价格，并考虑了政府间基于消费者行为转移的影响，另外所用的支出数据较之前包含了更多的同质产出（homogeneous outputs），也更能反映拥有同样偏好的中位选民的行为⑤。吉布森从不同角度扩展了博尔歇丁和迪肯的模型，以消费公共产品得到的收益为因变量，以收入、税收与品位指数（taste index）等为自变量进行回归，回归结果支持博尔歇丁和迪肯的研究，并得到偏好差异对公共产品需求有重要影响的结论⑥。格拉姆利克和鲁宾菲尔德通过对美国密歇根州家庭进行问卷抽样调查得到公共支出需求函数，在具有充足公共服务种类的大都市区，市区社区与城郊社

---

① MAGUIRE M, AARON H. Efficiency and equity in the optimal supply of a public good. Review of economics and statistics, 1969.

② BOHM P. An approach to the problem of estimating demand for public goods. Swedish journal of economics, 1971 (3).

③ REIMERS C W. Estimating demand for public goods: a comment. The Scandinavian journal of economics, 1976, 78 (3).

④ BORCHERDING T, DEACON R. The demand for the services of non-federal governments. American economic review, 1972, 62 (5); BERGSTROM T, GOODMAN R. Private demands for public goods. American economic review, 1973, 63 (3).

⑤ PERKINS G M. The demand for local public goods: elasticities of demand for own-price, cross-price, and income. National tax journal, 1977, 30 (4).

⑥ GIBSON B. Estimating demand elasticities for public goods from survey data. American economic reveiw, 1980, 70 (5).

区的公共支出需求差别相对较小，从而验证了蒂布特理论，并与拥有充足公共服务的市区社区实际支出服从于需求、公共服务不足的郊区社区实际支出小于需求的现象相吻合[①]。普雷斯顿和里奇基于英国社会态度调查（the British social attitudes survey），以问卷调查问题统计结果为因变量，以对数处理的收入、平均工资、人口规模、家庭结构、年龄结构、性别、民族结构等指标为自变量，进行虚拟变量多元回归，并利用二次型近似理想需求系统模型（quadratic almost ideal demand system model）进行回归调整，最终得到以下结论：公共产品需求随收入提高而上升，拥有较多人口的地方政府倾向于提供相对较低水平的公共支出，中央支持可能导致低估真实税收价格而增加需求[②]。通过与计量经济学、工具的紧密结合，公共产品需求估计与测算的方法逐渐成熟，研究体系也逐渐完善和科学。

2. 公共产品需求函数形式

基于经典文献关于公共产品需求的分析方法[③]，公共服务的个人消费 X_i 可以表示为 $X_i=\frac{y_i^{\alpha}}{\mu_{\alpha}}\frac{Q}{k(n)}$，其中 y_i 指收入，$\mu_{\alpha}=E(y^{\alpha})$ 指排序第 α 位收入分布，Q 指产出，$k(n)$ 指拥挤指数；个人预算约束条件可表示为 $y_i+S=C+\frac{\mu_{\alpha}k(n)}{y_i^{\alpha}n}wX_i$，其中 S 指平均总外部性支持，C 指私有品消费，w 指公共服务单位成本。约束条件可以改写为 $m_i=C+\rho_iX_i$，其中 $m_i\equiv y_i+S$，$\rho_i\equiv\frac{\mu_{\alpha}k(n)}{y_i^{\alpha}n}w$。在此约束条件下，最大化个人效用，即 $\max\limits_{X}U(X, C, z_i)$，其中 z_i 指家庭人口结构向量，经过求解可得到最优解 $X_i^*=f(m_i, \rho_i, z_i)$，所以公共支出需求可表示为 $G_i^*=\rho_if(m_i, \rho_i, z_i)$。将模型推导结果具体化，可得到如下公共产品的需求函数形式：

$$
\begin{aligned}
\ln G_i^* &= \beta_0+\beta_1\ln(y_i+S)+(1+\beta_2)\ln\rho_i+\beta_3 z_i+u_i \\
&\approx \beta_0+\beta_1\ln y_i+\beta_1\frac{S}{y_i}+(1+\beta_2)[\ln w+(k-1)\ln n-\alpha\ln y_i+\ln\mu_{\alpha}]+\beta_3 z_i+u_i \\
&\approx \beta_0+[\beta_1-(1+\beta_2)\alpha]\ln y_i+\beta_1\frac{S}{y_i}+(1+\beta_2)\alpha\ln\bar{y}+(1+\beta_2)\ln w \\
&\quad +(1+\beta_2)(k-1)\ln n+\beta_3 z_i+u_i
\end{aligned}
$$

参考模型推导结果，依据公共经济学的经验，设置收入、年龄结构、教育水平、性别、人口规模等五项指标为公共产品需求影响变量，建立公共产品需求与这些解释变量的函数关系，即公共产品需求$=f$（收入，年龄结构，教育水平，性别，人口规模），通过实证分析获得具体需求函数形式，得到公共产品相对需求值。

---

① GRAMLICH E M，RUBINFELD D L. Micro estimates of public spending demand and tests of the tiebout and median voter hypotheses. Journal of political economy，1982，90（3）.

② PRESTON I，RIDGE M. Demand for local public spending：evidence from the British social attitudes survey. The economic journal，1995，105（430）.

③ BORCHERDING T，DEACON R. The demand for the services of non-federal governments. American economic review，1972（62）；BERGSTROM T，GOODMAN R. Private demands for public goods. American economic review，1973（63）.

3.1.3　公共产品需求的理论模型

庇古、萨缪尔森等现代经济学家对公共产品需求做过基础模型分析，以下简要介绍这些经典理论模型。

1. 庇古均衡模型

庇古的模型以基数效用为基础，认为消费公共产品时每人都得到正效用，还会为公共产品生产而纳税，纳税构成了公共产品消费的负效用。

设正效用为 $G(x)$，负效用为 $T(x)$，则总效用 $U=G(x)+T(x)$。因为经济人是追求效用最大化的，所以必要条件为 $MU=\frac{\mathrm{d}U}{\mathrm{d}x}=\frac{\mathrm{d}G(x)}{\mathrm{d}x}+\frac{\mathrm{d}T(x)}{\mathrm{d}x}=MU_G+MU_T=0$，即消费公共产品的边际效益 MU_G 与为公共产品生产而纳税的边际效益 MU_T 之和为零时，总边际效用为零，总效用达到最大。

图 3-1 中，GG 为公共产品消费的边际效用，TT 为税收的边际负效用，NN 为 GG 和 TT 所产生的总边际效用。在 e 点，GG 公共产品消费的边际效用值与 TT 税收的边际负效用值之和为零，总边际效用 NN 等于零，总效用达到最大。

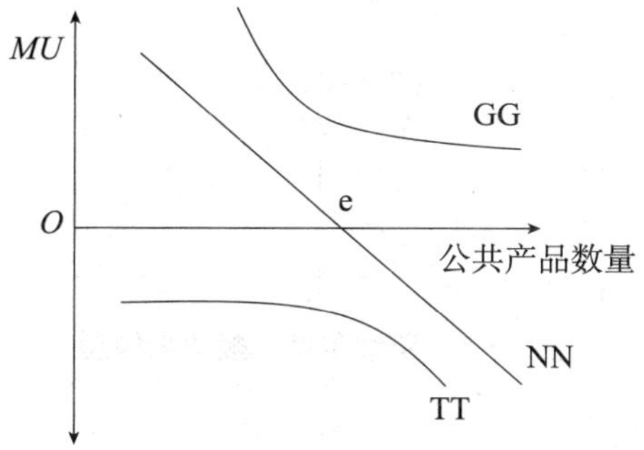

图 3-1　公共产品效用最大化的条件

庇古巧妙地利用了税收所产生的负效用对个人的公共产品需求进行了评价，但仍存在缺陷：一是他的理论建立在基数效用基础上；二是个人需求的简单加总，不能反映社会对公共产品需求的评价。

2. 萨缪尔森局部均衡模型

局部均衡模型通过私人产品与纯公共产品的对比进行分析。首先，分析私人产品的情况。如图 3-2 左所示，两个人 A 和 B 的需求曲线分别为 DA 和 DB，由于在消费私人产品的市场中，人人都是价格接受者，所以社会总需求就是对两条需求曲线的横向加总，即曲线 D。由于纯公共品具有非排他性与非竞争性，所以人人都是产量接受者，一旦提供纯公共产品，每个人的消费量都相同，如图 3-2 右所示，社会对纯公共产品的总需求就是两条个人需求曲线 DA 和 DB 的纵向相加，即为 D。萨缪尔森将这些需求曲线称为虚拟需求曲线。当消费者的需求价格与生产者意愿提供产品的价格相等时，公共产品达到均衡。

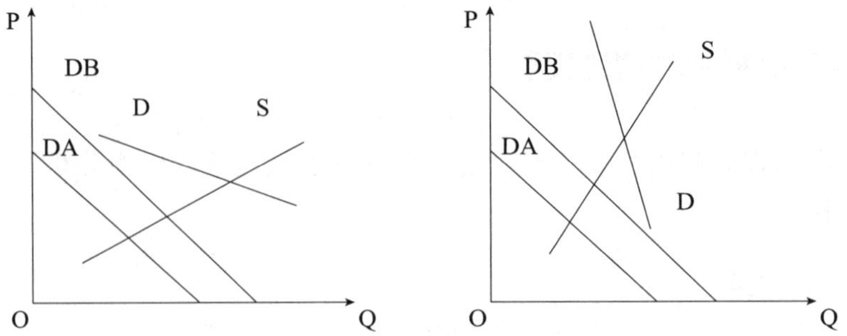

图 3-2　萨缪尔森局部均衡模型

3. 萨缪尔森一般均衡模型

局部均衡分析仅限于单个公共产品的情况。一般均衡分析把问题扩大到若干公共产品和若干私人产品同时存在的情况。

A 和 B 两人对私人产品 X、公共产品 G 的需求如图 3-3 所示。曲线 A 和 B 代表两人对两种产品的无差异曲线，当剩余曲线 TT 与曲线 B 相切时，生产可能性曲线 FF 的斜率等于曲线 A 和 B 的斜率之和，此时达到帕累托最优。

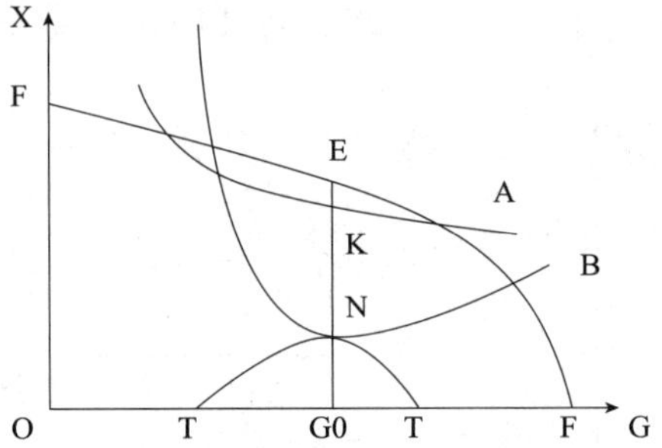

图 3-3　萨缪尔森一般均衡模型

3.2　公共产品需求的显示机制

公共产品的非排他性与非竞争性，导致价格机制无法揭示个人的真实公共产品偏好水平。因此通过设计一种需求显示激励机制，准确反映个人的真实偏好，可供政府部门确定需提供的公共产品数量。下面介绍几类经典的公共产品显示机制。

3.2.1　政治投票的显示机制[①]

政治投票是公共产品偏好表达的重要方式。公共经济学和公共选择理论对政治投票

① 政治投票是研究中的重要理论话题，但是由于对政治投票的研究多集中在政治学和公共选择学派的研究领域中，并且多注重从逻辑和原理上做相关分析，因此在城市公共产品需求偏好显示问题上应用性不强，本文限于篇幅对此不展开讨论。

进行了深入的研究和分析。投票是投票人在公共稀缺资源的众多利用途径中择优选择的过程，投票人的行为模式是消费者偏好显示的重要方式，反映出他们对公共产品的评价信息。

在一个民主社会中，公共产品的提供需要进行表决通过。作为公共产品的主要提供者，政府对公共稀缺资源的利用也需要人们通过投票行为予以确定。在一个政党政治环境中，可以采用两种方式对公共产品进行表决。一是直接对公共产品进行表决。在这种情况下，设有 N 个参与者对 M 项公共产品进行表决，每一个参与者的投票情况反映了他对某一项公共产品的偏好。假定投票者事先已熟悉各种选项，在对 M 项公共产品进行价值评估后选出自己最认可的公共产品。二是人们不直接进行投票，而是对政党进行投票。假定不同的政党代表着不同的公共支出水平或者不同的公共产品或者服务类型，每一个参与者对政党的投票反映了他对该政党所代表的公共支出水平和不同的公共产品或服务类型的偏好。

归纳起来，投票的偏好显示机制包含两个步骤[①]：第一，投票人根据成本收益-分析方法，通过比较参与与不参与之间的成本收益，进行决策，这包含了对投票对象及自身投票成本的评价。第二，投票人综合各种情况对自身经济状况的具体影响，最终确定自己选票的投向。

3.2.2　中间投票人的显示机制

理论上对投票过程进行经济分析的最主要困难在于，无法获知每个投票人关于服务产出边际增长的真实支付意愿。新古典经济学通常采用中间投票人模型解决这个难题，即认定地方政府并非依赖集体决策执行财政支出策略，在满足多数票选举程序的情况下，中间投票人偏好在政治过程中将发挥关键性的决定作用。

表 3-1 的三个投票人的偏好序列结构中，A、B、C 三个备选方案的等级排列顺序循环往复，任何一个都无法赢得简单多数并占据领先地位。这就是 20 世纪 60 年代肯尼斯·阿罗发现的循环多数问题。对此，是否满足单峰条件是偏好方案集合中出现最优选择的关键。

表 3-1　阿罗“循环多数”特征的投票人偏好的排列顺序

偏好等级	投票人 1	投票人 2	投票人 3
第一	A	B	C
第二	B	C	A
第三	C	A	B

分析单峰偏好时，我们继续使用类似投票人偏好的排序表格方法，如表 3-2 所示。

① 李成威．公共产品的需求与供给：评价与激励．北京：中国财政经济出版社，2005：30-50.

表 3-2 符合单峰偏好特征的投票人偏好的排列顺序

偏好等级	投票人 1	投票人 2	投票人 3
第一	A	B	C
第二	B	A	B
第三	C	C	A

表 3-2 中，三个投票人的最优偏好等级排序分别是：A-B-C、B-A-C 和 C-B-A，每个投票人的偏好都具有单峰特征。在这个投票选择结构中，投票人 2 是中间投票人，其两侧各拥有相同数量的投票人。投票选出的最终方案是实施 B 方案，当备选方案 C 时，投票人 1、2 将共同选择 B；如果备选方案是 A，投票人 2、3 也将共同选择 B。因此，在多数票机制下不会出现阿罗“循环多数”问题，中间投票人 2 的偏好结构获得了简单多数的优势地位。

中间投票人模型需要满足以下严格的假定条件，主要包括：投票人的偏好具有单峰特征；投票遴选的是具有两个备选方案单一对象；所有的投票人全部参与投票；使用多数投票规则；地方居民清楚全部公共产品的生产成本；竞争性的地方政治环境；直接民主机制，政府关注选民意愿。

尽管受到假设条件的严格约束，但作为研究需求加总、公共财政支出和分析公共部门产品供给决策的基本理论工具，中间投票人模型对地方政府公共政策分析具有重要的理论和现实意义。其中，投票人单峰偏好是保证投票结果存在稳定多数票的关键条件。然而在现实的政治实践中，受到社会环境、经济条件、党派政治和地方政府决策程序的复杂影响，极有可能出现所有备选方案均无法获得简单多数的情况，即存在多峰偏好，这意味着在所有投票人的偏好选择结构中不存在任何一个稳定的均衡结果。甚至还存在投票人偏好非对称的可能性，此时偏好结构也无法出现连续的正态分布。

3.2.3 蒂布特模型的显示机制

1956 年，蒂布特在《地方支出的纯理论》中指出，并非所有的公共产品都是萨缪尔森式的。与布坎南不同，蒂布特构建了需求侧的地方性公共产品模型，指出人们通过“以足投票”的自由流动形成了个人需求偏好的显示机制①。后续研究者基于蒂布特模型不断拓展和完善。奥茨提供了关于地方公共预算影响社区财产价值的结论，并提出了“搭便车者”问题。汉密尔顿又增加了两个假设：（1）地方政府通过财产税为公共服务筹集资金，（2）社区通过立法进行分区限制。至此初步形成了蒂布特-奥茨-汉密尔顿模型②。

蒂布特模型依赖一系列严格的假设条件：（1）消费者自由流动，主要流向最能满足和接近个人偏好的社区，且流动性不受任何就业机会的限制；（2）消费者是理性的，完

---

① TIEBOUT C M. A pure theory of local expenditures. Journal of political economy，1956（64）.

② HAMILTON B. Zoning and property taxation in a system of local governments. Urban studies 1975，12（2）.

全了解社区之间的税收和劳务差别；(3) 存在众多的备选社区；(4) 公共服务的收益和税收在社区之间没有外溢；(5) 社区管理者都想吸纳人口，产生规模经济，降低提供公共产品的平均成本；(6) 政府征收人头税供给地方公共产品。

蒂布特模型显示，多重社区分别提供各不相同的地方公共产品组合，在自由流动的情况下，居民通过在各个社区之间进行迁移来选择能使个人效用最大化的公共服务与税收的组合，结果就是具有相近收入水平和需求偏好的居民选择一起聚居、各地方内部的资源实现优化配置、各个社区规模达到最优且居民的流动性造成政府间竞争。

尽管假设条件过于苛刻，但蒂布特模型不仅反驳了萨缪尔森“不分权的定价制度可以用来确定集体消费的最适水平”的论断，还强调了公共产品分散供给和分散化政府结构的福利优势，为地方政府发展提供了逻辑启示和重要思想。后续研究对蒂布特模型“非真实性的假设”进行的修正和还原包括：(1) 获取备选区位的信息成本，以及进行搬迁的成本都非常高；(2) 现实中难有足够的社区供每个家庭选择，并保证每个家庭都满意；(3) 政府生产公共产品时，不可能准确估计需求量，产生零剩余；(4) 外部性经常存在；(5) 资本化会抵消促成社区同质化的激励因素。

3.2.4 第二价格法的显示机制

第二价格法（second price method）是维克里提出的一种偏好显示机制。维克里在讨论私人产品生产和消费的偏好显示时，设置了一个公共的市场代理机构来决定商品价格。他指出，一个单件不可分割的商品具有众多潜在购买者，让每一位潜在的出价者秘密出价，公共代理机构将商品卖给出价最高的人，但仅按次高的价格售出。因此这种拍卖机制也被称为第二价格法①。

假设 n 个人的真实偏好价格由高至低排序为：$V1$，$V2$，$V3$，…，Vn，而 n 个人的出价由高到低依次为 $B1$，$B2$，…，Bn，此时可能有两种情况产生：

(1) 情况一：当出价者 i 的真实偏好意愿高于任何其他人时，按照第二价格法规则，出价者 i 的真实偏好价格为 $V1$，而他拍下商品实际只需花费 $B2$，中间的净收益为 $V1-B2$。他若选择小于真实意愿的出价 $Bi<B2$，有可能低于他人出价，则竞买未能成功，蒙受净收益损失。他若选择大于等于真实意愿的出价，则竞价成功，售价仍为仅次于他的最高出价，净收益仍然是 $V1-B2$。因此理性的出价者会报出和自己真实偏好一致的价格。

(2) 情况二：当出价者 i 的真实意愿至少低于另外一个人时，他若隐藏自己的真实偏好 Vi，选择小于等于真实意愿的出价 $Bi\leqslant Vi$，根据规则，至少有一个人出价大于 $B1$，此时出价者不会得到任何好处，其他出价者以更低价格得到该商品。若选择大于真实意愿的出价 $Bi>Vi$，他可能竞拍成功，但以高于他的真实意愿的价格购买，遭受 $B2-Vi$ 效用损失。因此，理性的出价者会报出与自己真实偏好一致的价格。

---

① VICKREY W. Counterspeculation, auctions, and competitive sealed tenders. The journal of finance, 1961 (16).

综合两种情况发现，在既定的机制设计下，隐瞒真实偏好不会对出价者个人带来任何好处，出价者更倾向于表达真实偏好，即 $Bi=Vi$。

目前，维克里的讨论范围仅限于私人产品，但第二价格法为建立公共产品偏好显示机制提供了一个基本原理：在公共产品领域，如一个出价者不是最高出价者（真实偏好最大），那么他不会得到该产品；若他是最高出价者，其得到产品的同时将付出代价，因为该产品对其他人也具有正外部性。此外，谎报真实偏好不会带来任何好处，反而会遭受损失。纳什均衡将是每个人都选择以等于自己真实意愿的价格竞拍。显然，维克里的第二价格法具有个人激励相容性。事实证明，维克里偏好显示机制的设计思想对公共产品范畴非常适用，格罗夫斯和莱迪亚德[①]、蒂德曼和塔洛克[②]都对此问题进行了深入探讨。

3.3 公共产品需求的空间分析

3.3.1 空间经济分析方法

空间经济学中有三种模型：区域模型、城市体系模型和国际模型，建模的基本条件、方法与技巧各不相同。区域模型的核心是中心-外围模型（Core-Periphery Model）。中心-外围模型是克鲁格曼等经济学家基于迪克西特和斯蒂格利茨垄断竞争模型建立的[③]。中心-外围模型的建模技巧可以归纳为 D-S 模型、冰山成本、动态演化以及计算机应用，主要利用拉斯函数与不变替代弹性函数（CES）形式设立效用函数与条件，并不断引入新的变量扩展模型，最终通过图灵方法求解，得到数值分析下的均衡。这些技巧解决了传统经济学理论模型推导无法融入空间因素的难题，对分析公共产品空间理论模型颇有帮助。

3.3.2 公共产品需求模型

1. 一个需求的空间模型分析

接下来是在 D-S 模型的基础上进行公共产品需求的空间分析，并引入税收变量扩展模型。

---

① GROVES T，LEDYARD J. Reply to comments by Tideman and Tullock and Greenberg，Mackay and Tideman on some limitations of demand revealing process. Public choice，1977（29）；GROVES T，LEDYARD J. Optimal allocation of public goods：a solution to the "free rider" problem. Econometrica，1977（45）.

② TIDEMAN T N，TULLOCK G. Some limitations of demand revealing process：comment. Public choice，1977（29）.

③ DIXIT A，STIGLITZ J. Monopolistic competition and optimum product diversity. American economic review，1977（6）.

（1）基于D-S模型的需求分析。

公共产品与私人产品具有本质区别。1954年，萨缪尔森提出，公共产品可以被社会全体成员同时享用，且每人对该产品的消费都不会减少其他社会成员对该产品的消费。

随着公共经济学的发展，公共产品理论框架日趋成熟，公共产品的实际种类逐步增加，出现了与私人产品的特征愈来愈接近的准公共产品，可能需要不同的个人消费支出，或存在一定程度的拥挤。另外，公共产品和服务还存在某些形似于市场结构的特点，如一个地区的基础公共产品是同质的，而高级公共产品具有明显的异质性，如三级医院因各自治疗疾病的特长与比较优势的不同呈现完全竞争与垄断竞争共存的市场特点，且高级公共产品在某种程度上具有规模报酬递增的特点，这与基于不完全竞争和规模经济的空间研究相吻合。因此，采用D-S模型方法可以对空间需求进行分析。

首先，对于基础和高级公共产品，假定所有消费者偏好都相同，公共产品效用以柯布-道格拉斯函数形式可以表示为：

$$U = G_h^{\mu} G_l^{1-\mu}$$

其中，G_h 代表高级公共产品与服务消费量的综合指数，G_l 代表基础公共产品与服务消费量的综合指数。由于日常生活中，人们对基础公共产品与高级公共产品各有需求，消费相机而定，因此这里选用柯布-道格拉斯函数形式表示效用，用常数 $\mu(0<\mu<1)$ 代表高级公共产品的重要程度。定义指数 G_h 是连续空间上的子效用函数，n 表示高级公共产品数量范围，$D(i)$ 表示对高级公共产品的需求。在平衡状态下，需求和公共产品与服务的消费量相一致。所以，可以认为 G_h 符合不变替代弹性函数：

$$G_h = \left(\int_0^n D(i)^{\rho} \mathrm{d}i\right)^{\frac{1}{\rho}}$$

其中，$\rho(0<\rho<1)$ 表示消费者对高级公共产品与服务多样性的偏好程度，i 为第 i 种公共产品。当 ρ 趋近于1时，消费者对其的态度几乎是无差异的；当 ρ 趋近于0时，消费者对其多元化的渴望程度达到最大。

假设基础公共产品的消费补贴均为1，高级公共产品的相对消费补贴为 $p(i)$，财政支出为 E，那么有 $G_l + \int_0^n p(i)D(i)\mathrm{d}i = E$。参考迪顿和米尔鲍尔对两阶段预算模型适用条件的讨论，在上述约束条件下可以分两步求解公共服务效用最大化问题。

第一步，求解：

$$\min \int_0^n p(i)D(i)\mathrm{d}i$$

$$\text{s. t.} \quad \left(\int_0^n D(i)^{\rho} \mathrm{d}i\right)^{\frac{1}{\rho}} = G_h$$

利用拉格朗日方程求解，得到

$$\lambda\left(\int_0^n D(i)^{\rho} \mathrm{d}i\right)^{\frac{1-\rho}{\rho}} D(i)^{\rho-1} = p(i)$$

$$\lambda\left(\int_0^n D(j)^{\rho} \mathrm{d}j\right)^{\frac{1-\rho}{\rho}} D(j)^{\rho-1} = p(j)$$

其中，λ 是拉格朗日乘子。上面两式相除得到

$$\frac{D(i)^{\rho-1}}{D(j)^{\rho-1}}=\frac{p(i)}{p(j)}$$

即 $D(i)=D(j)\left(\frac{p(j)}{p(i)}\right)^{\frac{1}{1-\rho}}$，代入约束条件即得：

$$D(j)=\frac{p(j)^{\frac{1}{\rho-1}}}{\left(\int_0^n p(i)^{\frac{\rho}{\rho-1}}\mathrm{d}i\right)^{\frac{1}{\rho}}}G_h$$

两边都乘以 $p(j)$，求积分得 $\int_0^n p(j)D(j)\mathrm{d}j=\left(\int_0^n p(i)^{\frac{\rho}{\rho-1}}\mathrm{d}i\right)^{\frac{\rho-1}{\rho}}G_h$。令 $\sigma=\frac{1}{1-\rho}$，$F=\left(\int_0^n p(i)^{\frac{\rho}{\rho-1}}\mathrm{d}i\right)^{\frac{\rho-1}{\rho}}$，则 σ 代表替代弹性，F 代表补贴指数，代入整理得到：

$$D(j)=\left(\frac{p(j)}{F}\right)^{-\sigma}G_h$$

第二步，求解：

$$\max U=G_h^{\mu}G_l^{1-\mu}$$
$$\text{s. t.}\quad FG_h+G_l=E$$

根据柯布-道格拉斯函数性质得到 $G_h=\frac{\mu E}{F}$，$G_l=(1-\mu)E$，将其代入第一步求解结果与效用函数，得到 $D(j)=\mu E\frac{p(j)^{-\sigma}}{F^{1-\sigma}}$，$U=\mu^{\mu}(1-\mu)^{1-\mu}EF^{-\mu}$。

（2）引入税收变量的需求分析。

在 D-S 模型单独分析公共产品效用的基础上，将高级公共产品与基础公共产品统一成为具有差异性的公共产品，并添加农业与制造业消费产品，以此为元素建立更全面真实的效用函数。

首先，仍然建立柯布-道格拉斯函数形式的消费者效用函数：

$$U=M^{\alpha}A^{\beta}G^{1-\alpha-\beta}$$

其中，M 为制成品消费量综合指数，A 为农产品消费量，G 为公共产品消费量综合指数，α 与 β 分别代表消费制成品与农产品的重要程度。根据中心-外围模型与前文对公共产品效用的分析，得到：

$$M=\left(\int_0^n m(i)^{\rho}\mathrm{d}i\right)^{\frac{1}{\rho}},\ G=\left(\int_0^m D(i)^{\gamma}\mathrm{d}i\right)^{\frac{1}{\gamma}}$$

其中，$m(i)$ 代表每种可得制成品的消费量，$D(i)$ 代表公共产品的需求，参数 ρ 和 γ 分别指消费者对制成品与公共产品多样化的偏好程度。假设税率为 t，政府可以根据效用函数确定税率大小，给定收入 Y，消费者的可支配收入为 $Y(1-t)$，政府的财政收入为 tY。假定政府将所有财政收入用于公共产品与公共服务的支出，农产品的价格为 1，每种制成品的价格为 $p(i)$，每种公共产品的补贴为 $q(i)$，那么有

$$A+\int_0^n p(i)m(i)\mathrm{d}i=Y(1-t)$$

$$\int_0^m q(i)D(i)\mathrm{d}i = tY$$

所以，$A+\int_0^n p(i)m(i)\mathrm{d}i+\int_0^m q(i)D(i)\mathrm{d}i = Y$ 为定值，因此依旧采用两阶段求解方法。第一步，求解：

$$\min\int_0^n p(i)m(i)\mathrm{d}i+\int_0^m q(i)D(i)\mathrm{d}i$$

$$\text{s.t.}\quad \begin{cases} M=\left(\int_0^n m(i)^{\rho}\mathrm{d}i\right)^{\frac{1}{\rho}} \\ G=\left(\int_0^n D\ (i)^{\gamma}\mathrm{d}i\right)^{\frac{1}{\gamma}} \end{cases}$$

同上文求解方法，解得：

$$\int_0^n p(i)m(i)\mathrm{d}i = \left[\int_0^n p(i)^{\frac{\rho}{\rho-1}}\mathrm{d}i\right]^{\frac{\rho-1}{\rho}}M$$

$$\int_0^m q(i)D(i)\mathrm{d}i = \left[\int_0^m q(i)^{\frac{\gamma}{\gamma-1}}\mathrm{d}i\right]^{\frac{\gamma-1}{\gamma}}G$$

令 $\left[\int_0^n p(i)^{\frac{\rho}{\rho-1}}\mathrm{d}i\right]^{\frac{\rho-1}{\rho}} = F_M$，$\left[\int_0^m q(i)^{\frac{\gamma}{\gamma-1}}\mathrm{d}i\right]^{\frac{\gamma-1}{\gamma}} = F_G$，即 F_M 与 F_G 分别代表了制成品与公共产品的价格指数。因此，有 $A+F_MM+F_GG=Y$。

于是，第二步，求解：

$$\max U = M^{\alpha}A^{\beta}G^{1-\alpha-\beta}$$

$$\text{s.t.}\quad A+F_MM+F_GG=Y$$

得到 $A=\beta Y$，$M=\frac{\alpha Y}{F_M}$①，$G=\frac{(1-\alpha-\beta)Y}{F_G}$。所以 $D\ (i)\ =\ (1-\alpha-\beta)\ \frac{q\ (i)^{\frac{1}{\gamma-1}}}{F_G^{\frac{\gamma}{\gamma-1}}}Y$。注意到 $\int_0^m q(i)D(i)\mathrm{d}i = F_GG = tY$，所以可推出 $t=1-\alpha-\beta$，即政府制定税率应等于公共产品对消费者的重要程度。

2. 一个需求的博弈论分析

公共产品的供给应公平、有效，且福利最大化。对公共产品的需求量，可理解为该

---

① 数学证明：把 $A=Y-F_MM-F_GG$ 代入效用函数，消去 A，求解无条件极值，对效用函数偏微分，有 $\frac{\mathrm{d}U}{\mathrm{d}M}=\alpha G^{1-\alpha-\beta}M^{\alpha-1}(Y-F_MM-F_GG)^{\beta}-G^{1-\alpha-\beta}M^{\alpha}\beta(Y-F_MM-F_GG)^{\beta-1}F_M=0$，$\frac{\mathrm{d}U}{\mathrm{d}G}=(1-\alpha-\beta)\ G^{-\alpha-\beta}M^{\alpha}(Y-F_MM-F_GG)^{\beta}-M^{\alpha}G^{1-\alpha-\beta}\beta(Y-F_MM-F_GG)^{\beta-1}F_G=0$，整理得 $\alpha(Y-F_MM-F_GG)=\beta F_MM$，$(1-\alpha-\beta)\ (Y-F_MM-F_GG)=\beta F_GG$，两式相除得 $F_MM=\frac{\alpha}{1-\alpha-\beta}F_GG$，代入偏微分后的整理式中，得到 $F_G=\frac{(1-\alpha-\beta)Y}{G}$，代回解得 $A=\beta Y$，$M=\frac{\alpha Y}{F_M}$。

公共产品对人们的吸引力的大小。在此采用博弈论方法，从消费者的视角研究公共产品的供给平衡。

（1）支付矩阵分析。

为了避免抽象描述，我们以医疗公共服务为案例进行分析。首先，假定社会存在甲、乙两人，且有需求较高的医院（具有较大引力的公共产品）与需求较低的医院各一所。两人都会患病和微恙，患病时最好去需求高的医院就诊，因为需求低的医院治疗效果不佳，而微恙时去两种医院就诊差别不大，但若两人同时去同一家医院就诊，会出现拥挤成本。根据以上假定，设计三种情况的支付矩阵进行分析，如表 3－3 所示。

表 3－3　医院需求的博弈论分析支付矩阵

情况 1		乙（患病）	
		低	高
甲（患病）	低	（1，1）	（3，7）
	高	（7，3）	（5，5）
情况 2		乙（微恙）	
		低	高
甲（微恙）	低	（4.5，4.5）	（5，6）
	高	（6，5）	（5，5）
情况 3		乙（微恙）	
		低	高
甲（患病）	低	（1，4.5）	（2，6）
	高	（8，5）	（6，5）

利用画线法分别得到三种情况下的（非严格）纳什均衡：情况 1，（高，高）；情况 2，（高，低），（低，高），（高，高）；情况 3，（高，低），（高，高）。根据结果，当二人都患病，都需要去需求高的医院时，纳什均衡是两人均选择需求高的医院，达到平衡；当二人都微恙时，两人除了不都去需求低的医院，其余情况都是纳什均衡；当一人患病一人微恙时，纳什均衡为患病的人选择需求高的医院，微恙的人选择两种医院都可以，此时若微恙者也选择需求高的医院就医，就会出现拥挤，造成患病者的效用下降，社会总效用下降，效率出现问题。这时需要政策或制度来矫正效率扭曲。

（2）逆向选择分析。

接下来，利用逆向选择模型开展进一步的分析。假设社会需要就医的人数为 n，概率为 v 的人数微恙，其余患病。需求量 $D\in\{1, 2\}$，拥挤成本 $t\in\{\theta v, \theta(1-v)\}$。微恙时，参数 $k\in(0, 1)$；患病时，参数 $k\in(1, 2)$。每人效用为 $U=D^{k_i}-t$，$i=1, 2, \cdots, n$。

根据假设，微恙时，个人效用函数为 $U=1-\theta v$；患病时，个人效用函数为 $U=2^k-\theta(1-v)$，$\theta>1$。为了达到纳什均衡，需满足以下条件：

$$\begin{cases} 2^{k_1}-\theta(1-v)\geqslant 1-\theta\left(v+\dfrac{1}{n}\right) \\ 1-\theta v\geqslant 2^{k_2}-\theta\left(1-v+\dfrac{1}{n}\right) \end{cases}$$

$$整理得到\begin{cases}2^{k_1}\geqslant 1+\theta\left(1-2v-\dfrac{1}{n}\right)\\ 2^{k_2}\leqslant 1+\theta\left(1-2v+\dfrac{1}{n}\right)\end{cases}$$

因为 $k_1\in(1,\ 2)$，$k_2\in(0,\ 1)$，为了始终满足上方两式，需要满足：

$$\theta\left(1-2v-\frac{1}{n}\right)\leqslant 1\leqslant\theta\left(1-2v+\frac{1}{n}\right)$$

即 $-\dfrac{1}{n}\leqslant\dfrac{1}{\theta}-(1-2v)\leqslant\dfrac{1}{n}$。当社会就医人数很大时，$\dfrac{1}{n}\to 0$，所以必须：

$$\frac{1}{\theta}-(1-2v)=0$$

当 $v=\dfrac{\theta-1}{2\theta}$ 时，社会达到纳什均衡，此时微恙与患病者各得其所，且不存在转移就医医院的动机，就医与医院需求达到平衡。

3. 一个需求的空间匹配分析

(1) 给定空间位置条件下的分析。

假定研究空间是中心地城市的一个一维空间，中心为 O，城市边界为 r_1。由于制度、历史、文化等因素的影响，故假设城市两类人口——户籍人口与流动人口的居住位置外生给定，户籍人口居住于市中心附近，流动人口居住于靠近城市边界位置，并以距离城市中心为 r_0 的点为分界点，户籍人口居住于 $0\sim r_0$ 的区间内，流动人口居住于 $r_0\sim r_1$ 的区间内。因为纯公共产品消费价格为零，且一般供给均质，故在此选择准公共产品为研究对象。

假设户籍人口与流动人口的可支配收入是固定的，分别为 I_1 和 I_2，且 $I_1>I_2$。两类人群只消费商品 M 和准公共产品 G。由于商品消费服从市场规律，商品价格与消费量呈负相关关系，即 $P_M(r)=k-sM(r)$，其中 k、s 都是参数。而公共产品的价格与消费量相对独立，并外生给定，设其为 $P_G(r)$。于是有：

$$I=M(r)P_M(r)+G(r)P_G(r)。$$

根据柯布-道格拉斯函数，假设个人效用函数为 $U=M^{\alpha}G^{\beta}$，且 $\alpha+\beta=1$。因为收入相对较低的流动人口更重视公共产品的消费，故有 $\beta_1<0.5<\beta_2$，$\alpha_2<0.5<\alpha_1$。简化变量的表示符号，模型可归结为求解下式：

$$\max U(M,G)=M^{\alpha}G^{\beta}$$
$$\text{s. t.}\quad I=kM-sM^2+P_GG$$

解得 $G_1^*=\dfrac{\beta_1(\pm k\sqrt{\Delta_1}-k^2+4(1+\beta_1)sI_1)}{2(1+\beta_1)^2sP_G}$，$G_2^*=\dfrac{\beta_2(\pm k\sqrt{\Delta_2}-k^2+4(1+\beta_2)sI_2)}{2(1+\beta_2)^2sP_G}$①。其中，$\Delta_i=k^2-4(1+\beta_i)\alpha_i sI_i$，$i=1,\ 2$，且需满足 $\sqrt{2}-1<\beta_1$，$\beta_2<1$；G_2^* 的 $k\sqrt{\Delta_2}$ 一项

---

① 数学证明：建立拉格朗日函数 $L=M^{\alpha}G^{\beta}+\lambda(kM-sM^2+P_GG-I)$，求解联立方程组 $L'_M=0$，$L'_G=0$，$kM-sM^2+P_GG-I=0$，得 $G=\dfrac{\beta M(k-2sM)}{\alpha P_G}$，代入方程得 $M^*=\dfrac{k\pm\sqrt{k^2-4(1+\beta)\ \alpha sI}}{2(I+\beta)s}$，所以 $G^*=\dfrac{\beta(\pm k\sqrt{\Delta}-k^2+4(1+\beta)sI)}{2(1+\beta)^2sP_G}$。

前为负号时的解需满足条件 $\beta_2>\frac{\sqrt{5}-1}{2}$，否则该解不存在①。

不同参数有不同的均衡解，通过比较 $\frac{\int_0^{r_0} G_1^* \, \mathrm{d}r}{I_1}$ 与 $\frac{\int_{r_0}^{r_1} G_2^* \, \mathrm{d}r}{I_2}$，即可判断不同收入水平的人群消费公共产品的空间匹配情况，结果由下节的数值分析来完成。

（2）人口自由流动条件下的分析。

分析仍采用相同的空间基础，定义城市中心为 O，边界为 r_1。不同之处在于，人口自由流动，通过不同区位的生活条件确定不同收入水平人群的居住位置。

假设城市存在两类公共产品 G_1、G_2，其中 G_1 是与区位相配套的、价格统一的公共产品，G_2 是与区位无配套关系的、消费自由的公共产品；G_1 的价格定义为 1，G_2 的价格定义为 P_2，由于城市中心消费公共产品更加便利，将其折为成本融入价格，可得 P_2 是 r 的递增函数。于是有 $I=G_1+G_2P_2$。

假设个人效用函数为 $U=G_1^{\alpha}G_2^{\beta}$，$\alpha$ 和 β 分别代表两类公共产品的偏好，且 $\alpha+\beta=1$，由于偏好可能因人而异，在此分两种情况进行讨论。

第一，全体偏好一致的情况下，模型可归结为求解下式：

$$\max U(G_1, G_2) = G_1^{\alpha}G_2^{\beta}$$
$$\text{s. t.} \quad I = G_1 + G_2P_2$$

求解得到 $G_1^*=\frac{I\alpha}{\alpha+\beta}=I\alpha$，$G_2^*=\frac{I\beta}{(\alpha+\beta)\ P_2}=\frac{I\beta}{P_2}$②。所以 $\frac{G_1^*+G_2^*}{I}=\alpha+\frac{\beta}{P_2}$。

第二，当偏好与收入相关时，假设 $\alpha=1-mI$，$\beta=mI$，m 是参数，模型可归结为求解下式：

$$\max U(G_1, G_2) = G_1^{1-mI}G_2^{mI}$$
$$\text{s. t.} \quad I = G_1 + G_2P_2$$

经过求解得 $G_1^*=I(1-mI)$，$G_2^*=\frac{mI^2}{P_2}$③。所以 $\frac{G_1^*+G_2^*}{I}=1-(1-\frac{1}{P_2})mI$，此项与 I 相关。

利用上述两种情况讨论结果，代入不同参数进行数值分析，可反映不同情况下公共产品消费的公平性。

---

① M^* 的两个解的成立分别需要满足一些条件：当根号前取“+”时，须满足 $k^2\left(1+\frac{2}{\beta}-\frac{1}{\beta^2}\right)<4sI<\frac{k^2}{1-\beta^2}$ 且 $\frac{k^2}{\beta}<4sI<\frac{k^2}{1-\beta^2}$，因此有 $\beta>\frac{\sqrt{5}-1}{2}$，而 $\beta_1<0.5$ 不成立，故 G_1^* 的解舍去，只有 $\beta_2>\frac{\sqrt{5}-2}{2}$ 时，G_2^* 才成立；当根号前取“−”时，须满足 $4sI<\frac{k^2}{1-\beta^2}$，且 $4sI<k^2\left(1+\frac{2}{\beta}-\frac{1}{\beta^2}\right)$，因此需有 $\sqrt{2}-1<\beta<1$，此时，G_1^*、G_2^* 都成立。所以 G_1^* 只有一个解，G_2^* 在满足 $\beta_2>\frac{\sqrt{5}-1}{2}$ 的条件下有两个解。

②③ 求解方法同 3. 3. 2 中 3（1）给定空间位置的模型求解，不再赘述。

3.4　公共产品需求的测算方法

在公共产品需求函数服从线性关系的条件下，由于不同情况采用方法不同，故提出三种实证测算方法：层次分析法、主成分分析法、经济计量法，通过比较与调整，择优使用。以下简要介绍这三种方法的原理概述、实证操作流程与方法评价。

3.4.1　层次分析法

（1）原理概述。

层次分析法试图将复杂问题中的各种影响要素通过划分为相互联系的有序层次使之条理化，构建判断矩阵求解特征值和正规化特征向量，再确定不同层次全部因素相对重要性次序的权值，最后通过综合计算各层因素相对重要性的权值，得到评价和选择方案的依据。

（2）实证操作方法。

第一，建立层次分析模型。将公共产品需求的影响因素划分为三个层次：目标层、准则层、方案层。目标层是公共产品需求函数构造，准则层包括保障型需求、发展型需求两部分，方案层包括影响目标与准则的收入、年龄结构、性别、教育水平、人口规模等若干变量。

第二，构造判断矩阵。利用德尔菲法或针对不同人群问卷调查结果加权平均，采用1～9 及其倒数的标度方法近似赋值，得到各个判断矩阵的各因素间相对重要性。

第三，层次单排序及其一致性检验。根据判断矩阵，计算不同准则层次内相关因素重要性次序的权值，求解判断矩阵的最大特征根 λ_m 与相应特征向量。计算一致性指标 $CI=\frac{\lambda_m-n}{n-1}$，根据阶数 n 查表确定平均随机一致性指标 RI，若 $CR=\frac{CI}{RI}<0.1$，表明矩阵具有满意的一致性，否则需要再对判断矩阵进行调整。

第四，层次总排序及其一致性检验。计算确定准则层对于总目标的相对重要性排序权值，表示为 a_1，a_2，…，a_m，与上一步骤的结果加权得到各个方案的总排序权值。最后计算 $CR=\frac{\sum_{i=1}^{m}a_iCI_i}{\sum_{i=1}^{m}a_iRI_i}$，若该值小于 0.1，则该总排序权值结果有效，否则仍需进一步调整判断矩阵元素取值，直到满足要求为止。此步骤得到的总排序权值即为公共产品需求函数影响变量的相对权重。

（3）方法评价。

层次分析法将决策者的经验判断给予量化，思路清晰、方法简便、适用面广、系统性强、容易推广，可广泛应用于复杂系统的分析与决策，如政策分析、产业研究、成果评价、发展规划、项目管理等。在公共产品需求函数的自变量权值确定的研究中，难免掺入不同影响因素重要程度的主观意念，而层次分析法在一定程度上矫正了主观因素的随意性，并且操作原理简单、理论基础扎实，是定性与定量相结合的优秀方法。不足之处在于，层次分析法无法根除主观因素的影响，无论通过抽样调查还是德尔菲法，都难以准确全面刻画全社会的真实需求结构。

3.4.2 主成分分析法

（1）原理概述。

在统计学中，指标方差越大，反映该指标的信息越多。主成分分析法最早由拉尔帕森提出，旨在利用方差大小与指标相关性构建新的综合指标，用尽可能少的综合指标解释尽可能多的信息，完成指标对于目标的综合评价。

（2）实证操作方法。

第一，建立标准化矩阵。以案例地区数据为横向，以收入等函数指标的数据为纵向，建立原始数据矩阵，并将原始数据进行标准化处理。

第二，建立需求函数变量之间的相关系数矩阵。求解标准化矩阵变量两两之间的相关系数，若部分存在高度相关或中度相关，主成分分析效果较为理想；若变量之间完全相关或完全不相关，主成分分析将失去意义。

第三，求解相关系数矩阵特征值和特征向量。求解相关系数矩阵特征值，计算特征值对应方差贡献率，选取从大到小累计刚好达到85%以上的综合指标，即为主成分，计算主成分特征值对应的特征向量。

第四，写出主成分。根据上述计算特征值与特征向量，得到主成分，并由信息量加权直接计算得出公共产品需求值。

（3）方法评价。

主成分分析法是一种对多变量表示数据点集合寻找尽可能少的正交矢量表征数据信息特征的统计方法，在综合评价中具有独到优势。一方面，主成分分析通过正交变换寻找主成分，克服了原始指标相关性的影响，体现了全面性；另一方面，在综合评价中，权数确定的客观性克服了某些评价方法中的主观性缺陷。尤其当公共产品需求函数的影响变量之间存在一定的相关关系（如教育水平与收入之间等），且变量较多时，应用主成分分析法进行综合评价效果比较理想。不足之处在于，主成分分析不能直接得到一个公共产品需求与变量间的确定函数方程，而是根据方差贡献率得到单个变量线性组合的主成分，再通过加权得到最终公共产品需求值；另外，主成分分析完全以涵盖信息量为依据进行线性组合，力求综合评价反映最大信息量，但因为公共产品需求并不遵从变量信息量越大、占比越大的特征，这种线性组合的客观手段未必能准确反映公共产品需求结构，仍需根据现实社会情况进行评判与主观调整。

3.4.3 经济计量法

（1）原理概述。

从首届诺贝尔经济学奖获得者、挪威经济学家弗里希提出了“econometrics”开始，通过数学、统计学与经济理论的结合，运用回归计量分析研究社会经济问题已成为当今主流学派的分析方法。该方法以数据为基础，一般以最小二乘法为工具进行统计回归，得到因变量与自变量间的实证关系，以确定目标函数的具体形式，指导现实社会经济分析。

（2）实证操作方法。

在此，以某地区为例，对公共医疗卫生服务需求进行计量分析。

第一，假设某地区公共产品供求总体平衡。在此基础上，以各区县的公共支出代替公共产品需求，并进行对数处理。

第二，以对数处理后的公共支出为因变量，以收入、教育水平、性别、年龄结构、人口规模等指标为自变量，通过最小二乘法进行多元线性回归，得到相关回归统计量。

第三，分析回归统计量。检验 F 值判断总体回归效果，检验 t 值判断自变量显著水平，若全部显著，则可根据回归系数计算各区县的公共产品具体需求值，否则仍需对回归进行调整，调整方法有三种：第一种，直接调整。t 值不显著的情况很可能发生，那么需计算各个自变量之间的相关系数，去除与其他某些或某个指标相关性高、t 值不显著的自变量，最好是对因变量影响相对略小的自变量，重新回归检验，并在满足 F 值与所有变量 t 值显著性水平的基础上，尽可能提高修正后的 R^2 水平，达到最佳回归效果，确定公共产品需求函数。若反复调整仍无法满足条件，则可尝试下述两种方法。第二种，主成分回归。在主成分分析的基础上，以公共支出为因变量重新对根据主成分方程计算得到的综合指标进行回归，并检验 F 值与 t 值，对于 t 值不显著的综合指标直接剔除重新回归，最终得到建立在综合指标基础上的公共产品需求函数。第三种，面板数据回归。为了避免某些多元回归效果不显著但又影响因变量的指标对回归过程造成干扰，保留回归显著的自变量，并查找这些变量的历史数据，进行面板数据回归，从而得到实证公共产品需求函数。

（3）方法评价。

经济计量法客观合理、适用广泛、理论基础扎实、体系成熟可靠，具有较高的使用价值，在经济研究中应用广泛，研究公共产品需求的实证问题时多采用此方法。其不足之处在于，一是公共产品需求结构较为复杂，未必是线性关系，因此利用线性回归存在回归效果不理想的可能；二是在平衡假定条件下用公共支出代替公共产品需求存在一定误差，因为公共产品供给通常只反映了局部公共产品与部分商品，而公共支出则反映了全部公共产品；三是多元回归需要反复不断地调整，操作过程较为复杂；四是即使回归效果良好，也可能存在回归系数正负与现实情况相反，即回归解释不合理的情况。

3.4.4　方法总体评价与选择

上述三种方法在解决公共产品需求函数测算问题中各有利弊。总体上，三种方法都曾得到广泛运用，具有科学的理论基础与成熟的技术体系。层次分析法和主成分分析法相对简单，多元线性回归方法相对复杂；层次分析法较为主观，主成分分析法和多元线性回归方法较为客观。国外的相关研究多采用计量回归方法。由于国内数据统计范围有限，细化到街道、乡、镇的某些指标数据无法获取，而问卷抽样调查又成本过高，因此难以进行。具体研究中，在获得原始数据的基础上可尝试利用不同方法进行评估，根据案例地区公共产品的现实需求情况，检验三种方法综合评价的准确程度，再择优使用或适当调整。

本章小结

公共产品是现代城市不可或缺的社会性物质基础，它具有非排他性和非竞争性。偏好显示是城市公共产品和公共服务供给决策的支撑工具。通过设计激励机制间接显露和建立理论模型得到公共产品需求函数是分析和测度公共产品需求的两个路径。庇古、萨缪尔森的均衡模型具有代表性。公共产品需求包括政治投票和“用脚投票”两个显示机制。前者分析在单峰偏好条件下，由中间投票人代表的城市公共决策机制；后者阐释了在人口自由流动情况下，“用脚投票”的偏好选择机制。在中心-外围模型和D-S模型基础上，进行公共产品需求的空间分析，是空间经济学关于公共产品需求分析的基本范式。层次分析法、主成分分析法和经济计量法是测算公共产品需求的三种主要方法。但在具体研究中，需根据获得原始数据的情况以及地区公共产品的现实需求，来检验三种方法综合评价的准确程度，择优使用或适当调整。

关键术语

庇古均衡模型　萨缪尔森局部均衡模型　政治投票　循环多数　单峰偏好　中间投票人　层次分析法　主成分分析法

复习思考题

1. 简述公共产品偏好显示机制分析的主要发展脉络。
2. 中间投票人模型需要满足哪些严格的假定条件？
3. 蒂布特模型依赖的一系列严格的假设条件是什么？
4. 蒂布特“用脚投票”的个人需求偏好显示机制是什么？
5. 简述基于D-S模型的公共产品需求分析方法。
6. 简述基于D-S模型的公共产品需求博弈方法。
7. 简述城市公共医疗卫生服务需求的计量分析过程。

进一步阅读的文献

1. FUJITA M，KRUGMAN P，VENABLES A. The spatial economy. Cambridge：MIT Press，1999.

2. 安虎森. 新区域经济学. 大连：东北财经大学出版社，2008.

3. 安虎森．新经济地理学原理．北京：经济科学出版社，2009.

4. 布雷克曼，盖瑞森，马勒惠克．地理经济学．成都：西南财经大学出版社，2004.

5. 卢纹岱．SPSS统计分析．北京：电子工业出版社，2009.

6. 陆军，等．从失配到适配：北京公共产品空间匹配循证分析．北京：北京大学出版社，2021.

7. 伍德里奇．计量经济学导论：现代观点．北京：中国人民大学出版社，2003.

8. 张平文，李铁军．数值分析．北京：北京大学出版社，2007.

第 4 章

公共管理中的城市财政

政府“以财兴政”，通过提供财力保障贯穿起城市发展规划、基础设施建设、公共产品供给、公共部门运转等城市管理的全过程。作为城市管理的职能主体，政府完善财政收入结构、提高融资能力水平、丰富支出形式和增强支出效率，对实现高质量城市管理具有重要意义。本章包括四个部分：一是阐述现代城市财政的定义、性质和职能配置；二是分析城市财政的支出责任和支出形式；三是分析现代城市财政的收入结构；四是展望城市财政发展的趋势特点。

重点问题

- 城市财政的定义、性质、职能及其在多级财政体系中的定位
- 政府对城市管理的支出责任
- 城市财政在城市管理中的主要支出形式
- 城市财政的基本收入结构
- 当前城市财政活动的前沿发展特点

4.1　多级财政中的城市财政

4.1.1　城市财政的定义

城市财政是城市政府在履行管理事权过程中涉及的财政收入和财政支出活动的总称。城市财政是维持城市生活秩序、公共安全和公共部门正常运转，兴建道路、桥梁、水电、通信等市政基础设施，提供医疗、教育、公共交通、环境卫生、应急保障等公共服务的重要保障。

城市财政是国家多级财政管理体制中的一个地方层级。城市财政的收入主要分为本级政府的自有收入和上级政府的转移支付两个部分。自有收入是城市政府面向城市范围内的公民、企业等社会主体汲取的经济资源，主要包括税收和与特定公共服务相关的行政收费，主要依靠的是城市政府的法定公权力，其他的自有收入还包括城市政府依据其

资产和信用取得的资产收益和债务融资收入等。上级政府的转移支付一般指中央政府和高层级地方政府（如省、州、大区政府等）将其一部分财政收入下划城市政府支配。根据是否指定用途，上级政府的转移支付又分为专项转移支付（指定用途）和财力性转移支付（不指定用途）。

城市财政支出主要为城市政府履行职能服务，最基本的支出是维持政府和城市公共部门的正常运转。在此基础上，城市财政支出的绝大部分用于城市基础设施建设、城市公共产品生产和各类公共服务供给，主要包括城市治安、行政管理、警察、消防、基础教育、地区性交通、环保、给排水、垃圾处理、公园、地区性社会经济发展规划和法律的制定与实施、卫生防疫、就业培训等①。此外，城市财政支出一般还用于地区经济发展的各类支持措施，如中国的城市政府在改革开放以来出现了将“城市经营”纳入职能的转型趋势，普遍将财政资金用于招商引资、产业投资、资产开发等经营项目②。城市政府在事权履行过程中的具体支出形式丰富多样，根据项目资金来源、项目落实主体、项目经营权和所有权等标准，可将城市财政支出大体分为政府直接投资、政府购买服务和公私合作伙伴关系三大类别。

城市财政的收入和支出间需要统筹协调、良性互动。城市政府或公共部门运转以及基本公共产品供给等必需性支出总体上由城市地域面积、人口数量等客观因素决定，支出规模具有相当的刚性，不能简单地“以收定支”“量入为出”，城市自有收入对于刚性支出的缺口部分一般由上级政府以转移支付的方式来补充。与此同时，支出规模的设定必须依托城市财政的收入基础，城市财政的赤字率应保持在合理区间范围内。

4.1.2　城市财政的性质

财政是政府的理财之道，中国历史上的相关表述还有“度支”“理财”等。“财政”一词最早出现于戊戌变法时期，是日文对英文“public finance”一词的翻译。在词源上，“财”指政府收支，“政”指政府治理，“财政”意为政府收支及其治理③，城市财政也是面向城市的政府收支和城市管理。

现代社会中，除少数“城市国家”外，绝大多数城市政府在国家的公权力结构中属于一级地方政府。代表政府各项职能的“事权”将在不同层级的政府间进行分工，与之对应的是，履行事权所必需的“财权”和经济资源也将被分别划归于各项事权的责任主体，在全国形成“一级政府”与“一级财政”相对应的多级财政体制。诸如城市管理等与提供地方性公共产品紧密相关的职能通常被划归为基层地方政府事权，需要建立一级地方政府财政与之对应，城市政府与城市财政也是这样一种关系。

财政分权理论为多级财政体制和地方财政职能的界定提供了理论依据，如表 4－1 所示。蒂布特的“用脚投票”经典模型率先提出若由各地方分别征税和提供公共产品，居

① 杨舜娥．地方财政理论与实践．北京：中国财政经济出版社，2010.

② 王志锋，踪家峰．对城市经营的再思考．经济问题探索，2002（9）；周诚君，陈雯，张亦祥．经营城市：政府作用与制度创新．南京社会科学，2002（3）.

③ 陈共．财政学．10 版．北京：中国人民大学出版社，2020.

民可根据自己的偏好自由选择居住地，享受公共服务并负担作为成本的税收①，从而实现公共资源的最优配置。奥茨重视并完善了蒂布特模型，提出财政联邦主义理论，指出中央政府无法顾及不同人口子集的不同需求和特殊利益，只能按公平要求统一等量分配公共产品，从而不能保证社会福利最大化②。马斯格雷夫的“最佳配置”职能理论认为资源配置职能应根据各地区居民的偏好不同而有所区别，由地方政府负责更有助于提高经济效率和改进社会福利③。特雷希的“偏好误识”理论也认为中央政府对社会福利函数的了解是不完备和不确定的④。基层地方政府是最接近民众的，相较于上级政府，基层政府在对居民效用和需求的了解程度上更具信息优势⑤，但中央政府以及位于中间层级的区域政府对实现资源配置有效性和分配公平性目标而言也非常重要⑥。

表 4-1　财政分权理论观点梳理

理论	提出者	主要观点
“用脚投票”理论	蒂布特	消费者通过“用脚投票”，真实显示其对公共产品的消费结构与消费偏好
财政联邦主义理论	奥茨	地方政府根据满足社会福利最大化的条件和要求，决定公共物品和服务的提供
“最佳配置”职能理论	马斯格雷夫	由地方政府负责资源配置的最优惠，将更有利于适应满足各地区居民的不同偏好
“偏好误识”理论	特雷希	在不完全信息条件下，中央政府确定公众个人偏好的边际消费替代率时带有较大随机性
“地方自治”理论	斯蒂格勒	地方政府接近民众更了解辖下公民需求和效用，公民有权决定本地公共产品的种类和数量

资料来源：杨舜娥．地方财政理论与实践．北京：中国财政经济出版社，2010.

不同国家的城市财政在多级财政体制中的定位，如图 4-1 所示。美国联邦政体下政府层级分为联邦、州和基层三级，其中，基层政府包括县（county）、堂区（parish）、市（city）、镇（township）、学区（school district）等。尽管各类地方政府在区划和人口上存在包含与被包含、交叉重叠等复杂关系，但在政府层级上地位均相等，都属于一级独立财政，主要的区别在于事权。市、镇政府作为“城市政府”承担着具体的城市管理事权，而“城市财政”就是市镇财政。德国是联邦政体，在联邦政府以下设有州、专区和基层政府，其中最基层政府包括市、县、乡、镇等，但德国财政体制只设置了联邦、州和基层三级，专区一级的政府没有独立财权，德国的“城市财政”一般指最基层的市、

① TIEBOUT C M. A pure theory of local expenditures. Journal of political economy，1956，64（5）.

② OATES W E. An essay on fiscal federalism. Journal of economic literature，1999，37（3）.

③ MUSGRAVE R A. The theory of public finance：a study in public economics. Journal of political economy，1959，68（2）.

④ TRESCH R W. Public finance. 2nd ed. Pittsburgh：Accdcmic Press，2002.

⑤ HAYEK F A. The use of knowledge in society. Knowledge management and organizational design，1996，35（4）.

⑥ STIGLER G J. The tenable range of functions of local government. Washington D. C.：U. S Government Printing Office，1957.

镇政府财政。日本是单一制国家，行政层级分为中央、都道府县和市町村三级，分别对应着三级财政。尽管名义上都道府县下设市町村，但这两类政府在日本法律层面是平行的政府机构，在财政上中央财政分别与它们直接产生关系，从事权和财权相匹配的角度，日本的城市财政属于第三级中的"市财政"。法国的单一制政体设有中央、大区、省和市镇四级政府，并对应四级独立财政，但后三级地方政府间没有行政隶属关系，在地方事权上分工合作，其中市镇一级的政府财政是法国的"城市财政"。中国的单一制政体共包括中央、省、地市、县、乡镇五级政府，并对应五级财政，五级政府及其财政间层层隶属，互为上下级，但城市政府根据城市级别的不同可对应多个层次，包括 4 个直辖省级市、293 个地级市（2019 年）和 380 个县级市（2018 年），地级市可能下辖若干县级市，三个层级的政府及其财政均承担对应行政区划内城市区域的管理事权，因此中国的"城市财政"并不具体对应五级财政体制中的某一层级。

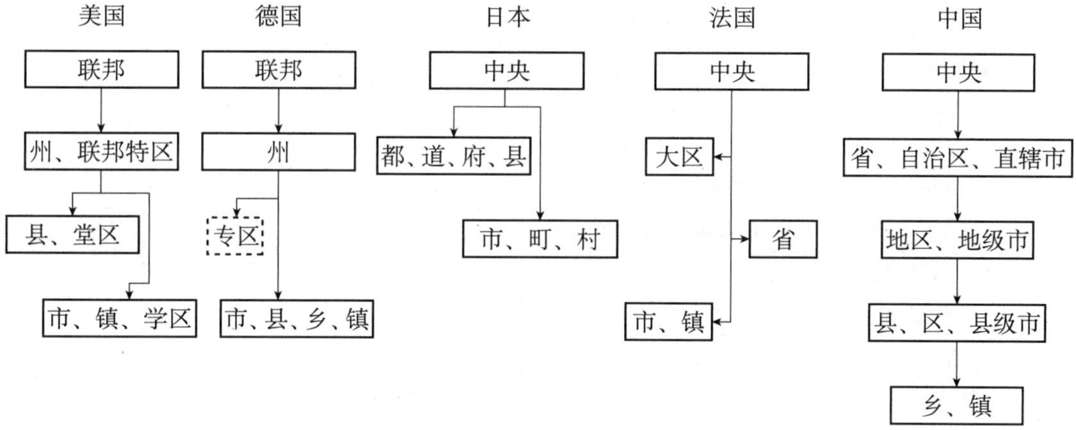

图 4-1 美、德、日、法、中五国政府的财政层级

注：实线方框代表一级政府和一级财政；虚线方框代表仅有一级政府，无一级财政；箭头代表政府层级间隶属关系；层级代表区划范围大小，从上到下依次从大到小。

4.1.3 城市财政的职能配置

在多级财政体制的职能配置中，事权由哪级政府履行更有优势，则应将事权和相对应的财权划归哪级政府。城市公共产品相较于国防、外交等全国性公共产品而言，其受益范围普遍较小，即大体局限在城市范围内。根据财政分权理论，城市政府相较于上级政府对辖区内各类社会主体的需求和偏好了解得更加全面，更能代表居民、企业的切身利益，因此城市管理等城市公共产品供给的事权理应由城市政府履行，城市财政也必然作为其财力保障。

1994 年，沙阿提出一项关于多级政府间事权和职能划分的理论框架，表 4-2 展示了各种事权（公共产品）的受益范围及其与多级政府事权财权的划分关系。

表 4-2 各项事权（公共产品）受益性特点和职责范围划分

事权（公共产品）分类	受益性特点	政策制定与监督	履职支出主体
国防	全国性	C	C
外交	全国性	C	C
国际经济协调	全国性	C	C
财政政策	中央和地方需协调	C、P	C、P、L
货币发行与货币政策	全国性	C	C
国内区域贸易协调	全国性	C	C
对个人转移的支付	全国性	C	C
对企业的补贴	行业和区域发展	C	C
对产业的补贴	行业和区域发展	C	C
移民	全国性	C	C
失业保险	全国性	C	C
全国经济协调规划	全国性	C	C
资源和环境管理	全国性	C	C、P、L
工业和农业发展	全国性	C	C、P、L
教育	全国、地区和基层	C、P、L	P、L
卫生	极强的区域间外溢性	C、P、L	P、L
社会福利	具有一定外溢性	C、P、L	P、L
警察	央地转移支付	C、P、L	P、L
给排水	央地转移支付	C、P、L	P、L
垃圾处理	地方性	P、L	L
消防	地方性	L	L
公园休闲	地方性	L	L
道路交通	全国性要道：全国性	C、P、L	C、P、L
	地区性要道：地区性	P、L	P、L
	仅服务本地：地方性	L	L

注：C 代表中央政府，P 代表省、州等最高层级地方政府，L 代表包括城市政府在内的最基层地方政府。

资料来源：SHAH A. The reform of intergovernmental fiscal relations in developing and emerging market economies. Washington：The World Bank，1994.

由此可见，城市政府的事权及城市财政的支出职能主要作用于城市公共部门运转、城市公共秩序维护、城市基础设施建设和城市公共服务供给等项目。从各国城市财政职能的具体分配来看，美国市镇政府在公共产品供给方面有较大自主权，根据辖区内社会主体的一般需求和特殊需求落实提供，包括警察、消防、医疗、环卫等公共服务和水、电、气、道路等基础设施，支出主要由城市财政本级承担；日本各级政府和财政职能划分大体遵循 1949 年提出的“夏普三原则”①，即分为中央政府职责、地方政府职责和公共职责三部分，其中市政府财政主要承担与居民日常生活密切相关的消防、城市规划、公

① 杨舜娥．地方财政理论与实践．北京：中国财政经济出版社，2010.

共卫生、住房保障等事务，道路、港湾、治安等辐射相对广泛的公共产品一般由都道府县财政承担。

与城市财政职能的主要服务对象相对应，城市财政的收入来源也主要面向辖区内的各类社会主体，因此在收入的最主要部分税收的来源选择上主要考虑具有不易流动、长期稳定特点的税种，最典型的是财产税。财产税是美国各类地方政府最主要的收入来源，主要面向房地产和个人财产征收，包括土地、建筑物、固定装置不动产和其他商用财产等，通过评估财产价值乘以税率得出税额，具体税率由各地方政府自主决定，并分类分层征收，如美国哥伦比亚特区2020年对住宅征收0.85%的房产税，但空置住宅的税率为5%[①]。中国为解决城市政府严重依赖“土地财政”问题而正在试点实施的房地产税，本质上也是希望将城市政府的主要财源向与城市更具黏性的财产税方向转移，有趣的是美国历史上也以1862年《宅地法》（Home Stead Act）为节点，完成了地方政府财政由土地融资向财产税转移的过程[②]。由此可见，城市财政的职能是围绕居民、企业等城市成员来构建的，城市财政取之于此，也用之于此，经济资源在城市政府、城市管理水平（公共产品）和城市成员间通过财政收支的形式流通循环，这种循环联系大致如图4-2所示。

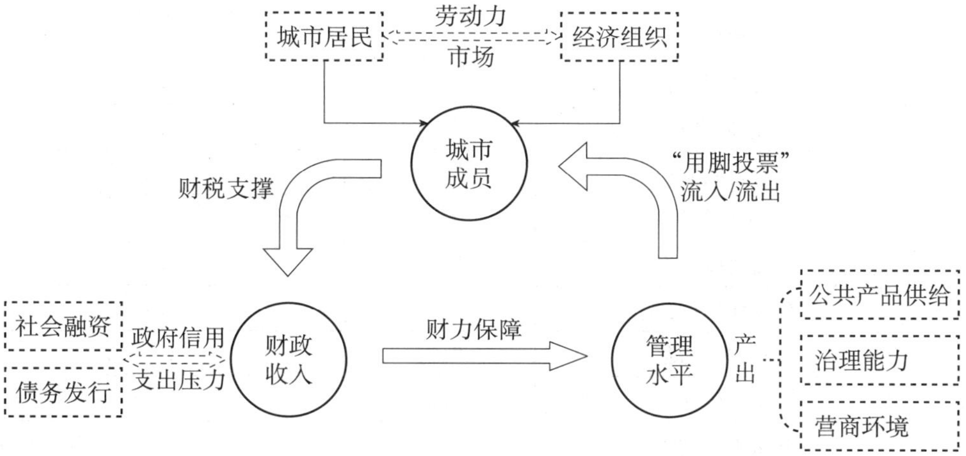

图4-2　城市财政的收支循环逻辑

4.2　城市财政的支出

4.2.1　城市财政的支出责任

城市财政负有支持城市政府履行事权的支出责任，那么城市财政究竟在哪些事项上

---

① 李建军，刘元生，吕敏．政府间税收划分与地方税收体系研究．北京：中国财政经济出版社，2020.

② 赵燕菁．土地财政：历史、逻辑与抉择．城市发展研究，2014，21（1）；骆祖春，赵奉军．美国土地财政的背景、经历与治理．学海，2012（6）.

进行支出呢？城市公共产品的概念过于笼统，本文以一个典型的城市政府——美国加利福尼亚州洛杉矶县洛杉矶市为例，通过梳理其2021年度财政支出预算项目，考察城市财政具体的支出责任①。

案例专栏

洛杉矶市面积约1 302平方千米，人口约397万（2016年），2021年度总预算支出105.3亿美元，共包括56个支出项目，按占总支出额比重从高到低排序的前20项如表4-3所示，图4-3以饼图方式展示了前11项支出所占比重。

表4-3　2021年度洛杉矶市财政预算支出前20大款项

序号	支出项	支出额（亿美元）	占总支出额百分比
1	警察	18.57	17.64%
2	学区教育经费转移	13.23	12.57%
3	其他专项支出	13.13	12.48%
4	人力资源	8.00	7.6%
5	消防	7.32	6.95%
6	污水处理维护建设	5.76	5.48%
7	资本投资和消费	3.55	3.38%
8	卫生局经费	3.34	3.17%
9	一般公共服务	2.56	2.44%
10	资本金融管理费	2.40	2.28%
11	A类交通援助经费	2.33	2.21%
12	公园休憩拨款	2.26	2.15%
13	图书馆经费	2.04	1.95%
14	交通运输	1.80	1.71%
15	一般城市目的支出	1.78	1.70%
16	道路交通局经费	1.67	1.59%
17	城市律师费	1.37	1.30%
18	建筑安全经费	1.29	1.23%
19	债务到期支付及利息	1.28	1.22%
20	城市劳工退休金拨款	1.13	1.08%

根据支出目的及效果，城市财政支出项目可以划分为六大类别：（1）公共安全支出，（2）公共服务支出，（3）基础设施支出，（4）公共部门运转经费，（5）社会保障经费，（6）财政金融支出。维护城市公共安全和正常的生产生活秩序是城市管理的首要责任，是其他各项城市管理活动的基础，因此公共安全是城市财政的最大支出项目。例如洛杉

① http://openbudget.lacity.org/#!/year/2021/operating/0/department_name?vis=barChart.

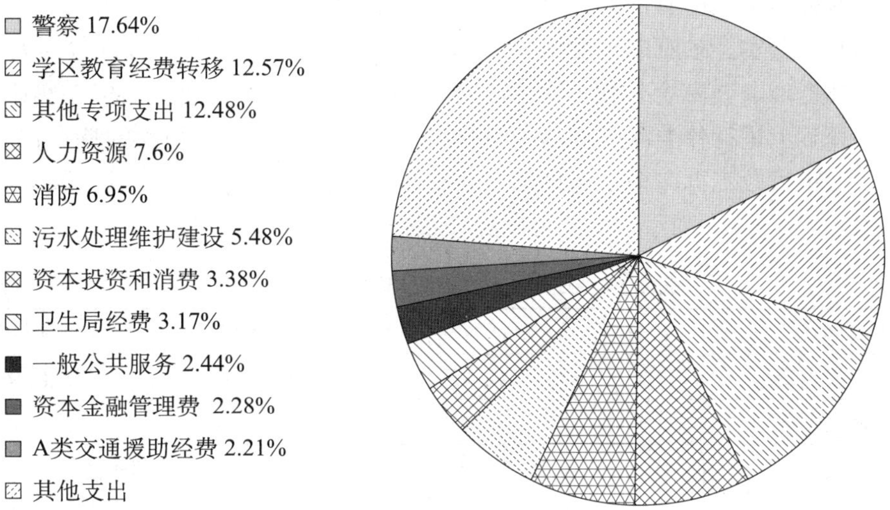

图 4-3　2021 年度洛杉矶市财政预算支出前 12 项各自占总支出的比重

资料来源：http：//openbudget. lacity. org/＃！/year/2021/operating/0/department _ name? vis=barChart.

矶市的公共安全事务支出在总支出中的比重超过六分之一。涵盖教育支出、消防支出、卫生医疗支出、公园和图书馆等公共场所及其运营支出的城市公共服务支出总额规模巨大，超过总支出的 25%，是排在第二位的支出项目，并且属于每年必然发生的经常性支出项目。

基础设施维护建设支出包括污水处理维护建设经费、道路交通经费等，基础设施维护建设支出与公共服务支出共同履行政府供给城市公共产品的事权和财政支出责任。比较而言，基础设施的支出特征包括：(1) 一次性的新建支出规模较大，(2) 建成后的维护费用相对较低，(3) 每年的基础设施维护建设支出波动幅度更大。公共部门的运转支出主要包括政府公职人员的工资和办公开支。作为基础性的支出项目，在 2021 年度洛杉矶财政预算支出中，人力资源支出占总支出的 7.6%，在单项支出中排名第四。社会保障并非城市政府的典型事权，但城市政府会对城市范围内的特定群体提供经济补助。

以资金管理、债务本息偿还为主的金融支出属于城市经济资源运作的范畴，应以财政资金为基础，合理运用金融市场融资工具，同时保障城市政府履行事权的过程应与城市财政的支出责任相匹配，为各项政府支出提供充足的财力支持。

4.2.2　城市财政的支出形式

城市政府履行事权的具体形式丰富多样，应兼顾公共部门内部完成和各类市场部门参与合作。在不同情况下，城市财政的支出形式各有所异。在公共部门与市场部门合作完成的城市管理项目中，除财政资金外，社会资本逐渐参与各类城市准公共产品供给，成为城市财政的有力补充。通常，可根据城市管理项目的出资者、落实者、经营者和所有者等标准，并依据城市政府的参与程度和城市财政的投入占比，将城市财政支出形式分为政府直接投资、政府购买服务和公私合作伙伴关系三大类别，见表 4-4。政府直接投资是指公共部门承担所有的角色和职责。政府购买服务的资金完全由公共部门承担，由市场部门具体落实。政府购买服务通常包括服务、运营、管理、咨询等经常性项目，而不包括实体资产。公私合作伙伴关系是指公共部门和私人企业在出资、实施、经营、所有等多项权责上进行各类深度合作的统称。公私合作伙伴关系最大的特点在于社会资金的参与，城市财政不再完全承担全部项目支出，转而通过合资、入股、租赁等多种形式灵活参与，表 4-4 中列举了 7 种常见的公私合作伙伴关系模式。

表 4-4　三类城市财政支出形式的主要区别

支出形式		出资者	生产者	经营者	所有者	典型项目/特点
政府直接投资		G	G	G	G	警察、消防
政府购买服务		G	P	P	G	社工
公私合作伙伴关系	设计-兴建（DB）	G	P（设计和兴建）	G	G	类似在设计、建设环节向市场部门购买服务
	设计-兴建-维修（DBM）	G	P	G+P	G	与 DB 相比，市场部门参与部分经营
	设计-兴建-经营（DBO）	G/P+G	P	P	G	污水处理、垃圾处理
	兴建-经营-转移（BOT）	P/P+G	P	P（转移前）+G（转移后）	P（转移前）+G（转移后）	地铁等可经营类基础设施
	兴建-拥有-经营（BOO）	P	P	P	P	与 BOT 相比，不再向公共部门转移
	购买-兴建-经营（BBO）	P	P	P	P	与 BOO 相比，不新建而是盘活已有的公共资产
	设计-兴建-注资-经营（DBFO）	P/P+G	P	P	P	公共部门根据经营合约向市场部门支付租金

注：G 指公共部门，P 指市场部门。

1. 政府直接投资

作为传统的财政支出形式，由城市政府全额投资或直接运营的城市管理项目通常是纯公共产品，因没有经济利润市场而无法吸引私人部门参与投资。如警察服务、消防、应急救援等。

20 世纪以来，国内外研究普遍认为，基于两方面的原因政府直接投资应主动退出纯公共产品以外的城市公共产品和公共服务生产领域。一是政府直接投资缺乏效率，公共部门处于垄断地位，没有降低公共产品和服务生产成本的内在动力，与私营部门相比缺乏市场竞争力，不利于公共产品和公共服务供给的成本节约和提质增效[①]；二是政府直接投资风险集中，公共部门的供给情况高度依赖政府财政状况，一旦出现经济波动形成财政紧张则难以为继，暴露出其融资渠道单一导致的风险集中[②]。事实证明，政府直接投资下的公共产品供给低效且无法满足日益扩大的社会服务需求，还使得城市财政负担不断加重。在 20 世纪 70 年代末西方发达国家发起福利国家的“民营化”改革实践，激励市场部门参与城市公共产品的生产经营，增加服务供给，降低财政支出成本。

2. 政府购买服务

相较于政府直接投资，政府购买服务实现了公共项目出资者与生产经营者的分离。作为公共产品供给事权的承担者，公共部门只负责出资，为公共产品和公共服务买单，但生产过程及其相关服务全部依靠市场机制完成。

目前，城市政府向市场部门购买的服务主要集中于社会保障和福利领域，例如自 20 世纪 80 年代开始法国政府出资让非营利组织和营利机构承担弱势人群的发展性服务，包括 90%的残疾人服务、85%的儿童权益保护和 70%的居家照顾服务等[③]。广义的政府购买服务包括更多元的公共项目外包，政府只为结果买单，如美国有的地方政府从道路修建到监狱管理、从图书馆运营到治安消防等各项职能都可能成为签约外包的对象。拉米兰达市仅有 60 名政府雇员，但 60 个承包商提供了从消防、警备到公共工程等几乎所有的城市公共服务[④]。政府购买服务具有如下优势：一是有利于扩大公共产品供给规模，促进私营部门在市场竞争中提高生产效率和降低成本，使财政资金效益最大化；二是发挥私营部门在生产、管理和人才培养方面的专业优势，提高公共产品质量[⑤]。

近年来，社会影响力债券（SIB）作为支付形式的创新在政府购买服务领域日益兴起。社会影响力债券是指政府购买服务中“为结果付费”的付款方法，仅当完成购买公共服务项目并得到评估认可的情况下，政府才会支付购买费用[⑥]。先期的支出成本以发行社会影响力债券来筹措，如图 4－4 所示。社会影响力债券既有利于缓解政府财政压力，还强化了对私营部门公共产品生产环节的绩效监督，双管齐下提高政府财政支出效率。

3. 公私合作伙伴关系

公私合作伙伴关系（public-private-partnership，PPP）强调公共部门和私营部门在准公共产品供给过程中进行深度合作与互利互惠。PPP 的起源可追溯至 18 世纪欧洲的收费公路建设计划，现代意义上的 PPP 主要源自新公共管理运动中私人部门积极参与城市公共服务供给的市场化改革，直接动因是 20 世纪 70 年代末英美国家在经济萧条的环境

---

① 苏明，贾西津，孙洁，等．中国政府购买公共服务研究．财政研究，2010（1）.

② 陆军，钟林睿．社会影响力债券：一个城市多元治理的工具创新．天津行政学院学报，2020，22（3）.

③ 张汝立，陈书洁．西方发达国家政府购买社会公共服务的经验和教训．中国行政管理，2010（11）.

④ 周正．发达国家的政府购买公共服务及其借鉴与启示．西部财会，2008（5）.

⑤ 同①.

⑥ 句华．政府购买服务的方式与主体相关问题辨析．经济社会体制比较，2017（4）.

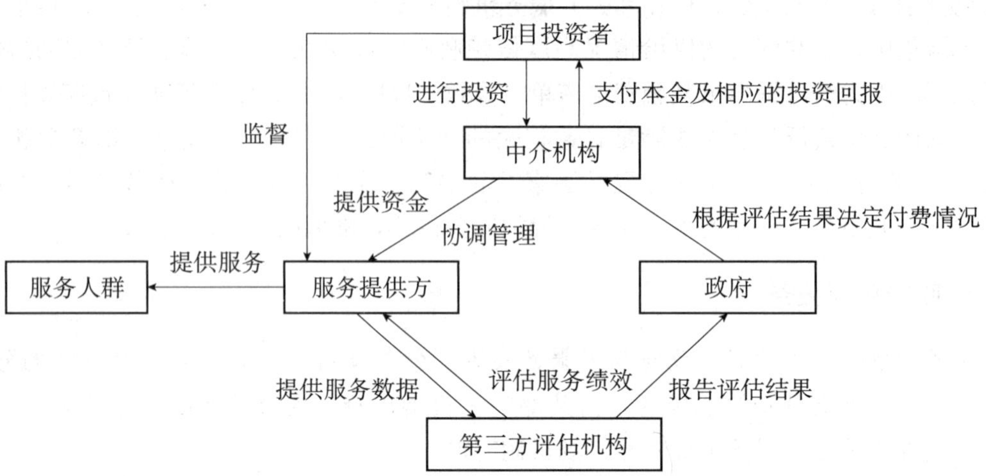

图 4-4　社会影响力债券的行为主体及其相互关系

下财政资金不足①。

PPP 与政府直接投资和政府购买服务的最显著区别在于政府不再承担公共项目的全部支出，转而在基础设施和公共服务领域更广泛地吸引社会资本、社会资源参与供给。政府通常以授权特许经营等方式让出资方从项目中收回投资成本并适度获利，从而实现互利共赢。在公私深度合作的背景下，PPP 模式主要表现出三个特征：一是伙伴关系，强调各参与方之间平等合作；二是利益共享，政府和社会资本共享项目利润，充分平衡社会资本投资回报与政府公共产品供给的社会效益之间的关系；三是风险分担，商业和法律的风险由市场部门和公共部门共同承担，实行更有效的风险管控。在西班牙 PPP 模式约占基础设施投资的 20%，面对 2008 年国际金融危机的冲击，西班牙 85%的 PPP 项目都获得了成功②。PPP 模式有利于在不增加城市财政支付压力的前提下提升公共产品供给的财力保障，尤其适用于轨道交通、公路、发电厂、污水处理厂等大型城市基础设施支出项目。

世界银行将 PPP 的实施方式划分为外包、特许经营和私有化三个类别，如图 4-5 所示。在这三个类别中市场部门对公共项目的参与程度层层加深，外包类由公共部门完全出资，在项目全部或部分的生产经营上与市场部门合作。例如，在整体式外包中的设计-兴建（DB）和设计-兴建-维护（DBM）模式中，市场部门在前者中仅参与设计、建设，但在后者中还需参与维护等经营环节。特许经营类是目前城市财政最常用的 PPP 模式，其中兴建-经营-转移（BOT）形式较为主流，最早于 1984 年曾应用于土耳其阿科伊核电厂项目。在 BOT 特许经营模式中，市场部门参与项目投资，甚至完全由市场部门单独投资，政府授予出资方特许经营权，建设完成后由出资方负责运营并获得收益，待特许经营期期满后转交公共部门经营管理，BOT 模式在发展中国家得到普遍应用。典型案例

① 刘薇．PPP 模式理论阐释及其现实例证．改革，2015（1）．
② 周正祥，张秀芳，张平．新常态下 PPP 模式应用存在的问题及对策．中国软科学，2015（9）．

如北京市地铁 4 号线项目，以香港地铁公司为主的社会出资方承担了价值约 46 亿元的车辆、信号等资产支出，作为回报获得了地铁项目自 2009 年起共 30 年的特许经营权。在完全私有化模式中，市场部门承担公共项目的投资、落实、经营、所有等全过程的一切权责，既包括新建项目（BOO），也包括对既有公共项目的转让盘活（BBO），主要适用于养老院、私立医院等不涉及重大民生的可经营项目。

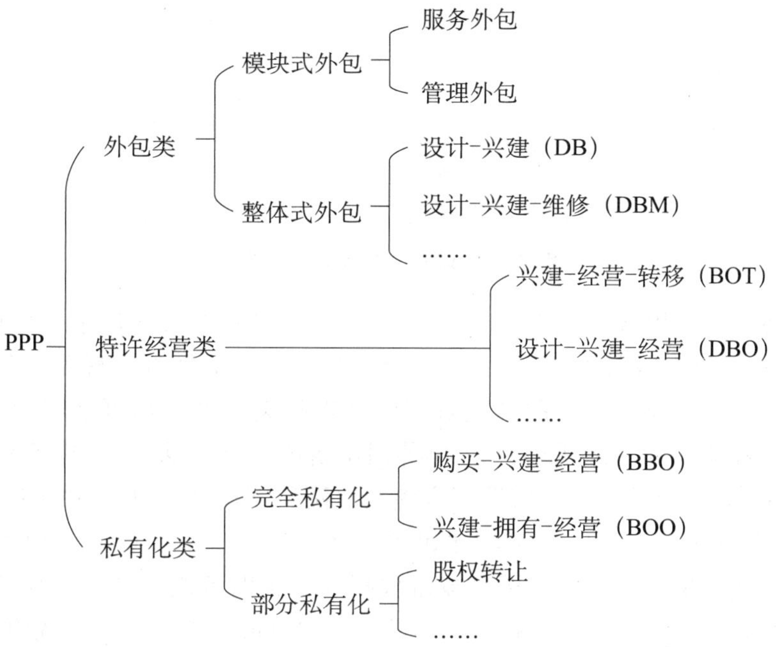

图 4－5　世界银行对 PPP 模式的分类示意图

资料来源：刘薇．PPP 模式理论阐释及其现实例证．改革，2015（1）.

4.3　城市财政的收入

4.3.1　城市财政的收入结构

地方财政系统的收入大都由自有收入资金和上级政府拨款两部分组成[①]。城市财政亦不例外，根据性质特点，本级自有收入分为税收、行政收费、资产收益和债务融资等，其中税收以外的部分一般被统称为非税收入；上级政府拨款即转移支付收入。现代城市财政的收入来源大体可归为 5 个方面，如图 4－6 所示，具体构成随不同国家的财政制度的差别而各异。

1. 税收

税收是财政收入的核心基础，政府凭借公权力向辖区内的居民、企业等社会主体

① 奥茨．财产税与地方政府财政．北京：中国税务出版社，2005.

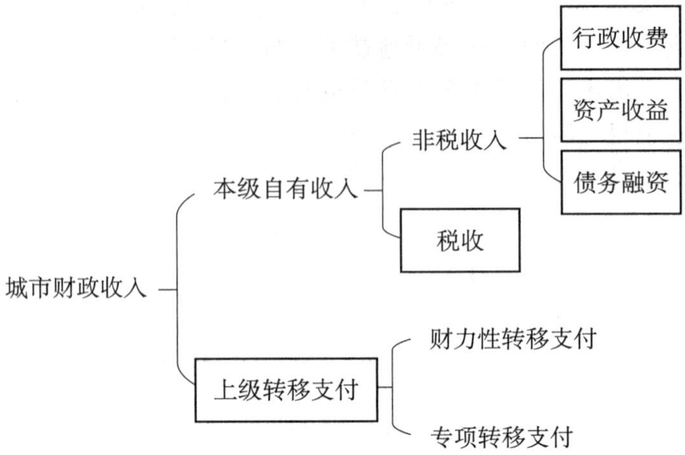

图 4－6　城市财政收入基本分类

汲取税收资源。城市税收包括两部分：城市本级地方税和共享税中的城市本级分成。多级财政体制一般将税源附着于居住地，流动性弱、不能转嫁、税务管理与执法的规模经济不充分。凡与地方公共服务受益程度紧密相关的税种均可划归为地方税[①]。最为典型的财产税甚至可以追溯至 1601 年英国出台的《济贫法》，要求所有居民的个人财产都应纳税作为地方税源[②]。俄罗斯也将土地税和个人财产税 100％纳入城市区财政收入[③]，日本将固定资产税、市町村居民税、电和煤气税、矿产税等列为市町村政府本级地方税。共享税中的城市本级分成既包括与中央财政之间的共享税分成，也包括与省（州、大区）其他层级地方财政之间的地方税分成，如德国市镇政府与联邦政府、州政府共同参与工资和所得税分成，尽管市镇分成比例仅为 15％，但由于其税收总量最高，仍成为市镇政府的第一大财源[④]；美国市镇政府的最主要收入来源是与县级政府分成的财产税。

2. 行政收费

行政收费是指在一定范围内各级政府为提供某些特定的公共服务或规制某些经济行为向相关经济主体收取的费用[⑤]。尽管也是凭借公权力汲取税收经济资源，但与税收相比，行政收费的收支范围较小，更适合于对服务范围和服务对象进行一定程度分割的准公共产品的供给，城市政府的行政收费也大多与特定的城市公共服务项目相关。合理的行政收费有利于提高公共资源配置效率，缓解公共服务使用的拥挤程度，并在一定程度上充实财政收入。行政收费在西方国家的城市财政中仅作为对税收的补充，在财政收入中占比较小[⑥]，例如，美国洛杉矶市 2021—2022 财年预算一般收入中仅包括许可证收费

---

① 靳继东．世界主要国家政府间财政关系立法概论．北京：科学出版社，2020.
② 黄小东．当代英国地方财政研究．北京：人民出版社，2017.
③ 童伟．俄罗斯政府预算制度．北京：经济科学出版社，2013.
④ 朱秋霞．德国政府预算制度．北京：经济科学出版社，2017.
⑤ 王玮．地方财政学．3 版．北京：北京大学出版社，2019.
⑥ 蔡建明．政府非税收入研究．大连：东北财经大学，2006.

及罚款、停车罚款两项行政收费内容，分别占总预算收入的10.77%和1.1%。由于中国城市中大量的公共服务由政府部门或者与政府密切相关的公共部门提供，因此城市财政收入中的行政收费的口径相对较宽，列入预算的行政收费事项相对较多。

3. 资产收益

资产收益是指城市政府将拥有的动产、不动产等各类资产，通过出租、转让、营利、分红等多种形式获得的产权收入。根据收益的具体途径，资产收益分为产权租售、企业经营和资本投资三种类型。

产权租售是城市政府通过租售其资产获得产权收入，例如土地、房屋、自然资源等实体资产的租售收入，它是推动土地公有制和城市化进程的重要财源。中国存在“土地财政”现象，2021年中国各级地方政府预算收入总和约为20万亿元，其中国有土地使用权出让收入为87 051亿元，占比超过40%①，其中上海、杭州、广州、北京和南京五城土地出让金收入超过2 000亿元②，由于省级政府（不含直辖市）不参与土地出让金收入分配，超过8万亿元的土地出让金成为各级城市政府财政收入的绝对主力。

企业经营指城市政府通过国有、公营企业上缴经营利润获得收入，不同国家政府参与公营企业利润分配的形式大相径庭，例如意大利的控股公司模式，英、法、德、日等国的财政部门管理模式，美国的社会基金管理模式和北欧国家的董事会管理模式等③。

资本投资指城市政府参与资本市场投资获得的收益，既包括政府资本参与金融市场的股票、债券、保险等投资活动，也包括政府资金直接参与企业风险投资。政府参与企业风险投资的形式包括：（1）政府投资私营风投基金，并由私营机构具体实施风险投资，（2）政府直接建立风投基金，（3）政府资金和私人资金融合建立混合风投基金④。政府自行成立或合作建立风投基金在投资收益目标之外更具综合性效益，有助于培育本地新兴产业，带动本地的经济与税收增长。国内外城市政府资本投资的成功企业有以色列尤兹玛基金、深圳国资风投基金和合肥国资风投基金等。

4. 债务融资

债务融资是指凭借政府信用向社会募集的资金收入，城市政府承担的基础设施建设和公共产品供给的支出责任需要巨额资金支持，其中相当多的投资事项属于“为未来付费”的资本性财政支出，适合使用债务融资工具，募集社会储蓄资金开展投资，缓解财政支出压力并促进社会经济发展⑤。

西方发达国家在城镇化进程中早已广泛开展债务融资，美国市镇政府自19世纪中叶起开始发行“市政债券”用于道路、桥梁、水电等基础设施建设投资。20世纪60年代逐渐兴起“市政债券银行”作为债务融资的金融中介，城市政府融资模式迄今已

---

① 2021年财政收支情况．http：//gks. mof. gov. cn/tongjishuju/202201/t20220128_3785692. htm.

② 2021，各大城市卖地收入排名．https：//www. sohu. com/a/518609972_234784.

③ 陈少晖．国有企业利润上缴：国外运行模式与中国的制度重构．财贸研究，2010，21（3）.

④ 赵玉海．政府风险投资的功能定位和运作思路．财贸经济，2003（7）.

⑤ 陈共．财政学．10版．北京：中国人民大学出版社，2020.

具备成熟的发行交易机制和完善的监督风控机制。截至 2020 年美国市政债券余额达 3.92 万亿美元，占美国存量信用债券余额的 27.3%[①]。日本城市政府的融资模式包括地方公债、地方公营企业债券和地方交付税特别会计贷款三种形式，同时日本《地方财政法》对债务资金用途进行了限制性规定，仅能用于投资项目，不可用于弥补经常性财政缺口。

中国城市政府囿于法律规定不可直接向银行借款，除少数试点省份和城市外也不可直接发行政府债券，因此中国城市政府通常用财政性资金注入、国有资产注资、土地划拨、赋予特许经营权等方式成立符合条件的地方融资平台开展债务融资用于城市建设，具体融资方式包括银行贷款、发行债券、信托计划、资产证券化、产业投资基金（私募股权基金）和融资租赁等[②]，由该类平台发行的企业类债券一般称为"城投债"[③]，它们通常将城市政府的土地资产作为融资的信用基础，形成"注入土地—抵押融资—城市建设—土地升值—土地出让—还债"的闭环模式[④]，再将"土地财政"进一步升级发展为"土地金融"。

5. 转移支付

转移支付制度是政府间财政关系的重要内容和纽带，目的是实现事权和支出责任、财权和财力的适应、匹配与对称，最终促进地区间均衡发展及公共服务均等化[⑤]。无论单一制国家还是联邦制国家，转移支付收入都是地方政府财政收入的重要组成部分，尤其对直接承担大量公共服务支出责任的城市政府来说更是如此。

城市政府的转移支付收入来源一般由城市本级财政在全国多级财政体系中所处的层级决定，多数城市政府接受中央财政和省级财政两方面的转移支付，中央直辖城市仅接受中央财政转移支付，层级较低的城市则接受超过两个层级的转移支付。转移支付资金可以分为财力性转移支付和专项转移支付[⑥]，前者用于弥补城市财政的经常性支出缺口，不限制用途，后者则必须明确用于上级政府的指定用途。

美国市镇政府的转移支付收入主要来自联邦政府和州政府两个方面，通常包括无条件补助、有条件补助和适用范围较宽的补助三大类别。前两者分别对应着财力性转移和专项转移，适用范围较宽的补助在资金用途上介于前两者之间，通常仅规定资金使用范围但不限定具体的使用方式。例如德国市镇政府的转移收入绝大多数源自州政府，包括一般财政拨款和专项拨款；一般财政拨款通常占总转移支付的 70%，又被分为基数拨款、行政补贴拨款和特殊拨款三种形式。

---

① 美国信用债市场的结构如何？. https：//m. 21jingji. com/article/20210126/herald/76475c2a2a1dc721611c898ca91c2c7b. html.

② 鹏元资信评估有限公司. 我国城镇化过程中地方政府融资研究. 北京：中国经济出版社，2014.

③ 陆铭. 大国大城：当代中国的统一、发展与平衡. 上海：上海人民出版社，2016.

④ 郑思齐，孙伟增，吴璟，等. "以地生财，以财养地"：中国特色城市建设投融资模式研究. 经济研究，2014，49(8).

⑤ 靳继东. 世界主要国家政府间财政关系立法概论. 北京：科学出版社，2020.

⑥ 中国财政学会"公共服务均等化问题研究"课题组，阎坤. 公共服务均等化问题研究. 经济研究参考，2007(58).

4.3.2　美国、英国和中国的城市财政收入结构

1. 美国

城市政府在美国多级财政体制中一般处于联邦财政、州财政之后的第三层级，在财政体制上城市大多与县平级。以加利福尼亚州的洛杉矶市为例[①]，洛杉矶市面积约 1 302 平方千米，人口约 397 万（2016 年），2021—2022 财年总预算收入约 112.3 亿美元，第一大收入来源是财产税（property tax），共 24 亿美元，占总收入的 21.38%。税收是洛杉矶市财政收入的最主要部分，全部税收及附加合计占比超过 40%，其他主要税收还包括 7 亿美元的营业税（business tax）、6 亿美元的消费税、5.9 亿美元的公共事业使用税（utility users tax）等。非税收入中，营业许可收费及罚款（licenses permits fees and fines）是第二大收入来源，共 12 亿美元，行政收费在全部收入中的占比总体较小。此外，数额超过 1 亿美元的还有停车罚款（parking fines），其他非税收入主要由各类专项基金（special fund）构成，大多属于债券收入和资产收入，全部专项基金合计 38.9 亿美元，占总收入的 34.6%，其中最大项目为 11.4 亿美元的排水设施建设维护基金（sewer construction and maintenance fund）；转移支付收入中，最大款项为联邦政府 2021 年通过的美国救助计划（American rescue plan），共计 6.7 亿美元。美国城市政府财政收入的两大支柱是税收和市政债券，财力性收入中税收为绝对主力，辅以行政收费和转移支付，市政债及其他社会融资一般有较明确的专项用途。

2. 英国

英国城市政府在行政及财政体系中的地位关系较为复杂，以最具代表性的伦敦市为例，一般意义上的“伦敦市”为“伦敦大都市区”，是英格兰下属的一级行政区划（大区），其下又包括“伦敦城”和 32 个“伦敦自治市”。伦敦大都市区城市事务统一由“大伦敦市政府”（Greater London Authority，GLA）管理，辖区面积约 1 569 平方千米，总人口约 850 万（2014 年）。从大伦敦市政府的财政收入结构来看，其 2021—2022 财年总收支预算为 193.767 亿英镑[②]，大伦敦市政府将收入预算分为收入（revenue）和资本（capital）两部分，前者包括税收、行政收费、转移支付等项目，总收入为 138.044 亿英镑，其中占据主要地位的是 10.966 亿英镑的议会税（council tax）、29.952 亿英镑的商业费率（business rates）和约 50 亿英镑的政府补助（government grants），合计约 95.504 亿英镑，共占收入部分的 70%。议会税和商业费率分别是针对住户和商户征收的财产税，可由大伦敦市政府直接支配。政府补助是中央政府的转移支付，收入部分的其他内容还包括公共交通车票收费、拥堵费、罚款、33 个自治单位的自筹收入（locally-

---

① http：//openbudget. lacity. org/#！/year/2021—2022/revenue/0/fund _ type.

② The greater London authority consolidated budget and component budgets for 2021—22. https：//www. london. gov. uk/sites/default/files/mayors _ final _ budget _ 2021—22. pdf.

raised revenues）等。资本收入共计 55.723 亿英镑，包括各类债务融资。与美国类似，英国城市政府的财力性收入主要由财产税构成，债务融资水平也比较高，但转移支付收入水平远高于美国。

3. 中国

中国存在多个层级的“城市政府”，但最具普遍意义的一般是“地级市”，它介于省级政府和县级政府之间，下辖若干个城市（区、县级市）或农村地区（县）的县级行政区。中国城市政府管辖的面积和人口相对较多。地级市财政在全国财政体制中位于中央财政、省级财政之后的第三层级，也是第二层级的地方财政。以浙江省嘉兴市为例①，嘉兴市面积约 3 915 平方千米、总人口约 540 万（2020 年）。嘉兴市政府的预算收入分为四部分：一般公共预算收入 256.15 亿元，政府性基金收入 209.29 亿元，社会保险基金收入 113.71 亿元，国资经营收入 1.03 亿元，四项预算总收入 580.18 亿元。基础部分是一般公共预算收入，主要包括 78.7 亿元的税收、12.8 亿元的行政收费（部分项目）和 164.55 亿元的转移支付等项目。税收收入中，超过 50 亿元为增值税、所得税等共享税种的分成，地方税占比较低。政府性基金收入主要包括国有土地出让金和行政收费，其中国有土地使用权出让金收入为 185.87 亿元，占总收入的 32%，是税收收入的 2.5 倍；社会保险基金收入为社保专项收入；国资经营收入包括资产收益中的企业经营和资本投资收入。可见，转移支付和国有土地出让金是当前中国城市政府最主要的两项财政收入来源，由于转移支付多为专项资金，城市政府的财力性收入对土地出让金的依赖程度极高。与美国、英国对比，中国城市政府财政收入中的税收比例较低，尤其是以财产税为代表的地方税收入较少。同时，由于中国《预算法》禁止地方政府发行债券，中国城市政府的债务融资情况尚不能在预算收入中体现。

4.4 城市财政发展的趋势特点

本章全面梳理了城市财政收支活动，展示出城市财政对政府履行城市管理事权的关键保障作用。城市财政问题的关键在于处理好“提高财政收入水平”和“增强财政支出效率”两大重点环节，围绕城市公民的偏好需求与公共产品供给质量，建立财政收支活动的良性循环联系。在财政收入环节，城市政府应着力建立适应本级财政支出需求的可持续的税收结构，同时结合城市经济发展需要，不断拓展城市财政可支配收入来源；在支出方面应继续提高政府购买服务、PPP 模式和其他创新方式的运用比例，以财政资金撬动更多的社会资本投入城市公共产品生产，提高资金配置效率。综合本章论述，当前的城市财政发展具有三个基本特点。

第一，20 世纪基本确立了以财产类税种为首的城市财政税收体系，具有低流通性和

---

① http://zjjcmspublic.oss-cn-hangzhou-zwynet-d01-a.internet.cloud.zj.gov.cn/jcms_files/jcms1/web2378/site/attach/0/538a0508b04c47db9fce9f6e3fab7a83.pdf.

长期稳定增长的财产税特征，便于政府与事权挂钩，也能体现财产市场价值的动态变化，符合城市财政收支特点。目前，西方国家制定形成了复杂完善的财产税收法律制度，从财产界定、税务部门的责任与义务、财产的估价方法、税率确定、税收优惠政策，到处理财产估价过程中的争议，纳税的期限、地点和方式，对未纳税人员的惩戒等，每个环节都有法可依①。

第二，市场机制在城市管理项目中的作用愈发重要。由于20世纪70年代石油危机造成的财政收入下滑和福利职能增加的双重困境及引发“双重失灵”的可能性，政府兴起新公共管理运动，将市场化的资金资源与效率优势积极引入城市公共管理中，政府呈现新特征②。目前，城市财政不再是城市公共项目的唯一投资者，各类公私合作的创新形式不断涌现。撬动市场投资和社会资金杠杆，对缓解“后土地财政”时代的中国城市财政缺口具有重要意义。

第三，美国市政债券的发展历程表明，债务融资是城市发展的可行之策与必经之路。城市采用适度债务融资方式投资未来，有利于平衡日常性支出和“透支性”支出间的关系。作为地方基础设施融资的主要工具，近几十年美国市政债券一直保持相当大的规模③，市政债券在美国政府债务体系中的比重接近20%，长期市政债券的发行规模占当年GDP的2%～4%，一般为当年财政收入的10%以上，市政债券余额与GDP的比重在15%左右，大约是州和地方政府财政收入的80%，地方政府的市政债券余额占财政收入的比重达到90%。债务融资为二战后美国的城市繁荣奠定了基础，城市经济是推动大规模融资平稳运行的信用基石。

本章小结

本章主要围绕以下四个核心问题进行了理论分析与案例论证：一是阐释了城市财政的定义、性质、职能和其在不同国家各异的多级财政体系中所扮演的角色；二是基于城市财政的支出责任，介绍了其在城市管理中的主要支出形式，主要包括政府直接投资、政府购买服务和公私合作伙伴关系三大类；三是结合世界主要国家的城市财政收入情况，阐述了城市财政的基本收入结构；四是对当前城市财政活动的前沿发展特点进行了简要梳理与归纳。综上所述，城市财政伴随着政府财政体系的健全发展，始终在城市管理的各项活动中发挥着经济保障的基础性作用，应进一步丰富和完善城市财政的收入来源与支出形式，助推城市管理在高质量发展的道路上行稳致远。

关键术语

城市财政　公共产品供给　财政分权　公私合作伙伴关系　财产税

---

① 王德祥，袁建国．美国财产税制度变革及其启示．世界经济研究，2010（5）.

② 唐兴霖，尹文嘉．从新公共管理到后新公共管理：20世纪70年代以来西方公共管理前沿理论述评．社会科学战线，2011（2）.

③ 韩立岩，郑承利，罗雯，等．中国市政债券信用风险与发债规模研究．金融研究，2003（2）.

复习思考题

1. 简述一般国家的财政分权体系。
2. 列举城市财政收入的主要来源。
3. 讨论债务融资对城市财政收入的作用。
4. 阐述政府直接投资与政府购买服务的主要区别。
5. 列举几项主流的公私合作伙伴关系支出模式。

进一步阅读的文献

1. STGLER G J. The tenable range of functions of local government. Political science, 1957.
2. BUCHANAN J M. An economic theory of clubs. Economica, 1965 (31).
3. 张晏，龚六堂．地区差距、要素流动与财政分权．经济研究，2004 (7).
4. 张召娣．地方性公共产品分权式供给研究．地方财政研究，2006 (2).
5. 贾康，白景明．中国地方财政体制安排的基本思路．财政研究，2003 (8).
6. 安体富．中国中长期税制改革研究．经济研究参考，2010 (46).
7. 李方旺．美国税制和税收征管的特点及启示．税务研究，2007 (8).
8. 张友斗，苗杨，张帆．美国税制结构特点分析及对我国的启示．国际税收，2013 (11).
9. 陈日生，陆岩．美国税制的借鉴和启示．涉外税务，2012 (9).
10. 高培勇．中国税收持续高速增长之谜．经济研究，2006 (12).
11. 中国财政学会“公共服务均等化问题研究”课题组，阎坤．公共服务均等化问题研究．经济研究参考，2007 (58).
12. 潘娟．财政分权对地区经济不平衡增长的影响研究．兰州：兰州大学，2010.
13. 贾康，白景明．县乡财政解困与财政体制创新．经济研究，2002 (2).

第5章

城市规模管理工具与对策

当我们不断惊骇于人口、资源向城市过度集中造成巨大的污染和拥堵治理成本时，城市规模以多大为宜成为一个最理性的城市经济学问题。柏拉图在《法律篇》中将最优的城市规模设定为容纳 5 040 个男性公民。亚里士多德在《政治学》中提出最优城市规模应设定在能够自给自足和运行有效率的选择区间之内，以保证可以驾驭。上述智者的观点和对策是否可行？城市的最优规模是由市场经济实现还是依靠严格管制来实现？这些是本节回答的主要问题。

重点问题

- 城市规模的内涵及划分标准
- 城市规模的经济学含义与分布统计
- 城市规模管理的影响因素
- 城市规模管理机制分类与特征
- 城市规模管理的对策与建议

5.1 城市规模管理概述

5.1.1 城市规模的内涵

城市规模是指在城市地域空间内聚集的物质与经济要素在数量上的差异及层次性，主要包括人口规模、用地规模和经济规模等。其中，人口规模是指城市中人口的数量，用地规模指城市建成区的土地面积，经济规模指聚集的物质与经济要素的数量①。

城市是人口集聚的结果，在一定历史时期内，经济规模、用地规模与人口规模之间在相近的社会经济条件下存在正相关关系，人口规模增长可以促进城市经济规模的有效

① 贺辉，王耀中．城市规模、城市建设与生产性服务业集聚：基于中国城市面板数据的空间计量研究．求索，2015 (8).

扩张[①]。因此，学者们在实证研究中，往往将城市用地规模和经济规模均统归为容易获取数据的人口规模进行讨论[②]。城市规模不能简单地与城市大小相等同，它是包含了人口、土地和经济等多要素的复合性指标，强调了城市的垂直等级差异性[③]。城市规模概念的提出，对理解城市扩张机制，以及分析劳动力、成本、技术、知识和环境等因素对城市扩张的影响提供了逻辑基点。

5.1.2 城市规模的划分标准

对城市规模的划分是城市研究中的一个难题。根据定义，城市规模可以按人口规模、用地规模或经济规模等进行界定。但联合国和世界主要国家均不约而同地将人口作为划定城市规模的主要依据。然而由于国情各异，世界各国对城市规模的具体划分标准也各不相同（如表 5 - 1 所示）。

1. 国际的划分标准

全球化及世界城市研究网络（GaWC）以国际公司“高端生产性服务业”的供应水平（会计、广告、金融和法律等）为主要依据，将世界城市划分为一线城市（alpha）、二线城市（beta）、三线城市（gamma）、高度自足城市（high sufficiency）和自足城市（sufficiency）五个级别。在联合国出版的《世界城市化展望（2014 版）》中，以人口数量将城市划分为六个等级：小于 30 万人、30 万～50 万人、50 万～100 万人、100 万～500 万人、500 万～1 000万人和 1 000 万人以上[④]。

表 5 - 1 城市规模划分标准

<table>
<tr><td>设置指标</td><td colspan="8">国别及对应的城市设置指标</td></tr>
<tr><td rowspan="2">人口规模基线（人）</td><td>西班牙</td><td>巴布亚新几内亚</td><td>新西兰</td><td>爱尔兰</td><td>肯尼亚</td><td>墨西哥</td><td>奥地利</td><td>瑞士</td></tr>
<tr><td>200</td><td>500</td><td>1 000</td><td>1 500</td><td>2 000</td><td>2 500</td><td>5 000</td><td>10 000</td></tr>
<tr><td rowspan="2">人口规模与城市密度</td><td colspan="2">加拿大</td><td colspan="3">瑞典</td><td colspan="3">法国</td></tr>
<tr><td colspan="2">>1 000 人，人口密度>400 人/km²</td><td colspan="3">>200 人，房屋间距<200 米</td><td colspan="3">>2 000 人，房屋间距<200 米</td></tr>
<tr><td rowspan="2">人口规模与从业结构</td><td colspan="4">荷兰</td><td colspan="4">博茨瓦纳</td></tr>
<tr><td colspan="4">>2 000 人；或≤2 000 人，但男子从业人口中从事农业活动的人口不超过 20%</td><td colspan="4">>5 000 人，经济活动人口的 75%为非农业类型</td></tr>
</table>

① 丁浩．我国城市规模的经济学浅析．城市，2006（3）.

② 李佳佳，罗能生．城市规模对生态效率的影响及区域差异分析．中国人口·资源与环境，2016，26（2）.

③ HENRY W. Beyond the big city: the question of size in planning for urban sustainability. Procedia environmental sciences，2016（36）；丁凡琳，陆军．社会福利视角下最优城市规模研究：基于中国地级市数据的分析．北京社会科学，2019（7）.

④ 小于 30 万人口区域，包括所有规模小于 30 万人的城市和村镇等。

续表

<table>
<tr><td>设置指标</td><td colspan="6">国别及对应的城市设置指标</td></tr>
<tr><td rowspan="2">人口规模、人口密度与从业结构</td><td colspan="3">印度</td><td colspan="3">约旦</td></tr>
<tr><td colspan="3">地方行政中心；或＞5 000 人，人口密度＞390 人/km²，至少有 3/4 的成年男性人口就业于非农领域</td><td colspan="3">地方行政中心；或＞10 000 人；又或＞5 000 人，且至少有 2/3 的男性经济活动人口从事农业以外的职业</td></tr>
<tr><td rowspan="2">行政中心所在地</td><td>埃及</td><td>南非</td><td>巴西</td><td colspan="2">蒙古</td><td>布隆迪</td></tr>
<tr><td>省和地方首府</td><td>地方及政府驻地</td><td>市级和区级行政中心的市区和郊区</td><td colspan="2">首都和区级行政中心</td><td>首都</td></tr>
<tr><td rowspan="2">城市特征</td><td colspan="2">印度尼西亚</td><td colspan="2">智利</td><td colspan="2">马耳他</td></tr>
<tr><td colspan="2">有城市特征的地方</td><td colspan="2">有特定城市特征（如公用和市政设施）的人口中心</td><td colspan="2">没有农业用地的建成区</td></tr>
<tr><td rowspan="2">人口规模与城市特征</td><td colspan="6">巴拿马</td></tr>
<tr><td colspan="6">＞1 500 人，且有街道、自来水、下水道和电灯等城市特征的地方</td></tr>
<tr><td rowspan="2">建制</td><td colspan="6">毛里求斯、斯里兰卡</td></tr>
<tr><td colspan="6">立法规定为城市的地方</td></tr>
<tr><td rowspan="2">其他</td><td colspan="2">秘鲁</td><td colspan="2">澳大利亚</td><td colspan="2">日本</td></tr>
<tr><td colspan="2">拥有 100 幢以上住房的人口中心</td><td colspan="2">＞1 000 人；或≤1 000 人，且拥有 250 幢住宅，至少 100 幢由人居住的聚落</td><td colspan="2">＞50 000 人，60%以上的房屋位于主要建成区，60%以上人口从事制造业、商业或其他城市型职业</td></tr>
</table>

资料来源：张善余．人口地理学概论．上海：华东师范大学出版社，1997；胡顺延，周明祖，水延凯，等．中国城市化发展战略．北京：中共中央党校出版社，2002；张超．城市人口规模界定的理论及实例研究．杭州：浙江大学，2004.

2. 中国的划分标准

改革开放以来，中国城市规模的划分标准经历了三次变动。1989 年《中华人民共和国城市规划法》以市区和郊区非农业人口为标准划定城市规模：大于 50 万人的为大城市，20 万人以上、50 万人以下的为中等城市，少于 20 万人的为小城市。2010 年《中小城市绿皮书》中提出中国城市的新划分标准：市区常住人口少于 50 万人的为小城市，50 万～100 万人的为中等城市，100 万～300 万人的为大城市，300 万～1 000 万人的为特大城市，1 000 万人以上的为巨大型城市①。2014 年，国务院印发《国务院关于调整城市规模划分标准的通知》，明确了城市规模划分以城区②常住人口为统计口径，并将中国城市划分为五类七档（如表 5－2 所示）。近年来，中国制定的城市发展方针均以该标准作为判断基础。

---

① 武俊奎，姜惠敏，王桂新．城市规模扩张对碳排放的影响机制研究：基于产业集聚的视角．产经评论，2012(4).

② 城区是指在市辖区和不设区的市，区、市政府驻地的实际建设连接到的居民委员会所辖区域和其他区域。常住人口包括：居住在本乡镇街道且户口在本乡镇街道或户口待定的人，居住在本乡镇街道且离开户口登记地所在的乡镇街道半年以上的人，户口在本乡镇街道且外出不满半年或在境外工作学习的人。

表 5-2 2014 年中国城市规模的划分标准

城市规模	档位	城市常住人口（万人）
小城市	II 型小城市	<20
	I 型小城市	20～50
中等城市	—	50～100
大城市	II 型大城市	100～300
	I 型大城市	300～500
特大城市	—	500～1 000
超大城市	—	>1 000

资料来源：国务院关于调整城市规模划分标准的通知．http：//www.gov.cn/zhengce/content/2014-11/20/content_9225.htm.

5.1.3 城市规模的界定与最优

19 世纪中期，经济学家夏尔·傅立叶针对工业革命导致的城市交通拥挤和环境污染问题，提出了以每个公社 1 500～2 000 人规模组成理想社会的设想，是可追溯的对城市规模的最早界定。20 世纪初，现代城市理论的奠基人霍华德针对城市无计划发展带来的拥挤、低效和高费用等弊端，提出重塑一种具有空间层级的新兴城市——“田园城市”的设想。他认为 3.2 万人口规模为最优，可以兼顾城市活动、就业机会、休闲空间以及资源的合理布局①。近年来，一些国家出台的城市规划管理方案和城市规划法规，如有机疏散论、卫星城市理论和逆城市化理论均是由该理论发展而来的。

与霍华德同时期的索里亚·玛塔在城市规模的界定上提出了截然相反的构想。他提出都市发展的一种连续模式——“玛塔线性城市”，主张以交通主干道为核心，在其两侧配置城市建筑并沿道路线性地向外围延展，通过在城市中开展基础设施和高层住宅等设计，吸收人口涌入发展劳动密集型产业②。该理论还提出了 300 万人口规模的“现代都市”规划，倡导城市人口和建筑的高密度集中，认为城市应沿交通要道呈直线型发展，并首次将交通列为城市规划不可分割的部分③。然而，上述研究结论均是学者基于经济学原理进行的理论推演，仍然缺乏实证验证和现实依据。

为了准确界定城市规模，以实现城市功能最大化，学术界在城市规模研究中引入“最优化”的概念，这是将城市规模报酬递增引起的集聚经济与拥挤成本引起的集聚不经济进行权衡的结果，由经济活动空间集中的集聚效益与所耗费的成本共同决定④。最优城市规模是一个动态均衡概念，可以从经济效率、规模分布和可持续发展等方面加以判断⑤。20 世纪以来，测定最优规模成为城市规模管理研究的前提，国内外权威机构和学者运用不同经济学模型从资源均衡、人口承载力和城市综合效益等多个角度加以论证

① HOWARD E. Garden cities of tomorrow. Whitefish：Kessinger Publishing LLC，2008.
② 孙章．城市轨道交通百年回眸．科学，2003，55（1）.
③ FRAMPTON K. Modern architecture：a history of critique. Boston：The MIT Press，2000.
④ 吴林桓．基于亨利·乔治定理对中国大中城市最优规模的检验．经营管理者，2014（19）.
⑤ 马书才，宋丽敏．我国城市规模发展水平分析与比较研究．统计研究，2003（4）.

（如表 5－3 所示）。

表 5－3　最优城市人口规模的相关研究

文献作者或机构	发表年份	最优规模人口（万人）
贝克	1910	9
巴尼特住房调查委员	1938	10～25
洛马克斯	1943	10～15
克拉克	1945	10～20
大伦敦市政府皇家委员会	1960	10～25
纽兹	1965	20～100
斯韦美兹	1967	3～25
英国地方政府皇家委员会	1969	20～100
达维多维奇	1970	5～40
世界银行	1986	15
许抄军	2008	1 060
张应武	2009	500
王小鲁	2010	50～200

资料来源：BUTTON K J. Urban economics theory and policy. London：The Macmillan Press Ltd，1976；俞燕山．我国城镇的合理规模及其效率研究．经济经理，2000（2）；张应武．基于经济增长视角的中国最优城市规模实证研究．上海经济研究，2009（5）；许抄军．基于可持续城市化的我国城市规模、体系及实现机制研究．长沙：湖南大学，2008；王小鲁．中国城市化路径与城市规模的经济学分析．经济研究，2010（10）.

5.1.4　城市规模的经济学含义

亚当·斯密认为城市是由资源交换形成的聚集地，亨德森将城市规模定义为城市在集聚过程中外部经济与外部不经济之间权衡的结果①。其中，外部经济指由技术和人才发展产生的空间集聚效应；外部不经济指拥挤效应，具化为通勤成本、地租等②。

1. 集聚效应

城市规模是集聚效应循环累积作用下的结果。城市作为资源的聚集中心和辐射源，通过不断吸引人口、资本和经济要素的空间集聚，逐渐实现多种商品和劳务的供给，并形成产业体系③。产业集聚过程产生规模效应，厂商在城市中通过获得资本、要素资源、劳动力等充足的生产要素供给，逐渐发展实现规模经济，从而得以降低生产成本，提高生产效率。同时，厂商在集聚过程中，能够更快捷地获取城市市场中的最新技术和商业信息④，有助于降低商品贸易的交易成本和平均成本，通过基础设施、技术知识等要素共

① HENDERSON J V. The sizes and types of cities. American economic review，1974（64）.
② MILLS E S，BEEKER C M，VERMA S. Studies in Indian urban development. Oxford：Oxford University Press，1986.
③ 田莉．探究最优城市规模的"斯芬克司之谜"：论城市规模的经济学解释．城市规划学刊，2009（2）.
④ 黄勇．城市规模发展的实证分析．武汉：武汉大学，2004.

享，促进生产分工和专业化发展[①]；上下游厂商的集群降低了产业间运输成本，在城市中形成完整的产品供应链，并有助于形成地区性优势产业体系。产业规模经济的外部效应降低了区域内所有企业的成本，一些小型企业有条件从事专业化的生产或服务[②]，完善产业体系和产业链条。

消费者能从城市的集聚效应中获得多样的商品和服务，通过自主选择实现效用的最大化；城市的便利条件和商业机会也会辐射邻近区域，产生溢出效应，提供更多的就业机会，加快人力资本积累速度和知识传递效率[③]。规模集聚产生的外部收益是一个动态发展的过程[④]，其产生的规模效应逐步体现在公共服务中。规模效应的存在使得城市服务系统（如电话网、自来水网、公共交通网等）在逐渐健全和扩大中实现边际成本的递减[⑤]，并提升城市基础设施、教育文化、治安消防等公共服务[⑥]。

2. 拥挤效应

随着城市规模的扩大，城市的成本不断上升。当城市集聚规模超过其内部成本-收益的均衡水平时，便会产生外部不经济的拥挤效应。拥挤效应可以归结为土地短缺、交通拥堵和环境污染三类情况。随着城市人口增加，单位土地承载压力增大，导致居住拥挤、交通阻塞[⑦]；资源的有限性使得单位人口所能获得的资源减少，导致土地价格和物价上升；城市规模过大会使社会成本上升，高密度的人口聚集和多产业的污染排放使得城市环境承载压力增大，环境污染事件频发，限制了城市的经济发展和吸纳能力。其市场失灵特性致使政府不得不进行政策干预，最终导致社会福利损失、净效益下降[⑧]，使得人口出现流出倾向，城市规模逐渐萎缩。

从经济学角度来看，城市规模由集聚效应和拥挤效应共同决定，在这两种效应的交互作用下，存在一种促进城市持续增长的最优城市规模[⑨]，通过市场调节和政府干预，实现边际成本等于边际收益。

5.1.5 城市规模的分布统计

1. 帕累托分布

奥尔巴赫使用帕累托分布函数（Pareto distribution function）来拟合城市规模分布，

---

① MAESHALL A. Principles of economics. London：Macmillan Press，1890.

② GOLDSTEIN G S，GRONBERG T J. Economics of scope and economies of agglomeration. Journal of urban economics，1984（1）.

③ GLASER E L. Triumph of the city. London：Penguin Press，2010.

④ 吴林桓．基于亨利·乔治定理对中国大中城市最优规模的检验．经营管理者，2014（19）.

⑤ 丁浩．我国城市规模的经济学浅析．特区经济，2006（8）.

⑥ 张应武．基于经济增长视角的中国最优城市规模实证研究．上海经济研究，2009（5）.

⑦ 肖文，王平．外部规模经济、拥挤效应与城市发展：一个新经济地理学城市模型．浙江大学学报（人文社会科学版），2011（2）.

⑧ 王小鲁，夏小林．优化城市规模推动经济增长．经济研究，1999（9）.

⑨ 同⑥.

并得出城市人口和城市总数遵从负幂律关系[①]：

$$N=C/x^{\alpha}\quad(x\geqslant x_0)$$

其中，N 为城市人口大于x_0（门槛人口数）的城市总数，x 为城市人口数，C 为参数。式中的 α 为城市规模分布的帕累托指数，主要衡量城市规模分布的均衡度：α 越大，城市规模分布得越均衡。

帕累托分布最初是用来描述人类社会中财富的分布规律，后被广泛应用于对城市规模等级分布的研究中[②]。王法辉运用该模型对中国 1987 年的城市数据进行拟合，得出中国当时的城市规模分布并不符合该分布特征，尤其是大城市的规模低于该分布中城市等级的要求[③]。陈勇等人基于帕累托分布构建了城市分维体系，并得出发达国家与发展中国家的城市的规模分布存在明显差异的结论。其中，发达国家的城市规模呈分散性分布，而发展中国家的城市规模分布则较为均衡[④]。

2. 齐普夫定律

在帕累托分布的基础上，齐普夫对城市规模进行延伸研究，将规模分布的帕累托指数设为 1，并建立了“位序-规模法则”（rank-size rule），通过城市规模分布的特征描述，探讨其成因及演进趋势。齐普夫将城市规模分布用幂律分布来近似表示，公式为[⑤]：

$$P\,(Size>S)\;=a/S^{\xi}$$

其中，a 为常数，P 为人口规模大于 S 的城市分布概率，ξ 为幂律指数。

该定律表明，如果某一特定区域内的所有城市以人口规模为标准排序，则城市的规模与其位序成反比。任一城市位序与其人口规模的乘积同该区域中首位城市的人口规模相等，即城市规模分布服从：第二位序城市的人口规模是首府城市的 1/2，第三位序城市的人口规模是首府城市的 1/3，以此类推。该定律可以解释城市规模分布的合理性[⑥]，几乎适用所有国家的所有时期。

3. 吉布拉定律

吉布拉定律最早用于说明一个公司的均衡增长率独立于绝对规模，后来应用于城市规模研究，又称“动态模型-均衡效果法则”。该法则指出，在某一个特定时期，所有城市预期增长幅度的概率相同。换言之，人口规模属于均衡增长，其增长概率与城市期初规模无关。埃克豪特通过对美国城市规模数据进行拟合，证明了其增长符合吉布拉定律，但前提假设要求劳动者可以自由迁徙，且城市内部积累的规模外部性无法溢出[⑦]。吉布拉定律增长表达式可表示为：

---

① AUERBACH F. Das gesetz der bevolkerungskonzentration. Peterman's geographische mitteilungen，1913（59）.

② 邓智团，樊豪斌．中国城市人口规模分布规律研究．中国人口科学，2016（4）.

③ 王法辉．我国城市规模分布的统计模式研究．城市问题，1989（1）.

④ 陈勇，陈嵘，艾南山，等．城市规模分布的分形研究．经济地理，1993（3）.

⑤ ZIPF G K. Human behavior and the principle of least effort. Cambridge：Addison-Wesley，1949.

⑥ 朱曦，李旸．基于齐普夫定律的我国城市规模分布实证研究．现代经济信息，2014（7）.

⑦ EECKHOUT J. Gibrat's law for（all）cities. American economic review，2004（5）.

$$\frac{\mathrm{d}Pop_{it}}{Pop_{it}}=\mu\mathrm{d}t+\sigma\mathrm{d}B_{it}$$

其中，$\frac{\mathrm{d}Pop_{it}}{Pop_{it}}$为 t 时期城市人口变动，$E(B_{it})=0$，$\mathrm{Var}(B_{it})=\sigma^2$，$\mu$ 为增长趋势参数。

在遵循规模随机增长的前提下，威廉·J. 里德加入了每一时间间隔存在新城市出现的概率，并将该城市作为已有城市的卫星城市，实现了对吉布拉定律的优化，并进一步得出城市规模分布逐渐趋于双帕累托对数正态分布的结论①。邓智团和樊豪斌通过截取中国重点城市 1995—2015 年间每五年的时点数据，证实了中国当时的城市规模分布符合吉布拉定律下的双帕累托对数正态分布，表明中国城市规模分布变化为发散式增长，不同于发达国家城市规模的均衡增长，但如果将城市规模的增长与分布变化视为一个随机的过程（吉布拉定律假设），则在较长的时期内将逐步回归到均衡增长模式②。

4. 基尼系数

衡量收入不平等的基尼系数是测定城市规模分布较为快捷的方法之一③。该系数用于衡量一个国家或区域的居民贫富差距，由于区域条件、优势、经济发展水平等条件差异④，区域内的城市规模不能同步均衡发展，因此通过测定不同区域的基尼系数来间接衡量城市规模的集中或分散程度是可行的。

根据马歇尔的计算方法，基尼系数可以表示为：

$$G=\sum_i\sum_j|p_i-p_j|/2S(n-1)$$

其中，n 为城市体系中的城市个数，城市人口规模之间遵循如下关系：$p_1\geqslant p_2\geqslant p_3\geqslant\cdots\geqslant p_n$，$S$ 为城市体系人口数量的总和。

基尼系数通过数值偏差反映城市分布的离散程度，着重测定区域城市规模之间的差距。当基尼系数越接近 1 时，城市间的收入差距越大，表明城市间经济相互影响越大，城市规模分布越集中；当基尼系数越趋近于 0 时，城市间收入差距越小，表明城市间经济相互影响越小，城市规模分布越分散。当城市间人口规模相同时，规模分布达到最大的分散程度（G=0）；当城市体系中的所有人口均集中于某一个城市时，其他城市呈无人居住状态（G=1）。朱顺娟运用基尼系数分析了中国 26 个区域的城市规模分布，认为目前中国城市规模仍呈现分散化趋势，区域性差异明显；含有直辖市的区域基尼程度较大，聚合程度较高。

多年来，国内外学者通过经济学理论和模型对世界各国城市的规模进行测定，但并不能说明城市规模的经济效率一定是最高的⑤。相反，交通拥堵、房价过高、环境恶化、

---

① REED W J. On the rank-size distribution for human settlements. Journal of regional science，2002（1）.

② 邓智团，樊豪斌．中国城市人口规模分布规律研究．中国人口科学，2016（4）.

③ CARTER H. An introduction to urban historical geography. London：Edward Arnold，1995.

④ 许学强，周一星，宁越敏．城市地理学．北京：高等教育出版社，1997.

⑤ 孙久文，李姗姗，张和侦．“城市病”对城市经济效率损失的影响：基于中国 285 个地级市的研究．经济与管理研究，2015（3）.

城市治理成本增加、投资效率下降等一系列“城市病”在大城市中普遍存在。主要原因是大中型城市人口密度过高，超过城市最佳承载能力，人口压力难以缓解；而新兴城市的市政规划和交通网络规划设计不合理等[①]。因此，需要推动产业转移和人口的跨区域流动[②]，确保满足城市发展的基本资源和地理条件；此外还需通过新城市的规划和规模预测、中心城市的规模控制以及城市间的规模协调等途径进行城市规模管理，保证城市分布和经济发展的可持续性。

5.2　城市规模管理的影响因素

制定适宜的管理方法，首先需要了解影响城市规模变动的因素，把握管理的切入点；其次有针对性地对城市规模进行系统有效的计划、组织、协调与控制。本节结合国内外研究成果，对影响因素及其趋势进行分类论述。

5.2.1　人力资源

人力资源指人口密度和人口质量，它与城市规模间相互作用、相互促进。人口数量是城市规模的主要考量指标，城市的经济发展、土地承载能力、城市化水平、公共设施等环节，是城市规模管理中不可忽视的因素[③]。费泽通过研究美国制造业的数据得出，人口数量与城市规模存在正相关关系，城市规模随着人口数量的增加而不断增大[④]。周海春、许江萍认为当城市密度到达可容纳界限时，城市最优规模会受到逐渐增长的人口需求等因素的反向作用：当人口增长超过资源负荷时，城市规模反而倾向于萎缩[⑤]。陆铭等人通过定量分析得出个人就业概率与城市规模的数量关系：城市规模每扩大 1%，个人就业概率平均提高 3.9%～4.1%[⑥]。城市就业率不仅影响城市经济规模和商业集聚能力，还会影响外来人口的迁入与迁出行为，进而影响城市规模变动。据《国家新型城镇化报告 2015》，中国城区的常住人口城镇化率达到 56.1%，而户籍人口城镇化率仅为 39.9%，有超过 16%、至少 2.2 亿属于外来流动人口，这些人口的行为决策在城市规模管理过程中不容忽视。

人口素质对城市规模的影响体现在知识溢出效应上。根据内生经济增长理论和新经济地理学理论，城市规模的长期发展和扩大取决于国家教育水平的高低[⑦]。其影响机理在于，国家通过提高教育水平，提升城市居民文化素质，推动知识溢出，提高了劳动者的生产率，

① 王俊，李佐军．拥挤效应、经济增长与最优城市规模．中国人口·资源与环境，2014 (7).

② 皮亚彬，薄文广，何力武．城市区位、城市规模与中国城市化路径．经济与管理研究，2014 (3).

③ 王小鲁．中国城市化路径与城市规模的经济学分析．经济研究，2010 (10).

④ FESER E. A flexible test for agglomeration economics in two US manufacturing industries. Regional science and urban economics, 2001, 31 (1).

⑤ 周海春，许江萍．城市适度人口规模研究．数量经济技术经济研究，2001 (11).

⑥ 陆铭，高虹，佐藤宏．城市规模与包容性就业．中国社会科学，2012 (10).

⑦ HENDERSON J V, WANG H G. Urbanization and city growth. Regional science & urban economics, 2004 (3).

促使经济活动向城市聚集①。对中国232个地级及以上城市第四、五、六次人口普查面板数据的实证检验证明，中国的人力资本积累存在溢出效应，可以正向促进城市规模的扩张②。

5.2.2 空间与区域

在经济学研究中，区域是基于描述分析、管理、计划或制定政策等目的而形成的一个应用性整体。作为经济社会活动的聚集体，城市规模管理必须考虑所在区域的分布特征和异质性③。最早关注城市区域间联系的中心地理论认为，城市间呈现等级性特征：高等级的城市提供较广的商品和服务，其辐射范围边缘会自然形成若干个低等级的城市，城市间通过城市体系间商品与服务市场交换来缓解大城市压力。城市通过要素流动和空间集聚带动整个区域发展，而城市体系中的资源禀赋、不同区域的差异又会影响城市规模④。规模较大的城市利用相对优越的经济社会条件多渠道吸收资金、技术、信息和人力资源等要素；当区域间贸易成本很低时，人口和经济活动从核心区向边缘区扩散，距离大城市较近的小城市承接大城市的产业转移⑤，并在整个区域内实现规模经济。由此可见，在城市规模管理过程中，区域影响因素不可忽视。然而当前大多数学者对最优城市规模的研究是基于单个城市的，忽略了城市与所在区域之间的紧密联系⑥。

改革开放以来，沿海城市凭借资源和政策支持成为我国的制造中心、经济中心，形成了以北京、上海和深圳为中心的城市体系，而中西部地区仍以农业和采掘业为主，东西部间由于集聚因素导致地区差距⑦。近年来，国家出台了西部大开发战略、“一带一路”倡议和“东数西算”工程等，力图促进区域间人口、资源和资本的流动，联动辐射周边中小城市⑧，带动区域经济增长。

5.2.3 居民收入水平

收入水平影响城市规模，一方面，收入是生产要素参与经济活动的报酬，与投入要素的规模和质量有关；另一方面，收入差距作为政府偏向性经济政策的结果⑨，是人口流动和城市经济变动的诱因。

---

① LUCAS R E. On the mechanics of economic development. Journal of monetary economics，1988 (1).

② 项本武，张鸿武，王珅．人力资本积累对城市规模扩张的影响：基于中国地级及以上城市面板数据的实证分析．中南财经政法大学学报，2012 (6).

③ RICHADERSON H W. Optimality in city size，systems of cities and urban policy：a sceptic's view. Urban studies，1972 (1).

④ 陈勇，陈嵘，艾南山，等．城市规模分布的分形研究．经济地理，1993 (3).

⑤ HELPMAN E. The size of regions//PINES D，SADKA E，ZILCBA I. Topics in public economics：theoretical and applied analysis. Cambridge：Cambridge University Press，1998.

⑥ CAMAGNI R. From city hierarchy to city network：reflections about an emerging paradigm. Berlin：Springer，1993.

⑦ 柯善咨，赵曜．产业结构、城市规模与中国城市生产率．经济研究，2014 (4).

⑧ 王放．论中国城市规模分布的区域差异．人口与经济，2001 (4).

⑨ 程开明，李金昌．城市偏向、城市化与城乡收入差距的作用机制及动态分析．数量经济技术经济研究，2007 (7).

随着城市化进程加快，城乡间收入差距尤为显著。城市规模对收入差距的影响存在双重效应：随着城市规模扩大，收入差距既可能不断扩大，也可能逐渐缩小①。城市规模增长的经济效应可迅速带动城市居民收入提高；但由于具有一定滞后性，使得辐射到周围村镇并带动农村居民收入增长的效应存在时滞②。城市规模在提高居民收入的同时，可能拉大收入差距。因此，调节城市居民可支配收入、缩小收入差距是城市规模管理和推动区域间公共福利平衡的切入点之一。

5.2.4 资源与环境

资源与环境的优劣直接影响人口流动意愿和城市经济的持续性。环境库兹涅茨曲线解释了经济发展与环境的关系：在经济发展的初级阶段，伴随着经济增长，环境逐步恶化；当经济水平越过某一特定“转折点”时，人们开始将从经济增长中获取的收益用于环境保护，使环境质量得以改善③。同时，实证发现城市规模与生态环境的相关性曲线近似N形，生态效率随着城市规模的扩大呈现出“提高—恶化—得到改善”的变化趋势④。因此，提升城市的生态效率成为最易被忽视但又能有效改善城市规模的手段，通过协调城市的人口、经济规模与环境质量的关系，在人口规模的不同增长时期采取适时的资源与环境保护政策，实现经济发展与环境保护双赢。由公共经济学的外部性理论可知，生态环境具有空间溢出效应和外部性，这与生产者追求利益最大化的选择相矛盾。因此，在经济发展过程中也应注意避免市场失灵导致的“公地悲剧”。

5.2.5 政策与制度

除市场因素外，城市发展离不开政策的激励与引导，政策既是市场失灵的矫正工具，更是城市规模的管理手段。在市场经济体制下，规模经济和集聚经济并非城市规模增长绝对有力的诱因，政府和政治不稳定会导致城市规模过快扩张⑤；源于行政干预、制度缺陷产生的资源集聚将不利于整体经济增长⑥。

目前，影响城市规模的政策可分为两类：一类是经济刺激性政策，主要通过增加或减少政府支出来控制城市规模（如对资本和劳动力等要素进行补贴）。政府通过加大投资改善城市基础设施，一方面吸引外部资金流入，推动企业、机构等进行社会投资⑦；另一

---

① LONG J E，RASMUSSEN D W，HAWORTH C T. Income inequality and city size. The review of economics and statistics，1977 (2).

② CHEN A. Urbanization and disparities in China：chalenges of growth and development. China economic review，2002 (4).

③ COLE M，RAYNER A，BATES J. The environmental Kuznets curve：an empirical analysis. Environment and development economics，1997，2 (4).

④ 李佳佳，罗能生．城市规模对生态效率的影响及区域差异分析．中国人口·资源与环境，2016 (2).

⑤ ADES A F，GLAESER E L. Trade and circuses：explaining urban giants. The quarterly journal of economics，1995，110 (1).

⑥ CHUN-CHUNG A，HENDERSON J V. Are Chinese cities too small?．The review of economic studies，2006 (3).

⑦ 吉昱华，马松．集聚效应条件下的均衡城市规模及政策工具比较研究：一个总量生产函数框架及其模拟分析.财经研究，2004 (11).

方面拉动城市GDP增长，增加就业机会，吸引人口向城市迁移[①]。另一类是转移性支付。根据经济自由主义的观点，中小规模城市由于缺乏地方财政和公共设施而难以吸引资本和劳动力，政府间的转移支付则可以予以弥补，促进中小规模城市经济发展[②]。因此，采取适当的公共政策来平衡市场调节的不足，可以有效地对城市规模实施调节和管控。

5.2.6 公共设施与社会福利

公共设施和社会福利可以作为衡量城市居民幸福感的指标，也是吸引外来人口的关键性因素。通常城市规模越大，公共设施供给能力越强[③]。随着城市规模扩大，一些较高层次的教育培训、医疗卫生机构、大型文化体育设施才有需求和市场，城市居民和企业缴纳的税收又进一步为大规模固定资产建设提供了充足的资金[④]。然而，规模扩大产生的拥挤效应对社会福利也会产生负面影响。当城市规模超过城市资源所能容纳的限额时，公共福利对居民幸福感的促进作用趋于极限，由此引发的通勤成本上升和环境恶化等问题会导致居民幸福感的下降[⑤]。除此以外，城市规模扩张也会产生隐性福利，如就业机会、交通便利度、资源多样性等[⑥]，城市间的福利差异导致迁移人口对目标城市的取舍[⑦]，使得人口在城际与区际之间流动，影响城市规模和人口结构的稳定性。

5.2.7 距离与交通

亚当·斯密在《国富论》中提道："在一切改良中，交通是最大的改良。"他认为交通可以促进不同资源优势区域的贸易交换，并能提高社会生产效率。区域经济学在考虑距离远近以及交通便利程度的基础上进一步探讨了功能区布局问题。经典区位理论均以生产区与消费区之间的距离作为产业乃至城市布局的基础。随着与核心城市距离变远，城市长期人口数量呈先下降、后上升、再下降的关系[⑧]。产业和居民根据成本和市场优势来选择与市中心的距离；同级城市之间为竞争市场区域，需保持一定距离以获得增长所需的市场空间；而大城市与小城市之间的距离则决定了后者承接前者产业转移的难易程度。随着城市规模增大，交通方式趋于多样化。如今，虽然距离不再是阻碍人口流动和商品贸易的因素，但由于城市居民通勤总流量的结构性增长，城市道路拥堵程度随着人口规模增长而趋于恶化。

---

① 段瑞君．中国城市规模及其影响因素研究：来自284个地级及以上城市的经验证据．财经研究，2013（9）．

② ZHOU S Y，DAI J C，BU J H. City size distributions in China 1949 to 2010 and the impacts of government policies. Cities，2013（32）．

③ ALBOURY D. Are big cities really bad places to live?：improving quality-of-life estimates across cities. https：//www.nber.org/system/files/working_papers/w14472/revisions/w14472.rev0.pdf.

④ 孙三百，黄薇，洪俊杰，等．城市规模、幸福感与移民空间优化．经济研究，2014（1）．

⑤ 林江，周少君，魏万青．城市房价、住房产权与主观幸福感．财贸经济，2012（5）．

⑥ GLAESER E L，KAHN M E，RAPPAPORT J. Why do the poor live in cities?：the role of public transportation. Journal of urban economics，2008（63）．

⑦ 张超．城市人口规模界定的理论及实例研究．杭州：浙江大学，2004.

⑧ 皮亚彬，薄文广，何力武．城市区位、城市规模与中国城市化路径．经济与管理研究，2014（3）．

5.2.8 资本

根据索洛模型可知，在技术水平不变的前提下，资本深化可以推动人均产出增长，扩大城市经济规模。而城市的集聚效应导致大城市以高效率吸收资本，城市规模的增长又促进了资本深化[①]。新经济地理学派研究规模经济影响经济和空间集聚时，将资本作为控制变量进行讨论[②]。马丁和罗杰斯建立的“自由资本模型”把资本的空间流动纳入产业区位的布局研究中[③]；也有学者提出城市等级与资本积累间存在正向关系，认为政府的行政控制能力和省会及以上城市的管理职能放大了城市规模的作用，不仅为城市吸引来流动人口，更带来了大量资本，使得规模越大的城市资本成本越小[④]。

5.3 城市规模管理机制

5.3.1 收益与外部成本机制

根据经济学理论，最优城市规模的形成取决于成本与收益的平衡，通过调节生产要素、协调供给与需求之间的关系以对城市规模进行有效控制，从而实现社会效益的最大化。哈维于 1981 年提出收益-成本模型，指出城市人均平均成本曲线由私人成本（土地和劳动力）、公共成本（地方政府支出）和社会成本（交通拥挤、环境污染）组成，该曲线随城市人口规模的扩大呈现先下降，后随着城市聚集不经济而上升的变化趋势；最优城市规模即为边际成本和边际收益曲线相交时所对应的城市人口数量[⑤]。哈维的研究只运用理论推导出最优城市规模临界点，并没有给出验证。卡佩洛等人通过将城市平均效益和平均成本作为最优城市规模的测定标准，基于微观经济学的效用函数模型，并运用意大利 58 座城市的截面数据进行验证，得出城市效益最大化对应的最优城市规模为 36 万人，成本最小化前提下的城市规模为 55 万人[⑥]；其城市效益（城市成本）的表达式为：

$$\begin{aligned}\ln ALB\ (\ln ALC) = {} & \ln\eta + \alpha_1\ln D + \alpha_2\ln FUN + \alpha_3\ln NET + 1/2\,\beta_1(\ln D)^2 \\ & + 1/2\,\beta_2(\ln FUN)^2 + 1/2\,\beta_3(\ln NET)^2 + \delta_1\ln D\ln FUN \\ & + \delta_2\ln D\ln NET + \delta_3\ln NET\ln FUN + \cdots\end{aligned}$$

① 柯善咨，赵曜．产业结构、城市规模与中国城市生产率．经济研究，2014（4）.

② KRUGMAN P. Increasing returns and economic geography. Journal of political economy，1991（3）.

③ MARTIN P，ROGERS C A. Industrial location and public infrastructure. Journal of international economics，1995，39（3）.

④ CHEN Y，HENDERSON J V，CAHI W. Political favoritism in China's capital markets and its effect on city sizes. Journal of urban economics，2017（98）.

⑤ 李培．最优城市规模研究述评．经济评论，2007（1）；纪爱华．基于生态城市的城市最优规模理论研究与实证分析．青岛：中国海洋大学，2014.

⑥ CAPELLO R，CAMAGNI R. Beyond optimal city size：an evaluation of alternative growth patterns. Urban studies，2000，37（9）.

其中，η 为参数，α_i、β_i、δ_i 为回归系数，ALB 为平均效益，ALC 为平均成本，D 为城市规模，FUN 为城市类型，NET 为网络整合水平。

王小鲁和夏小林基于这一研究路径测算中国城市的最优规模，认为最优城市规模在规模收益和外部成本之差达到最大时出现，并根据生产函数 $Y=AK^{\alpha}(HL)^{1-\alpha}U\gamma$，得出规模收益函数形式：

$$\ln Y = C + gT + \alpha\ln K + (1-\alpha)\ln L + (1-\alpha)\ln H + \gamma_1\ln U + \gamma_2(\ln U)^2$$

其中，Y、K、L、H、U 分别代表 GDP、资本、劳动力、人力资本和城市规模，T 为时间趋势（$T=0$，1，2，…）；$C=\ln A$，A 为生产力水平，且满足 $A=A_0e^{gT}$；α 为资本产出弹性，g 为生产率增长率，γ 为城市规模效应。

由生产函数估计出γ_1和γ_2 的值，进而得到相对规模收益函数：

$$y_u = Y_u/Y = 1-1/\exp[\gamma_1\ln U + \gamma_2(\ln U)^2]$$

其中，Y_u为城市规模收益；y_u为相对规模收益，即城市规模收益占 GDP 的比重。

同理，根据城市财政支出函数得到由政府承担的外部成本函数：

$$g_U = g - g_c = \exp[\ln g_c + a_1\ln U + a_2(\ln U)^2] - g_c$$

居民承担的城市外部成本函数为：

$$pS = \exp[c + b_1\ln U + b_2(\ln U)^2]$$

由此得到城市外部成本函数表示为：

$$x_U = g_U + pS = \exp[\ln g_c + a_1\ln U + a_2(\ln U)^2] - g_c + \exp[c + b_1\ln U + b_2(\ln U)^2]$$

其中，p 为城市物价水平高出非城市区域的百分比，S 为物价权数，g 为财政支出占 GDP 的比重，g_c 为额外财政支出。

基于收益-成本模型验证得出，中国不同规模的城市具有不同规模的集聚效应和外部成本，单纯使用城市工业数据拟合的最优规模为 50 万～200 万人，且规模在 100 万～200 万人的大城市净规模收益最高。收益与外部成本研究路径是从微观经济的效用最大化角度对最优城市规模展开的讨论，对城市规模管理过程中的经济发展规划和产业规模管理具有一定指向性意义①。

5.3.2 社会成本控制机制

社会成本是城市运行过程中的经济总损耗，包括生活成本、生产成本以及外部成本等。最小成本理论认为最佳城市规模是人均社会成本的函数，该理论将社会成本表示为城市服务设施投资成本与城市运行成本之和。假设产出量不变，从成本因素角度考虑，实现城市最优规模的前提是社会成本最小化。城市人均公共成本可以表示为：

$$AC_i = \delta + \varphi_1 POP_i + \varphi_2 POP_i^2,$$

由此可以通过两边对 POP_i 求导得出最小社会成本所对应的城市规模：

---

① 王小鲁，夏小林．优化城市规模推动经济增长．经济研究，1999（9）．

$$\frac{\mathrm{d}AC_i}{\mathrm{d}POP_i}=\varphi_1+2\varphi_2 POP_i=0$$

$$POP_i^*=\frac{-\varphi_1}{2\varphi_2}$$

其中，AC 为人均公共成本，C 为公共成本，P 为城市总人口数，POP_i 为聚集不经济的替代变量；δ 为常数，φ_1、φ_2 为回归系数，且满足$\varphi_1<0$，$\varphi_2>0$。

该模型在控制产量不变的前提下，得出城市规模与社会成本的非线性关系，同时基于最小成本理论，通过测算城市社会成本最小化时的城市规模即得出最优解这一模型思路被运用到最优城市规模的测算中①。当然，这个模型有一定的局限性，理查德森对最小成本理论提出了批评，认为最优城市规模并不单纯是公共成本函数而是多重因素综合作用的结果②。除经济因素外，距离、医疗、犯罪和安全等非经济影响同等重要，这些因素取决于社会偏好函数，难以通过模型求解。

5.3.3　城市生产率控制机制

生产率是城市经济发展的动力，而城市的集聚效应又为提高生产率提供了充足的生产要素供给。对于两者间的关系，马歇尔在《经济学原理》中把城市比喻为资源的“蓄水池”：企业在城市中获得劳动力和资本用于生产，促进知识与技术共享，产生规模效应，促进生产率提高；而劳动力在城市中获得就业机会，又进一步促进城市人口和经济规模扩大。基于城市规模与生产率间的相互作用，城市经济学者通过建立经济学模型来表示两者之间的数量关系。西科恩和罗伯特研究城市的工业化规模得出经济规模每增加 1 倍，生产率上升 6%③。中村良平通过分析日本轻工业发展数据得出城市化对轻工业发展的促进程度高于重工业，且城市规模每增加 1 倍，生产率上升 3.4%④。

欧振中和亨德森基于生产函数建立城市规模与生产率的关系模型，并估计得出生产率与城市规模之间存在倒 U 形关系⑤。其函数的结构性方程式为：

$$V\Lambda=Q_3 MP^{\frac{1}{\sigma_y}} AK^{\alpha} L^{\varepsilon+\frac{r}{p}+\beta}$$

$$L=N-(2/3\,\pi^{-1/2}t)\,N^{3/2}$$

$$\ln\left(\frac{V\Lambda}{N}\right)=\ln\Lambda+1/\sigma_y\ln MP+\alpha\ln\left(\frac{K}{N}\right)+$$
$$[a_1N-a_2N^2-a_3N\times ms+a_4ms+a_5ms^2]$$

---

① 金相郁．最佳城市规模理论与实证分析：以中国三大直辖市为例．上海经济研究，2004（7）.

② RICHADERSON H. Optimality in city size, systems of cities and urban policy: a sceptic's view. Urban studies, 1972, 1.

③ CICCONE A, ROBERT E H. Productivity and the density of economic activity. American economic review, 1996, 86 (1).

④ NAKAMUREA R. Agglomeration economics in urban manufacturing industries: a case of Japanese cities. Journal of public economics, 1985 (83).

⑤ 推导过程可详见文献：CHUN-CHUNG A, HENDERSON J V. Are Chinese cities too small? . The review of economic studies, 2006 (3).

其中，$\frac{V\Lambda}{N}$为非农部门每单位劳动的产出，Λ 为其他影响因素（如人力资本、利用外资情况等），K 为资本因素，L 为劳动力因素，MP 为市场潜力，N 为城市规模，Q_3 为聚类系数，ε 为城市规模外部性，P 为参数，ms 为第二、三产业产值占 GDP 的比重 α、σ_y、β、γ、a_1、a_2、a_3、a_4、a_5 为变量系数。

通过对 N 求导，可以推导出城市生产率最高点对应的最优人口规模：

$$N^* = \frac{a_1 - a_3 ms}{2a_2}$$

生产率与城市规模之间存在这种变动关系的原因在于，当人口在某一城市聚集和增加时，通过知识和公共服务的共享可以降低生活成本，提高劳动力市场匹配的概率和质量。由于人口规模增加带来的收益大于总成本，生产效率得到提高；相反，当人口规模超过城市容纳限额时，城市的资源耗减、交通拥堵和环境污染等社会成本增加，边际收益的增长率低于边际成本，使人口规模增加带来的总收益低于其带来的负面成本，从而导致生产效率下降。

梁婧等人在该模型的基础上对 2009 年中国城市数据进行拟合，进一步证实了城市规模与生产率之间的倒 U 形关系。同时发现，由于存在严格的人口流动限制，中国大部分城市的规模是被低估的①。但与欧振中和亨德森的结论相比，近年来中国的最优规模城市数量大幅上升，规模被低估的城市已明显减少。苏红键和魏后凯运用该模型测算出最优城市密度应为 1.3 万人/平方千米②，而目前中国地级及以上城市由生产率决定的平均人口密度为 0.938 13 万人/平方千米，远低于最优水平③。究其根本，是由人口吸纳能力不足而又盲目扩张土地所致，也就是近年来凸显的“鬼城”现象。

5.3.4 人口规模控制机制

城市由人口聚集而成，人口规模决定着城市的聚集效益和拥挤成本。从需求角度来看，人口规模由两大因素决定：就业和生活舒适程度④。在市场经济条件下，城市的就业率由市场对劳动力的总需求决定，劳动力供给与总需求之差决定了迁移数量。劳动力的总需求由区域的经济增速、产业结构和劳动生产率（工资）三个因素决定。在人口自由流动的前提下，当城市对劳动者有吸引力时，人口会向城市聚集，相反则会迁出。当城市经济不断增长时，为维持或扩大生产，一方面企业对劳动力的需求不断扩大，另一方面也刺激了劳动效率（劳动力边际产量）的提高。根据哈罗德-多马模型，当产量和资本的增长率相等且大于劳动增长率时，劳动力的平均产量和平均工资是上升的。相反，如果城市经济衰退，企业产量大幅度减少，则劳动力需求减少，甚至产生大量失业人口。

---

① 梁婧，张庆华，龚六堂．城市规模与劳动生产率：中国城市规模是否过小?：基于中国城市数据的研究．经济学（季刊），2015，14（3）．

② 人口密度＝城区总人口/城区面积。

③ 苏红键，魏后凯．密度效应、最优城市人口密度与集约型城镇化．中国工业经济，2013（10）．

④ 周海春，许江萍．城市适度人口规模研究．数量经济技术经济研究，2001（11）．

西格尔和穆玛等人分别对人口和生产率的关系进行了验证，发现城市人口每增加1倍，劳动生产率平均提高2.7%～2.8%[①]。

在人口规模控制中，还应考虑人口质量（知识水平、素质）因素。由索洛模型可知，人均产出（Y/L）增长来源于人均资本存量（K/L）和创新，但只有创新才能引致人均产出的永久性增长，而创新则以引进知识型人才为前提。对全球58个国家的比较分析发现，城市吸引人才的因素可归纳为：生活环境、工作环境和宏观环境，即收入稳定、环境宜居、政治经济稳定等[②]。收入由要素市场供求决定，其他条件则通过政策激励、基础设施投资等途径实现。当城市具备上述条件时，高校大学生会选择留下，外地人才也会选择流入，为城市经济带来新的增长动力，使产业在经济周期中能不断创新，延缓衰退。

那么，如何进行人口规模管控呢？首先，通过联合国提出的城乡人口增长率差法（Urban-Rural Growth Difference，URGD）可以预测城市人口规模变化和城市化率。公式为：

$$U^{t+n}=U^{t}\mathrm{e}^{nu},R^{t+n}=R^{t}\mathrm{e}^{nr}$$

$$\frac{U^{t+n}}{R^{t+n}}=\frac{U^{t}\mathrm{e}^{nd}}{R^{t}}$$

$$\frac{U^{t+n}}{P^{t+n}}=\frac{U^{t+n}}{(R^{t+n}+U^{t+n})}=\frac{U^{t}\mathrm{e}^{nd}}{R^{t}}/(1+\frac{U^{t}\mathrm{e}^{nd}}{R^{t}})$$

其中，P^t、U^t、R^t分别为区域t年的总人口、城市人口和农村人口，n为变动期数，u为城市人口指数平均年增长率，r为乡村人口指数平均年增长率，$d=u-r$。

在获得现有城市规模的基础上，采用经济学模型可测算出适宜城市发展的最优人口规模。通过比较人口变化趋势与城市最优规模，分析目前人口规模效率，做出促进人口增减或调整人口结构的决策。本节以环境承载力因素模型为基础结合相关文献，将人口规模的控制路径分为环境承载力约束下的人口数量管控和知识型社会人才引进的影响路径两方面进行讨论，主要归纳出工业化导向和知识技术导向两类城市的最优人口规模测算方法。

（1）工业化导向。

在工业化城市，影响人口规模的因素主要是经济水平和环境承载力[③]。根据康芒纳的污染分解方程：

$$I(t)=P(t)\times\frac{GDP(t)}{P(t)}\times\frac{I(t)}{GDP(t)}=P(t)\times GDPP(t)\times IGDP(\mathrm{t})$$

可反推出：

$$P\max=\frac{Wa}{GDPP(t)\times IGDP(t)}\quad(I(t)\leqslant Wa)$$

---

① SEGAL D. Are there returns to scale in city size? . Review of economics and statistics，1976，58（3）；MOOMAW R，SHATTER A. Urbanization and economics development：a bias toward large cities. Journal of urban economics，1996（40）.

② 贾锦瑞．影响城市人才流失的宏观环境因素分析：基于全国56个重点城市的面板数据分析．经济师，2013（4）.

③ 推导过程可详见文献：黄明知，罗荣桂，吴兵，等．区域最优人口规模测评模型研究．武汉理工大学学报，2004（8）.

其中，$I(t)$ 为第 t 年实际排放到环境中的污染物数量；$P(t)$ 为当年人口数量；$GDP(t)$ 为当年某区域的生产总值，$GDPP(t)$ 为人均 GDP；$IGDP(t)$ 为单位 GDP 排放的污染物；Wa 为环境自净能力。

通过康芒纳方程反推出的 P 值，即是在某时段人均 GDP 和污染水平下城市所能容纳的人口规模；最优人口规模可通过 $IGDP$ 对 P 求偏导数得出，即在最大环境承载力水平下的城市人口规模。

（2）知识技术导向。

在这类城市中，人们对于居住城市的需求不局限于物质，还兼具精神和福利。基于联合国的人类发展指数（HDI），在加入教育指数（EI）、收入指数（II）、寿命指数（LI）等后，可以反推出适宜目前区域经济发展水平、人文发展水平的人口数量①：

$$HDI = b_1 LI + b_2 EI + b_3 II$$

$$II = \frac{\log(GPC) - \log(100)}{\log(m) - \log(100)}$$

$$GPC = \frac{GDP}{(R \times P)}$$

其中，GPC 是由购买力平价和实际外汇汇率计算出的区域人均 GDP，m 为区域最高人均 GDP，P 为区域人口数，R 为按购买力平价计算的人民币汇率，b_i 为比例系数。

基于上述分析，城市的人口规模管控路径可通过行政调控和市场调控相结合来实现。行政调控是使用一些强制手段或政策激励，即通过外力改变城市人口规模，如户籍制度、劝返外来人口等。这类调控对人口规模的作用短期内效果明显②，但需对前期的调控力度和实施效果进行把握，避免因劳动力流动而导致经济波动。市场调控则是通过引导市场供求来达到调控人口的目的的。如：通过调整市场结构，带动城市人口规模、素质、布局优化；建设二级城市，缓解中心城区压力；调节城市生活成本（物价水平、公共物品和服务）等③。

5.3.5 地租与公共产品控制机制

1. 地租与公共产品

地租是土地使用者对土地所有者的定期支付，是土地生产要素的使用成本，其价格由距市中心远近和市场价值决定。阿隆索将城市假设为一个圆形结构，认为城市地租的唯一影响因素是距离中心区的通勤成本。该地租模型以土地私有化且无法买卖为前提假设。一旦土地可以买卖，由于特定区域内的土地供给是有限的，土地对需求者具有不同的市场价值，需求者可通过竞价方式获得租赁权。新经济地理学派结合行业类型的差异，

---

① 推导过程可详见文献：黄明知，罗荣桂，吴兵，等．区域最优人口规模测评模型研究．武汉理工大学学报，2004（8）.

② 张强，周晓津．我国大城市人口规模估算与调控路径选择．西部论坛，2014，24（2）.

③ 王鸿春，宫本邦夫，张晓冰，等．日本东京应对城市人口问题研究．北京日报，2011－01－17.

对土地价格进行了分类讨论：对工业化产业来说，因为受到运输成本的影响，距离城市中心越近的区域地租越高；对信息化产业（如商业、金融业、市场策划等）来说，信息的及时和有效是行业发展关键，因此这类产业的地租由信息交互成本决定。

公共产品（或服务）将以更低的成本在特定时间或地点被提供①，它们的非排他性和非竞争性对城市经济具有积极影响②，且其中影响最为显著的是教育和基础设施的供给。在其他条件相同的城市之间，公共服务较好的城市的规模将会增长得更快③。由于存在外部性，公共产品的供给通常无法通过市场调节来实现，一般需由政府提供，而政府供给的经济来源通常是税收融资④。政府干预与市场经济机制并不矛盾，税收作为市场的自动稳定器，其作用效果取决于税收收入如何使用。若用于公共产品和服务建设（如教育、基础设施和公共安全等），则可增加城市的相对吸引力和就业水平；相反，如果增税的目的是实现收入的重新分配，则会阻碍城市规模的增长⑤。

2. 地租与公共产品的影响机制

基于地租和公共产品对城市规模的影响，亨利·乔治的研究在假设土地市场与消费品市场处于完全竞争状态，且城市居民效用水平由居住土地与其他消费品的消费量共同决定的前提下，得到实现城市最优规模的公共产品与地租的数量关系：$P=\frac{1}{2}ATC=DLR$（P 为公共产品供给成本，ATC 为总运输成本，DLR 为级差地租），若使一个城市达到最优规模，其纯公共产品的支出需等于总运输成本的一半，也需等于城市的总地租⑥。

基于亨利·乔治定理，探究城市规模管控的途径：

城市总地租：$ALR=\int_0^{t^*} R(t)2\pi t\mathrm{d}t$

总运输成本：$ATC=\int_0^{t^*} f(t)2\pi t\mathrm{d}t=e\int_0^{t^*} t(2\pi t)\mathrm{d}t=\frac{2e}{3}\pi t^{*3}$

人口分布：$N(t^*)=\pi t^{*2}$

人均私人物品消费：$C=I-ATC/N-P/N$

由此可以得到人口与运输成本的关系：$ATC=\frac{2}{3}e\pi^{-\frac{1}{2}}N^{\frac{3}{2}}$

其中，t 为到市中心的距离，t^* 为城市半径，e 为每单位距离的运输成本，I 为可用

① HEAD J G，SHOUP C S. Public goods，private goods，and ambiguous goods. The economic journal，1969，7 (315).

② SAMUELSON P A. The pure theory of public expenditure. The review of economics and statistics，1954，36 (4).

③ 同①.

④ MICHAEL M S，HATZIPANAYOTOU P. Welfare effects of migration in societies with indirect taxes，income transfers and public good provision. Journal of development economics，2001 (64).

⑤ HELM L J. The effect of state and local taxes on economics growth：a times series-cross section approach. Review of economics and statistics，1985 (68).

⑥ 推导过程可详见文献：ARONTT R J，STIGTITZ J E. Aggregate and rents，expenditure on public goods，and optimal city size. The quarterly journal of economics，1979，93 (4).

资源与人口之比。

该定理将最优城市规模界定为使居民效用最大化时的人口规模，当居民效用最大化时（$C_{\max}$），得到 $P=\frac{1}{2}kN^{*3/2}=\frac{1}{2}ATC=DLR$（$N^*$ 为最优人口数量）。该模型可用于测算某特定城市的规模是否达到管控路径约束下的最优水平，也可反推出城市现有的地租和公共产品供给水平是否合理，从而为政府进行城市规模管理提供政策思路与方向①。

3. 地租与公共产品管控路径

基于地租、公共产品与城市规模的关系，可通过调节地租和公共产品供给来管控城市规模。土地私有制国家存在竞价地租公式：

$$r(t)=\text{Max}\{r_b^1(t:u^1,y^1),r_b^2(t:u^2,y^2),\cdots,r_b^i(t:u^i,y^i),\cdots,r_b^N(t:u^N,y^N)\},(i=1,\cdots,N)$$

其中，$r(t)$ 是实际交易的市场地租，$r_b^i(t:u^i,y^i)$ 是第 i 个单位的竞价地租，u^i 指竞价单位在此地交易能够得到的效用，y^i 指第 i 个单位的收入或利润，由此得到市场地租。

由于边际效用递减，厂商或个人进入城市时会对具体区位进行选择。当人口增加导致土地需求增加，所有城市区位的地租都会上涨，城市自然会向外扩张；当地租大于其效用水平或收益时，厂商或个人会放弃土地争夺，退出城市。土地私有化国家可以通过调控地租、征收土地税等方式来控制城市规模②。

对土地公有制国家来说，政府对地租和公共产品的调节均通过政策管控来实现。当企业生产存在正外部效益时，城市总地租等于城市公共产品支出加上生产正外部性的补贴③。政府可以通过征收房产税或提供住房补贴等方式调节住房供需，进而控制土地需求，并将获得的资金通过财政补贴或转移支付等方式投入公共产品中，实现二者关系的调节。通过对土地价值征收经济租金，然后用作公共产品投入，使土地收益由社会共享而非私人占有，消除生产活动中的税收，从而有助于实现最优城市规模④。

5.4 城市规模管理对策与建议

根据城市规模的影响因素、变动机制和管控措施，有针对性地制定政策法规，加强市场引导，及时调节人口、资源、环境与经济发展的关系，从而使城市规模向预期方向演变。

5.4.1 加强流动人口管控

发达国家在城市规模管理过程中，对流动人口放宽管制政策，完善城市化机制，促

---

① ARONTT R. Does the Henry George theorem provide a practical guide to optimal city size? . American journal of economics and sociology，2004，63 (5).

② 佐佐木公明，文世一. 城市经济学基础. 北京：社会科学文献出版社，2000.

③ 同①.

④ 乔治. 进步与贫穷. 北京：商务印书馆，2010.

进区域经济协同发展。美国、澳大利亚、加拿大是农产品出口大国，这些国家的城市化进程并没有使农业萎缩，相反其集聚效应使得耕地得到集中，有利于农业产业化及规模化运营，提高了农业劳动生产率[①]。而对处于二元结构转型期的发展中国家城市来说，还需实行非歧视的分配政策[②]，保障流动人口与城市居民公平享有均等的基本公共服务和社会权益[③]，同时对城市人口规模按生产效率加以控制[④]。

大型城市可通过完善户籍制度或采用积分落户的方式，减少城市与农村居民间的壁垒，降低人口流动成本，积极增强其服务能力，提升产业发展层次，扩大公共设施容量，以提高吸纳人口能力[⑤]。人口密度过大时，适时联合周边中小城市采取人口疏解措施，缓解中心城市的资源压力和管理负担。如北京采用保障安置房项目、房地产开发、单位自建以及居民购买商品房等多种方式疏解人口[⑥]。中小城市可逐渐放宽落户条件，进行土地规模性开发，引导产业集聚，促进劳动力在城市间迁移[⑦]。诚然，改善户籍是一个长期过程，需协同出台扶持和补贴政策。如对农村居民提供教育、医疗和住房等方面政策扶持，缩小城乡居民间的待遇差距，减少户籍改革的负面效果等。

5.4.2 健全社会保障机制

处于社会转型期的发展中国家，应完善城市养老保险、医疗保险等社会保障机制，一方面增加城市居民的福利水平，另一方面保障流动人口基本权益，为其提供同等“市民待遇”。在具体措施上，可为城市中在职的流动人口建立统一的城镇职工社会保险体系，适当降低准入门槛，提供五险一金的基本保障，以降低其进入城市的市民化成本，鼓励滞留在农村的人口向城市聚集居住，加快城镇化步伐；对外来流动人员给予专门的社会保障服务，保证城市经济正常运行和平稳发展[⑧]。

除社会保障外，还应为居民提供灵活多样的服务机制，推动构建政策保险和商业保险的联合保障体系。如将社保制度市场化，淡化制度干预，以商业保险补充基本社会保险，使居民根据自身需求自由选取适宜的保险种类，提高对失业、生育、医疗的保障力度，为城市居民和外来流动人员提供公平普惠的保障性产品选择。

5.4.3 重视公共服务管理

优质公共服务是城市规模扩张的基础，政府应根据城市发展需要，健全城市基础设

① 王平．制度约束与中国城市规模研究．杭州：浙江大学，2012.

② 政府对公共产品具有完全可控的分配政策，如果对所有在城市工作的人口按照相同的公共产品分配，则被称为非歧视分配政策。

③ 段瑞君．中国城市规模及其影响因素研究：来自 284 个地级及以上城市的经验证据．财经研究，2013（9）.

④ 叶建亮．公共产品歧视性分配政策与城市人口控制．经济研究，2006（11）.

⑤ 苏雪串．城市化与城乡收入差距．中央财经大学学报，2002（3）.

⑥ 张强，周晓津．我国大城市人口规模估算与调控路径选择．西部论坛，2014，24（2）.

⑦ 同①.

⑧ 王曙光．中国城市化发展模式研究．长春：吉林大学，2011.

施，实现公共产品和基本公共服务的全民覆盖，营造舒适宜居的社会环境。

（1）建立服务型政府。

在城市发展过程中，政府应逐步转换职能，从以增加 GDP、增加固定资产投资和扩大财政收入为主导的经营型政府逐渐转变为服务型政府①。对公共服务及时公开信息，对反响比较大的项目进行听证，接受居民意见和监督，逐渐淡化政府在公共服务决策上的垄断地位。推动具有非政府性、志愿性和灵活性特征的非营利组织参与到城市公共服务当中，尝试公共服务的联合供给模式，通过市场调节实现最优产出②；通过“小政府，大社会”的管理模式，使居民有机会参与公共服务决策，保障公共产品满足社会多元化需求，提高服务供给效率③。

（2）引入社会资本投资。

政府以 PPP、引导基金等金融创新方式吸引社会资本参与城市公共项目，以缓解地方财政压力，改善公共服务质量，分散投资风险，实现外部成本内部化。政府作为公共服务项目的组织者和招标人，对社会资本进行严格审核和监督，并根据项目的收益和外部性决定政府财政投资占资本金的比例。待项目建设完成后根据验收情况调整投资，在公有期（作为公共设施向居民提供服务的时期）以内或公有期结束后，政府可以选择以回购或贴息等方式维持其运营，也可将其完全转为纯经营性项目。

规范市场竞争机制，设置专业化部门对社会资本参与公共项目建设的全过程进行监管，通过验收和长期监督保证公共服务的质量和效率。日本政府在将公共项目对私人投资完全放开的情况下，专门设立了地域整备局、河山局、道路局、住宅局等机构对各类项目实施专业化管理④。新加坡政府通过成立国家发展部，下设城市规划、市区建设、公共工程等部门，专门负责项目的长期规划和实施。

5.4.4 政府经济政策与战略协同

1. 调节税率与拉动贸易

实践证明，若两个城市公共服务水平相同但税收政策各异，则高税收城市的就业率较低。因此，调节税率也是城市规模管理的政策性工具之一。一方面，通过调节税率，政府可以调节市场供需，控制就业率、地租水平、生产率以及经济增长，进而影响城市规模；另一方面，变动税率可以调整政府财政收入来源，调节公共服务及其他类政府投资，提高政府支出能力，改善城市架构和公共服务供给水平。

为扩大城市规模、拉动经济持续增长，必须加强物流建设、实行开放式经济、增加

---

① 王小鲁．中国城市化路径与城市规模的经济学分析．经济研究，2010（10）.

② DEMSETZ H. The private production of public goods. Journal of law and economics，1970，13（2）；AUMANN R J，KURZ M，NEYMAN A. Voting for public goods. The review of economic studies，1983，50（4）.

③ 许前飞．论中国社会转型时期的政府职能转变：海南省“小政府，大社会”行政管理模式评析．中共中央党校学报，2006（5）.

④ 张文娟．城市基础设施投资效益、规模效益评价与决策管理研究．上海：同济大学，2008.

区域间贸易合作。工业革命时期，西方国家通过增加对沿海城市的持续性投资，充分利用地理优势，鼓励建立主要港口；积极促进跨区域贸易合作，实现资源优势互补。1520—1670 年英国的贸易规模扩大、运输技术进步以及向亚洲、美洲市场的扩张都归功于此。在此期间，伦敦人口从 55.5 万增长到 475.5 万。同样在阿根廷，1887—1914 年由于出口规模增加了 4 倍，人口增长了 265%。

2. 推动中小城市发展

为缓解各国大中城市的压力，促进劳动力疏散转移，应以扩权为重点实行差别化战略，分类推进中小城市发展。特别是对中心城市周边的二级城市或乡镇，可以谨慎地采取撤县设市或"切块设市"的办法，在有条件的地区推动"镇改市"试点，适当扩大建制镇的行政、经济和社会管理权限；在基础设施上按照小城市标准对试点区域增加公共投入，加快基础设施建设，缩小与大城市间的公共服务差距①。通过建立以中心城市为圆心的城市群，释放大城市的拥挤压力，延长城市经济增长趋势。

3. 提高土地利用效率

地租、房屋产权税与限购等传统土地政策，大多数是通过控制土地及地上建筑的价格来调节土地供需、减少"两栖占地"②。这类政策无法从根本上提高土地利用效率或有效控制土地规模。2000 年，美国规划协会提出"精明增长"城市发展模式，为提高城市土地利用效率提供了新的政策规划方向。该模式的核心是提高土地利用效率，协调人口增长与城市扩张的关系，促进经济与环境和谐共生。同时，以建筑设计和技术创新用足城市存量空间，减少城市垃圾堆积掩埋占用土地，避免城市土地的无序蔓延；重新开发废弃、污染工业用地，以节约公共设施与服务成本。如美国波特兰市通过制定土地利用规划、集约开发交通沿线和推行绿色交通三大举措，将城市用地需求向中心城区和交通线路集中，增加中心城市居住密度，减少住宅占地面积。10 年间，波特兰市的土地面积仅增长约 2%，但人口却增长了近 50%；城市西部建立的开发区聚集了约 1 200 个高科技企业，成为美国运动用品制造中心③。

4. 资源节约与环境保护

资源节约与环境保护既关系到城市规模的变动，也影响着城市经济效率。目前世界各国对资源与环境的管控措施颇多，但大多集中在污染治理和政策惩罚上，真正将可持续性生态保护作为发展目标的城市长期规划较少。德国弗莱堡生态城市的成功建设为各国城市规模的可持续性管理提供了经验借鉴。利用城市特色开发旅游业既促进经济增长，还能以生态建设主导城市规划，在街区景观、垃圾处理、交通出行等方面实现"绿色经济"。规划之初，弗莱堡市政府与当地大学合作成立可再生能源研究中心，研究如何改善

---

① 魏后凯．中国城市行政等级与规模增长．城市与环境研究，2014，1（1）.

② 许抄军．"两型社会"城市规模研究．北京：社会科学文献出版社，2014.

③ 黄小青．城市规模预测方法与应用：以广西北部湾经济区城市群为例．北京：社会科学文献出版社，2013.

清洁能源的利用效率；同时，鼓励对城市生活垃圾回收再利用，以低息贷款优惠政策培养居民对清洁能源的消费偏好。目前，环境科学、环境技术和环保类产品的生产与加工体系已成为城市经济支柱产业。此外，市内建有80多家太阳能应用公司，太阳能产业在全球名列前茅①。

5.4.5 加强区域间合作

城市规模管理应释放中心城市优势，带动次级城市的发展，形成多中心格局②。城市间应加强联系，协调区域空间结构、土地利用规划和基础设施规划，形成水平分工、垂直管理的合作体系③；通过贸易往来建立跨区域产业体系，加强人才、技术、信息交流与合作，形成资源、资金和劳动力自由流动的一体化格局④。同时对不同城市进行功能定位，实行城市群分工协作；大小城市遵从战略定位，协调产业规划和布局，淡化地方政府在资源配置上的行政主导权⑤。

卡佩洛提出的城市网络化范式（city network paradigm）为城市发展提供了新思路⑥。目前发达国家采用网络式结构建立城市间关系，城市间不再限于中心地理论的城市分层关系，强调城市间基于功能互补性实现网络式跨区域合作和规模经济。2008年，IBM公司提出“智慧地球”的概念，进一步创新了城市网络范式，运用物流和大数据系统建立跨区域网络，打破传统城市界限，提高城市管理效率⑦。长三角城市群通过网络式资源整合形成了区域供销产业链体系。例如，以嘉兴、金华为首形成的城市带，通过以高速公路、计算机信息等现代交通、通信作为网络纽带，构建“网络城市”发展模式，形成多中心、多节点的区域化发展方向，推动形成中小规模城市集群；通过构建大型产业平台，实现区域工业整合⑧。

本章小结

本章在总结城市规模的内涵及划分标准的基础上，基于空间经济学相关理论归纳了四种经典的城市规模分布统计规律，为实施城市规模管理提供数据与资料支撑。通过梳理国内外相关研究成果，将城市规模管理的影响因素归纳为人力资源、空间与区域、居民收入水平、资源与环境、政策与制度、公共设施与社会福利、距离与交通以及资本等。

---

① 黄小青．城市规模预测方法与应用：以广西北部湾经济区城市群为例．北京：社会科学文献出版社，2013.

② 邓智团，樊豪斌．中国城市人口规模分布规律研究．中国人口科学，2016（4）；冯亚平．城市规模、公共服务满意度与居民主观幸福感：以武汉城市圈为例．中国人口·资源与环境，2015，25（S1）.

③ 王曙光．中国城市化发展模式研究．长春：吉林大学，2011.

④ 王俊，李佐军．拥挤效应、经济增长与最优城市规模．中国人口·资源与环境，2014，24（7）.

⑤ 丁从明，梁甄桥，常乐．城市规模分布与区域经济增长：来自中国的证据．世界经济文汇，2015（5）.

⑥ CAPELLO R. The city network paradigm：measuring urban network externalities. Urban studies，2000，37（11）.

⑦ 史璐．智慧城市的原理及其在我国城市发展中的功能和意义．中国科技论坛，2011（5）.

⑧ 朱奚红．当代城市管理及其哲学理念．苏州：苏州大学，2005.

进一步以经济学理论为基础，分析得出实施城市规模管理的主要机制，包括收益与外部成本机制、社会成本控制机制、城市生产率控制机制、人口规模控制机制以及地租与公共产品控制机制等，并由此提出优化对策与建议，为不同影响因素导致的城市规模问题提供异质性的管理优化路径与方法借鉴。

关键术语

城市规模　齐普夫定律　城市最优规模　收益-成本模型　最小社会成本
亨利·乔治定理　城市网络化范式

复习思考题

1. 利用集聚效应与拥挤效应简要解释城镇化与逆城镇化现象的成因与演化过程。
2. 城市最优规模的内涵、特征与实现路径是什么？
3. 城市规模管理缓解资源环境压力的方法与路径有哪些？
4. 从城市规模管理角度出发，你能为推动中小型城市发展提供哪些对策与建议？

进一步阅读的文献

1. HENDERSON J V. The sizes and types of cities. American economic review, 1974, 64 (4).

2. MILLS E S, BEEKER C M, VERMA S. Studies in Indian urban development. Oxford: Oxford University Press, 1986.

3. GLASER E. Triumph of the city. New York: Penguin Press, 2011.

4. ZIPF G K. Human behavior and the principle of least effort. Cambridge: Addison-Wesley, 1949.

5. CARTER H. An introduction to urban historical geography. London: Edward Arnold, 1995.

6. CAMAGNI R P. From city hierarchy to city network: reflections about an emerging paradigm//LAKSHMANAN T R, NIJKAMP P. Structure and Change in The Space Economy. Berlin: Springer, 1993.

7. CHUN-CHUNG A, HENDERSON J V. Are Chinese cities too small? . The review of economic studies, 2006, 73 (3).

8. CAPELLO R. The city network paradigm: measuring urban network externalities. Urban studies, 2000, 37 (11).

9. 陆铭，高虹，佐藤宏．城市规模与包容性就业．中国社会科学，2012 (10).

第6章
城乡人口流动与统筹管理

本章由四部分组成：第一部分通过比较制度壁垒的成本与收益，阐述人口流动制度壁垒的经济后果。第二部分考察城镇化过程中要素收入分配扭曲的影响和形成机制。第三部分分析发展中国家的农村制度如何影响城乡人口流动，以及城乡人口流动能否助推城市工业化。第四部分主要介绍国内外区域与城乡统筹的机制与工具创新。

重点问题

- 户籍制度壁垒的影响
- 要素收入分配扭曲的机制及影响
- 城乡人口流动与工业化的联系
- 城乡人口统筹的机制与工具创新

6.1 人口流动的制度壁垒及突破

6.1.1 制度壁垒对人口流动的影响

1. 人口流动与生产率

依据通勤与迁移的地点，人口流动分为区域流动与城乡流动①，前者是人口在不同城市间流动，后者是人口在城市与农村间流动。发达国家的人口按照市场机制有序流动，若其他条件不变，人口将向收入更高的区域流动。而大部分发展中国家则不同，因存在体制性扭曲，它们的城市人口管理有三个基本问题：一是通过设置流动障碍来管理人口流动是否合理？二是当要素收入分配机制扭曲时，就业创造是否改变人口流动决策？三是构建农村劳动力收入增长保障体系是否有助于城乡人口有序流动？（具体见图6-1）

① 这里我们对人口流动与人口迁移不做特别区分。在户籍制度逐渐弱化的背景下，两者区别已经不大。

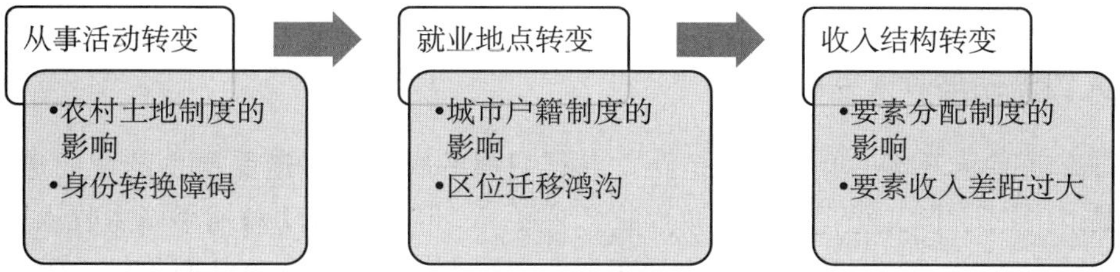

图 6-1　人口流动管理的关键环节

人口流动对城市生产率具有直接的影响。首先，当劳动力向更高收入的大城市充分流动时，可以获得集聚带来的正向溢出，生产效率通常与城市规模正相关[①]。其次，劳动力流动壁垒会阻碍异质性劳动力在空间上的类分和选择。劳动力之间的正向匹配机制（assortative matching）表明，当自己的能力既定时，合作伙伴的能力越高，由匹配带来的生产率的提升就越明显[②]。人口流动的制度壁垒降低了劳动力之间的匹配与合作效率，进而影响到城市生产率提升。研究者使用印度尼西亚数据分析发现，如果移除所有的流动限制，城市层面加总的生产率将提升 22%。而如果将印度尼西亚的流动壁垒下降到美国的程度，生产率也将上升 7.1%。

中国的经验研究也得到类似的结论。如果中国将迁移成本降至美国的水平，人均实际 GDP 将增长 13%[③]。针对中国的研究还发现，在 2000—2005 年的人口流动成本下降了 14.6%，生产率相应提升了约 4%[④]。

2. 人口流动与居民福利

人口流动对城市居民福利的影响存在两条相反的路径。以人口流入城市为例，在生产路径上，劳动力的跨区域流动具有两类效应：集聚效应与类分效应，通过学习、共享和匹配等微观机制提升了生产率[⑤]。生产率伴随着居民收入和福利提升。而在消费路径上，人口集聚也会带来拥堵效应，造成公共服务消费下降以及城市环境恶化。人口流动对城市居民福利的影响方向是不确定的。

经验研究表明，人口流动能够提升总体居民福利。城市规模每扩大 1%，移民愿意支付 1.7%的收入进入该城市。因此限制大城市、鼓励中小城市的政策取向，将造成居民福利损失[⑥]。若将北京、上海和广州的流动壁垒降低到全国的平均水平，上海市的居民福利将下降 8.3%[⑦]。原因在于上海市的进入壁垒降低使得人口大量流入，导致拥挤效应

---

① TOMBE T，ZHU X. Trade，migration，and productivity：a quantitative analysis of China. American economic review，2019，109（5）.

② EECKHOUT J，KIRCHER P. Assortative matching with large firms. Econometrica，2018，86（1）.

③ 同①.

④ 王丽莉，乔雪．我国人口迁移成本、城市规模与生产率．经济学（季刊），2020，19（1）.

⑤ DURANTON G，PUGA D. Micro-foundations of urban agglomeration economies. Handbook of regional and urban economics，2004（4）.

⑥ XING C，ZHANG J. The preference for larger cities in China：evidence from rural-urban migrants. China economic review，2017（43）.

⑦ MA L，TANG Y. Geography，trade，and internal migration in China. Journal of urban economics，2020（115）.

大于集聚效应。

3. 人口流动与收入差距

人口流动能显著缩小城乡收入差距。获得户籍的农民工将遭受更少的职业选择歧视，从而在城市中选择非农就业，缩小城乡收入差距[①]。但人口流动对缩小城乡收入差距的作用只有在城市达到一定的开放度后才能实现[②]。同时当歧视性的公共服务被去除后，流动人口将不必消费额外的公共服务，实际收入差距也将降低[③]。

对特定城市的研究表明，城市内部的收入差距也将缩小。如果将 2005 年的中国劳动力迁移成本降低至美国水平，国外贸易对城市（区域）内部不同类型劳动力的福利分化也将下降。当高技能劳动力流动成本下降时，福利分化将从基准模型的 8.15%下降至 7.14%；当低技能劳动力流动成本下降时，福利分化程度将进一步下降至 5.78%[④]。在消费端的主要影响渠道是公共物品的挤出效应。理论上，流动壁垒的下降将提升流动人口的收入。但本地居民的收入变化主要取决于拥挤效应与集聚效应的相对大小。这个问题也是目前城市化发展道路选择的关键争议点。

6.1.2 设置人口流动制度壁垒的经济学解释

1. 人口自由流动下的城市发展悖论

关于人口流动是否影响城市发展质量，存在城市发展三元悖论：在人口流动受阻的条件下，增长、宜居与和谐三者无法同时实现[⑤]。由于增长与宜居的实现必然伴随人口流入。而要控制人口流入，就必须增大制度成本。只有消除人口流动壁垒，才能同时实现三者。对于北京、上海等大城市，其自身强大的经济吸引力将促使劳动力、资本不断流入，经济增长无须政府刻意拉动。但在数量更多的二、三线城市中，经济增长更多地依赖于政府招商引资。在财政预算约束和集聚经济不足的条件下，放松人口流动壁垒将会导致新的三元悖论。

城市发展三元悖论模型的主要思想是：作为城市发展的核心，地方政府使用有限的财政收入在经济增长与公共服务两项目标间进行分配。以存在人口流动壁垒条件下的均衡状态作为对比，在政府预算约束或城市集聚经济不足的条件下，增长、宜居与和谐无法同时实现。下面以一个简单的数理模型进行阐释。

假定城乡人口流动均衡时，满足下式

---

① 万海远，李实．户籍歧视对城乡收入差距的影响．经济研究，2013，48（9）.

② 安虎森，颜银根，朴银哲．城市高房价和户籍制度：促进或抑制城乡收入差距扩大?：中国劳动力流动和收入差距扩大悖论的一个解释．世界经济文汇，2011（4）.

③ 吕炜，高飞．城镇化、市民化与城乡收入差距：双重二元结构下市民化措施的比较与选择．财贸经济，2013（12）.

④ FAN J. Internal geography，labor mobility，and the distributional impacts of trade. American economic journal：macroeconomics，2019（3）.

⑤ 陆铭，李杰伟，韩立彬．治理城市病：如何实现增长、宜居与和谐？．经济社会体制比较，2019（1）.

$$\frac{F(S)}{P-L}=\left[A(L)\ \frac{L^{\alpha}(\beta\eta T)^{1-\alpha}}{L}\right]^{\gamma}\left[\frac{(1-\eta)\ T}{L}\right]^{1-\gamma}-C(L)$$

其中，等式左边为劳动力在农村的效用，$F(S)$ 为资源禀赋总量，其经济发展（收入水平）受到资源禀赋的总量约束。P 为总人口，L 为城市人口。等式右边为劳动力在城市的效用，取决于人均收入$\left(A(L)\ \frac{L^{\alpha}(\beta\eta T)^{1-\alpha}}{L}\right)$与宜居水平$\left(\frac{(1-\eta)\ T}{L}\right)$两个因素。经济总量由集聚经济 $A(L)$、劳动力 L 与资本 $\beta\eta T$ 决定。其中城市资本需要政府通过招商引资获得，政府支出 η 比例的财政预算 T 用于招商引资，能够吸引 β 倍的资本流入。而宜居水平则由另一部分的财政支出以及人口数量决定。$C(L)$ 为正的制度成本，用以衡量迁移壁垒。

假定 T 外生，政府选择用于经济发展的财政比例 η 以最大化居民效用。当存在迁移壁垒时，空间均衡要求等式成立，可以解得 $\eta=\frac{\gamma}{2\gamma-1}$，并将均衡状态下的城市人口记作 L^*。若人口流动壁垒取消，即制度成本 $C(L)$ 消失，不难看出，当城市人口为 L^* 时，右式大于左式，这意味着人口自由迁移下的城市均衡规模 L' 将大于 L^*。

此时观察等式，即可说明城市发展的三元悖论：人口自由迁移下的城市均衡规模 L' 更大，意味着政府需要提升用于宜居建设的财政比例 $1-\eta$，以保持原有的宜居水平，此时用于招商引资的比例 T 就将下降，资本数量随之下降。而观察第一项，城市规模 L 上升时，分母上升，但城市集聚经济 $A(L)$ 也上升。因此人均收入的相对变化取决于规模经济与人口数量的相对变化程度。当规模经济不足，无法弥补资本下降与人口增长时，人均收入则会下降。故地方政府无法同时维持人均收入和宜居程度保持原有的均衡水平。换言之，在集聚经济弹性不强的情况下，同时满足增长与宜居时，有限的财政预算要求控制人口流入，此时破坏社会公平；同时满足增长与公平时，经济增长吸引人口流入，那么城市人口增加将恶化居住环境，导致不宜居；同时满足宜居与公平时，则要求大量财政支出用于宜居建设，从而挤占招商引资支出，经济增长难以为继。

2. 为何依然需要消除人口流动壁垒

尽管人口自由迁移能提升生产率、提升居民福利并缩小收入差距，但现实中仍然存在着限制人口流动的制度壁垒。由于在短期内，人口过度的流入与流出都将对地方经济产生巨大冲击，因此人口流动制度壁垒的正当性和合理性也被特定群体所支持。人口流动可能造成挤出本地居民就业、增加犯罪和疾病传播等城市运行风险（如图 6-2 所示），同时提升城市医疗、教育等公共服务需求，对地方财政支出带来压力。

三元悖论模型和以上研究表明，在某些情形下，人口流动壁垒在经济上是合理的。既然如此，消除人口流动壁垒的意义何在？为何绝大多数国家与地区仍然不遗余力地推动人口自由迁移？

事实上，一些更前沿的研究发现，尽管负外部性的总量增加，但人均层面的水平则会下降。就业上，尽管人口流入短期内会挤出就业，但长期来看，国家层面低技能劳动力的补充

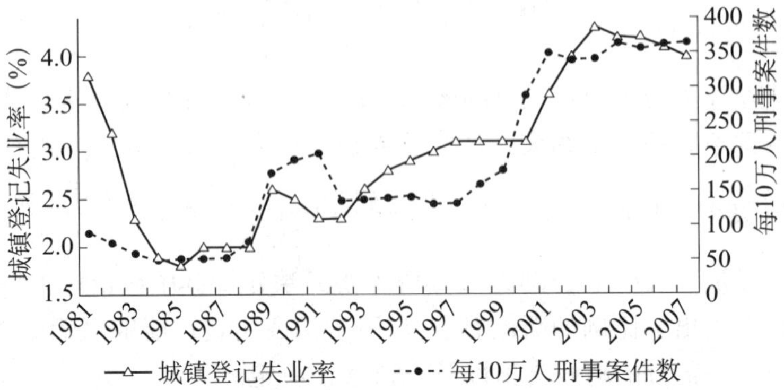

图 6-2　城镇登记失业率与刑事案件数对比

资源来源：章元，刘时菁，刘亮．城乡收入差距、民工失业与中国犯罪率的上升．经济研究，2011，46（2）.

将促使本国劳动力向中高技能的职位转移，促进产业转型升级[①]。犯罪方面，更为精细的实证数据表明，城市人口数量与犯罪率的关系并不显著。以美国为例，20 世纪 90 年代后大城市犯罪率的下降最为明显[②]。污染方面，城市规模增大有利于获得规模效应，降低单位产出的污染排放[③]。疾病方面，美国流感数据的研究表明，城市规模越大，疫情的严重程度越低[④]。

更重要的是，如果仅使用静态视角进行比较分析，资源约束条件下人口流入意味着人均资源下降和负外部性上升；从动态视角来看，只要人口流动伴随着资源流入与城市管理水平的提升，人口自由迁移的负面影响便可以最小化。与其说城市规模过大是“城市病”的原因，不如说城市规模过大是人口管理水平低下的借口。

依然以三元悖论模型为例，如何破解这一难题？可以发现存在两种途径：一种途径是提升财政收入，使政府有足够的能力兼顾经济发展与宜居建设。对于中小城市，本地税收可能不足以支撑这一支出，因此对财政体制机制的改革是户籍制度等人口流动壁垒的核心问题。另一种途径是通过产业转型升级，提升城市集聚经济弹性。一般而言，服务业、高技术行业的集聚弹性更强，受益人口规模增长也更大。但要求城市本身具有足够的产业支撑实力。因此根据经济周期的市场信号，制定灵活、因地制宜的人口流动迁移政策，也是地方政府的更好选择。

6.1.3　促进人口有序迁移的路径和机制

1. 促进人口流动的机制创新

（1）培育都市圈、城市群等新型空间载体。

为了防止人口过度流入导致的“城市病”问题，一些发达国家通过城市规划等手段，

---

① MANDELMAN F，ZLATE A. Offshoring，low-skilled immigration，and labor market polarization. Supervisory research and analysis working papers，2016.

② 陆铭．重思“城市病”．中国经济报告，2013（2）.

③ 陆铭，冯皓．集聚与减排：城市规模差距影响工业污染强度的经验研究．世界经济，2014（7）.

④ DALZIEL B D，KISSLER S，GOG J R，et al. Urbanization and humidity shape the intensity of influenza epidemics in U. S. cities. Science，2018，362（6410）.

在人口集中流入的区域，培育都市圈、城市群等新型空间载体。以芝加哥都市圈为例，都市圈拥有超过30个城市，包括匹兹堡、底特律等大中城市。而东京都市圈则采用“多核多圈层”的方法，在千叶、埼玉、神奈川等县规划了密集的住宅区，缓解东京市的人口压力。此类手段通过空间规划，分流人口以缓解大都市人口过度流入的压力，促进人口有序迁移。

（2）减少劳动力市场摩擦。

劳动力市场往往存在信息不对称的情况，导致区域人口的无序流动。美国劳工统计局（U. S. Bureau of Labor Statistics）通过定期发布各区域的劳动力市场信息，包括招聘职位、劳动力供给状况、就业情况等，促进劳动力合理流动。类似的，英国每年也会举行针对劳动力雇主的年度调查，以了解区域的劳动力缺口及雇佣信息等。此类手段通过降低信息不对称，减少劳动力市场摩擦，实现人口的有序迁移。

2. 促进人口流动的工具创新

（1）职业移民政策。

职业移民政策是确保人口流入有效服务本地产业结构的常用手段。国家层面的职业移民也称为技术移民。在美国，政府设立了不同优先级的签证类型，作为吸引特定人才的重要手段。第一优先级的是科教文卫领域的世界顶级人才；第二优先级的是为美国做出特殊贡献的群体；第三优先级的是需求紧迫的特殊专业人才；第四级、第五级则分别是特殊移民和投资移民。而配套的劳工证制度保证了外来移民不会与本国居民产生直接的岗位竞争。中国的人才引进制度则是区域层面职业移民的典型代表。城市通过为特殊的职业、技能或学历的劳动力，提供住房保障、税收豁免、公共服务等方面的优先获得权，以吸引劳动力向城市迁移。

（2）均等化公共服务。

不少国家通过公共服务均等化来消除服务差异导致的人口单向流动。例如美国、法国均具有全国联网的社会保障号，在全国各地均能享受到一样的失业救济、住房和医疗补贴等政策。而日本则是通过“住民票”制度管理人口流动。个人的教育、医疗、福利均通过“住民票”登记获取，实现了全国范围内公共服务的“户随人走”。中国的公共服务均等化目前尚处于初级阶段。但部分地区现已初步探索门诊费用异地直接结算、养老保险异地存取等创新制度，以引导人口区域迁移。

6.2　城市要素收入分配的市场化机制

6.2.1　城市要素收入分配的框架：基本模型

本节以一个基本模型开始，阐释在没有要素价格扭曲的情形下，城市要素收入分配应以边际价格定价和分配的过程。

假定城市中企业的生产函数为：

$$Y=L^{\gamma}K^{\alpha}N^{1-\gamma-\alpha}$$

其中，L 为企业使用的劳动力要素，K 为资本要素，N 为土地要素，γ 为劳动收入份额，α 为资本收入份额。

企业预算约束满足 $wL+rK+tN\leqslant C$，w、r、t 分别为劳动力、资本与土地的价格。利用最优化条件，可以求出最大化产出时各要素的使用量分别为：$L=\frac{\gamma C}{w}$、$K=\frac{\alpha C}{r}$、$N=\frac{(1-\gamma-\alpha)\ C}{t}$。因此，各要素的收入分配也能随之求出：劳动力要素分配 $wL=\gamma C$，资本要素分配 $rK=\alpha C$，土地要素分配 $tN=(1-\gamma-\alpha)\ C$。足见，在市场机制调节下，要素收入分配将等于其要素的边际产出。

6.2.2 要素收入分配扭曲的制度解释

1. 为何需要扭曲要素收入分配

在发展中国家的城镇化过程中，部分国家选择逐步积累原始资本，实行渐进式的城镇化。如中国、越南、巴西等一些后发国家选择偏向型的制度安排（见表 6-1）。城市偏向型的制度安排使传统城镇化速度大为加快，但也导致城镇化质量不高。在此背景下，一个显著特征是城市经济发展的要素收入差距明显。以中国为例，要素收入分配偏向资本与土地，而劳动收入份额在 2010 年之前呈现出不断下降的趋势（见图 6-3）。而巴西过度偏向土地的要素分配，造成大量失地农民流入城市的“过度城市化”现象。

表 6-1 部分国家的要素分配扭曲性政策

国家	实施阶段（年）	抑制工资	限制竞争	行业补贴	企业补贴
日本	1950—1970		√	√	√
韩国	1960—1980	√	√	√	√
中国	1980—	√		√	√
泰国	1960—1990	√	√	√	√
新加坡	1960—1990	√		√	√
马来西亚	1960—1990	√	√	√	√

资料来源：ITSKHOKI O，MOLL B. Optimal development policies with financial frictions. Econometrica，2019 (87).

作为偏向型制度安排的一部分，为何需要扭曲要素收入分配？理论上，城市化的资本积累需要价格差来实现。扭曲的要素收入分配恰恰是获得价格差的重要手段。政府通过压低（或提升）某种要素价格，使其定价低于（或高于）要素的边际产出，以此攫取价格差。此时增加该要素的使用并不会提升该要素的价格，造成要素的偏向性使用，进一步扩大了要素收入的差距。中国城镇化过程中的要素收入分配是偏向资本和土地的。由于城市偏向型的制度安排优先发展重工业，因此需要大量低成本的资金支持。只有压低利率，才能刺激国有企业投资，提高第二产业增速。而户籍制度则限制了劳动力向高

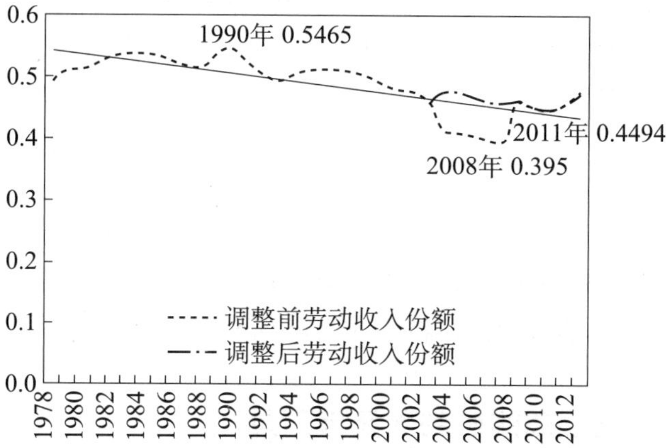

图 6-3　劳动收入份额变化示意图

资料来源：章上峰，陆雪琴．中国劳动收入份额变动：技术偏向抑或市场扭曲．经济学家，2016 (9).

收入地区流动，使之接受压低的劳动力要素收入。

2. 要素收入分配的扭曲方式

由于政府无法直接对工资定价，因此，限制要素供给的方式会造成劳动力的价格扭曲。政府通过设置人口流动壁垒，防止劳动力流向工资更高的地区。此时劳动力需求较高的城市尽管工资极高，却出现“用工难”的现象。而更多城市的劳动力由于无法充分流动，被迫滞留中小城市。由于中国还存在着利率管制，无法创造足够的就业岗位吸收过剩劳动力，造成了显著的“工资扭曲”现象①。韩国则采取了直接限制工资增长率的手段，抑制劳动力成本上升。

就土地而言，地方政府往往通过偏向型的土地供给，即通过扩张工业用地规模的方式压低工业用地价格。地方政府一方面通过低价土地招商引资，同时辅以土地金融，进行城市建设；另一方面提升商住用地价格，用以增加财政收入，从而实现经济增长与财政收入的双丰收②。在这一过程中，地方政府通过土地价格差，攫取部分经济发展成果。获得财政收入后，地方政府将其用于新一轮的招商引资，推进土地城镇化进程。

政府直接定价造成资本价格扭曲。大量研究指出，中国存在普遍的利率管制现象，即官方利率远低于市场真实利率。事实上从 1987 年至 2009 年，真实的贷款利率甚至不到 1%。通过信贷配给、准备金管制和资本窗口管制等手段，低成本的资金主要流向国有企业和大型企业。通过低成本资金的大量注入，支持重工业的发展。

6.2.3　要素收入分配扭曲与人口流动

要素收入分配扭曲能影响人口在区域间的流动。中国的低利率鼓励了企业使用资本密

---

① 蔡思远，陆军．高校扩招能够改善工资扭曲吗?：来自中国工业企业的证据．当代经济科学，2021，43 (4).

② 范剑勇，莫家伟，张吉鹏．居住模式与中国城镇化：基于土地供给视角的经验研究．中国社会科学，2015 (4).

集型的技术，因此国民收入分配偏向于资本，劳动报酬增长显著低于劳动生产率的增长①。廉价的资本促使企业过度投资，中国省级数据表明，当地投资越多、要素扭曲越严重的区域，企业的就业岗位创造越不足②。而区域的就业创造情况则直接影响劳动力的迁移决策。

除了企业层面，要素价格扭曲还会在中观层面对产业结构存在显著影响。偏向型资本和土地的要素分配有利于工业发展，但抑制了服务业的增长③。由于服务业的就业吸收能力更强，这也在产业结构层面解释了为何中国的就业岗位创造不足。城镇就业岗位的创造不足，会抑制农村劳动力转移，阻碍城镇化效率④。即使农村劳动力进入城市，但缺乏必要的技能和社会资本的劳动力也将陷入城市贫困的陷阱中。

6.2.4 纠正要素分配扭曲的机制创新与工具

1. 降低要素市场分割

要素分配扭曲大多源于要素市场的人为干预与分割，因此消除要素分配扭曲的首要手段是降低要素市场分割。在劳动力市场上，绝大多数国家建立了最低工资制度，以防止工资过度向下扭曲。在中国，城乡二元户籍壁垒逐渐被打破，尤其是劳动力迁移障碍正在被更为灵活的制度所替代，例如一体化的公共服务与社会保障制度。而英国、美国等发达国家，通过及时发布劳动力市场信息、降低信息不对称来减少劳动力市场摩擦。日本、韩国等国家也在发展过程中，顺应经济产业结构的变化，适时取消了对工资的政府管制。

在资本市场上，政府需要逐渐放松对资本的人为干预。参照发达国家的经验，一个重要的体制变革是利率市场化改革。从 1996 年开始，中国开始进行利率市场化。至 2015 年，中国逐渐放开了存贷款利率以及同业拆借利率。从发达国家的经验来看，最重要的手段应是政府放松对存款利率的管制，同时推动金融混业经营，促进金融业创新。

土地市场上最主要的扭曲来源于城乡、区域与行业的土地双轨制。在城乡层面，2017 年，中国进行了构建城乡统一的土地交易平台，以完善建设用地使用权转让、出租、抵押的市场。在区域层面，部分地方政府探索以共建工业园区的“飞地经济”模式，以及浙江省的“土地发展权折抵指标交易政策”。跨区域的土地指标调配和交易逐渐变得可行。在农村土地层面，政府通过明确农村土地的所有权、承包权和经营权的三权分置，于 2019 年开始允许农村集体经营性建设用地进入市场。

2. 减少行业行政垄断

除了降低要素市场分割程度外，减少行业行政垄断程度也利于要素分配的市场化。在国家发展初期阶段，政府往往采取产业保护政策，以扶持婴幼型产业的兴起。而保护

① 陈斌开，陆铭．迈向平衡的增长：利率管制、多重失衡与改革战略．世界经济，2016，39（5）．

② 冼国明，石庆芳．要素市场扭曲与中国的投资行为：基于省际面板数据分析．财经科学，2013（10）；盛仕斌，徐海．要素价格扭曲的就业效应研究．经济研究，1999（5）．

③ 谭洪波．中国要素市场扭曲存在工业偏向吗?：基于中国省级面板数据的实证研究．管理世界，2015（12）．

④ 阚大学．要素市场扭曲抑制了城镇化效率提升吗．财经科学，2016（8）．

政策则会导致产业内部的垄断高企。随着产业不断发展，政府逐渐放松行业管制，并积极引入行业竞争。通过制定严苛的反垄断法，防止行业层面的要素分配扭曲。

3. 完善再分配制度

二次分配环节能够改善要素收入分配的扭曲。以美国为例，在再分配制度中，政府实施多梯度的税级分层制度，直接税中个人所得税的比重非常高。2010 年的直接税比重高于 70%，个人所得税的比重高于 40%。由于高收入人群的资本收入更高，因此高梯度的税收比例调节相当于对资本收入征收了税费。从转移支付的来源来看，在美国地方政府的财政收入中，联邦转移支付的比例较低，地方政府的财政自主权较重，保证地方有足够的财政预算进行无条件补助。中国已初步进行了税制改革，通过调整税种、向社会保障与公共领域加大支出，降低劳动力收入的扭曲程度。

6.3　农村劳动力收入增长的保障体系

6.3.1　农村劳动力收入构成

城乡人口流动是人口流动的重要组成部分，而追求更高的收入是农村劳动力向城市迁移的主要原因。因此要对城市人口流动进行有效管理，就有必要了解城乡的收入差距，包括农村劳动力的收入状况与构成。以中国为例，2010 年至 2022 年间，农村居民的人均可支配收入从 5 919 元上升至 20 133 元，年均增长率为 18.4%①。从收入构成来看，农村劳动力的收入主要分为以下四个部分。

第一部分是工资性收入，是农村劳动力通过各种途径得到的全部劳动报酬，包括外出打工、乡镇企业劳动的工资性收入等。第二部分是经营净收入，源于农村劳动力进行生产、经营和管理而获得的收入，包括种植粮食、饲养畜禽等获得的收入。2014 年前，经营性收入是农村劳动力收入的主要来源，但近年来该收入比重不断下降。第三部分为财产净收入，是农民拥有动产和不动产所获得的收入，包括出租耕地、宅基地、房屋等的收入。该部分收入是农村劳动力收入比例中最低的部分，体现出农村劳动力的要素禀赋结构依然以劳动要素为主。第四部分为转移净收入，是指通过国家转移支付以及农民家庭间的收入转移获得的收入，包括失业救济金、离退休金、住房公积金等。随着新型农村社会养老保险与合作医疗保险的实施，农村劳动力的转移净收入部分迅速提升。

总体而言，农村劳动力收入具备如下特点：第一，工资性收入比重不断上升，现已成为中国农村劳动力的主要收入来源。第二，经营净收入比重不断下降，表明农业活动收入份额不断下降。第三，财产净收入与转移净收入绝对比例都较小，但增长较为稳定。第四，城乡收入差距虽然不断缩小，但农村居民收入依然显著低于城镇居民。

---

① 中华人民共和国 2022 年国民经济和社会发展统计公报. http：//www.gov.cn/xinwen/2023-02/28/content_5743623. htm.

6.3.2 农村劳动力收入增长的双重路径

从世界各国的经验来看，农村劳动力收入增长的路径有两种。第一种路径是通过城市化来实现。城市化伴随着人口向城市第二产业与第三产业流动。不同于农业，第二、三产业的经济活动基本不受资源禀赋的限制，能够很好地随着城市规模增长。第二种路径是通过农业现代化来完成。农业现代化一般要求大规模的集约化经营，充分发挥资本与农业技术的规模效应，提高农业活动的收入。

1. 城市化、人口流动与收入增长

（1）由工业化推动的城市化。

当城市化由工业化推动时，城市化进程会促进城乡人口流动，进而实现劳动力的收入增长。因为农业效率的提升，解放了部分农村劳动力来支持制造业发展[①]。农业活动效率往往受限于本地的土地数量。当超过土地所能承受的阈值时，再多的人力投入也是无效的。但城市中的产业不同，制造业存在规模报酬递增的属性，随着产业规模增长，产业对劳动力更具吸引力。此外，城市经济活动还有利于农村劳动力积累人力资本。人力资本外部性会进一步提升劳动力收入。农村劳动力进入城市后并非马上开始工作，而是花费一定时间进行人力资本积累[②]。

亚洲国家的经验显示，工业化与城市化相伴相生。究竟是工业化推动了城市化，还是城市化促进了工业化？许多城乡二元结构转换模型均显示出两者的循环因果关系。进一步的实证研究显示，工业化对城市化的促进关系更为基本，但工业化推动城市化的因果关系有可能存在例外。美国东北部和英国的城镇化历史表明，一些小城镇也可能通过工业革命发展成大都市，如利物浦的人口在 1700 年至 1850 年间增长了 60 倍[③]。

（2）没有工业化支撑的城市化。

尽管绝大多数国家的城市化与工业化齐头并进，但非洲和部分拉美国家却出现了缺乏工业化支撑的城市化。亚洲国家的城市化则遵循着工业化与城市化共同促进收入增长的道路，这些城市常被称为“生产型城市”。而在非洲，通过资源禀赋出口所获得的大量贸易盈余将促进城市非工业品的需求，因此导致“消费型城市”的出现。由于存在国际贸易，自然资源部门的劳动力会由于雷布琴斯基效应（Rybczynski effect）而增加，工业部门就业减少。而正的收入效应使得非贸易品的需求增加，贸易品（工业品）的需求减少[④]。因此工业部门将会收缩，城市化以及收入增长将在没有工业化的情况下完成。

特定制度也会导致未工业化的城市化。例如，巴西的土地制度允许私人进行土地买

---

① ROSTOW W W. The stages of economic growth. Cambridge：Cambridge Universiy Press，1991.

② LUCAS R E. Life earnings and rural-urban migration. Journal of political economy，2004，112（S1）.

③ BAIROCH P. Cities and economic development：from the dawn of history to the present. Chicago：University of Chicago Press，1988.

④ GOLLIN D，PARENTE S L，ROGERSON R. The food problem and the evolution of international income levels. Journal of monetary economics，2007，54（4）.

卖，因此尽管中小农场主的农业效率更高，但大多数土地被大农场主购买，用于囤积居奇。在巴西，0.9%的农场主拥有44.6%的土地，而40%的农民只拥有约1%的土地[①]。失去土地的农民被迫迁往城市，但城市的工业发展却未能跟上步伐，因此巴西的城镇化质量较为低下，贫富差距十分显著。

亚洲与拉美国家的经验表明，当工业化与城市化不共存时，依然会导致城乡人口的大量流动。但不同的是，此时收入不再随着人口流动而实现增长。

2. 农业现代化、人口流动与收入增长

农业现代化具有生产机械化、技术科学化、经营集约化、组织社会化的显著特点。狭义的农业现代化仅指农业技术的革新；广义的农业现代化概念，除了农业技术创新外，还包括农业与其他产业之间、农业内部产业之间的结构关系变化对农业生产的促进作用。国内外经验表明，农业现代化的实现手段包括推进农业机械化、向农业生产补贴、改进化肥种子等农资以及产销研一体化等。

大量研究证实，农业现代化对农民收入增长具有促进作用。生产机械化能够显著提高农民收入[②]。在技术科学化方面，新技术降低了农业生产的风险，优化了农民的资源配置。巴西转基因大豆的种植提升了人均产出[③]。气候智慧型农业使得马拉维的玉米产量提升了53%[④]。在经营集约化方面，农业规模过低造成的资源错配，是农业生产率发达国家与发展中国家生产率差异的主要原因[⑤]。

需注意的是，农业现代化将显著降低劳动需求，因此存在大量农村劳动力迁往城市的过程。数十年来，中国劳动力的有序转移很大程度上得益于生产机械化的发展。农业现代化与城市化具有紧密的内在联系。如果农业技术进步是劳动力集约型的，那么农村生产率的提升将会促进城市化，而如果农业技术进步是资本集约型的，两者则呈现出负相关的关系[⑥]。

6.3.3 农村劳动力收入增长的政策保障体系

1. 推动人口城镇化

从世界各国的发展经验来看，人口城镇化进程与农民劳动力收入增长呈现出同步趋

① https://www.chinanews.com/cj/2013/12-10/5598749.shtml.

② 周振，张琛，彭超，等．农业机械化与农民收入：来自农机具购置补贴政策的证据．中国农村经济，2016（2）.

③ BUSTOS P，CAPRETTINI B，PONTICELLI J. Agricultural productivity and structural transformation：evidence from Brazil. American economic review，2016（6）.

④ AMADU F O，MCNAMARA P E，MILLER D C. Yield effects of climate-smart agriculture aid investment in southern malawi. Food policy，2020（92）.

⑤ ADAMOPOULOS T，RESTUCCIA D. The size distribution of farms and international productivity differences. American economic review，2014，104（6）.

⑥ 同③.

势，且农业就业份额的下降速度快于 GDP 的下降速度。农业活动的产出受限于资源禀赋限制，而提升农民人均收入的有效途径是减少从事农业活动的人口。保障农民进城后的就业与生活水平是推动人口城镇化的重要手段。

具体而言，推动人口城镇化的政策保障体系主要包括：一是制定城乡平等的职业培训与教育体系。德国建立了最完善有效的职业培训制度。政府承担培训经费；企业负责提供培训场地，并组织职业技能考试；学校提供培训课程；行业协会提供职业证书认证。同时，失业农民在职业培训期间还能得到失业与培训补助。类似的，法国也在免费培训的基础上，为农民提供食宿、工资等津贴。二是统一城乡社会保障政策。英国在 1948 年制定了《国民救助法》，为城镇化中的失业农民提供救助。政府还建立了普惠的养老保险制度，为全国公民发放统一的“老年年金”，且与身份、职业、学历等无关。三是劳动力的自由迁移政策。具体可见 7.1.3 部分的内容。

2. 农村土地制度

农村土地权利界定不清、流转受限是限制农业规模化经营和优化农业资源的重要障碍。在产权方面，国外的土地一般采用私有制。英、美等国均具有完善的《土地登记法》《地产管理法》《土地负担法》等土地管理法律，对土地产权进行明确的界定。在土地流转方面，经常通过政府的引导性措施实现。例如日本实行《农业基本法》，放宽土地买卖限制。法国政府成立“土地整治与农村安置公司”，以企业的形式整合零碎土地，加速整合经营。土地产权交易通过全国统一的交易所进行。美国政府还建立了土地银行，便于政府、农场主和中介之间的匹配交易。

3. 人力资本投资

从国外经验来看，除土地要素外，人力资本也是提升农民收入的重要基础。以日本为例，1965—1973 年，国家用于教育的公共投资增速高达 17.6%。政府通过立法，强制性地要求农村适龄儿童必须接受相应年限的教育。至 20 世纪 80 年代，40%的日本农村适龄学生能够接受大学教育，进而可以进入高技能的行业工作。韩国除了加大公共教育投资力度外，还开展了农民扫盲运动和建立职业教育体系。政府补助约 90%的农民教育成本，为农民提供实用技术培训，提升职业技能，推动农业现代化和人口城镇化进程。

4. 延长农村产业链

延长农村产业链是提升农民收入的重要手段，通过融合第一、二、三产业构建立体化的产业结构，来增加经济活动附加值。韩国的“六次产业政策”是农村产业链延伸的重要原因，极大提升了韩国农民收入。“六次产业政策”是将农业生产与农产品加工、制造以及农村旅游、生活体验等进行融合，以创造新产业形态与就业岗位的产业融合的政策。产业政策通过技术支持、金融补贴等手段，支持特定产业向中下游延伸。以永同郡为例，围绕葡萄种植基础产业，第二产业聚焦葡萄酒生产销售，第三产业推出葡萄采摘体验、葡萄酒酿造和观光体验以及葡萄酒文化产业，当地还承办全国葡萄酒盛典仪式。

通过发展"六次产业政策"，韩国坡州山葡萄农园合作社成员收入超过当地农户平均收入的1.5倍，达到了显著的农民增收效果①。

6.4　城乡和区域统筹制度与工具创新

6.4.1　为何需要城乡与区域统筹

新古典经济学认为，若要素能自由流动，达到空间均衡时，区域间的收入差距将会消失。但在现实中，无论是发达国家还是发展中国家，统筹城乡和区域发展一直是政策调节的重点方向。随之而来的问题是，为何要调节和统筹城乡与区域之间的发展关系？背后的逻辑如何进行解释？

统筹城乡和区域发展的第一个原因是，要素流动并不是自由的。首先，如土地要素、矿藏以及地形等要素是无法流动的。除了自然属性无法流动外，要素流动还受到人为设置的阻碍。劳动力流动往往受到户籍制度的阻碍，资本流动也因行政力量干预造成跨行政区域的流动障碍②。现实中，区域间的要素禀赋差异巨大，存在显著的异质性。根据比较优势原理，当某产业的发展在一个区域具有比较优势时，将比其他区域的同一产业发展得更快。由于集聚经济的存在，一个区域的经济发展效率会随着人口增加而提升，人均收入的收敛将会变慢。因此当收入差距过大时，有必要缩小城乡与区域的发展鸿沟。

发展经济学理论为区域统筹发展提供了另一个原因。区域经济发展需由"增长极"带动。赫希曼在《经济发展战略》中认为，由于区域存在异质性，区域发展须优先选择资源充足、比较优势显著的地区，将其作为区域的"增长极"。"增长极"在发展到一定程度后，会通过区域的溢出效应带动其他地区发展。但若区域间发展程度差异过大，那么区域间的产业转移、资源流动的效果会降低，造成欠发达区域既无力吸收要素流动，也无法承接发达地区的产业转移。因此需要通过区域统筹来缩小区域发展差距。

6.4.2　城乡和区域统筹发展的制度分析

作为经济主体，区域间的劳动力迁移遵循收入最大化原则，因此衡量人均收入差距是分析城乡和地区间人口流动的重要维度。本质上，统筹城乡和区域就是通过消除地区间的经济发展差距，实现人口的合理有序流动。

1. 城乡和区域收入差距的影响因素

（1）收入差距缩小的动力。

要素自由流动是造成城乡与区域收入差距的原因。由于劳动力会向更高收入的区域

---

① 王乐君，赵海．日本韩国发展六次产业的启示与借鉴．农村经营管理，2016（7）.

② 陆铭．建设用地指标可交易：城乡和区域统筹发展的突破口．国际经济评论，2010（2）.

迁移，因此集聚效应与拥挤效应达到平衡时，城乡与区域的收入差距将消失。但在现实中要素流动存在摩擦，促进要素流动的政策大都可以显著缩小城乡与区域的收入差距。例如在土地要素方面，研究发现土地流转导致的土地配置优化能够缩小收入差距，且土地流转与城乡收入差距存在倒 U 形关系，但目前中国的土地流转水平尚未达到拐点①。在资本要素方面，数字普惠金融显著增加了农村居民的资本可得性，有助于抑制城乡收入差距扩大②。但有研究指出，农村电商下乡对居民收入增长的影响有限③。在劳动力要素方面，更为自由的流动制度，例如放松户籍制度、消除就业歧视均会改善城乡与区域的收入差距④。

此外，商品自由贸易也能改善城乡与区域的收入差距。对外贸易对城乡收入差距以及就业的质量和数量具有双重影响⑤。对外贸易扩大将提升农民的就业数量，缩小收入差距。但就业质量偏向效应则会扩大城乡收入差距。

（2）收入差距缩小的阻力。

从制度视角来看，城市偏向型或区域偏向型的发展政策是阻碍收入差距缩小的重要因素。中国计划经济时期，户籍制度、压低粮食价格等政策限制了劳动力向城市迁移，造成了显著的城乡收入差距。改革开放后，城市公共服务对农村居民的差异化定价和土地要素无法流转进一步拉大了城乡收入差距⑥。同时，城市偏向型的财政政策使城市中的公共投资与支出急剧增加，但所导致的通货膨胀却是农村与城市居民共同承担的⑦。

空间边界也会造成收入差距的增长。四川省与重庆市行政边界的设立对于四川、重庆以及与重庆接壤的其他边界地区的人口具有显著负向影响，而与四川接壤的其他边界地区则没有经历这种负面影响⑧。需要说明的是，交通基础设施的改善是导致分化还是集聚取决于当地的发展阶段和经济活动性质。例如铁路修建将会改变铁路修建周边区域的空间形态，出现明显的集聚现象⑨。当某一县级市开通高铁线路时，当地的经济发展反而会受到负面影响⑩。从更大的空间尺度上看，全球航空航线的增加使得机场当地的经济活

---

① 龚明远，周京奎，张朕．要素禀赋、配置结构与城乡收入差距．农业技术经济，2019（6）；钱忠好，牟燕．土地市场化是否必然导致城乡居民收入差距扩大：基于中国 23 个省（自治区、直辖市）面板数据的检验．管理世界，2013（2）．

② 宋晓玲．数字普惠金融缩小城乡收入差距的实证检验．财经科学，2017（6）．

③ COUTURE V，FABER B，GU Y，et al. Connecting the countryside via e-commerce：evidence from China. American economic review：insights，2021，3（1）．

④ 姚枝仲，周素芳．劳动力流动与地区差距．世界经济，2003（4）；章莉，吴彬彬．就业户籍歧视的变化及其对收入差距的影响：2002—2013 年．劳动经济研究，2019，7（3）．

⑤ 魏浩，赵春明．对外贸易对我国城乡收入差距影响的实证分析．财贸经济，2012（1）．

⑥ 徐舒，赵绍阳．养老金“双轨制”对城镇居民生命周期消费差距的影响．经济研究，2013，48（1）．

⑦ YANG T D. Urban-biased policies and rising income inequality in China. American economic review，1999，89（2）．

⑧ YANG B，PARTRIDGE M D，CHEN A. Do border effects alter regional development：evidence from a quasi-natural experiment in China. Journal of economic geography，2022（22）．

⑨ HODGSON C. The effect of transport infrastructure on the location of economic activity：railroads and post offices in the American West. Journal of urban economics，2018（104）．

⑩ QIN Y.“No county left behind?” the distributional impact of high-speed rail upgrades in China. Journal of economic geography，2017（3）．

动更活跃，从而产生了区域发展的不均衡①。但若区域之间比较优势明显，存在合作的基础时，交通基础设施建设将增进两地的创新合作，缩小城乡与区域差距②。

2. 城乡和区域统筹发展的制度基石

在经济发展过程中，以下制度安排是缩小地区差距、实现城乡和区域统筹协调发展的重要保障。

（1）利益协调机制。

地方政府是区域统筹规划、发展与治理的主体。中性政府的假设认为地方政府应当最大化本地居民的利益。而一些新研究表明，除了发展当地经济外，地方政府还有提升自身财政实力的意向。

由于地方政府均以自身利益作为行动标准，当跨区域的发展带来利益冲突时，如果缺乏利益协调机制就会造成“囚徒困境”的情形。尤其是在“晋升锦标赛”的制度安排下，各区域之间甚至存在竞争关系，更降低了统筹合作的可能性。因此有必要建立一体化的顶层协调机制，充分发挥统筹协调功能，推进重大政策的制定和跨行政区的利益协调。

（2）合作构建机制。

根据比较优势理论，依托相对优势产业，与其他区域之间通过产业合作、要素共享、公共服务联合供给等，将实现“1＋1＞2”的发展效果。从已有经验来看，区域经济合作包括“自上而下”和“自下而上”两类机制③。“自上而下”的合作机制，主要通过更高级别的行政力量进行协调，这种机制在重大项目的决策、公共服务供给上表现较好；不足是缺乏市场主体的利益诉求表达渠道，可能存在寻租和低效等问题。“自下而上”的合作机制具有合作主体地位平等、合作灵活性强、充分引入市场机制等特点。但当成员间的利益冲突较为明显时，该类合作机制的效果不佳。因此有必要选取合适的合作构建机制，发挥不同机制的各自优势，构建协同发展的功能体系。

（3）协同治理机制。

利益协调与合作构建的机制仅是区域统筹发展的框架。在实际操作过程中，仍需要协同治理机制为城乡间与区域间的治理难题提供解决路径。在区域统筹发展的过程中，可能存在行政层级间沟通不畅、行政区划导致本位主义以及市场失灵等现实问题④。因此，在不同地方政府之间、政府与社会之间，需要建立多元主体共同参与的协同治理机制，来理顺公共服务跨区域供给的问题。协同治理机制需要体现区域的空间结构基础，体现重大节点、循环流向、联系强度等区域网络特征，以推进规划融合、交通共建、产业协同、民生共享、信用联动等五维的治理机制创新。

---

① CAMPANTE F，YANAGIZAWA-DROTT D. Long-range growth：economic development in the global network of air links. The quarterly journal of economics，2018（3）.

② WANG J，CAI S. The construction of high-speed railway and urban innovation capacity：based on the perspective of knowledge spillover. China economic review，2020（63）.

③ 郝寿义，程栋．长江经济带战略背景的区域合作机制重构．改革，2015（3）.

④ 曹海军，刘少博．京津冀城市群治理中的协调机制与服务体系构建的关系研究．中国行政管理，2015（9）.

（4）监督落实机制。

城乡与区域统筹制度需要监督落实机制。在执行区域发展战略过程中，很难有外部监督部门对地方政府进行精准的监督。尤其是在“自下而上”的合作机制中，各个地方政府的地位相对平等。即使地方政府基于自身利益放弃执行公共政策、损害其他区域利益，其他区域主体也难以维护和挽回损失。因此必须建立多主体共同参与的监督落实机制，通过定期沟通协调，克服地方政府的自利性，确保合作的长治久安。

6.4.3 城乡和区域统筹的工具创新

1. 城乡统筹工具的创新

（1）统一城乡空间规划。

实现城乡统筹发展需要在空间上统一规划。1932 年英国颁布《城乡规划法》，将农村与城市视为互相关联的一个整体，统一规划设计未来的发展布局。法律规定，各个层面规划政策中必须包括城市与农村两部分内容，必须体现出城乡之间平等的格局。除了《城乡规划法》，英国还颁布《规划政策陈述》用以指导城乡的土地利用、开发和规划。在顶层设计之外，英国还重视建设区域统筹发展机制。在英格兰的九个区域中，每个区域均设置了三个不同的机构，以协调城乡之间的发展。其中，区域委员会（regional body）主要负责编制区域的发展规划与区域政策。中央驻区域办公室（government office）负责区域与中央的协调，为中央政府的政策提供区域层面的背景与可行性。区域发展局（regional development agency）负责促进城市与农村的经济发展。从英国经验来看，政府将空间规划视为城乡统筹的根本。政府投资、补贴等手段均需要遵循特定的空间规划。因此在制定城乡规划的过程中，应充分引入不同的利益主体参与，充分保证规划能够执行到底。

（2）构建城乡要素流动机制。

城乡之间的要素自由流动是统筹城乡发展的重要基础，构建城乡间的要素流动机制是各国促进要素市场化的普遍手段。在劳动力市场方面，除打破城乡之间人口流动的行政壁垒外，构建劳动力职业培训体系、促进社会保障制度一体化、加大公共教育投资均是劳动力市场健康发展的重要工具。具体手段可见 6.2.4 中的介绍。在资本市场方面，欧美国家经常利用农业财政补贴的方式缩小农民与城市居民的收入差距。此外，日本、美国等国家还通过转移支付，大力完善农村基础设施，尤其是交通基础设施的建设。在土地要素方面，主要建立城乡土地之间的流转机制。具体手段可见 6.3.3 中的论述。

2. 区域统筹工具的创新

（1）多元形式的区域统筹机构。

在区域统筹层面，受限于区域主体之间的利益冲突，大量工具创新出现在城乡发展与区域治理中。中央政府通过创新治理结构，建立多元主体的区域统筹机构，来调节资源短缺与共同发展间的矛盾。第一类是自发性的区域组织，如美国的区域委员会、中国的都市圈联席会议制度等。这些区域统筹机构灵活性强、效率高，但权威性与强制性较低。第二类是约束性的区域组织，如法国的市镇联合体委员会。市镇联合体委员会由成员市镇的市镇长或议员代表构成，为联合体内的市镇联合提供服务。这类区域统筹机构有惩罚机制，对成员具有约束力。第三类是行政主导的区域管理机构，日本北海道开发厅是典型代表。它的行政等级高于北海道地方政府，但又受到中央政府直接领导。北海道开发厅通过协调和支持地方政府的合作、编制经费预算、监督共同开发，实现北海道地区的统筹发展。

（2）多元形式的区域调控政策。

除了创新治理结构外，中央政府还实施了多元化的区域调控政策（place-based policy）实现区域统筹发展。这些政策分为两类：第一类是控制开发政策。英国在《城乡规划法》中引入工业发展许可证制度。政府通过控制不同区域的许可证发放难度来调节区域发展速度。类似的，中国大城市的人口疏解政策，欧洲部分国家的绿心、绿带政策均是限制城市过快发展的控制性政策。第二类是鼓励开发政策，如通过要素价格补贴、限制地区要素流出等手段，加速区域发展。如中国的西部大开发战略、芬兰和瑞典的区域性工资税收优惠政策等。

本章小结

人口流动的制度性障碍损害城市经济效率，增大区域与城乡发展差距，但在资源约束条件下也缓解了“城市病”。经济发展、公共服务是地方政府的双重职责，财政不足时，松绑流动障碍将导致城市发展遭遇增长、宜居与公平的三元悖论。人口流动障碍本质上是财政问题，随着城市管理与现代技术的动态发展，人口集聚的负外部性不断弱化，应当消除人口流动的制度性障碍。

要素收入分配扭曲源于城市化过程中的资本积累，它既是人口流动壁垒的原因，也是人口流动受阻的结果。要素收入分配扭曲会显著扩大收入差距、抑制创新、降低出口企业的利润率。当要素收入分配改善时，政府通过就业创造影响人口流动，促进城乡人口流动，推进城镇化。

农村劳动力收入增长是有序管理人口和劳动力流动的重要手段。农村收入增长将伴随人口向城市流动，但需谨防产业结构错配导致无工业化的城市化。

收入差距是人口流动的根本动力，城乡与区域统筹发展则是人口有序迁移的良药。部分发达国家的制度经验表明，利益协调、合作构建、协同治理和监督落实四大机制是城乡与区域统筹发展的制度基石，而统一城乡空间规划、创新治理结构、促进要素流动、实施多元政策是推动城乡与区域协调发展的有效工具。

关键术语

人口流动　人口管理　户籍制度　要素分配　收入分配扭曲　城市化　城乡统筹　收入差距

复习思考题

1. 国家内部实行人口流动的管理的合理性体现在何处？
2. 影响人口流动的因素有哪些？
3. 部分国家为何主动选择扭曲要素收入分配？带来的后果有哪些？
4. 结合实际情况，举例说明收入分配的扭曲方式与手段。
5. 结合统计数据，阐述农村劳动力收入的构成出现了何种趋势与变化？
6. 以提升劳动力收入为目标，农业现代化与城市化两条道路，哪一条更适合中国的发展现状？请结合具体案例说明。
7. 实施城乡统筹的意义有哪些？

进一步阅读的文献

1. BUERA F J，KABOSKI J P. The rise of the service economy. American economic review，2012，102（6）.

2. Aghlon P，Bolton P A. Theory of trickle-down growth and development. Review of economic studies，1997（2）.

3. 张力，吴开亚．城市自由落户的地方公共财政压力分析．中国人口科学，2013（6）.

4. 罗德明，李晔，史晋川．要素市场扭曲、资源错置与生产率．经济研究，2012（3）.

5. 朱喜，史清华，盖庆恩．要素配置扭曲与农业全要素生产率．经济研究，2011（5）.

第7章

人口市民化与基本公共服务均等化

以需求导向替代供给导向，不断满足居民对美好生活的追求，是现代城市管理工作的宗旨。本章由三部分组成：一是关注农业转移人口代表的“新市民”在城市化中的市民化需求表达，阐释市民化成本的测度方法及成本分担机制。二是针对基本公共服务均等化的远景目标与差异现状，探讨实现城乡之间、城市群体之间均等化的工具创新。三是在空间可达性的基础上，以社区为基本单元，综述城市便捷社区生活圈的概念内涵、评价测度和规划实施，以及城市公共服务设施规划、建设和管理。

重点问题

- 城市化进程中的人口市民化过程及其成本
- 市民化成本的构成、成本-收益分析及分担机制
- 基本公共服务均等化的策略演变与基本工具
- 城市便捷社区生活圈的概念及测度
- 城市便捷社区生活圈规划建设

7.1 市民化成本的构成与分担机制

7.1.1 市民化成本的构成

自20世纪50年代起，各国的阶级矛盾逐步缓和，西方国家城市政府纷纷通过多种途径降低农民的市民化成本，以扶持城市经济发展[①]。从发展经济学的人口流动理论分析，人口城镇化是人口集聚和增长形成的城镇人口占总人口比重的增长过程，随着人口城镇化的不断发展，新增城镇人口如何进行区位迁移、职业选择、生活方式、思想意识等方面的城镇性转变就成为至关重要的议题，这一转变通常被称为人口市民化。市民化

① 陈广桂．房价、农民市民化成本和我国的城市化．中国农村经济，2004（3）．

过程中产生的成本依据承担主体不同，主要可以分为两类：一是私人承担成本，二是公共承担成本①。

（1）私人承担成本。

《中国城市发展报告（2003）》界定了市民化过程中由私人承担的成本主要包括生活成本、智力成本、自我保障成本和住房成本②。

上述界定中提及的私人承担成本仅是市民化过程的进入成本并未考虑转出成本，即农民从农村转出需要放弃的财产或收益。转出成本通常包含两类：一是农民在农村的资产，如住房等不动产，若该资产能按照市场价格转让给其他农民则成本为零，否则转出农村的成本为价格贴水部分的沉没成本；二是因进入城市而放弃的农村土地产权每年带给农民的年金收益形成的机会成本。综上，市民化的私人承担成本可扩展为生活成本、智力成本、自我保障成本、住房成本、沉没成本和机会成本③。

在城市化进程中，除主动进入城市的农民外，还有一部分因城市化建设而失去土地的农民，这部分失地农民实现市民化时还会产生必要的心理成本。心理成本是指承载传统文化观念、生活方式的农民在身份改变和接受城市的文化观念、生活方式的冲击下须付出的心理代价。城市化进程极易产生社会失范、农民难以适应城市生活环境等现象，心理成本为失地农民的市民化增加了阻力④。

（2）公共承担成本。

市民化成本中的公共承担成本是指政府在推进农民市民化过程中所需承担的公共性支出。最为基础的，政府需要为保障新增城市人口的基本生活需求而进行一系列投资或购买服务，这包含对城市基础设施的更新、城市功能设施的新建、城市社会设施的改革等⑤，在此过程中产生的城市新增土地的征收费用、新增设施的建设投资、旧有设施的更新投资、社会设施的改革成本等，大都由城市政府承担，这部分成本构成了公共承担成本中的设施投资成本。

此外，为避免过多的新增城市人口进入城市后无法实现就业，城市政府需要创造就业岗位以满足新增城市人口的就业需求，一方面政府通过改善当地的营商环境，吸引更多的企业进入城市；另一方面政府需要对新增城市人口进行职业技术培训，以帮助其进一步适应非农部门的岗位需求，这部分成本构成了公共承担成本中的就业创造成本。

除上述两类成本外，解决进城农民的公共服务（产品）享受、基本权利保护、社会

---

① 陈广桂．房价、农民市民化成本和我国的城市化．中国农村经济，2004（3）．

② 具体而言，生活成本是市民日常生活中必需的水、电、气、通勤、通信、食物等支出；智力成本是市民为获得在城市中的就业机会而付出的教育培训支出；自我保障成本是市民为自己和家人参与城市社会保障体系而发生的保险支出；住房成本是市民为在城市中居住所支付的房租或购房支出。参见：陈广桂，孟令杰．农民市民化成本收益率与城市规模关系的实证研究．江西农业学报，2008（9）．

③ 陈广桂，孟令杰．农民市民化成本收益率与城市规模关系的实证研究．江西农业学报，2008（9）．

④ 段联合，王再全，纪红青，等．城镇化建设中土地征收的相关问题．长安大学学报（社会科学版），2006（2）．

⑤ 城市基础设施包含与煤、水、电、气、热相关的生活保障设施、道路交通设施、通信邮政设施、应急管理设施、生态环境设施等；城市功能设施包含工业设施、商业服务业设施、物流设施、居民住房等；城市社会设施指政府行政管理、教科文卫、体育健身等领域的社会性管理设施。参见：张国胜，杨先明．中国农民工市民化的社会成本研究．经济界，2008，77（5）．

经济适应、城市生活融入等问题也是政府公共财政投入的责任①，这部分成本由于其特殊性，无法用金钱来直接衡量数额大小，构成了公共承担成本中的隐性成本。

7.1.2　市民化成本-收益分析

1. 成本-收益分析模型

经典二元结构模型认为城乡之间的收入差距是人口市民化的根本动力，在传统农业部门与现代工业部门收入差距存在的前提下，农村剩余劳动力会不断向城市转移。然而，该模型忽视了成本侧的核算，只有当农民进入城市的收益小于成本时，农民市民化进程才会发生。在对经典二元结构模型进行改良的过程中，托达罗试图将农民在城市中找到工作的概率加入模型中并解释其迁移决策，但是这种尝试只考虑了转移成本，忽视了进入城市后的机会成本和生活成本②。

将生活成本、就业成本（C_1）等加入模型，城乡收入差距表示为：

$$D=(wx+r-C_1)-r=wx-C_1$$

其中，w 表示城市平均工资，x 是获得工作的概率，r 为农村平均工资。农民彻底离开土地的规模 S 与 D 相关：

$$S=F(D)$$

除工资收入外，在市民化过程中农民还有其他收益与成本，收益主要包含安置补偿费 B_1 和社会保障收益 B_2，典型的成本包含来自土地的农业收入 r、长期保障性收益 V 和在城市中的居住成本 Δc，则：

$$\begin{aligned} D &= (wx-C_1)+(B_1+B_2)-(r+V+\Delta c) \\ &= (wx+B_1+B_2)-(r+V+C_1+\Delta c) \end{aligned}$$

如果 $D>0$，则农民做出迁移决策，将上式重新整理得到：

$$D=(wx-C_1)+(B_1-\Delta c)+(B_2-r-V)$$

由此，农民市民化的经济决策主要取决于四个方面：一是城市的工作机会和工资收入情况，二是城市的生活成本，三是安置补偿方式，四是保障机制的转化③。

2. 其他成本测度工具

（1）城市生活能力指数。

城市生活能力指数衡量劳动力进入城市后的生活能力：

$$\text{城市生活能力指数}\ (\theta)=\frac{\text{工资收入}+\text{非人力财富}\ W}{\text{城市基本生活成本}\ C}$$

其中，

$$\text{城市基本生活成本}\ C=\text{生存成本}\ C_1+\text{转移成本}\ C_2$$

---

① 张国胜，杨先明．公共财政视角下的农民工市民化的社会成本分担机制研究．云南财经大学学报（社会科学版），2009，24（1）.

②③ 胡渝清，刘今朝，孙钰霞．重庆市农民市民化的成本-收益分析．安徽农业科学，2008（5）.

短期内忽视贴现，城市生活能力指数为：

$$短期城市生活能力指数\ \theta_1=\frac{单期工资收入\ Y+W}{C_1+C_2}$$

长期则考虑未来 n 期工资（PV_y）和未来最低生活成本（PV_c）的净现值：

$$PV_y=\sum_{t=0}^{n}Y_t/(1+r)^t$$

$$PV_c=C_2+\sum_{t=0}^{m}C_{1t}/(1+r)^t$$

其中，r 表示贴现率，反映农民的时间偏好。

由此，

$$长期城市生活能力指数\ \theta_2=(PV_y+W)/PV_c$$

从短期决策来看，

$$\begin{cases}\theta_1>1，劳动力迁移\\ \theta_1\leqslant 1，劳动力不迁移\end{cases}$$

从长期决策来看，

$$\begin{cases}\theta_2>1，劳动力永久迁移\\ \theta_2\leqslant 1，劳动力非永久迁移\end{cases}$$

由此，存在三种情形，如图 7-1 所示：

情形Ⅰ：当 $\theta_1\leqslant 1$ 时，劳动力滞留在农村；

情形Ⅱ：当 $\theta_1>1$ 且 $\theta_2\leqslant 1$ 时，形成劳动力两栖转移模式；

情形Ⅲ：当 $\theta_1>1$ 且 $\theta_2>1$ 时，劳动力永久性转移①。

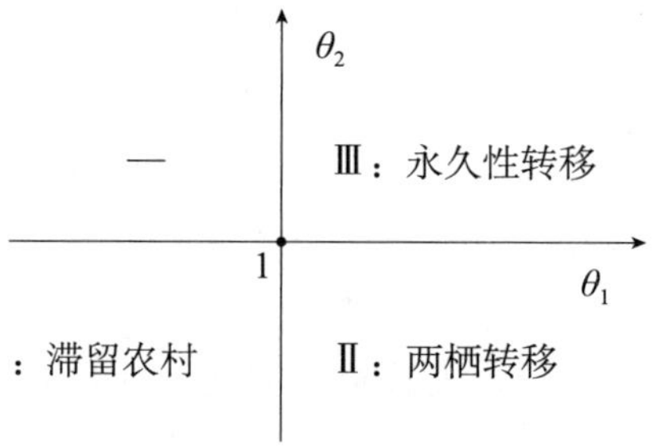

图 7-1　城市生活能力与劳动力转移决策

（2）演化博弈分析。

假设地方政府的策略空间为（合作，不合作），农业转移人口的策略空间为（市民化，返乡）。G 为地方政府原有收益，如果选择合作，即接纳农业转移人口进入城市，那么地方政府需要的成本为 C_1，此时，若农业转移人口进城，则为地方政府带来的收益为 S；农业转移人口选择市民化会获得的收益为 D_1，私人承担成本为 C_2；如果地方政府不负责公共承担成本的开支，则农业转移人口独立承担市民化成本 C_3，且 $C_2<C_3$，此时，其为地方政府带来的收益会存在 k 的折扣，表示为 kS；农业转移人口选择返乡获得的收

① 唐茂华．成本收益双重约束下的劳动力转移．中国农村经济，2007，274（10）．

益为 D_2，且 $D_2 < D_1$，那么，地方政府与农业转移人口市民化成本如图 7-2 所示。

		农业转移人口：市民化	农业转移人口：返乡
地方政府	合作	$G+S-C_1, D_1-C_2$	$G-C_1, D_2$
	不合作	$G+kS, kD_1-C_3$	G, D_2

图 7-2　地方政府与农业转移人口市民化成本支付矩阵

据此构建动力学方程，合作模式下地方政府收益增长率为：

$$G=\frac{\mathrm{d}p}{\mathrm{d}t}=p(1-p)[-C_1+q(S-kS)]$$

市民化模式下的农业转移人口增长率为：

$$P=\frac{\mathrm{d}q}{\mathrm{d}t}=q(1-q)[p(D_1-kD_1+C_3-C_2)+kD_1-C_3-D_2]$$

其中，地方政府选择合作的概率为 p；农业转移人口选择市民化的概率 q。由 G 表达式可以推导得出，仅当 $p=0$，$p=1$ 或 $q=\frac{C_1}{S(1-k)}$时，G 是稳定的；由 P 表达式可以推导得出，仅当 $q=0$，$p=1$ 或 $p=\frac{C_3+D_2-kD_1}{D_1-kD_1+C_3-C_2}$时，$P$ 是稳定的，方程有 5 个局部均衡点。

进一步分析动态博弈过程，5 个局部均衡点为：E_1（0，0）、E_4（1，1），代表地方政府不合作且农业转移人口返乡及地方政府合作且农业转移人口市民化两种情况，E_2（1，0）、E_3（0，1）为两个不稳定点，M^* $\left(\frac{C_3+D_2-kD_1}{D_1-kD_1+C_3-C_2}, \frac{C_1}{S(1-k)}\right)$ 为鞍点。

图 7-3 描述的正是这一动态博弈过程，由两个不稳定平衡点和鞍点连成的折线是系统收敛于不同状态的临界线，位于左边的所有点收敛于不合作状态，而位于折线右边的所有点收敛于合作状态①。

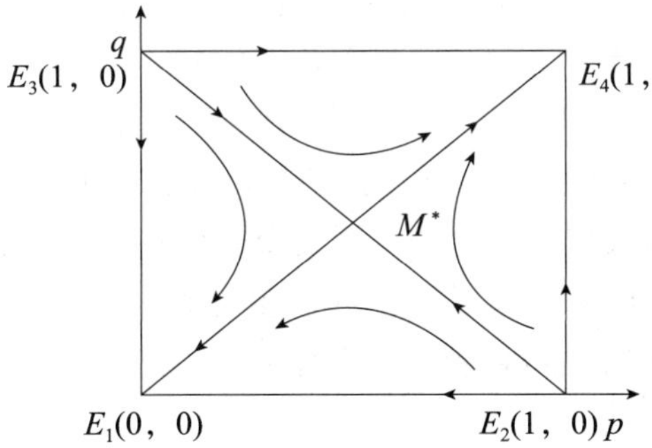

图 7-3　地方政府和农业转移人口博弈的动态过程

① 谌新民，周文良．农业转移人口市民化成本分担机制及政策涵义．华南师范大学学报（社会科学版），2013，205（5）；杨先明．构建农民工市民化的社会成本分摊机制．经济界，2011，93（3）；杨伟民．农民工市民化成本要由政府和市场共同分担．农村工作通讯，2011，557（9）.

7.1.3 市民化成本分担机制

1. 多元分担主体

由于农民个人无法负担全部的市民化成本，市民化成本需要多元主体共同分担。其中，中央政府转移支付、地方政府财政配套、市场主体工资保障为主要的分担方式，以此建立起公共与私人共担的市民化成本分担机制①。

案例地区为市民化成本分担机制的设计提供了更为具象的现实场景。周向东以重庆市为对象，提出应由中央政府、地方政府、用人单位、农民工个人和社会福利机构共同承担市民化成本，并从效率和公平的角度设计分担原则②。王志燕等人以省内转移为主、就地城镇化特征突出的山东省为案例，在中央政府支持力度有限的情况下，提出省级政府承担兜底责任，设立农业转移人口市民化专项基金，加大对人口流入地区的支持，并且对市民化成效突出的市县进行奖励③。眭海霞和陈俊江设计了成都市各主体承担的比例，政府需要承担一半以上的市民化成本费用，企业和农民工个人分别承担 1/4 且大致相等的费用④。

2. 资金筹措机制

在具体市民化成本分担机制的设计中，金融工具是非常重要的。徐红芬提出金融先导的市民化成本分担机制。首先，中国人民银行通过窗口指导和货币政策工具的运用，引导金融机构拓展城镇化的新业务领域。其次，推进风险的防控与分散补偿机制，完善农业保险制度、社会化风险补偿制度，设立发展基金和创业基金。再次，深化金融服务体系，将金融服务应用于社会城镇化、经济城镇化和人口城镇化建设，实质性的分担市民化成本中的基础设施建设成本、就业创造成本和劳动者技能培训成本。在融资渠道上，发展银团贷款、项目融资、产业基金、直接融资等，借鉴 BOT、TOT 模式，探索地方政府发行债券，鼓励多元主体广泛参与。最后，在配套机制上，加强社会信用体系建设，在一定区域范围内形成产权交易市场，引导资金进入市民化领域⑤。

王国霞和张慧针对主动型转移人口和被动型转移人口的群体特征，分类设计分担机制：中央政府划拨农业转移人口市民化的专项资金，营造宏观政策环境推动市民化进程；地方政府可向企业购买公共服务，吸引社会资本参与基础设施建设；宣传企业社会责任，给予企业税后优惠、政策补贴，同时制定相关法律法规来规范企业行为；鼓励农业转移

---

① 傅东平，李强，纪明．农业转移人口市民化成本分担机制研究．广西社会科学，2014，226（4）．

② 周向东．重庆市农民工市民化转型成本测算及分担机制研究．重庆：重庆工商大学，2012．

③ 王志燕，魏云海，董文超．山东省农业转移人口市民化成本测算及分担机制构建．经济与管理评论，2015，31（2）．

④ 眭海霞，陈俊江．新型城镇化背景下成都市农业转移人口市民化成本分担机制研究．农村经济，2015，388（2）．

⑤ 徐红芬．城镇化建设中农民工市民化成本测算及金融支持研究．金融理论与实践，2013，412（11）．

人口提高自身素质，适应就业需求[①]。

3. 制度创新与政策调试

社会成本分担机制需要与“循序渐进”的制度变革相配套，重点是劳动就业制度、社会保障制度、农村土地制度、公共服务制度以及户籍制度等，如图 7-4 所示。

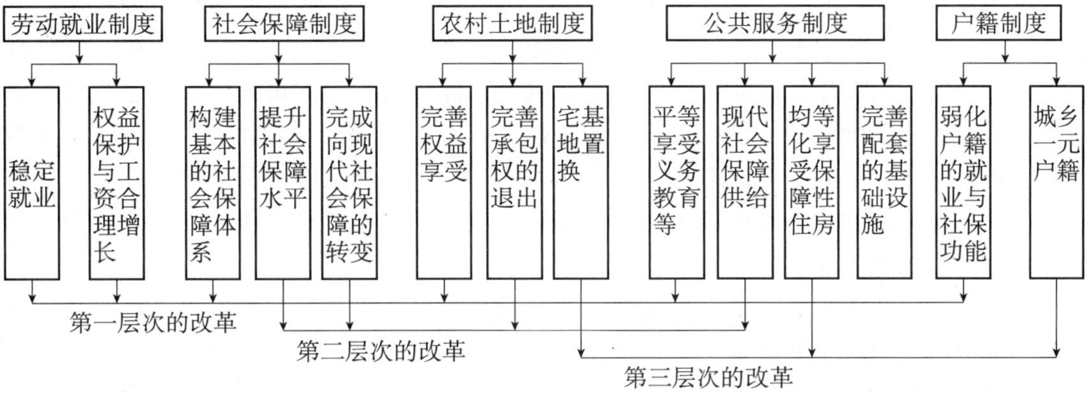

图 7-4　农民工市民化的社会成本分担机制：制度创新与政策调试

资料来源：张国胜，陈瑛．社会成本、分摊机制与我国农民工市民化：基于政治经济学的分析框架．经济学家，2013，169（1）.

市民化既要实现农民的职业转变、地域转换与身份转化的“三位一体”的系统转型，还要逐步破解城乡之间的二元结构和城市内部的多层结构，消除城乡之间和城市之间的权利不平等和制度不平等现象，增加义务教育、基本医疗、基本养老、基本住房和就业等基本公共服务领域的投资力度，实现以城聚业、以业引人、以城助乡、城乡共荣的目标[②]。欧阳力胜围绕新时代农民市民化的总体思路构建了市民化的制度性框架，促进非农就业、提升劳动技能，促进农民在城镇稳定就业，以教育医疗、住房保障、社会保障为重点，健全公共服务体系，以重点制度改革为突破口，促进农民融入城镇，探索形成一系列制度配套框架体系[③]。

胡桂兰等人针对广东省试行的“农民工积分入户”政策，提出扩大积分使用范围、优化积分指标、优化办理服务的改革建议[④]。魏澄荣和陈宇海以福建省为案例，提出发展农地流转服务体系，鼓励农民流转土地承包经营权，同时开展住房置换工作及农村土地股份制改革试点[⑤]。李仕波和陈开江提出构建城镇住房保障体系，使得在城市具有稳定工作的农民工可以享受租住公租房、廉租房福利，支持公寓和集体宿舍建设，制定覆盖农民工的住房公积金缴存和使用办法等[⑥]。

---

① 王国霞，张慧．农业转移人口市民化成本分担机制分类设计初探．经济问题，2016，441（5）.
② 石忆邵．中国新型城镇化与小城镇发展．经济地理，2013，33（7）.
③ 欧阳力胜．新型城镇化进程中农民工市民化研究．北京：财政部财政科学研究所，2013.
④ 胡桂兰，邓朝晖，蒋雪清．农民工市民化成本效益分析．农业经济问题，2013，34（5）.
⑤ 魏澄荣，陈宇海．福建省农民工市民化成本及其分担机制．中共福建省委党校学报，2013，402（11）.
⑥ 李仕波，陈开江．农民工市民化面临的制约因素及破解路径．城市问题，2014，226（5）.

7.1.4 市民化前沿研究与问题突破

1. 市民化成本实测及隐性成本

在市民化成本的实际测量过程中，不断有学者依照实际情况对测量模型进行调整和优化。葛乃旭等人选取上海市闵行区，对以随迁子女教育成本、基本社会保障、其他社会保障、公共卫生支出、保障性住房支出、城市管理费为代表的市民化成本进行实际测算，发现上海市新增一个代表性农民工所需财政成本约为 63.88 万元，其中随迁子女教育成本占比最大（40%）①。顾东东等人优化了农民工市民化成本测算模型，选取河南省三个发展程度不同的中小城市，采用平行结转分步法、成本计算分类法，使用年鉴、公报数据测算市民化年度人均总成本②。

隐性成本也成为关注的重点：寇建岭和谢志岿指出多数研究计算了市民化的直接成本、当期成本，忽视了间接成本、隐性成本，因此提出将风险性成本③、机会性成本④、未来性成本⑤加入计算模型⑥。黄星提出市民化成本中的隐性成本实质上是附着在城镇户籍上的城乡福利差异，这部分成本主要通过公共设施、基础建设和公共服务等市民化成本来实现⑦。

2. 市民化成本与地方财政压力

在市民化成本的实证研究中，财政是重要的分析因素。匡远配和周凌通过分析财政分权和农地流转对农民工市民化成本分摊的影响机理，发现财政分权导致农民工享受城市基本公共服务偏少，农地流转不能明显增加农民收入，削弱了农民工承担市民化成本的经济基础⑧。余英和李晨发现流动人口市民化将会增加地方政府财政支出，但同时也会创造财政收益，并运用计量模型检验了市民化率对财政压力的影响以及人均市民化成本和人均市民化收益在市民化率与财政压力关系中的调节作用⑨。彭山桂和程道平利用可计算一般均衡模型（CGE 模型），基于社会核算矩阵发现在山东省农业转移人口市民化过

---

① 葛乃旭，符宁，陈静．特大城市农民工市民化成本测算与政策建议．经济纵横，2017，376（3）.

② 顾东东，杜海峰，王琦．就地就近城镇化背景下农民工市民化的成本测算与发现：基于河南省三个县市的比较．管理评论，2018，30（3）.

③ 风险性成本是指由于风险的存在而产生的可能性成本，比如因失业率和低保覆盖率提升而需额外支付的成本、因社保基金不足而需额外支付的财政补贴等。

④ 机会性成本是指在面临多择一决策时，选定方案与替代性方案之间的价值差额，比如因新建保障性住房或学校而产生土地机会成本、因放弃农村承包地收益所产生的经济损失等。

⑤ 未来性成本是指按照特定的发展目标，特定主体理应承担但尚未发生的成本支出。比如按照现行规划，各地政府普遍将保障性住房覆盖率定位在 20%～30%，但长期来看，外来人口购房能力普遍较低，未来的保障性住房覆盖率必然要提高，由此产生的支出属于未来性成本。

⑥ 寇建岭，谢志岿．市民化成本的科学测算与我国城市化模式问题．城市发展研究，2018，25（9）.

⑦ 黄星．隐性成本与农民工市民化研究．当代经济，2020，510（6）.

⑧ 匡远配，周凌．财政分权、农地流转与农民工市民化．财政研究，2017，408（2）.

⑨ 余英，李晨．流动人口市民化的财政压力效应：基于 28 个核心城市面板数据的分析．商业研究，2018，496（8）.

程中，支出/储蓄结构与城镇居民趋同、工资待遇公平化、地方政府公共服务均等化等对地区经济产生了多方面的影响①。

3. 市民化成本分担机制的改进

马晓河和胡拥军关注农民工在市民化过程中的经济融入、政治融入、社会融入和文化融入的困难，提出完善公共成本分担机制，推动公共资源配置市民化导向的行政制度改革，加强基本公共服务均等共享的城乡户籍一体化改革，创新农业转移人口有偿退出与带资进城的土地政策，完善市民化的财权事权匹配机制②。徐慧枫以浙江省为例对市民化成本进行货币估值及认知分析，针对分担主体积极性缺失、利益博弈现象突出、财力不足等困境，提出建立分担主体的考核监管机制、多元融资机制、分级信息监测及联动体系，创新财税转移制度等③。许光引入市民化收益和区域异质性两个变量，构建了市民化成本-收益模型，为解决各主体分担市民化成本的权责关系问题，提出从完善收益共享机制、利益补偿机制、监督机理机制和财政转移支付制度四个方面构建“权责明确、高效协调”的市民化成本分担方案④。

7.2 城市基本公共服务均等化策略

7.2.1 基本公共服务均等化

提供基本公共服务是公共财政的职责⑤，依据以人为本原则、宪法规定的基本权利和社会发展进步的目标指向，基本公共服务是指覆盖公民基本权利、确保满足公民对公共资源最低要求的公共服务体系，包括义务教育、医疗、人居、治安、就业、社会保障、基础设施、环境保护等方面⑥。

基本公共服务的性质决定了其应该达到全民享有一致公共服务水平的理想状态，这种理想状态的实现将经历从区域均等到城乡均等，从城乡均等到个体均等的发展阶段，最终实现基本公共服务的均等化⑦。在实现基本公共服务均等化目标时，区域横向转移支付是最基本的政策工具。区域横向转移支付是由中央政府负责的社会财富再分配环节，以财政补贴或转移支付的方式实现财税在富裕地区和贫困地区间转移，帮助贫困地区完

① 彭山桂，程道平．农业转移人口市民化的经济效益研究：基于山东省CGE模型的实证分析．山东师范大学学报（人文社会科学版），2019，64（1）.

② 马晓河，胡拥军．一亿农业转移人口市民化的难题研究．农业经济问题，2018，460（4）.

③ 徐慧枫．农业转移人口市民化成本形成逻辑、规模估算及分担机制：以浙江省为例．中共杭州市委党校学报，2019，117（1）.

④ 许光．农业转移人口市民化成本-收益测算及分担机制优化研究：基于浙江数据的实证检验．中共南京市委党校学报，2020，108（4）.

⑤ 夏杰长．提高基本公共服务供给水平的政策思路：基于公共财政视角下的分析．经济与管理，2007（1）.

⑥ 邱霈恩．基本公共服务均等化理论与政策研究．公共管理高层论坛，2007（1）.

⑦ 寇建岭，谢志岿．市民化成本的科学测算与我国城市化模式问题．城市发展研究，2018，25（9）；邱霈恩．基本公共服务均等化理论与政策研究．公共管理高层论坛，2007（1）.

成其基本公共服务支出需求，实现区域之间的基本公共服务均等。

7.2.2　区域横向转移支付的计算方法

1. 地区财力均值计算法

地区间横向转移支付根据各地区内部人口及财力之和确定全域财力人均值，并以此为标准核算各地区实际人均财力水平。其数学模型为①：

$$E_i = \sum (C_i - B)_{\alpha ij} \cdot P_{ij}$$

上式中，E 为横向财政转移支付额度，C_i 为地区财力人均值，B 为全国财力人均值，P 为人口数，i 为地区，α 为待定系数，j 为 1，2，…，n 个系数。地区财力均值和全国财力均值的计算方法为：

$$C_i = \frac{\text{地区地方财政收入} + \text{中央转移支付收入}}{\text{地区人口数}}$$

$$B = \frac{\text{各省地方财政收入之和} + \text{中央转移支付之和}}{\text{各省人口数之和}}$$

2. 因素法

中央和地方的转移支付规模可表示为②：

$$TG_i = TX_i - TE_i$$

式中，TX_i 为 i 地区的标准财政支出总额，TE_i 为 i 地区的标准财政收入总额，TG_i 为 i 地区的基本公共服务均等化转移支付金额。假设各地区税收努力程度一致，税基规模是唯一影响地方政府财政能力的因素，则有

$$TE_i = \text{平均估计税率} \times \text{地区 } i \text{ 的估计有效税基}$$

地方政府提供单项公共服务的资金总量为：

$$N_j = \theta_j \times TN$$

其中，N_j 为某项基本公共服务的资金需求量，θ_j 为该项公共服务占所有公共服务的比重，TN 为所有基本公共服务的资金需求总量。基本公共服务均等化水平受到诸多因素的影响，可将这些影响因素划分为主因素、价格因素和特殊因素③。因此，各地区基本公共服务财政支出的估计公式为：

$$TX_{ij} = N_j \times \text{均等化因素} = \theta_j \times TN \times \text{主因素} \times \text{价格因素} \times \text{特殊因素}$$

其中，TX_{ij} 表示对 i 地区第 j 类基本公共服务的财政支出估计值。

---

① 王恩奉．建立横向财政转移支付制度研究．改革，2003（1）．

② 张恒龙，秦鹏亮．转移支付、财政激励与基本公共服务均等化目标的匹配．改革，2012，223（9）．

③ 主因素主要考虑地区间自然属性差异所形成的基本公共服务非均等化，价格因素主要考虑由于地区间社会属性差异所形成的基本公共服务非均等化，特殊因素主要考虑国家发展规划、民族和自治政策等因素所形成的基本公共服务非均等化。

3. 转移支付均等化效果评估

泰尔指数用于衡量一组经济指标在不同的时间、区域和层次范围内的差异，可测算区域公共服务支出或区域财力分配的均等化水平①。具体公式为：

$$T=\sum_{i=1}^{n}\frac{p_i}{P}\times\log\left(\frac{p_i}{P}/\frac{n_i}{N}\right)$$

其中，T 为泰尔指数，i 为选取的样本单位，p_i、n_i 为样本单位的数值，P、N 为总体数值。

转移支付的区域财力均等化效应，以区域初次财力分配泰尔指数与再分配泰尔指数之间的差额进行调试，反映转移支付对区域公共服务均等化的作用程度：

$$均等化效应=（T_{转移支付后}-T_{转移支付前}）/T_{转移支付前}$$

7.2.3　城市化与新市民均等化融入

在区域基本公共均等化的下一阶段，将视角转向区域内部以缩小城乡差距为核心目标的基本公共服务均等化实践。伴随着城市化进程，大量新市民涌入，基本公共服务是新市民的最直接需求，只有实现城市基本公共服务群体间的均等化，才能使得农业转移人口获得与当地居民无差异的工资待遇、就业机会、受教育机会、健康权力等②，这一阶段的主要任务是以搭建公平就业平台为先导，依托城市化和城乡统筹发展，增强新市民融入城市的适应能力，从社会分层、制度壁垒等角度进行突破，为新市民融入提供良好的社会环境③。

进一步从制度改革层面，解决新市民均等化融入问题，应重点建立以基本医疗保险、住房保障体系为代表的基本社会保障制度④。可以参考国际社会的先进做法，例如：美国依靠社会保障号码和驾驶证对流动人口进行管理和信息追踪，流动人口不会因为居住迁移产生筹资责任重新配置的需要；日本居民户籍随人走，确定居住地即可成为常住居民享受公共福利；德国实行全民医保，人口异地流动后可以办理变更手续，获得当地的医疗服务和保险待遇⑤。

为新市民提供均等化的基本公共服务需要完善筹融资工具体系。法国的非登记移民由国民医疗援助体系来管理，保证居住年限和收入水平符合条件的非登记移民可以享受等同于普通居民的医疗服务，医疗费用由国家承担。英国的非登记移民可以享受紧急医疗服务，对非紧急医疗服务需要由非登记移民个人承担，同时有非营利组织及非政府组织提供医疗服务作为主流机构的补充⑥。

---

① 田发，周琛影．区域基本公共服务均等化与财政体制测度：一个分析框架．改革，2013，227（1）．

② 李梅香．基本公共服务均等化水平评估：基于新生代农民工城市融合的视角．财政研究，2011，336（2）．

③ 谢宇．公共管理视野下的新生代农民工基本服务均等化探析．青年探索，2010，158（3）．

④ 陈丙欣，叶裕民．中国流动人口的主要特征及对中国城市化的影响．城市问题，2013，212（3）．

⑤⑥ 段丁强，应亚珍，周靖．促进我国流动人口基本公共卫生服务均等化的筹资机制研究．人口与经济，2016，217（4）．

7.2.4 公共服务均等化前沿问题

1. 从“缩小地区财力差距”到“提升人民群众获得感”

中国一直致力于拓展基本公共服务均等化的测度领域和创新评价体系。刘德浩构建了基本公共服务均等化发展指数，对2009—2013年中国区域基本公共服务均等化发展水平进行实证分析①。范逢春和谭淋丹使用2006—2015年29省的面板数据，测度城乡基本公共服务均等化制度绩效②。熊兴等人构建基本公共服务水平综合评价体系，运用熵权法和优劣解距离法（TOPSIS）评价287个市域基本公共服务综合水平，采用基尼系数测度各省份基本公共服务均等化水平，从供需角度分析基本公共服务均等化水平的影响因素③。

近来，中国对基本公共服务均等化的测度从关注区域差异转向关注人民群众的主观感受。缪小林等人提出，基本公共服务均等化已经从“缩小地区财力差距”转向“提升人民群众获得感”，并总结提出了“投入-产出-感知”链条及3E绩效体系④。廖福崇提出公民获得感应成为评价公共服务成效的重要标准，并从劳动就业、基础教育、医疗卫生、住房保障和社会保障五个方面的主观评价来界定民众获得感⑤。康健和姜晓萍构建了基本公共服务均等化实现程度的三重评价维度，引入了过程检测的新视角，来回应相关研究存在的评价范围模糊、视角混乱等论争⑥。

2. 专项基本公共服务：现状侧写与政策建议

当前研究视角日益聚焦细分的基本公共服务领域，尤其重视医疗、教育、文化、体育的均等化进展和针对性的政策措施。秦江梅运用2010—2017年中国卫生和计划生育统计年鉴、2010—2016年全国卫生财务年报数据、2014—2016年国家卫生计生委和财政部基层卫生综合改革重点联系区县监测数据，系统梳理了2009—2016年国家基本公共卫生服务项目的政策进展⑦。马志飞等人采用中国338个地级市的研究样本，运用核密度估计、基尼系数分解等方法，构建了“国家-区域-市域”三个层次的空间均衡分析框架，定量刻画医疗卫生资源的空间均衡状态及其时间演变路径⑧。

---

① 刘德浩．区域基本公共服务均等化发展水平的实证研究．统计与决策，2017，473（5）.

② 范逢春，谭淋丹．城乡基本公共服务均等化制度绩效测量：基于分省面板数据的实证分析．上海行政学院学报，2018，19（1）.

③ 熊兴，余兴厚，王宇昕．我国区域基本公共服务均等化水平测度与影响因素．西南民族大学学报（人文社科版），2018，39（3）.

④ 缪小林，张蓉，于洋航．基本公共服务均等化治理：从“缩小地区间财力差距”到“提升人民群众获得感”．中国行政管理，2020，416（2）.

⑤ 廖福崇．公共服务质量与公民获得感：基于CFPS面板数据的统计分析．重庆社会科学，2020，303（2）.

⑥ 康健，姜晓萍．基本公共服务均等化实现程度：评价要素与维度．上海行政学院学报，2020，21（2）；姜晓萍，康健．实现程度：基本公共服务均等化评价的新视角与指标构建．中国行政管理，2020，424（10）.

⑦ 秦江梅．国家基本公共卫生服务项目进展．中国公共卫生，2017，33（9）.

⑧ 马志飞，尹上岗，乔文怡，等．中国医疗卫生资源供给水平的空间均衡状态及其时间演变．地理科学，2018，38（6）.

傅才武和张伟峰从区域均等和结果均等的视角，根据地区间公共文化资源配置的均等化程度构建了基本公共文化服务的均等化评估指标体系，发现公共文化财政投入区域分化严重，以及公共文化产品供给区域分化的不断加剧是制约基本公共文化服务均等化进程的主因[①]。薛二勇等人基于文本分析、影子评价等方法，运用政策规划的路线图理论思路，提出实现中国基本公共教育服务均等化的十项政策，如“随迁子女平等享受基本公共教育服务”“完善流动人口子女异地考试政策”“教育脱贫，阻断代际贫困”等[②]。邵桂华和李海杰构建了中国体育场地公共体育服务供给水平评价指标体系，运用熵值法评价体育场地公共体育服务的单要素供给综合水平，并运用探索性空间数据分析方法分析其空间分布特征[③]。

3. 均等化工具创新：财税改革与共担机制

当前，针对公共财政为主的均等化工具的不足，学术界已经开始反思并探讨相应的改革路径。张紧跟在治理视域下反思基本公共服务供给侧改革，认为由于缺乏激励约束机制、保障机制、参与机制和有效协作的治理机制，“政府中心论”在实践中面临诸多挑战，需要在强化地方政府供给意愿的同时，完善公众参与机制，精准对接公众需求，加强财力保障基础上的协作治理机制[④]。胡斌和毛艳华关注了转移支付改革对公共服务均等化的影响及其边界条件，发现税收返还和专项转移支付对基本公共服务均等化的无效性，一般性转移支付在概率上显著增加了基本公共服务均等化[⑤]。龚浩和任致伟提出下一步财政体制改革的方向：要在加强顶层设计、合理划分事权、清理整合规范、规范资金管理的基本原则下改革完善转移支付制度，加强地方造血功能，推进基本公共服务均等化[⑥]。

理论界加快探索多元分担、多维分析视角下的均等化工具创新。吴长剑从多元分担、财政保障和运行监督的机制向度，探讨形成基本公共服务城乡一体化的三维分析框架，从深层推进国家基本公共服务治理体系和治理能力现代化[⑦]。高红从公共价值管理的视角，提出基本公共服务清单的制度设计应以多元主体互动协商的公共价值生产为导向，实现基本公共服务需求信息输入和编辑分系统、服务内容和标准论证分系统、对象权益和满意度分系统以及服务质量与社会效益评估分系统的建构，将公共选择机制、多元协作机制、权益保障反馈机制和信息分级管理公示机制组合起来[⑧]。余梦秋和陈悦之以四川省为例，提出加强基本公共服务的供给机制、经费保障机制、需求反馈机制、成本分担机制、监督

---

① 傅才武，张伟锋．基本公共文化服务均等化研究：模型构建与实证分析．图书馆杂志，2018，37（8）.

② 薛二勇，李健，单成蔚，等．实现基本公共教育服务均等化：《中国教育现代化 2035》的战略与政策．中国电化教育，2019，393（10）.

③ 邵桂华，李海杰．基本公共服务均等化视角下我国体育场地公共体育服务供给水平评价研究．首都体育学院学报，2020，32（1）.

④ 张紧跟．治理视阈中的基本公共服务供给侧改革．探索，2018，200（2）.

⑤ 胡斌，毛艳华．转移支付改革对基本公共服务均等化的影响．经济学家，2018，231（3）.

⑥ 龚浩，任致伟．新中国 70 年财政体制改革的基本历程、逻辑主线与核心问题．改革，2019，303（5）.

⑦ 吴长剑．我国基本公共服务城乡一体化的机制重构：一个三维分析框架．学海，2017，168（6）.

⑧ 高红．论基本公共服务清单制度：公共价值管理的视角．求实，2017，435（7）.

机制、社会参与机制和考评问责机制等，实现城乡统筹背景下的基本公共服务均等化[①]。

7.3 城市便捷社区生活圈规划建设

7.3.1 公共服务设施空间可达性

基本公共服务均等化目标能否实现与公共服务设施的布局合理性直接相关。公共服务设施的空间可达性是指借助交通工具和道路使人接近设施、获取服务的难易程度，受到需求者、设施、交通、社会等多重因素影响，目标是找寻适宜的公共服务设施布局区位，保证居民均衡合理享有各类公共服务资源[②]。主要的测度方法有比例法、最近距离法、基于机会累积的方法以及基于空间相互作用的方法，如表 7－1 所示。

表 7－1 公共服务设施空间可达性主要度量方法

方法分类	定义	应用领域	优缺点
比例法	研究单元内公共服务资源总量与服务人口总量的比值	较大研究单元各类设施	操作简便、便于理解，不能反映单元内部的可达性变化，没有考虑供需双方的空间阻隔因素
最近距离法	服务人群达到最邻近设施的距离（包括直线距离、基于路网的道路或时间距离）	较小研究单元紧急型设施	操作简便、直观易懂，忽略了服务的数量和质量
基于机会累积的方法	在设定的出行极限时间或距离内，从某点出发能够获取公共服务资源数量	较小研究单元非紧急型设施	综合考虑了设施、需求者、供需双方的空间阻碍等因素，但忽略了距离衰减作用，同时出行极限时间或距离不易确定
基于空间相互作用的方法	从空间相互作用的角度评价获取特定服务资源难易程度	较小研究单元非紧急型设施	综合考虑了设施、需求者、供需双方之间的空间阻隔、距离衰减作用等因素；出行摩擦系数不易确定，模型较难理解

资料来源：宋正娜，陈雯，张桂香，等．公共服务设施空间可达性及其度量方法．地理科学进展，2010，29（10）.

公共服务设施的空间可达性可以评价不同群体对特定公共服务的接近度是否公平，同时也专门为居住在社会边缘区的弱势群体提供克服空间距离的有效方式，以达到社会公平[③]。

7.3.2 便捷社区生活圈的测度

1. 生活圈的内涵及划分

生活圈概念源起于日本，在韩国、中国台湾等地区得到快速发展。具体而言，生活

① 余梦秋，陈悦之．统筹城乡背景下基本公共服务均等化实现机制研究：以四川省为例．农村经济，2017，413（3）.

② 宋正娜，陈雯，张桂香，等．公共服务设施空间可达性及其度量方法．地理科学进展，2010，29（10）.

③ 李平华，陆玉麒．城市可达性研究的理论与方法评述．城市问题，2005（1）.

圈在某一特定地域的社会系统内，为了满足生存、发展与交往需要，人们从居住地到工作、教育、医疗等生产服务和生活服务的提供地，以及其他居民点之间移动的行为轨迹，在空间上反映为圈层形态，具有方向性与相邻领域的重叠性等特征，依据圈层内部配置公共服务设施的不同，可划分为初级生活圈、基础生活圈、基本生活圈和日常生活圈组成的生活圈体系，如图 7－5 所示①。

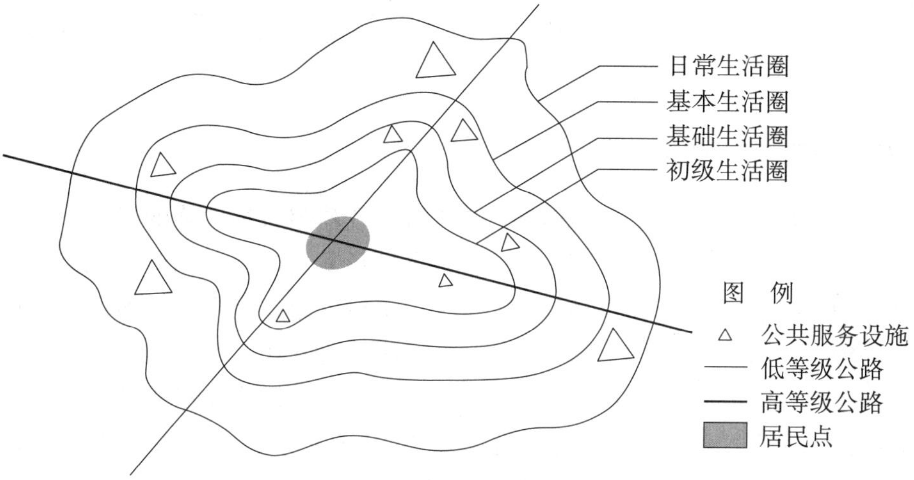

图 7－5　生活圈划分

资料来源：孙德芳，沈山，武廷海．生活圈理论视角下的县域公共服务设施配置研究：以江苏省邳州市为例．规划师，2012，28（8）.

不同层次的生活圈可以根据居民公共服务需求的不同进行划分：依据居民出行距离，按照老人与幼儿的步行界限、小学生的步行界限、中学生步行界限和机动车出行等不同的标准，将生活圈划分四个空间圈层，并依次划分居民公共服务需求，如表 7－2 所示；依据需求频率和服务半径，将生活圈划分为四类，分别是日常使用且服务半径较小、日常使用且服务半径较大、需求频率较小且服务半径较小、需求很小且服务半径很大的公共服务设施②。

表 7－2　依据居民出行距离的生活圈划分

圈层类型	空间距离	服务设施需求	具体举例
老人与幼儿徒步界限圈层（徒步 15～30 分钟）	小于 1 千米	居民生活所需的基本公共服务设施	幼儿园、儿童游乐场、老年活动室等
小学生徒步界限圈层（徒步 60 分钟）	约为 4 千米	满足小学生阶层的公共服务需求	小学、卫生室、图书室、室外活动场地等

① 孙德芳，沈山，武廷海．生活圈理论视角下的县域公共服务设施配置研究：以江苏省邳州市为例．规划师，2012，28（8）.

② 朱查松，王德，马力．基于生活圈的城乡公共服务设施配置研究：以仙桃为例//中国城市规划学会．规划创新：2010 中国城市规划年会论文集．重庆：重庆出版社，2010.

续表

圈层类型	空间距离	服务设施需求	具体举例
中学生徒步界限圈层（步行90分钟或自行车30分钟）	6～8千米	需求层次较高的公共服务设施	中学、图书馆、卫生院和体育运动设施等
机动车出行圈层（机动车行驶30分钟左右）	15～30千米	无法在以上三个层次得到满足的服务设施	职业教育、高等学校、博物馆、综合医院等

资料来源：朱查松，王德，马力．基于生活圈的城乡公共服务设施配置研究：以仙桃为例//中国城市规划学会．规划创新：2010中国城市规划年会论文集．重庆：重庆出版社，2010.

2. 便捷社区生活圈的提出

现阶段，日常生活圈的主要矛盾集中体现为社区基础服务设施的供需失衡。社区生活圈是城市日常生活圈中的最基本圈层，依据居民日常生活活动的分布规律可以将社区生活圈划分为三圈层的空间体系：社区生活圈Ⅰ是最内层，指在社区内部完成居民的部分购物、就餐、休闲、体育锻炼等活动，由居住区的边界作为该类生活圈的边界，服务设施主要向本社区居民服务，包括小规模的商业设施、休闲娱乐设施和体育设施等；社区生活圈Ⅱ是中间层，是在居民步行可达范围之内设置的社区周边活动场站、商业设施、幼儿园、卫生服务站等提供基本服务的设施，主要服务对象为社区内部和周边社区的居民，满足购物、就餐、入托、就医等多种需求；社区生活圈Ⅲ是最外层，是多个社区的综合管理服务设施、大型商业设施、交通枢纽、学校、卫生服务中心等设施集中布置的区域，满足多个社区和邻里地区的居民外出办事、高等级购物、交通出行、上学、就医等较高级日常生活需求，形成共享核心①。

在2018年颁布实施的《城市居住区规划设计标准》中，不同尺度的生活圈作为新概念替代旧有的居住区，其中提到了不同生活圈的具体划分标准：按照平均步行速度3～4km/h计算，15分钟的出行距离为750～1 000米，10分钟的出行距离为500～700米，5分钟的出行距离为250～300米。在以居民为中心，由时空参数构建的社区生活圈里，各项配套设施均应在步行范围内有所安排，并根据居住密度和居民群体的结构特征确定配套的数量与规模，社区生活圈的形成不局限于行政辖区和控价边界，需要综合考虑混合功能的协调②。

3. 便捷社区生活圈的测度

便捷社区生活圈内各类公共服务设施的覆盖率和发展协调度可以作为测度标准。

（1）覆盖率。

如果小区 $Community_{i,s}$ 在15分钟内步行可达第 j 大类第 k 小类公共服务设施 $F_{j,k}$，则称小区 s 被 $F_{j,k}$ 覆盖：

---

① 孙道胜，柴彦威．城市社区生活圈体系及公共服务设施空间优化：以北京市清河街道为例．城市发展研究，2017，24（9）.

② 于一凡．从传统居住区规划到社区生活圈规划．城市规划，2019，43（5）.

$$C_{i,j,k,s}=\begin{cases}1, & \exists F_{j,k}\subset N_1\ (Community_{i,s})\\0, & 其他\end{cases}$$

$$CR_{i,j,k}=\frac{\sum_{s=1}^{m_i}C_{i,j,k,s}}{m_i}$$

$$TCR_{j,k}=\frac{\sum_{i=1}^{n}\sum_{s=1}^{m_i}C_{i,j,k,s}}{\sum_{i=1}^{n}m_i}$$

其中，$Community_{i,s}$表示城区 i 中的小区 s，$C_{i,j,k,s}$表示$Community_{i,s}$的 1 千米邻域内是否存在公共服务设施 $F_{j,k}$，存在即表示被覆盖。$CR_{i,j,k}$表示第 i 个城区公共服务设施$F_{j,k}$的覆盖率，代表不同区域的覆盖水平，m_i 为城区包括的小区数量，$TCR_{j,k}$表示公共服务设施$F_{j,k}$全市范围覆盖率，代表全市整体水平①。

（2）发展协调度。

覆盖率是从公共服务配置的角度来测度“15 分钟社区生活圈”，公共服务设施的配置还需与人口相适应：

$$index_{i,j,k}=\frac{\dfrac{F_{i,j,k}}{\sum_i F_{i,j,k}}}{\dfrac{Population_i}{\sum_i Population_i}}$$

$$index_i=\sum_{j=1}^{s}\sum_{k=1}^{n_j}\omega_{j,k}index_{i,j,k}$$

其中，$F_{i,j,k}$表示城区 i 在第 j 大类第 k 小类公共服务设施数量，$Population_i$ 为城区 i 的常住人口数量，$index_{i,j,k}$为公共服务设施发展协调指数，n_j 表示第 j 大类包含的小类数目，s 为小区。当 $index_{i,j,k}>1$ 时，城区 i 在第 j 大类第 k 小类兴趣点（POI）数量上有优势，反之则存在劣势。$index_i$ 则表示城区 i 的发展协调指数，是对各类公共服务设施的加权求和，其中 $\omega_{j,k}$为第 j 大类第 k 小类 POI 的权重，满足 $\sum_{j=1}^{s}\sum_{k=1}^{n_j}\omega_{j,k}=1$，权重由需求度②计算得到：

$$\omega_j\propto\frac{1}{n_j}\sum_{j=1}^{n_j}demand_{j,k}\quad \text{s. t.}\quad \sum_{j=1}^{s}\omega_j=1$$

$$\omega_{j,k}\propto demand_{j,k}\quad \text{s. t.}\quad \sum_{k=1}^{n_j}\omega_{j,k}=\omega_j$$

其中，ω_j 表示第 j 个一级指标权重，$\omega_{j,k}$表示第 j 个一级指标下的第 k 个二级指标权重，$demand_{j,k}$表示第 j 个一级指标下的第 k 个二级指标需求度③。

7.3.3　便捷社区生活圈规划与实施

在传统居住区规划中，不同种类、不同级别的公共服务在空间上进行配置，以技术

① 赵彦云，张波，周芳．基于 POI 的北京市“15 分钟社区生活圈”空间测度研究．调研世界，2018，296 (5).

② 该文作者采用网络发放问卷形式对居民公共服务步行可达需求进行调查，将认为该项公共服务需要满足 15 分钟步行可达条件的人数占比作为该项公共服务设施的需求度。

③ 廖远涛，胡嘉佩，周岱霖，等．社区生活圈的规划实施途径研究．规划师，2018，34 (7).

指标反映居民需求，这难以适应需求结构的差异。社区生活圈则立足居民需求视角，兼顾不同公共服务设施的可达性，如图 7-6 所示。

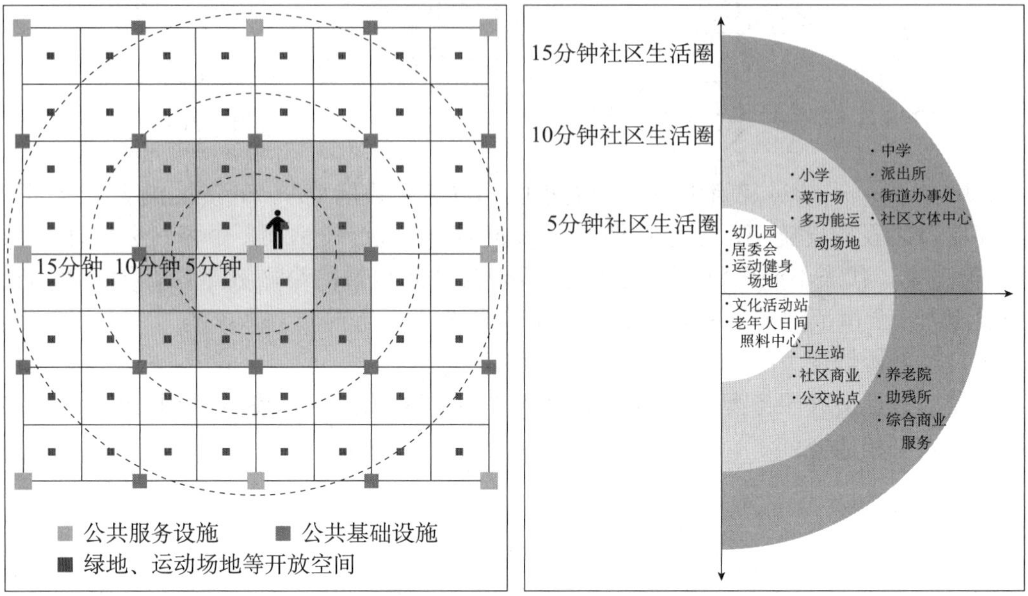

图 7-6　社区生活圈概念模型及共享配套服务

资料来源：于一凡．从传统居住区规划到社区生活圈规划．城市规划，2019，43（5）．

社区生活圈的规划实施应结合生活圈半径对规划管理单元进行组合优化，从差异化、品质化的角度，将社区生活圈的要求转换为公共服务设施的配置标准，以社区生活圈作为控规实施评估单元，进行人口动态变化与用地设施供应的匹配分析，统筹各个规划单元中的用地、规模及布局，建立社区生活圈与行政管理单元的衔接关系等①。基于供需匹配原则构建 15 分钟生活圈的规划体系，在构建过程中分别提取“典型城市人”作为 15 分钟生活圈的需求主体，提取“典型人居空间”作为 15 分钟生活圈组成单元，依托不同类型的空间接触机会，即“点”（布局）、“量”（供应）、“质”（服务）来匹配不同需求，构成“空间辨析-空间划定-空间优化”的城市生活圈规划体系，如图 7-7 所示。

在社区生活圈规划的具体实施中，应要求多主体参与，共同化解公共服务设施供给不足等问题，根据居民行为特征来划定生活圈体系，不同的生活圈层应满足不同的公共服务资源的配给需求，构成若干多元合作平台，由市场、社会和国家在不同圈层依据资源现状及居民需求情况，订立公共资源联合配置协议，吸引市场、社会力量参与投资建设过程，实现共同治理②。

7.3.4　便捷社区生活圈前沿问题研究

当前研究主要围绕便捷社区生活圈的指标评价、优化对策及特殊群体需求等内容，

① 廖远涛，胡嘉佩，周岱霖，等．社区生活圈的规划实施途径研究．规划师，2018，34（7）．

② 柴彦威，李春江．城市生活圈规划：从研究到实践．城市规划，2019，43（5）．

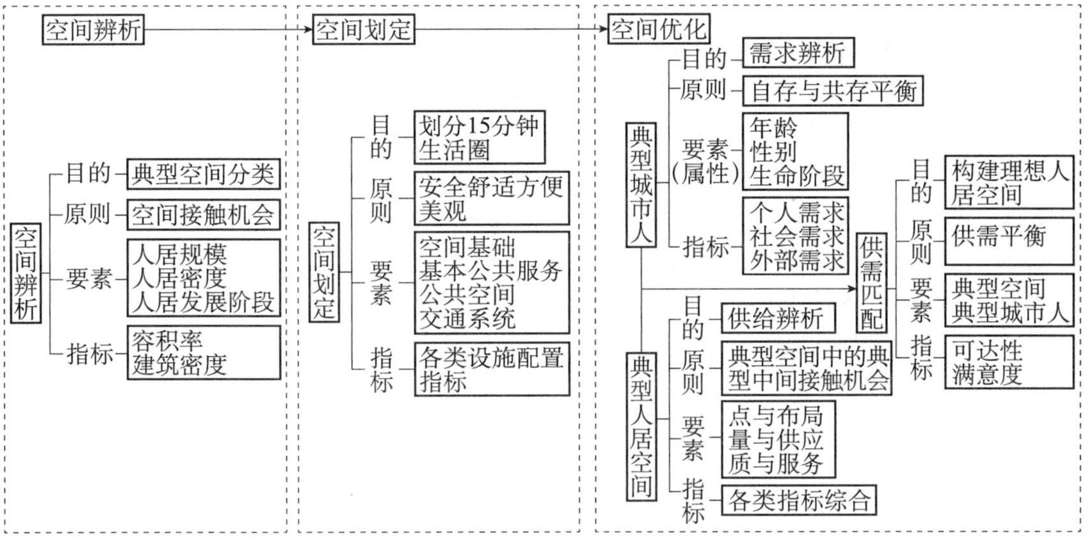

图 7－7　15 分钟生活圈的构建

资料来源：魏伟，洪梦谣，谢波．基于供需匹配的武汉市 15 分钟生活圈划定与空间优化．规划师，2019，35（4）.

系统丰富了便捷社区生活圈的概念内涵、规划建设和功能评价体系。

第一，在便捷社区生活圈的指标评价分析中，运用大数据、地理地图信息成为研究的主流。张波等人基于北京市公共基础社会 POI 数据对“15 分钟社区生活圈”的空间分布进行聚类分析，根据“生活圈”指数将小区分为 4 个等级，即优质小区、良好小区、中等小区和待改进小区，发现待改进小区是近年来公共服务缺口最大的区域①。韩增林等人基于高德地图数据，使用城市网络分析工具，以大连市沙河口区 6 类公共服务设施分布为对象进行空间分异研究，并对区内 90 个居民出行可达设施的数量及类别进行测度，并对各个社区进行总体评价②。

第二，在便捷社区生活圈的重点优化对策中，结合新时代需求提出优化思路。王兰等人针对突发公共卫生事件，将健康融入 15 分钟社区生活圈，重点考虑日常健康和疫情应急两大类服务设施情况，一方面，促进体力活动和社会交往，优化居民生活方式，强化社区层面的基本健康监测，另一方面，对公共卫生应急，提供预防、隔离、治疗和援助，基于居委会及其设施，设立应急生活圈③。郭嵘等人关注社区生活圈中的步行网络，以哈尔滨市为研究对象，综合考虑服务人口、步行可达和便于管理三个因素，划分具体的社区生活圈边界，围绕步行网络密度、日常服务设施可达性、步行道路宽度和步行环境，提出优化提升策略④。戚益朵等人以邻里中心建设为契机激发社区活力，以绍兴市区为案例对象，对社区生活圈内公共服务设施进行分析，提出邻里中心概念、完善社区生

① 张波，赵彦云，周芳．小区“15 分钟社区生活圈”空间聚类研究：基于 POI 数据．调研世界，2019，304（1）.

② 韩增林，李源，刘天宝，等．社区生活圈公共服务设施配置的空间分异分析：以大连市沙河口区为例．地理科学进展，2019，38（11）.

③ 王兰，李潇天，杨晓明．健康融入 15 分钟社区生活圈：突发公共卫生事件下的社区应对．规划师，2020，36（6）.

④ 郭嵘，李元，黄梦石．哈尔滨 15 分钟社区生活圈划定及步行网络优化策略．规划师，2019，35（4）.

活圈服务中心，明确各类邻里中心的建设内容、标准及配建思路[①]。

第三，在便捷社区生活圈的特殊群体需求中，老年人、残疾人等群体成为关注重点。黄建中等人研究老年人日常活动的时空范围和特征，结合 GPS 定位和问卷调查，对老年人日常生活圈进行空间识别与特征分析，将其分为社区生活圈、扩展生活圈、机会生活圈三个圈层[②]。钱思明等人关注弱势群体，以盲人为研究对象，针对城市现行无障碍设施的规划、设计、建设、管理与实际需求不匹配的现状，结合盲人出行行为特征，提出城市无障碍设施设计与管理的优化对策[③]。傅行行和申悦关注郊区居民，以提高居民日常生活对社区空间的依赖性为对象，结合功能性依赖和情感性依赖两个维度，以上海市为研究案例，提出社区生活圈应重点提升的维度和优化对策[④]。

本章小结

城市化的一个重要表现是城市人口占总人口比重的不断提升，市民化成本测量正是新增城市人口在城市性转变过程中的成本，按照承担主体的差异，可以分为私人承担成本和公共承担成本两类；在实践中，市民化成本的多元主体分担、资金筹措机制、制度环境创新等是研究的重点。

基本公共服务均等化包含区域均等、城乡均等以及个体均等三个发展阶段，横向转移支付是实现基本公共服务均等化的基本政策工具；随着城市化进程的推进，新旧市民之间的公共服务均等化成为重点问题，制度环境和融资工具等方面均需做出改革创新。

保证居民均衡合理享有各类公共服务资源是城市公共服务设施布局的关键，居民对不同类型的公共服务的需求会在空间上形成圈层形态，生活圈是多种公共服务设施需求的综合呈现；社区生活圈是城市日常生活圈中的最基本圈层，需要立足居民需求视角，综合考虑混合功能的协调进行规划建设。

关键术语

市民化成本　成本-收益分析模型　基本公共服务均等化　横向转移支付　新市民均等化融入　空间可达性　便捷社区生活圈

复习思考题

1. 简述人口城镇化、农业转移人口市民化的基本概念。

---

① 戚益朵，彭俊，曹鼎臣，等．15 分钟社区生活圈规划及邻里中心研究：以绍兴市区为例//中国城市规划学会．活力城乡 美好人居：2019 中国城市规划年会论文集（20 住房与社区规划）．北京：中国建筑工业出版社，2019.

② 黄建中，张芮琪，胡刚钰．基于时空行为的老年人日常生活圈研究：空间识别与特征分析．城市规划学刊，2019，250（3）.

③ 钱思名，叶茂，吕天泽，等．城市无障碍设施改善规划设计策略及建议．规划师，2019，35（14）.

④ 傅行行，申悦．面向社区生活圈构建的郊区居民社区依赖性研究：以上海市为例．地理科学进展，2019，38（6）.

2. 市民化成本的构成与分担机制是什么？
3. 城市基本公共服务均等化策略有哪些？
4. 简述横向转移支付的概念及测度。
5. 生活圈的基本概念是什么？
6. 便捷社区生活圈的规划原则是什么？

进一步阅读的文献

1. 许学强，周一星，宁越敏．城市地理学．北京：高等教育出版社，2009.
2. 陆铭，陈钊．城市化、城市倾向的经济政策与城乡收入差距．经济研究，2004（6）.
3. 安体富，任强．公共服务均等化：理论、问题与对策．第一资源，2009（2）.
4. 柴彦威．以单位为基础的中国城市内部生活空间结构：兰州市的实证研究．地理研究，1996，15（1）.
5. 王浦劬，萨拉蒙．政府向社会组织购买公共服务研究：中国与全球经验分析．北京：北京大学出版社，2010.
6. 陆军，等．从失配到适配：北京公共产品空间匹配循证分析．北京：北京大学出版社，2021.

第8章

城市更新融资与适宜性管理

城市是现代文明和人民美好生活的核心载体，完善的城市功能和舒适的生活环境不可或缺。本章由三部分组成：一是在阐释概念的基础上，以融资为视角，对国内外城市更新融资的机制、工具和政策进行了综述与分析；二是基于前沿研究成果，对城市适宜性的概念、内涵、问题和对策进行了系统性的论述；三是对经典的城市生活质量评价的概念、影响因素和测度工具进行了系统的阐述。

重点问题

- 城市更新的概念
- 不同城市更新融资政策工具的优势与劣势
- 城市适宜性的概念内涵、问题挑战与管理对策
- 城市适宜性管理如何提升城市生活质量
- 城市生活质量评价的测度工具和影响因素

8.1 城市更新融资政策工具

8.1.1 城市更新的概念

随着社会经济发展，城市更新不断被赋予新的内涵，如表8-1所示。20世纪初至第二次世界大战，城市更新以物质重建为主。1958年，荷兰举办了首届城市更新国际研讨会，将城市更新定义为“根据城市发展需要实施的改造建设，包括对中心地区土地的强化利用和对贫民窟的清理重建”①。20世纪70年代以来，全球经济因石油危机呈下行趋势，内城衰败严重，政府为追求经济利益重新开发城市中心的破败地区。城市更新被界定为：

① MILLER M. New life for cities around the world: international handbook on urban renewal. New York: Books International, 1959.

通过城市部分区域重建，提高城市物质环境的吸引力，在总体上增强城市经济实力[①]。

20世纪80年代，可持续发展和人本主义思想被广泛接受，人们逐步意识到城市内部各要素相关性的重要程度，认为城市环境的综合性改变需要多部门参与。这一时期，城市更新是指综合性的城市重建，将社会问题的解决、邻里重建等纳入更新过程中[②]。然而，很多学者对城市更新提出了不同见解。罗伯茨认为，城市更新是通过全面、完整的远见和行动解决城市问题，在物质环境、经济、社会等方面，对城市地区进行持续性的改善和提高[③]。比安基尼和帕金森认为，城市更新是一个涵盖物质、经济、社会、文化、政治、象征等多方面的概念，旨在使用一系列工具振兴衰败的城市区域[④]。库奇等人认为，城市更新包括重新开发失去活力的城市区域、恢复部分无法正常运作的城市社会功能、减轻城市中的居住隔离、提升城市生态环境质量等[⑤]。

表8-1　城市更新概念的发展历程

阶段	城市更新模式	主要参与者与利益相关者	城市更新重点
19世纪至20世纪70年代	推倒重建	主要由政府引导	基于总体规划，对城市中心破败区域及贫民窟进行大规模拆除和清理
20世纪70—90年代	经济主导	私营部门，私营部门的作用开始加强	以房地产为主导，促进城市的经济复苏
20世纪80年代至今	伙伴关系	多个公私部门（政府、私有部门、社区、居民等）参与主导更新过程	综合性的城市重建，将社会问题和邻里修复纳入规划和更新考虑

与城市更新概念相关的术语包括：（1）"urban renewal"一般被理解为"城市重建"，指的是物质意义上的清除重建。该术语在20世纪初到第二次世界大战末期被大量使用，1959年的城市重建手册将其定义为"城市重建的目标是帮助实现全世界城市住民的新生活，其重建内容小到楼梯的修复和门的粉刷，大到修改一个区域的土地利用方式和规划分区"[⑥]。（2）"urban redevelopment"是指"城市再开发"，该术语出现于20世纪四五十年代的美国。相较于城市重建，城市再开发强调城市更新主体的角色特征，认为城市更新是政府自上而下的开发行为[⑦]。（3）"urban revitalization"是指"城市振兴"，一般被

---

① SASSEN S. The mobility of labor and capital: a study in international investment and labor flow. Cambridge: Cambridge University Press, 1990.

② 翟斌庆，伍美琴．城市更新理念与中国城市．现实城市规划学刊，2009（2）．

③ ROBERTS P, SYKES H. Urban regeneration: a handbook. London: Thousand Oaks Calif Sage Publications, 2000.

④ BIANCHINI F, PARKINSON M. Cultural policy and urban regeneration: the West European experience. Manchester: Manchester University Press, 1993.

⑤ COUCH C, FRASER C, PERCY S. Urban regeneration in Europe. Chichester: Wiley, 2003.

⑥ MILLER M. New life for cities around the world: international handbook on urban renewal. New York: Books International, 1959.

⑦ KEITH N S. Rebuilding American cities: the challenge of urban redevelopment. The American scholar, 1954, 23（3）.

认为是针对城市某块建成区的特定政策，主要目标是为某个经济部门加强区位环境[①]。

8.1.2 城市更新融资综述

1. 政府参与城市更新融资的理论与实践

当前文献主要从政策工具视角出发，分析政府参与城市更新融资政策工具的内容、背景、效果等。国内文献侧重介绍不同政策工具的经验，以及对中国城市更新融资的借鉴。姚之浩和曾海鹰重点剖析了美国 20 世纪 50 年代以来的政策工具，将其划分为税收融资、土地调控和发展管理三类，对税金增量筹资、商业改良区、土地银行和信托等进行具体分析，认为中国应借鉴美国经验，创新城市更新融资的政策工具箱[②]。徐文舸划分了三类政策工具：以美国税收增量融资为代表的财税支持类模式、以英国城市发展基金和美国社区发展拨款计划为代表的资金补贴类模式、以不动产投资信托基金为代表的金融创新类模式[③]。国外文献则多对政策工具进行深入分析。麦格雷尔等人集中讨论了城市更新的税收融资政策工具，以都柏林和芝加哥为典型案例，分析如何利用税收优惠进行城市更新融资[④]。

2. 私营部门参与城市更新融资的理论与实践

私营部门融资是政府融资的有力补充，但多项研究表明，由于投资回报偏低且风险较高，私营部门参与融资的意愿较低。不同学科对如何促进私营部门参与融资进行了深入研究。

经济学将私营部门视为个体，采用实地调研、焦点小组访谈等形式，探究其参与或不参与城市更新融资的原因。阿代尔等人进行焦点小组访谈，发现私营部门参与城市更新融资的原因包括：潜在的高利润回报、有效的降低风险措施、对政府的高信任度、长期主义价值投资理念等[⑤]。麦格雷尔等人采取同样方法研究发现，私营部门不愿投资城市更新是因为城市更新涉及的土地价值波动性高、融资成本过高。多数受访者表示，不会由于社区发展、可持续发展等原因而投资城市更新[⑥]。

管理学文献在宏观层面上，以公共政策研究的理论和方法，分析政策工具的背景、内容和效果，设计如何促使私营部门参与城市更新融资。阿代尔等人分析了英国的相关

---

① VERMEIJDEN B E N. Dutch urban renewal, transformation of the policy discourse 1960—2000. Journal of housing and the built environment, 2001, 16 (2).

② 姚之浩，曾海鹰. 1950 年代以来美国城市更新政策工具的演化与规律特征. 国际城市规划，2018，33 (4).

③ 徐文舸. 城市更新投融资的国际经验与启示. 中国经贸导刊，2020 (22).

④ MCGREAL S, BERRY J, et al. Tax-based mechanisms in urban regeneration: Dublin and Chicago models. Urban studies, 2002, 39 (10).

⑤ ADAIR A, BERRY J, MCGREAL S. Financing property's contribution to regeneration. Urban studies, 2003, 40 (5-6).

⑥ MCGREAL S, ADAIR A, BERRY J, et al. Accessing private sector finance in urban regeneration: investor and non-investor perspectives. Journal of property research, 2000, 17 (2).

政策工具，包括城市再生计划、城市挑战、英国伙伴关系和单一预算等[①]。也有较多文献关注单一政策或工具并进行分析。霍金森分析了私人融资计划存在的问题，如成本高于绝大多数公共采购、缺少居民参与、存在高度风险和不确定性等[②]。黄景驰和弗莱德·米尔分析认为，私人融资计划的缺陷是：缺乏具体实施细则、公共部门间运作不协调、未能实现大规模科普和宣传[③]。张更立详细分析了城市开发公司政策，认为该政策缺乏战略性思维，未能真正创造经济增长，且一定程度上刻意压制了公众参与，导致城市更新缺乏横向协同[④]。也有少部分研究报告对私营部门参与融资进行案例分析，关注完成融资后私营部门对城市更新资产的运营模式。

政治学的既有研究，关注融资过程中私营部门和政府的博弈，以及对城市发展产生的影响。苏珊·费恩斯坦详尽分析了多个英美城市的更新案例后发现，由于房地产部门对城市经济来说是极其重要的，英美城市的更新融资高度依赖个体资本家和私营部门，在博弈过程中，个体资本家的利益必须战胜城市规划和更新的整体利益[⑤]。

8.1.3 城市更新融资政策工具

1. 政府参与为主的融资政策工具

政府融资是指政府财政为城市更新提供资金。1949年，美国颁布《国家住宅法案》(National Housing Act)，允许联邦公共基金用于城市更新发展，这成为政府参与融资的起点。迄今为止，政府依然是城市更新的重要融资方。一般而言，政府融资分为三种形式，即政府直接拨款、税收优惠和减免以及税收增量融资。

（1）政府直接拨款。

欧美城市更新项目曾长期采用政府直接拨款的形式。如20世纪四五十年代的美国，联邦和地方政府共同资助内城环境清理改善，两者的出资比例一般为2∶1。在英国，1982年环境部设立了城市发展基金，用以改善内城衰退。英国城市发展基金的资金全部来自财政拨款，对城市更新的资助方式包括三种：无偿资助、利润分成和低息贷款。私营部门获得无偿资助后无须还款给政府。利润分成则是指城市发展基金和私营部门共同出资，私营部门按照资金比例享有后续产生的利润和权益。低息贷款是城市发展基金所提供用于城市更新的优惠贷款。一般而言，城市发展基金为城市更新所必需的项目提供无偿资助；对于不必需但现金流稳定、未来盈利可能性高的工程，城市发展基金多采取

---

① ADAIR A，BERRY J，MCGREAL S. Financing property's contribution to regeneration. Urban studies，2003，40 (5-6).

② HODKINSON S. Housing regeneration and the private finance initiative in England：unstitching the neoliberal urban straitjacket. Antipode，2011，43 (2).

③ 黄景驰，米尔．在争议中前行：对英国实施私人融资计划的回顾．湖南科技大学学报（社会科学版），2013，16 (3).

④ 张更立．走向三方合作的伙伴关系：西方城市更新政策的演变及其对中国的启示．城市发展研究，2004 (4).

⑤ 费恩斯坦．造城者：纽约和伦敦的房地产开发与城市规划．上海：同济大学出版社，2019.

利润分成和低息贷款的方式[①]。

（2）税收优惠和减免。

税收优惠和减免需要政府规定具体减免税种及比例。例如，都柏林市政府颁布《城市更新法案》（Urban Renewal Act）和《城市更新融资法案》（Urban Renewal Finance Act），给予城市更新土地拥有者为期十年的10%的税收减免[②]。20世纪80年代的英国在需要城市更新的地区设置企业区（enterprise zone），免征营业税和工业培训税。

（3）税收增量融资。

税收增量融资（tax incremental financing，TIF）是指利用存量土地的增量收益为公共项目提供融资支持。政府无须设置新的税种，通过将本已衰退的区域改造重建，使其能够创造收入，从而获得“增量税收”。

税收增量融资的运作过程包含三个阶段。第一阶段，政府将某一特定区域设定为税收增量融资实施区（TIF区），设立专门的管理部门和税收账户，制订城市更新计划并批准具有可行性的项目。第二阶段，核定税收基准。政府确定TIF区的税金基准值，该部分税收将被冻结并归由原征税主体所有，新增税收则划至TIF区的税收账户并用于支持城市更新。第三阶段，推进城市更新。第三阶段通常将持续几十年，完成城市更新后，TIF区自行撤销，征税安排回归正常秩序[③]。TIF政策实施的一般程序如图8-1所示。

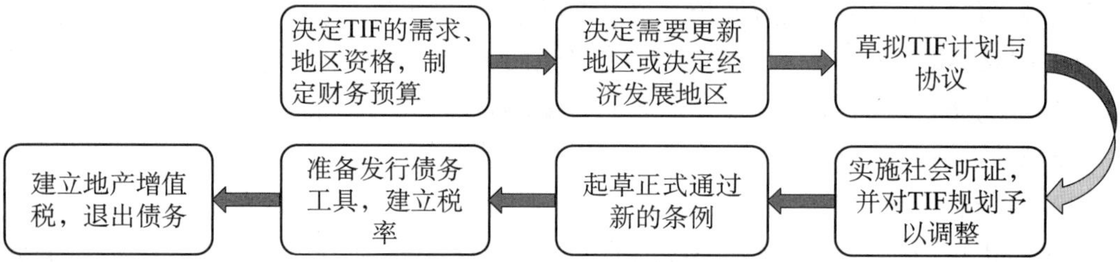

图8-1 TIF政策实施的一般程序

资料来源：姚之浩，曾海鹰.1950年代以来美国城市更新政策工具的演化与规律特征.国际城市规划，2018，33（4）.

2. 私营部门参与为主的融资政策工具

私营部门是公共部门的对称，指个人、家庭以及私人拥有的企事业单位，其活动依赖个人收入。私营部门参与城市更新融资最早起源于20世纪70年代的美国，美国城市更新运营已较为成熟，但联邦财政紧张，没有充足的资金供给城市更新，因此把融资权限逐步下放至私营部门。随着城市更新需求越来越大，私营部门逐渐在各国的融资中扮演越来越重要的角色。

---

① 徐文舸.城市更新投融资的国际经验与启示.中国经贸导刊，2020（22）.

② MCGREAL S，BERRY J，LLOYD G，et al. Tax-based mechanisms in urban regeneration：Dublin and Chicago models. Urban studies，2002，39（10）.

③ 同①.

（1）建立城市开发公司。

城市开发公司是中央拨款设立的企业型机构，具有多项公共部门特有的权力，通过政策和资金吸引私营部门资金，促进区域更新发展[①]。

案例专栏

伦敦码头区开发公司

伦敦码头区开发公司（London Docklands Development Corporation，LDDC）是城市开发公司融资更新的典型案例。1981年，LDDC由议会授权成立，负责管辖伦敦8.5平方英里区域的交通系统更新。LDDC在20世纪80年代共吸引了9.3亿英镑的私营部门融资，建设完成了29千米轻轨、116千米道路及公交和人行系统，并间接促成了码头区附近的伦敦城市机场（London city airport）的建设和投入使用。20世纪80年代晚期，LDDC开始重视社会效益，在社会发展方面投入近1.1亿英镑资金，其中半数用于教育和培训。

资料来源：费恩斯坦．造城者：纽约和伦敦的房地产开发与城市规划．上海：同济大学出版社，2019.

（2）城市更新产业基金。

城市更新产业基金是指通过债权融资、股权融资、股债融合融资来投资城市更新的金融工具。城市更新产业基金分为三种模式。第一种，纯债权模式。社会资本通过城市更新产业基金，以委托贷款、信托贷款等债权形式投资，使用城市更新产生的现金流进行债务还款。第二种，纯股权模式。该模式采用"优先劣后"的资金结果，优先级资金通过受让股权、增资扩股、资本公积注入等形式发放融资，融资到期后以股权溢价回购及收益差额补足的方式退出。第三种，股债融合模式。该模式同时包括了股票和债券的融资，既可通过增资扩股、资本公积等方式进行股权投资，同时通过股东借款进行债务投资[②]。

目前，国际主流的城市更新产业基金形式是房地产投资信托基金（real estate investment trusts，REITs）。REITs将大型不动产金融化、普惠化，通过发放不动产的收益凭证来进行募资，交由投资机构进行专门管理，REITs份额可进入资本市场。20世纪60年代，美国国会正式批准REITs，使得中小投资者以更便利的形式投资房地产，带动美国房地产行业发展。成立初期的REITs仅适用于房地产投资，但发展至今，只要能够产生稳定租金收益的资产都可转换为REITs，已覆盖城市更新投融资范围的绝大部分[③]。

案例专栏

美国REITs

根据美国《国内收入法》，REITs的具体形式分为信托基金、公司或协会，绝大多数

① 严华鸣．公私合作伙伴关系在我国城市更新领域的应用：基于上海新天地项目的分析．城市发展研究，2012，19（8）.

② 陈彦文，谢毓祯．产业基金参与广州市城市更新的融资模式探讨．广东经济，2017（5）.

③ 孟明毅．不动产信托投资基金的美国经验借鉴．经济与管理评论，2020，36（1）.

美国 REITs 实际上为公司型架构（见图 8－2）。公司型 REITs 常设一董事会管理公司，收益通过股东分红发放。该架构基于现代公司治理原则，投资相对灵活主动，更有利于基金高效利用。

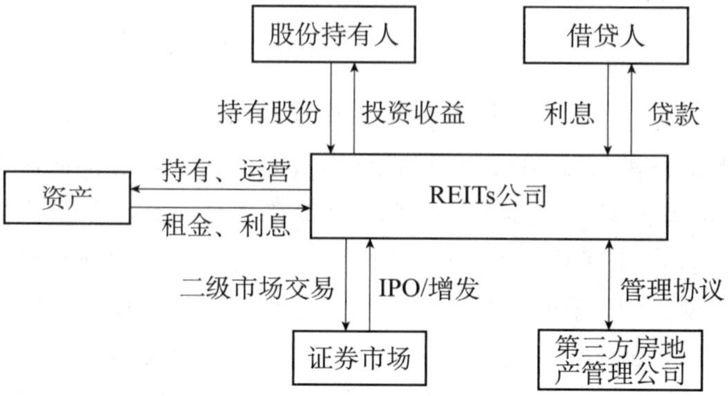

图 8－2 公司型 REITs 架构

在收益方面，美国 REITs 的多元投资者，在二级市场流通交易活跃，有效地带动了私营部门对城市更新相关资产的融资，也给投资者带来丰厚收益。FTSE NAREIT 权益类 REITs 指数在过去 25 年内，年化收益率为 4.3%，远超标普 500 指数的同期年化收益率（1.9%）。

资料来源：CAPOZZA D R，SEGUIN P J. Debt，agency，and management contracts in REITs：the external advisor puzzle. The journal of real estate finance and economics，2000，20（2）；孟明毅．不动产信托投资基金的美国经验借鉴．经济与管理评论，2020，36（1）.

（3）激励性区划。

激励性区划（incentive zoning）是以空间增额利益（如容积率奖励）和允许区划条件（如建筑后退、层高、停车场地）变更为条件，引导私营部门在再开发活动中自愿提供社会所需的服务和设施[①]。1957 年，芝加哥市政府首次提出对沿街建筑后退后形成的开敞空间提供额外楼面面积的奖励，这标志着激励性区划的诞生。

案例专栏

纽约市激励性区划

以纽约市的激励性区划为例，1961 年，纽约在区划条例中引入私有公共空间政策（privately owned public space，POPS）。1961—1973 年，纽约规定了满足激励性区划条件的七类 POPS，包括广场（plaza）、骑廊（arcade）、抬升式广场（elevated plaza）、跨街区骑廊（through block arcade）、风雨步行空间（covered pedestrian space）、下沉式广场（sunken plaza）和户外广场（open air concourse）。广场和骑廊类 POPS 采用羁束型审批制度（as-of-right），私营部门仅需将 POPS 作为建筑方案的一部分，送交建筑委员会进行审查，满足条例的最低标准即可获得相应容积率奖励；其余五类 POPS 采用裁量型审查（discretionary），需向纽约市规划委员会提出申请，由其审批是否满足获得容积率奖励的条件。

① 姚之浩，曾海鹰．1950 年代以来美国城市更新政策工具的演化与规律特征．国际城市规划，2018，33（4）.

为解决实践过程中出现的 POPS 建设质量偏低的问题，纽约市在 1975 年版区划条例中对 POPS 审批条件进行了更加细致的规定。例如：针对广场，每 30 平方英尺必须有 1 英尺长的座椅；每 30 平方英尺需设置一处喷泉和自行车停车架等；私营部门还需提供一定数量的公共艺术品和游戏设施等。在 1975 年版的基础上，2007 年版区划条例对 POPS 做了进一步量化规定。

截至 2014 年底，实行激励性区划的纽约市在 332 个项目中共建成总面积达 32 万平方米的私有公共空间，其中 98%集中在寸土寸金的曼哈顿，有效地缓解了曼哈顿缺乏城市开放空间的问题。

资料来源：于洋．纽约市区划条例的百年流变（1916—2016）：以私有公共空间建设为例．国际城市规划，2016，31（2）；于洋．面向存量规划的我国城市公共物品生产模式变革．城市规划，2016，40（3）.

（4）私人融资计划。

私人融资计划（private financing initiative，PFI）是 BOT 的子模式，但不完全遵循“建设-经营-转让”的程序，而是政府赋权私营部门建立特殊目的公司（special purpose company，SPC）。SPC 具有城市更新项目的特许开发权，参与融资并提供基础设施和服务，该部分设施和服务的收益由政府保障。

私人融资计划分为三种类型：第一种，公共服务直接买卖型。私营部门建设并运营公共设施，达到合同目标后由政府购买收回，该类型运用最为广泛。第二种，独立投资回收型。城市更新项目建成后，政府设定收费上限，私营部门通过在一定期限内收取使用费来收回投资。例如，英国威尔士大学医院的多层停车场和周边道路在更新完成后，私营部门在前三年按照政府规定收取停车费及过路费，第四年及以后根据市场情况自主确定费用，其中私营部门运营 20 年后再转交给政府①。第三种，公私合营型。政府和私营部门形成联合体，其中以私营部门为主导，私营部门投资回报依赖于公共产品的多品种再开发。

针对上述七种城市更新融资政策工具，本章从类型、运作流程、政府和私营部门在其中的参与方式、融资方式、存在问题和在中国的可应用性进行比较，以帮助读者更加直观地理解，如表 8－2 所示。

表 8－2　七种城市更新融资政策工具比较

	政府直接拨款	税收优惠和减免	税收增量融资	建立城市开发公司	城市更新产业基金	激励性区划	私人融资计划
政策工具类型	供给型	环境型	环境型	供给型	供给型	需求型	需求型
		出台法案或政策，规定具体减免税种及比例	1. 划定某一区域作为 TIF 区，设立专门机构和税收账户，制订开发计划	1. 建立城市开发公司，赋予其部分公共权力	1. 政府出资设立一定金额成立城市更新母基金	1. 政府设立激励性区划政策，规定容积率等奖励的量化条件	1. 政府赋权私营部门设立特殊目的公司（SPC）

① 韩传峰，台玉红．英国的工程项目融资方式：PFI. 建筑，2002（2）.

续表

<table>
<tr><th></th><th>政府直接拨款</th><th>税收优惠和减免</th><th>税收增量融资</th><th>建立城市开发公司</th><th>城市更新产业基金</th><th>激励性区划</th><th>私人融资计划</th></tr>
<tr><td>具体运作流程</td><td>政府向私营部门提供无偿拨款、低息贷款或与私营部门进行利润分成</td><td>出台法案或政策，规定具体减免税种及比例</td><td>2. 核定征税基准，冻结该部分税收，新增税收则归属TIF区专用账户用于支持区域更新
3. 推进TIF区开发与更新</td><td>2. 城市开发公司负责部分区域的城市更新，私营部门向城市开发公司提供融资</td><td>2. 发挥母基金撬动作用吸引私营部门投资，增资若干支子资本
3. 设立专门办公室进行城市更新投资和投资管理
4. 若干年后可进行基金退出</td><td>2. 满足条件的私营部门向政府申请
3. 政府专门部门定期对私营部门的激励性设施进行检查</td><td>2. 由SPC进行城市更新融资和建设
3. 私营部门建设的设施和提供服务由政府保障，分为公共服务直接买卖型、独立投资回收型、公私合营型</td></tr>
<tr><td>政府参与方式</td><td>提供融资资金</td><td>减少部分税收收取，相当于提供融资资金</td><td>1. 设立开发计划
2. 对税收增量融资进行管理</td><td>建立城市开发公司</td><td>1. 建立城市更新产业基金
2. 采用政策激励方式鼓励私营部门参与</td><td>1. 设立激励性区划政策，规定量化条件
2. 定期对私营部门进行检查</td><td>1. 赋权建立特殊目的公司
2. 购买部分城市更新设施和服务</td></tr>
<tr><td>私营部门参与方式</td><td colspan="3">未参与融资，仅参与城市更新建设</td><td colspan="2">私营部门参与融资</td><td colspan="2">私营部门参与城市更新融资和建设</td></tr>
<tr><td>融资方式</td><td colspan="3">政府融资</td><td>私营部门融资</td><td>政府和私营部门一同参与融资</td><td colspan="2">私营部门融资</td></tr>
<tr><td>存在问题</td><td colspan="3">融资模式单一，融资和资金使用效率较低，长期来看无法满足城市更新融资需求</td><td>可能损害社会效益，不利于长期的城市更新和发展</td><td>结构设计复杂，对外部市场和法律的完善程度有较高要求</td><td>缺乏细化标准制定，缺乏监管机制</td><td>居民参与有限，透明度较低，绩效评估体系形同虚设</td></tr>
<tr><td>是否可应用于中国</td><td>是</td><td>是</td><td>否
有待完善金融和税收政策，提高长期合同管理的能力</td><td>否
有待完善金融和税收政策，提高长期合同管理的能力</td><td>是</td><td>是</td><td>否
有待完善金融和税收政策，提高长期合同管理的能力</td></tr>
</table>

8.2　城市适宜性管理及其挑战与对策

城市适宜性不仅对提升城市生活环境质量、促进城市空间结构转型、加快高端生产要素流动和改善居民社会福祉发挥着重要的积极作用。城市适宜性研究还丰富了城市环境管理的价值理念、制度建设与政策工具。城市适宜性管理对城市发展的影响机制如图 8－3 所示。

本节从三个方面阐述城市适宜性管理如何提升城市生活质量。一是对城市适宜性概念进行定义，为城市适宜性管理提升生活质量提出理论依据。二是解析生活质量的要素构成，从经济、人口、空间三个方面，探究提升生活质量的影响因素与机制。三是从地方财政角度，阐述城市适宜性管理与生活质量提升途径的资金来源与制度保障。

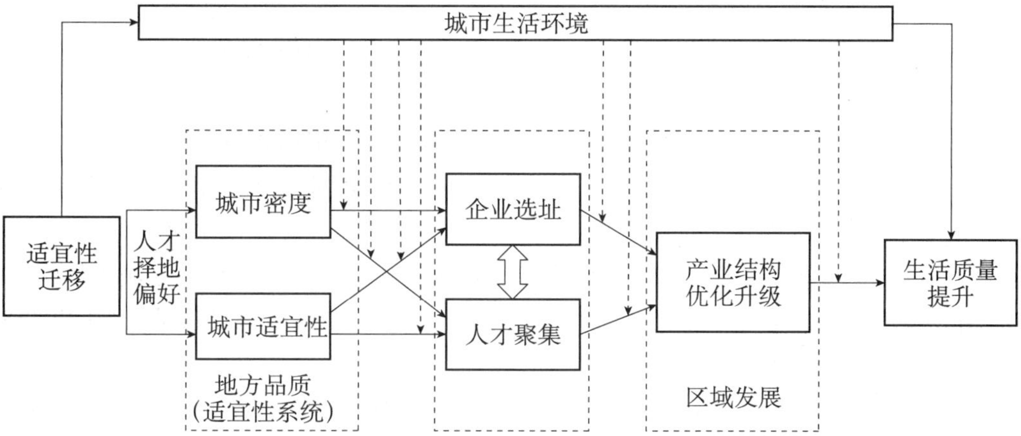

图 8－3　城市适宜性管理对城市发展的影响机制

8.2.1　城市适宜性

1. 城市适宜性的概念内涵

城市适宜性（urban amenities）是指城市利用优良的气候环境、地貌景观等先天的自然条件基础，加强经济、文化、服务、休闲与娱乐等的要素投入，提升城市人文发展环境，并在物质外的心理范畴，营造公共安全、开放与包容的社会氛围，将城市建成具有充沛公共产品与服务供给、令人舒适愉悦的城市环境，以及居住方便、环境宜人、交通快捷、消费方便、设施齐全的城市环境系统。

20 世纪 50 年代，厄尔曼首先提出城市适宜性概念。20 世纪 90 年代，格莱泽、弗罗里达（又译“佛罗里达”）和克拉克等学者，以实证经验分析证明了城市适宜性的存在，对城市适宜性开展了系统性研究。城市适宜性理论认为，在人力资本积累和技术创新日益重要的背景下，城市适宜性深刻影响了家庭和企业的选址决策。城市间的生产、消费，是提升生活质量、吸引人才集聚、促进城市发展的关键。适宜性是现代城市管理的核心内容。

格莱泽等多位学者认为，城市适宜性可以细分为四种适宜性类型。具体包括：一是多样化的商品与服务。城市在多样化的商品市场与服务，以及便捷的不可移动型产品服务方面的市场潜力，是城市吸引“人才迁移”的关键①。二是良好的公共服务。良好的公共产品与服务是城市发展的重要基础。优质教育和低犯罪率更是城市适宜性提升的重要因素②。三是文化与自然环境。早期城市主要关注空气污染、沿海接近性等自然适宜性的影响作用，但人文环境的多样性及其产生的溢出效应逐渐受到城市适宜性研究和政策制定者的关注。四是便捷的交通与通信设施。面对全球化、快速交通与通信技术引发的时空压缩现象，铁路通达能力、城市航运设施建设与5G网络基站等新兴基础设施，对城市发展环境的重要性日益增加。

2. 城市适宜性的评价

适宜性视角的城市环境评价研究，一般采用涵盖人文适宜性、自然适宜性与社会氛围适宜性三个维度的多指标综合评价法，构建城市适宜性评价指标体系③。

（1）人文适宜性。

城市人文适宜性评价指标分为城市经济、城市服务及城市休闲三方面内容。在城市经济方面，主要选取城市人均GDP、城镇登记失业率、劳动就业与产业结构等，作为经济发展的评价指标。在城市服务方面，选取人均教师与医生数量、城市博物馆、大型剧院及体育馆等大型服务设施数量，以及机场港口等交通服务设施作为评价指标。在城市休闲方面，主要选取人均公园绿地面积和每万人拥有的娱乐、文化、餐饮就业人员数量作为评价指标。

（2）自然适宜性。

自然适宜性主要包含气候环境和地貌环境两个方面。在气候环境方面，一般选取城市7月平均气温、相对湿度及日照时间作为气候因素指标。在地貌环境方面，多采取城市生态用地（非建设用地，涵盖绿地、水面等覆被类型）作为地貌景观指标。

（3）社会氛围适宜性。

社会氛围适宜性主要包括城市安全性、开放与包容性两个方面。在城市安全性方面，一般选取反映贫困的居民恩格尔系数指标作为评价城市安全性的替代指标。城市开放与包容性，主要评价城市对外联系交流的开放程度与对嵌入居民的友善程度。国外以波希米亚指数（Bohemia index）评价城市的开放水平④。由于数据约束，国内则选取外商与港

---

① 弗罗里达．你属哪座城？．北京：北京大学出版社，2009.

② GLAESER E，SCHEINKMAN J，SHLEIFER A. Economic growth in a cross-section of cities. Journal of monetary economics，1995，36（1）.

③ 与上述分类方法略有不同的是由博耶（Boyer）和萨瓦若（Savageau）主持的《美国各地评比年鉴》（*Places Rated Almanac*）中的分类方法，将城市舒适性分为生活成本、犯罪、医疗、工作、交通、教育、艺术、休闲和气候等九类，并按照这些要素每年对美国333个大都市区进行城市舒适性评级。

④ 波希米亚指数即某个地区作家、设计师、音乐家、演员、导演、画家、雕刻家及舞蹈家等职业从业者占总人口的比例，用以衡量该地区的开放度。结果表明，波希米亚指数与高人力资本个人集中度之间以及高技术产业集中度之间存在积极而显著的关系。参见：RICHARD F. Bohemia and economic geography. Journal of economic geography，2002（1）.

澳台投资企业份额替代城市开放性指标。在包容性方面，以城市生活成本指标反映城市包容性。

3. 城市适宜性的管理特征

追求城市人居环境的协调发展，既是适宜性理论追求的重要方向，也是城市适宜性管理的政策目标。其管理要求包括坚持以人为本的管理理念、开放流动的动态管理系统以及强调空间效应的管理手段三个方面。

（1）坚持以人为本的管理理念。

适宜性理论是西方发达城市进入后工业社会后，面向需求和寻求高品质生活而提出的城市发展理论①。伴随城市化向纵深推进，城市生活活动的承载密度不断提升，居民对重构紧凑、完整、便捷生活空间的诉求日益强烈②。人才的区位选择更重视共享空间、街道整洁、区域文化及环境功能等代表的城市适宜性。城市适宜性管理既可以促进城市空间结构转型，也将影响区域社会经济流动的进程，在很大程度上将决定城市的公共福利。

（2）开放流动的动态管理系统。

在全球要素竞争的背景下，城市空间从静态活动载体转变为要素集聚、技术创新与区域发展的重要工具③。适宜性水平既取决于城市自身基础的演化，也深受其他城市的影响。要素的流动交换是城市适宜性管理可持续的必要条件，但也迫使城市面临来自邻近城市或跨区域的同质性激烈竞争。因此，在要素流动过程中，如何提升城市的环境质量和人才吸引力，成为适宜性管理的重要内容。

（3）强调空间效应的管理手段。

现代城市管理重视将适宜性概念引入城市空间规划、公共卫生、经济发展和社会公平等领域，其核心观点强调适宜性设施间的有机结合及其嵌入的人文关怀，通过城市场景与空间体验，强化空间集聚的外部性从而吸引人力资本积累，推动城市经济社会的发展④。通过调整适宜性设施间的比例关系、数量水平及功能组合的空间效果，改善城市环境的使用方式，提升城市环境的宜居性、舒适性和享乐性。

8.2.2　城市适宜性的问题与挑战

1. 城市适宜性供给缺乏弹性，集聚外部不经济问题严峻

人口统计报告显示，全世界的人口迁移均出现了显著的城市集聚特征。近年来，全球城市尤其是中国超大特大城市，地价过高已成为集聚不经济的典型表现之一⑤。以深圳市为例，2019 年深圳全市常住人口密度达 6 484 人/平方千米，实际管理人口已达 2 000

---

① 温婷，林静，蔡建明，等．城市舒适性：中国城市竞争力评估的新视角及实证研判．地理研究，2016，35（2）.

② 柴彦威，张雪，孙道胜．基于时空行为的城市生活圈规划研究：以北京市为例．城市规划学刊，2015（3）.

③ 匡贞胜，孙斌栋．新国家空间框架解读中国空间转型现象的再审视．地理科学进展，2021，40（3）.

④ SUNLEY P，MARTIN R，GARDINER B，et al. In search of the skilled city：skills and the occupational evolution of British cities. Urban studies，2019（57）.

⑤ 郑涛，孙斌栋，张婷麟．多中心空间结构对城市地价影响研究．地理研究，2021，40（6）.

万，实有人口密度超过1万人/平方千米。由于城市空间资源稀缺，城市适宜性供给缺乏弹性，城市集聚的外部不经济问题严重，导致当前中国的城市适宜性管理不足以完成充足的人力资本积累。

迄今为止，很多学者使用适宜性选择模型，揭示城市集聚外部不经济的形成机制与人口集聚的内在逻辑联系。城市适宜性模型最早由罗森和罗贝克提出，克鲁普卡和康纳森拓展了罗森-罗贝克的理论模型，在新古典假设下将人口引入空间均衡模型①。其理论认为，城市适宜性的空间差异将对个体效用产生正面或负面的影响②。一般而言，居民效用函数表示为：

$$U(R,W:A_i)=\overline{U},U_r<0,U_w>0,U_A>0,$$

其中，$U_r<0$ 表示居民效益与租金呈反向关系，$U_w>0$ 表示居民效益与工资呈正向关系，$U_A>0$ 表示居民效益与适宜性设施呈正向关系。居民更喜欢低租金和高工资，而公司更喜欢低工资和低租金，因此城市适宜性模型的假设条件为：

$$V(R,W:A_i),V_r<0,V_w>0,V_{A_i}\longrightarrow 0$$

$$\pi(R,W:A_i),\pi_r<0,\pi_w<0,\pi_{A_i}>>0$$

在适宜性理论框架下，公司和居民通过选址来选择租金、工资和适宜性设施。每个城市的适宜性水平都由本地的租金和工资组合（内生）以及适宜性设施和住房供应因素（外生）所代表③。仅当每个主体在城市中的经济利润超过零时，城市适宜性模型方能达到均衡。符号表示为：

$$V(R,W:A_i)-\bar{V}>0$$

$$\pi(R,W:A_i)-\bar{\pi}>0$$

城市适宜性强调空间集聚的影响作用，因而通过简化形式，将集聚经济纳入适宜性模型中，$A_i=a_i(N_i)w$，其中N_i表示城市人口规模。最终，引入空间效应的适宜性模型，其推导结果为：

$$W_A=W_A+W_R R_A$$

$$\Omega_A=\Omega_A+\Omega_R R_A$$

在工资上，适宜性设施对工资的影响效应分为直接效应（W_A）与通过租金对工资的间接效应（$W_R R_A$），分析发现适宜性对工资的一般均衡效应存在模糊性。而在人口规模

---

① 从区域经济学的视角来看，人的择地行为是在新古典框架的理性选择假设下、在经济机会和区域适宜性空间不均衡中开展一系列权衡的反应过程，其中经济和非经济的地域特征是决定效用差异的基本因素。适宜性相关社会科学认为，基于区域自然和文化便利设施所驱动的适宜性迁移，可以视为对城市空间弊端或对郊区窒息效应驱动下，导致城市空间规模与社会经济动态产生重大影响的区位决策。

② 德斯梅特和罗西-汉斯伯格进一步将城市适宜性引入标准劳动供给弹性的城市模型中，并发现一旦城市适宜性减少20%，将导致城市总体福利减少5%～6%。参见：DESMET K，ROSSI-HANSBERG E. Urban accounting and welfare. American economic review，2013，103（6）.

③ 阿尔布伊进一步研究阐述城市地区的高收入属性被城市负面属性（高房价、交通拥堵等）所抵消的补偿差异研究框架。在补偿性理论框架下将城市和区域间的生活质量差异，归因于个体-家庭的空间经济价值的差异，而这种价值是由当地固有生产力（工资）、适宜性设施或管理政策等社会经济和空间属性共同决定的。参见：ALBOUY D. Are big cities bad places to live?：estimating quality of life across metropolitan areas. NBER working paper series，2008.

(Ω_A) 上，同样分为直接效应 (Ω_A) 与通过租金影响人口集聚的间接效应 $(\Omega_R R_A)$，适宜性对工资的一般均衡效应也存在模糊性。因此根据模型推导的结果说明，在城市住房供给缺乏弹性的空间制约下，城市适宜性并不足以实现高级人力资本积累。

2. 城市资源和机会非均衡配置，城市内部空间分异严重

数据分析发现，城市间适宜性水平与城市内部的结构特征都呈现极化特征。2009 年，超过 85%的美国城市居民生活在空间隔离比 1970 年更严重的地区①。尽管城市间具有不同的空间分异特征，但城市适宜性空间分化较为严峻的地区均是规模更大、密度更高以及城市适宜性更强的超特大城市②。

蒂伯特假说被广泛用于解释空间分化，认为城市居民根据对城市间适宜性的异质偏好进行选择。在分析中，大多在新经济地理模型中纳入城市居民对城市适宜性的异质偏好。模型的主要形式为：

$$U_i^{0} = (A_i^{0}\, Y_i^{0})^{\frac{\mu}{2}} (c_i^{0})^{1-\mu}$$

$$U_i^{A} = (A_i^{A})^{\mu\eta} (Y_i^{A})^{\mu(1-\eta)} (c_i^{A})^{1-\mu}, A_i^{K} = \left(\int_{s\in N^A} \mathrm{d}_i^{kx}(s)^{\frac{\sigma-1}{\sigma}} \mathrm{d}s\right)^{\frac{\sigma}{\sigma-1}}, k \in [0, A, y]$$

$$U_i^{y} = (A_i^{y})^{\mu 1-\eta} (Y_i^{A})^{\mu\eta} (c_i^{Y})^{1-\mu}, Y_i^{K} = \left(\int_{s\in N^Y} \mathrm{d}_i^{kY}(s)^{\frac{\sigma-1}{\sigma}} \mathrm{d}s\right)^{\frac{\sigma}{\sigma-1}}, k \in [0, A, y]$$

在上述效用表达式中，消费者偏好的代表性类型分别为 $k \in [0, A, y]$三类，其中，c_i^A表示 A 类居民的基本商品消费，N^A表示城市适宜性的种类数量，参数 μ 为适宜性服务与基本商品的相对重要性，参数 η 为适宜性种类间的相对偏好与重要性。

在规模报酬递增的模型假设下，居民通过城市租金、工资和适宜性水平三个变量的集合进行选址移动，当每个主体在城市中的经济利润超过或等于零时，城市居民将不再选择移动。

在其他条件不变的情况下，城市适宜性的空间效应将形成一种内生机制，造成城市适宜性空间隔离持续恶化，在城市间表现为适宜性水平的差异性扩大，在城市内部则形成城市生活环境两极化的空间格局。

3. 忽视城市空间外部性影响，城市适宜性价值估算失灵

城市环境等不可移动和交易的空间服务，是城市适宜性的内在组成部分，因此城市适宜性的价值测度仅能间接估算而无法直接测量。迄今为止，多数研究主要通过显示偏好研究法（特征价格模型）来概念化和整体性测度城市适宜性的经济价值。如图 8-4 所示，显示偏好研究法是以住宅结构、邻里特征和环境特征三个自变量构成的特征价格模型为基础进行分析的，函数形式包括线性函数、对数函数和 Box-Cox 转换形式等。

---

① 美国 229 个城市地区中有 203 个都经历中产阶级人口收缩。中产阶级群体最小的城市均为超级城市和科技中心：纽约、洛杉矶、华盛顿、波士顿、迈阿密等。关于 1980—2010 年美国前 30 城市地区的空间隔离问题，可参见：TAYLOR P，FRY R. The rise of residential segregation by income. Economics，2012（8）.

② 佛罗里达．新城市危机：不平等与正在消失的中产阶级．北京：中信出版集团股份有限公司，2019.

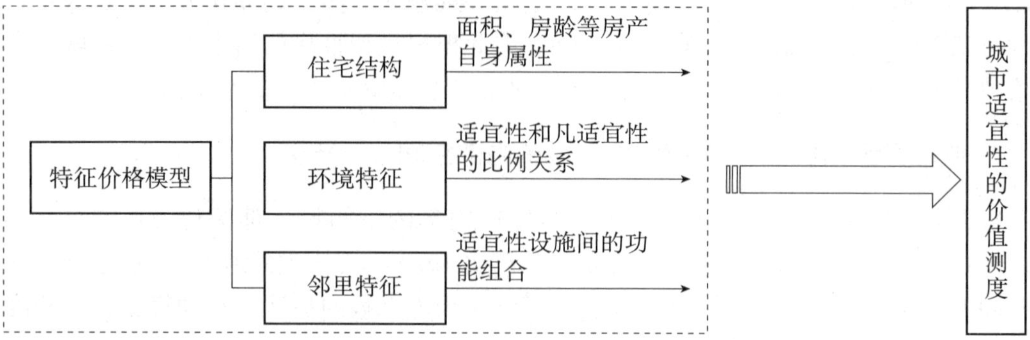

图 8-4　适宜性设施价值估算的理论基础

随着研究逐步深入，多数学者认为，城市适宜性的测度研究在模型假设、函数选择与应用场景三个方面，可能包含着严重遗漏变量偏差、高共线性与内生性问题①，为城市适宜性价值估算带来挑战②。首先，模型假设方面，稳定的房地产市场价格，是特征价格模型应用的理论前提，但多数发展中国家难以满足这个条件。在测度估算过程中，城市适宜性设施间的协同效应以及环境外部性等非市场特征属性，导致出现适宜性设施间高共线性、人文适宜性高内生性等潜在问题。

其次，函数选择方面，如表 8-3 所示，因缺乏经济理论支撑，仅能通过研究经验初步设定，使用 Box-Cox 转换形式，通过复杂数值计算改变模型结构，提高样本数据拟合度，然而计算过程过于复杂，缺乏操作性。

最后，应用场景方面，由于大多数发展中国家的经济发展、就业机会、公共服务和城市适宜性等主要集中在城市空间内，无法满足城市适宜性的影响在空间上应平稳均质且独立连续的基本假定，导致在测度城市适宜性时纳入大量混杂因素，存在严重的识别问题。

表 8-3　城市适宜性估算一般函数形式比较

函数名称	函数形式	优缺点
线性形式	$P(X)=C_0+\sum_{K=1}^{K}\theta_K X_K+\xi$	优点：简单易行 缺点：对样本准确性要求高，与边际递减规律相矛盾
对数形式	$\ln P(X)=\ln C_0+\sum_{K=1}^{K}\theta_K \ln X_K+\xi$	优点：考虑边际递减规律 缺点：P 和 X_K 值均不能为 0
对数线性	$\ln P(X)=C_0+\sum_{K=1}^{K}\theta_K X_K+\xi$	优点：考虑边际递减规律 缺点：P 值不能为 0

① ALBOURY D. Are big cities really bad places to live?：improving quality-of-life estimates across cities. https：//www.nber.org/system/files/working_papers/w14472/revisions/w14472.rev0.pdf.

② 城市环境的空间均衡是由特征向量和价格向量共同决定的，并将空间异质性归因于次级市场效应，不同收入群体和住房次级市场的相对位置取决于城市设施的空间格局和动态，对城市设施有相似偏好的家庭往往聚集在同一次级市场。值得注意的是，多数文献强调若忽略城市环境设施多样性、异质性的技术模型，将无法完整量化城市环境的综合效益。

续表

函数名称	函数形式	优缺点
Box-Cox 转换形式	$P^{(\phi)}(X)=C_0+\sum_{K=1}^{K}\theta_K X_K(\lambda)+\xi$	优点：改进数据正态性，提高模型拟合度 缺点：计算复杂

资料来源：申慧敏，夏赞才，刘婷，等．MWTP 计量模型研究与应用进展．统计与决策，2020，36（23）.

8.2.3　城市适宜性的管理对策

1. 空间策略

构建多中心、多层次、多功能的城市空间结构，摆脱城市资源瓶颈，引导资源、人口、产业等在空间上有序布局，提高整体生活环境质量，是城市适宜性管理的空间策略目标。城市适宜性理论认为，通过改善城市空间的结构布局，来影响城市内部地价的空间分布特征，将有效克服城市人口大量流入造成的交通拥堵、生活成本过高等外部不经济。

藤田和小川构建的多中心城市模型，广泛应用于城市多中心空间结构模式的形成机制、演变规律及影响作用分析中[①]。通常假设，居民和企业的选择过程是分别在效用最大化及利润最大化下的行为决策。城市空间结构的演化则被视为城市主体交互作用下的最终结果[②]。其模型为：

$$V(R,W:A_i)-\overline{V}>0,V=[W(x_w)-R(x_w)S_b-td(x_0,x_w)]$$
$$\pi(R,W:A_i)-\overline{\pi}>0,\pi=A_if(x)-R(x_w)S_b-W(x_w)L_B$$
$$A_i=f(S_b,L_B)$$

式中，R 为城市租赁成本，W 表示工资水平，t 表示为通勤成本，S_b 为土地，L_B 为劳动力。$f(x)$ 为企业的生产率，A_i 反映企业获得城市适宜性的外部经济水平。引入空间效应模型的均衡解析发现，城市适宜性管理的空间策略取决于适宜性的经济外部性与生活成本间的相对关系 $\left(\frac{t(1+\lambda)}{r}\right)$。

当适宜性的经济外部性所带来的收益远高于通勤成本和地租溢价时 $\left(\frac{t}{r}<\frac{N}{2(1+\lambda)}\right)$，城市空间策略适合单中心的城市空间结构发展。反之，若适宜性的经济外部性介于通勤成本和地租溢价之间 $\left(\frac{N}{2}<\frac{t(1+\lambda)}{r}<N\right)$，城市空间策略应发展双中心或多中心空间格

---

① FUJITA M, OGAWA H. Multiple equilibria and structural transition of non-monocentric urban configurations. Regional science and urban economics, 1982 (12).

② 罗森将区位视为差异化产品，将住房价格与实际工资、环境属性视为一个空间均衡系统允许经济机会的空间差异，强调度量各类适宜性设施的经济价值，认为设施的空间分布特征将对个体的使用效用产生正面或负面的影响。在均衡迁徙模型中，关键解释性变量为适宜性水平与（实际收入增长、对适宜性设施需求的高收入弹性等）可能导致适宜性设施供需变化的变量因素。ROSEN S. Hedonic prices and implicit markets: product differentiation in pure competition. Journal of political economy, 1974, 82 (1).

局，分散市中心的用地需求，降低城市中心的集聚负外部性。

从上述理论模型结果可知，多中心的城市空间结构是成本收益权衡下的最佳形态，有助于缓解城市空间资源瓶颈制约，能有效解决城市集聚外部不经济与城市生活成本过高的问题，从而全面提升城市适宜性供给规模与质量水平。近年来，多中心城市结构被广泛作为城市适宜性管理空间策略的核心（见表 8-4）。大城市或特大城市的空间结构，由单中心转向多中心已成为西方发达国家以及发展中国家的部分发达地区城市化的主要趋势[①]。

表 8-4　城市多中心空间结构管理模式

空间模式	空间圈层型	交通轴线型	区域复合型
典型城市	伦敦	东京	纽约
主要措施	以伦敦为主要的城市中心，彼得伯勒、北安普顿等多个卫星城市为次中心共同构成	形成由新宿、池袋、临海等七个副中心和五个核心都市构成的轴线型多中心城市空间结构	以纽约都市圈为核心，通过中心功能互补，平衡人口要素流动和城市发展建设的关系，提升全纽约市的城市环境质量
经验特点	卫星城一般距离主城市中心 100 千米范围以内；卫星城与主城之间、各卫星城之间界限明确，可识别性很强	城市副中心几乎分布在城市交通干道的交会处，具有高度的可达性和较强的辐射影响力	注重城市发展与周围地区的整体联动和区域协调；克服城际重复建设、资源浪费和过度竞争的弊端

多中心城市结构是指在多个不同等级的城市中心主导下，城市人口和经济活动的群簇分布格局[②]。在经验上，若多中心城市结构调整仅由空间规划引导，在其他条件不变的情况下，外围的次级与三级中心的功能空间及其服务质量将严重滞后于城市主中心，从而加剧城市集聚的负外部性。为推进城市功能与多中心空间结构的调整优化，城市适宜性管理应以面向生产与居民生活的市场服务、教育与医疗公共服务及城市路网建设等为重点，提升多尺度的城市功能复合利用，实现城市适宜性服务功能的均衡分布，提升功能服务中心的规模等级与覆盖范围，解决传统公共服务的空间可达性缺陷，合理引导人口选址分布，消除强主弱次的不合理格局。

2. 功能策略

聚焦适宜性服务空间和非空间可达性，消除城市服务资源的非均衡配置及流动性障碍，构建空间、社会、经济多维度的融合路径，重塑友善、便捷及舒适的城市环境，是城市适宜性管理的重要战略目标。适宜性理论认为，非均衡的空间分异是城市居民差异化的选择结果。由于在经济、就业机会、服务和社交上存在距离和可达性约束，部分居民在获取城市适宜性资源上遭遇空间障碍。强化城市适宜性的地理空间可达性和社会因素的非空间可达性，会消除城市适宜性非均衡配置导致的流动性障碍。

在空间尺度上，城市适宜性服务空间分异的核心因素是城市居民的异质性。城市居

① 刘乃全，吴伟平．城市空间结构的优序选择研究．湖湘论坛，2017，30（4）．

② 吴一洲，赖世刚，吴次芳．多中心城市的概念内涵与空间特征解析．城市规划，2016，40（6）．

民的异质性源于经济技能与选择偏好两个方面的差异性。在选择偏好上，可区分为一般性（R－）与个性化（R＋）的选择偏好。在经济技能上，可区分为基础性（H－）与专业性（H＋）的经济技能。在技能和偏好异质性的二维框架下，城市适宜性管理需要针对四类应用群体（见表8－5），制订相关的管理方案。

表8－5　城市居民技能与偏好分析二维框架

		偏好	
		一般性偏好选择（R－）	个性化偏好选择（R＋）
技能	基础性经济技能（H－）	边缘弱势型（R－，H－）	潜在弱势型（R＋，H－）
	专业性经济技能（H＋）	潜在优势型（R－，H＋）	核心优势型（R＋，H＋）

第一，兼具个性化偏好与专业性技能的核心优势型居民群体（R＋，H＋），在城市发展中具有显著优势，若无政策干预，容易形成优势群体空间集聚。因此，管理策略应注重适宜性服务设施的开放性，通过强化绿地公园等城市公共空间、博物馆等大型服务设施以及提高城市对外联系的连通度，一方面完善对核心优势群体的适宜性服务功能，提升对高水平人才的吸引力；另一方面拓展适宜性服务设施的开放性，消除其他居民群体对服务资源的流动性障碍，提升城市社会与空间的融合水平。

第二，潜在优势型（R－，H＋）与潜在弱势型（R＋，H－）两类居民群体，在城市发展中具有一定优势，但易受城市环境各项因素的限制。因此，管理策略应注重适宜性服务设施的公共性，通过完善城市基础教育、卫生医疗、社区公园及公共交通等适宜性服务设施的合理布局，提升适宜性设施区位的服务范围，降低城市空间分异等负面环境因素对这两类居民的影响。

第三，仅具有一般性偏好与基础性技能的边缘弱势型居民群体（R－，H－），在城市发展中完全缺乏比较优势，若无政策支持，他们极易受困于住宅环境品质差、服务设施配套不足、通勤成本过高的城市边缘区域。因此，管理策略应注重城市适宜性的社会福利属性，打造以空间适配为导向的城市保障性住房供给体系，推动保障房选址由居住转为就业导向，引入多元主体解决周边配套设施建设问题，降低边缘弱势型居民群体的城市生活成本。

3. 识别策略

关于城市适宜性社会经济价值的研究，主要基于新古典假设下的补偿差异框架，城市适宜性的资本化效应，在很大程度上会在住房和劳动力市场上发生反应。早期，国内外城市经济学者主要对教育质量、服务设施可达性、居住环境等开展城市适宜性价值估算的研究。

然而，多数学者认为，特征价格模型在理论分析和样本数据方面，均存在强烈的假设要求，在城市环境社会经济价值估算的经验研究中，可能出现包含严重遗漏变量偏差的内生性问题。尤其是环境设施间的协同效应、环境外部性等非市场特征与空间效应的两类异质性问题，会对城市适宜性价值评估研究形成挑战。

首先，针对环境外部性问题，为进一步估算城市适宜性的社会经济价值，主要采用两步法建构研究思路。具体而言，第一步，$\begin{matrix} \hat{W} = \sum Z_K^J \pi_K^W + \xi^{WJ} \\ \hat{P}^J = \sum Z_K^J \pi_K^P + \xi^{PJ} \end{matrix}$，甄别自然优势和消费规模效应之间的相互作用，通过将城市房屋价值与城市家庭收入的中位数，分别作为因变量与自变量开展二元回归分析，利用其结果得出适宜性设施边际支付意愿占其总收入的比例。第二步，$\hat{Q}^J = \sum \pi_K^Q Z_K^J + \xi^{QJ}$，利用第一步回归结果的残差，识别出一般特征价格框架下，无法被观测到的适宜性价值，进而估算城市空间环境的隐含价值。伍尔德里奇等人认为，两步法提供了适宜性价值估算的标准误差和拟合优度，深度补充了一般补偿框架对城市环境价值估算的经验工具①。

其次，针对空间异质性问题，近年来，在适宜性设施价值估算研究中，大多在特征价格模型基础上引入空间效应，如空间滞后模型（spatial lag model）、空间误差模型（spatial error model）和地理加权回归模型（geographically weighted regression model）等空间计量工具。相较于一般计量经济等全局回归方法，地理加权回归属于局部回归模型，一般模型形式为$\begin{matrix} P_J(X) = C_0(u_j, v_j) + \sum \theta_k(u_j, v_j) X_k + \xi_j \\ \theta_k(u_j, v_j) = [X' W(u_j, v_j) X]^{-1} X' W(u_j, v_j) P_J \end{matrix}$。其空间权重矩阵利用基于距离加权的局部样本，估计出每个样本点各自独立的参数值②。其优势在于能够反映出变量间关系的局部特性。

综合国内外相关文献，空间加权回归模型是一种有效探测空间非平稳特征的空间分析方法，将特征价格模型估计参数设定为变量空间位置的函数，修正一般特征价格模型的空间相关性对估计效果的影响，有效解决传统回归模型无法反映回归系数空间局部变化的缺陷③。

8.2.4 城市适宜性管理的展望

在适宜性管理过程中，随着大数据与微观数据集的可用性增加，多数研究通过引入异质性等微观变量，强化空间均衡理论的解释力。基于异质性分析的城市环境相关文献大致可分为偏好异质性与劳动异质性两种研究路径。与许多其他发展中国家的城市相似，中国要素资源的空间分布和经济活动导致区域间的生产效率差距明显，这表明劳动力市场中存在大量空间摩擦，缺乏紧扣现实问题，且可有效落实的城市政策。

借鉴西方经验，中国在城市适宜性理论的应用上，应针对人口迁移成本等空间摩擦、城市拥挤成本过高等问题，放宽一般框架固有的自由流动性假设，关注多重异质性、区位劳动力市场弹性、区位黏性机制等影响因素，揭示城市适宜性的驱动效应与联系机制。通过将补偿差异理论纳入区域发展模型，突破完全流动性假设下的适宜性理论研究框架，允许城市环境的资本化不完全转化为工资和租金。在中国城市住房供给缺乏弹性等特定时空

① WOOLDRIDGE J M. Cluster-sample methods in applied econometrics. American economic review: papers and proceedings, 2003 (93).

② 申慧敏，夏赞才，刘婷，等. MWTP 计量模型研究与应用进展. 统计与决策，2020，36 (23).

③ 李莉，侯国林，夏四友. 上海市共享住宿时空格局及影响因素识别. 人文地理，2021，36 (1).

制约下，将迁移成本、城市拥挤成本等空间摩擦，引入空间均衡模型，构建具有人口迁移等空间因素的城市经济模型，进一步理论化城市品质与适宜性迁移的内在逻辑联系。

8.3　城市生活质量评价测度与影响因素

8.3.1　生活质量的概念内涵

生活质量（quality of life）是一个涵盖自然环境、政治经济和社会文化等多领域、多层面、多维度的概念，是对一个国家或地区居民生存发展与生活水平的综合反映。生活质量是一种心理上的主观感受，指居民从周围环境所获得的满足感[①]。这种感受既涉及个人的收入水平、社会取向、信仰与受教育程度等微观因素，还受到城市安全性、文化包容性与开放性等宏观因素的影响[②]。世界卫生组织将生活质量概括为居民物质水平、生理功能状态、心理健康状态和社会功能状态等四个方面。

伴随城市化的推进，生活质量已成为城市环境管理的重要概念。溯源发现，20 世纪 50 年代，加尔布雷思在《丰裕社会》中提出，生活质量是人们对生活舒适、便利程度及生活幸福的总体感受。20 世纪 70 年代，罗斯托在《政治和成长阶段》中指出，追求生活质量的提升是社会发展的必然趋势。20 世纪 80 年代，中国国家统计局起草的社会统计指标草案、北京市社会科学院的《首都社会发展指标及其评估方法》，强调了社会指标意义上的生活质量研究；生活质量成为综合描述社会人群的总体生活水平以及衡量社会整体发展水平的重要指标[③]。

长期以来，揭示城市环境和区域生活质量的影响因素是区域科学研究的重要主题。初期研究多采用客观方法对生活质量开展调查、量化、建模等，并对地区和城市进行排名。随着跨学科研究迅速增加，学者日益关注生活质量的主观衡量指标及环境特征（如气候和社会文化等）对它的影响。目前，大多数关于生活质量的定量研究，旨在建立全面的理论和经验框架，采用多元混合数据、趋善化模型等技术手段，对传统 GPS 和 POI 数据补充引入居住空间的社会属性，分析人口特征、社会经济和城市适宜性设施与生活质量之间的复杂联系[④]。

8.3.2　生活质量的评价测度

1. 生活质量的指标体系构建

城市生活质量评价是生活质量研究的核心，由于对城市生活质量内涵与侧重点的不

---

① MULLIGAN G，CARRUTHERS J，CAHILL M. Urban quality of life and public policy：a survey. Contributions to economic analysis，2004（266）.

② 张连城，张平，杨春学，等．中国城市生活质量报告（2015）．北京：社会科学文献出版社，2015.

③ 风笑天，易松国．城市居民家庭生活质量：指标及其结构．社会学研究，2000（4）.

④ 刘伦，王辉．城市研究中的计算机视觉应用进展与展望．城市规划，2019，43（1）.

同认识，评价研究分为客观与主观生活质量评价两个方面①。首先，在客观生活质量的评价方面，主要方法是分析不同地理和空间尺度的汇总数据，再分析城市居民的生活质量和社会经济属性，定量与定性评价生活质量的优劣，如图 8-5 所示。

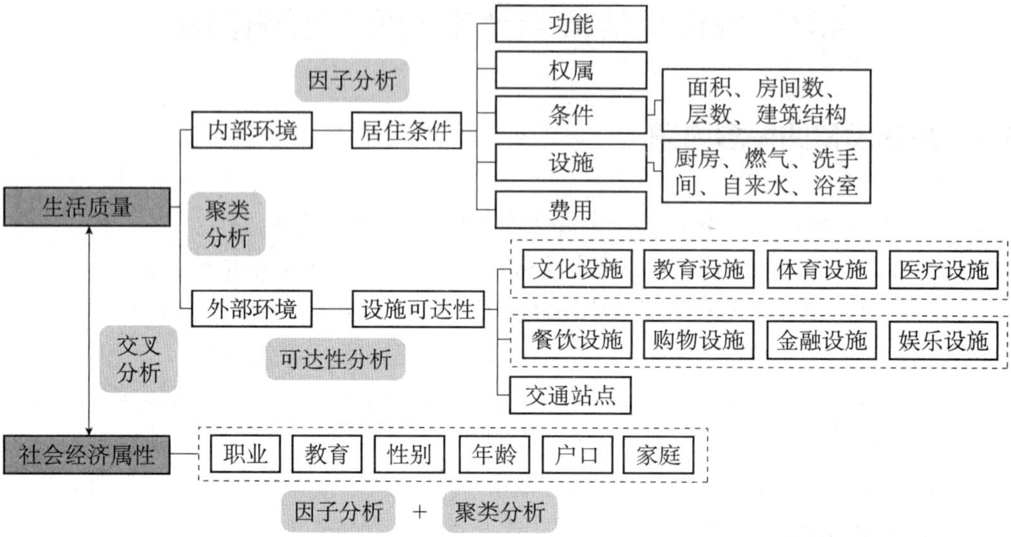

图 8-5　客观生活质量评价方法的研究框架

资料来源：冯健，钟奕纯．基于居住环境的常州城市居民生活质量空间结构．地理学报，2020，75（6）.

其次，在主观生活质量的评价方面，主要使用社会调查方法收集个人层面数据，考察人们对生活状况、休闲娱乐、家庭与社会生活及自我发展等方面的主观体验与幸福满意度，如图 8-6 所示。

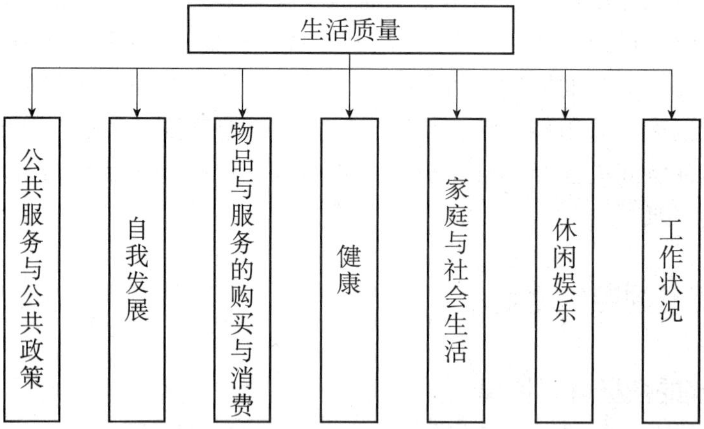

图 8-6　主观生活质量评价方法的研究框架

资料来源：周长城，任娜．经济发展与主观生活质量：以北京、上海、广州为例．武汉大学学报（哲学社会科学版），2006（2）.

① 曾文，张小林，向梨丽，等．江苏省县域城市生活质量的空间格局及其经济学解析．经济地理，2014，34（7）.

综述文献发现，国内外的生活质量评价研究多是从概念、内涵出发，基于多源数据，采用多指标综合评价法，通过客观指标、主观指标及行为指标等，构建城市生活质量评价指标体系，如表 8－6 所示。

表 8－6　城市和社区的生活质量指标体系

客观指标	主观指标	行为指标
就业率	住房和邻里满意度	公共交通使用率
人口的受教育程度	对社会治安的自我评估	居住流动性
人均收入	对学校教育的自我评估	居民对公共和政治生活的参与
犯罪率	对自我健康的自我评估	不同类型组织志愿者参与频率
死亡率	对城市拥挤程度的自我评估	居民对休闲和社会互动频率
慢性病发病率	居民健康满意度	步行和骑自行车的数量
空气质量	居民对家庭、朋友、工作等的满意度	
居住密度	生活满意度	
公园数量	公共服务满意程度	
中转站距离		
服务设施的可及性		

资料来源：MULLIGAN G，CARRUTHERS J，CAHILL M. Urban quality of life and public policy：a survey. Contributions to economic analysis，2004 (266).

当前，国内外学者对城市生活空间质量的研究主要集中在"问题（现象描述）-解构（判别评价）-重构（机制机理）"的学术逻辑中。以"欧洲生活质量指标体系"为例，为弥补以 GDP 表示生活质量的不足，在借鉴已有的综合测度指标体系成果的基础上，2014 年欧盟出台"生活质量指数"（quality of life indicator），从物质生活条件、经济和生活安全、自然和生活环境、休闲和社会互动及整体生活感受等九方面，构建了城市生活质量的评价指标体系，如表 8－7 所示。

表 8－7　欧盟生活质量指数框架

欧洲生活质量指标体系	物质生活条件	收入
		消费（人均家庭消费、总人均消费以及其他家庭预算调查的指标）
		住房条件
	生产活动	可获得工作数量
		可获得工作质量
	健康	预期寿命
		婴儿死亡率
		医疗保健权利
		对自我健康的自我评估

续表

欧洲生活质量指标体系	教育	人口受教育程度
		大学毕业生数量
		自我评价和评估技能
	休闲和社会互动	居民对休闲和社会互动频率
		不同类型组织志愿者参与频率
	经济和生活安全	每个国家杀人犯数量
	政府治理和基本权利	居民对公共和政治生活的参与
		公共服务满意程度
	自然和生活环境	住房和邻里满意度
		空气质量
	整体生活感受	生活满意度

资料来源：张连城，张平，杨春学，等．中国城市生活质量报告（2015）．北京：社会科学文献出版社，2015.

2. 生活质量指标的测度与权重

根据各指标权重的差异性，生活质量指标权重的确定方法分为等权重与差异权重两种方法。前者视构成综合指数的各个指标同等重要；后者通过基于数理分析的客观构权法与专家打分等主观构权法，差别对待各个指标，赋予不同权重。

当前，由于缺乏一套客观、统一的定量方法来确定生活质量指标的权重，因此国际权威指标大多采取等权重法对各指标进行赋权，如物质生活的质量指数（physical quality of life index，PQLI）、人类发展指数（human development index，HDI）、社会进步指数（index of social progress，ISP）等。等权重法的具体原则是：每个一级指标对综合评价的贡献相同，且每个一级指标内部的二级指标的权重相等。权重的确定公式如下：

$$W_i \times N_i (i=1,2,3,\cdots,n),\text{且}\sum W_i \times N_i = 1$$

其中，W_i为第 i 个一级指标中各二级指标的权数，N_i为第 i 个一级指标所包含的二级指标数量（无须调整）。由于各指标的量纲、数量级及指标的正负取向均有差异性，因此构建生活质量评价体系需要进行归一化处理，相关的研究大多采用极值标准化、平均值标准化两种方法进行无量纲化处理，前者对正向指标采用$X_i=\dfrac{X_i-X_{\min}}{X_{\max}-X_{\min}}$，对负向指标采用$X_i=\dfrac{X_{\max}-X_i}{X_{\max}-X_{\min}}$，将各项指标处理成在［0，1］区间的标准化数值。后者针对正向指标采用平均值标准化的方法进行原始数据的无量纲化处理。平均值标准化的具体公式如下：

$$x_i' = \frac{n \cdot x_i}{\sum_{i=1}^{n} x_i}, i=1,2,\cdots,n$$

其中，i 表示第 i 个地区，x_i表示每个三级指标中第 i 个地区的原始数值，x_i'表示每个三级指标中第 i 个地区的标准化数值。

针对负向指标先取其倒数，再采用标准化方法对原始数据进行无量纲化处理，其平均值标准化的具体公式如下：

$$x_i{}' = \frac{n \cdot (1/x_i)}{\sum_{i=1}^{n} 1/x_i}, i = 1,2,\cdots,n$$

其中，i 表示第 i 个地区，x_i 表示每个三级指标中第 i 个地区的原始数值，$x_i{}'$ 表示每个三级指标中第 i 个地区的标准化数值。在得到数据的无量纲化数值后，依据相应的权重计算出最终得分。

8.3.3　生活质量的影响因素

提升生活质量是城镇化推动社会转型的核心目标之一。城市生活质量受到生活方式、居民需求及生活方式等主观因素，以及社会经济、人口规模、空间结构等客观因素的共同影响。

1. 经济因素

收入水平是影响生活质量最重要的经济因素。研究发现，相较于贫穷落后地区的人，大多数经济发达地区的社会居民的生活质量更高。且在同一地区，生活环境与个人的生活满意度呈正相关关系。当前研究主要集中于宏观经济变量、经济参数以及个体特征对主观幸福感的影响①。从居民的需求偏好角度来看，常将居民效用视为收入、工作参数、闲暇时间和个人因素组合的函数。具体公式为：

$$U = U(y,h,i,j), \frac{\partial U}{\partial y} > 0$$

其中，U 代表居民效用函数，效用水平越高说明生活质量越高；y 表示居民的绝对收入水平，$\frac{\partial U}{\partial y}>0$ 说明在 h，i，j 不变的情况下，居民的绝对收入水平与效用呈正向关系；h 为闲暇时间；i、j 分别表示工作参数和个人因素。

然而，近年来经济增长与居民幸福感之间的不匹配关系得到越来越多的证实，绝对收入水平和生活质量间的变化并非总是一致的。库比谢夫斯基等人研究发现，尽管自 1950 年以来，世界国内生产总值增长了三倍多，而人们的实际福利水平在 1950—1978 年逐步上升，但在 1978 年达到峰值后开始下降，呈现出倒 U 形特征②。布罗克曼等人研究认为，收入差距扩大是导致中国居民幸福感下降的重要原因③。

相对福利理论认为，除了收入水平提升外，人们的生活福利和幸福感还受到社会结构的相对地位、周围环境、其他人的消费行为等因素的影响，由此居民效用函数不仅仅是绝对收入的函数，更是相对收入或参考收入的函数，具体公式为：

$$U = U(y,y',h,i,j), \frac{\partial U}{\partial y} > 0, \frac{\partial U}{\partial y'} < 0$$

---

① 亢楠楠，王尔大．主观幸福感对居民环境行为的影响研究．统计研究，2017，34（5）．

② KUBISZEWSKI I，JACKSON T. Beyond GDP：measuring and achieving global genuine progress. Ecological economics，2013（93）．

③ BROCKMANN H，DELHEY J，WELZEL C，et al. The China puzzle：falling happiness in a rising economy. Journal of happiness studies，2009，10（4）．

其中，y'是相对收入或参考收入，对于个人而言，相较于绝对收入水平，相对收入水平对生活质量的影响更加明显①。研究证实了收入水平、教育程度、城乡分割与政治身份等是造成居民生活质量和幸福感下降的内在原因。因此，改善中国社会中的机会均等化程度，推动国民收入分配向居民倾斜，提高国民受教育水平和适当缩小收入差距，对提高居民的幸福感具有非常迫切的现实意义。

2. 人口因素

研究发现，种族、性别、年龄及就业情况等人口因素都将影响居民的生活质量。在高度城镇化背景下，熟练劳动力的人力资本积累是决定城市发展的重要特征。夏皮罗通过新古典城市增长模型分析发现，在美国大都市地区的大学毕业生就业增长效应中，大约40%来自生活质量的提高，其余部分来自生产率的提高②。戴蒙德引入简化的内生享乐模型，假定城市的内生享乐设施是城市大学毕业生所占比重的增函数，通过城市居民的选择效应，以及教育与环境保护间的正相关关系，来实现内生化的城市生活质量提升③。具体公式如下：

$$a_{it}=r^{a}\ln\left(\frac{H_{it}}{L_{it}}\right)+\xi_{it}^{a}$$

其中，生活质量指数函数由城市大学就业率$\left(\frac{H_{it}}{L_{it}}\right)$构成，$r^{a}$是适宜性设施供给弹性，$\xi_{it}^{a}$是生活质量指数的外生因素。根据模型推演结果，可以描述生活质量在城市空间中的差异化现象。

总体上，人口质量通过供给和需求诱导两种路径，对城市发展和城市生活质量产生影响。前者遵循技术异质性的视角，强调应以收入潜力、公共服务、社会文化等关键的高质量生活服务，吸引高技能劳工、高水平人才改变区位决策，向城市集聚。后者基于企业异质性的方法，主张以城市空间外部性为支撑，通过技术和人才的地理空间集中，强化人力资本积累，提高生产率，推动知识技术创新流动，吸引创新企业进驻，共同促进城市繁荣发展④。

3. 空间因素

从社会经济空间演化的角度来看，城市生活质量实质上是居民对城市生活行为资源的获取过程⑤。城市生活空间质量要素结构如图8-7所示。由于对生活价值的偏好不同，城市间和城市内部的生活空间质量均存在显著差异性。关于城市生活质量空间分异的研究，

---

① 何立新，潘春阳．破解中国的“Easterlin悖论”：收入差距、机会不均与居民幸福感．管理世界，2011（8）.

② SHAPIRO J M. Smart cities：quality of life，productivity，and the growth effects of human capital. Review of economics & statistics，2006，88（2）.

③ DIAMOND R. The determinants and welfare implications of US workers' diverging location choices by skill：1980—2000. American economic review，2016（106）.

④ YONG C，ROSENTHAL S. Local amenities and life-cycle migration：do people move for jobs or fun？. Journal of urban economics，2008，64（3）.

⑤ 潘秋玲，王兴中．城市生活质量空间评价研究：以西安市为例．人文地理，1997（2）.

主要通过空间和统计两类数据，从宏观和微观两个尺度进行分析。微观尺度上，国内外学者侧重空间维度，分析评价城市内部生活质量与服务设施可达性①、区位优势度②、安全性③等。巴拉斯和特兰默将英国家庭调查与人口普查数据相结合，来探讨个人、家庭和地区层面的生活质量水平差异。

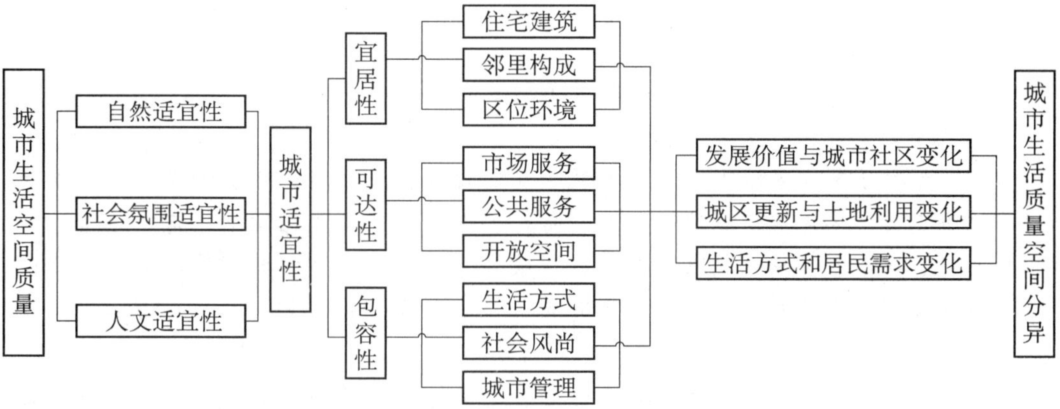

图 8－7　城市生活空间质量要素结构

宏观尺度上，研究主要聚焦于对城际间生活空间质量与城市规模、经济发展水平等因素的相关关系进行评价排序和等级划分；分析城市“三生”空间质量水平的总体特征和分布规律，及其与城市的人口规模、行政等级之间的相关关系；在发展策略、设施建设及社会网络等方面，为城市和地方政府提供具有可操作性的生活质量增益方案。总体上，作为生活质量的空间化体现，空间质量并非城市发展的简单投射，会受到区域和城市环境的影响，且城市生活质量的空间评价与衡量标准是一个动态系统。

8.3.4　城市生活质量的研究展望

随着网络空间与物质空间交互融合，地理网络空间、空间分析技术与人工智能应用的结合日益深化。现代城市生活质量的研究焦点也由传统场所空间的区位分析转向多尺度城市空间形态下的要素流动及其交互关系。学者们开始基于 GPS 定位、居民时空行为等数据，引入活动弹性概念，揭示城市居民的通勤行为特征及复杂模式；或者基于手机信令数据，从微观个体行为的视角，构建城市建成环境的评价框架，进一步揭示居民活动如何受到各项建成环境因素的显著影响④。

当前，在空间分布研究的基础上，城市生活质量的前沿研究，逐渐从城市空间的整

---

① WITTEN K，ENETER D，FIELD A. The quality of urban environments：mapping variation in access to community resources. Urban studies，2003，40 (10).

② 张文忠，刘旺，孟斌．北京市区居住环境的区位优势度分析．地理学报，2005 (1).

③ 杨俊，李雪铭，李永化，等．基于 DPSIRM 模型的社区人居环境安全空间分异：以大连市为例．地理研究，2012，31 (1).

④ 申悦，柴彦威．基于 GPS 数据的城市居民通勤弹性研究：以北京市郊区巨型社区为例．地理学报，2012，67 (6).

体性、居民需求的异型性与环境时空的交互性出发，首先考虑时空数据的演化特征，采用多学科工具捕捉居民需求特征，开展一系列城市环境特征与居民生活质量之间关系的实证研究；其次针对城市维度间的数据相关属性，通过城市功能网络分析，构建时空维度下，城市生活质量的研究框架与指标体系，揭示城市环境的社会空间重构与居民时空行为的复杂关系。

本章小结

城市更新是不断完善城市功能和为城市居民提供舒适环境的重要调节机制。城市更新融资政策工具主要包括政府参与和私营部门参与两类。典型的政府参与类融资政策工具包括政府直接拨款、税收优惠和减免、税收增量融资，典型的私营部门参与融资类政策工具包括建立城市开发公司、城市更新产业基金、激励性区划、私人融资计划等。本章对相关概念、具体政策工具及其机制进行了分析。

基于人才择地偏好的逻辑，从概念内涵、问题挑战与管理对策三个方面系统性地阐述城市适宜性管理与城市生活质量的内在关联；基于前沿研究成果，关注多重异质性、空间摩擦与区位黏性机制等影响因素，研究分析中国城市适宜性管理的主要问题，进一步理论化城市适宜性管理与城市生活质量的内在逻辑联系。

生活质量是城市环境管理的重要概念与核心目标之一，本章从城市生活质量评价的概念、影响因素和测度工具三个方面解析生活质量的要素构成，探究提升生活质量的影响因素与机制。

关键术语

城市更新　税收增量融资　激励性区划　城市适宜性　多中心城市结构　生活质量　服务设施可达性

复习思考题

1. 简述世界范围内城市更新的主要历程。
2. 政府参与为主和私营部门参与为主的城市更新融资政策工具都有哪些？
3. 城市适宜性管理的概念特征、政策优势与局限短板是什么？
4. 城市适宜性管理与城市生活质量的内在联系机制是什么？
5. 城市生活质量空间分异的总体特征和分布规律是什么？

进一步阅读的文献

1. ADAIR A，BERRY J，MCGREAL S，et al. The financing of urban regeneration. Land use policy，2000（17）.

2. GLAESER E L，JED K，ALBERT S. Consumer city. Harvard institute of economic research working papers，2001（1901）.

3. KAHSAI M S，GEBREMEDHIN T G，SCHAEFFER P V. A spatial analysis of amenity and regional economic growth in northeast region. Review of urban & regional development studies，2011，23（2/3）.

4. BALLAS D，DORLING D. The Geography of happiness. https：//doi. org/10. 1093/oxfordhb/9780199557257. 013. 0036.

5. BLANCHFLOWER D G，OSWALD A. Is well-being u-shaped over the life cycle?. Social science & medicine，2007，66（8）.

6. BRERETON F，CLINCH J P，FERREIRA S. Happiness，geography and the environment. Ecological economics，2008，65（2）.

7. MULLIGAN G，CARRUTHERS J I. Amenities，quality of life，and regional development. Social indicators research series，2011（45）.

8. DIENER E，BISWAS-DIENER R. Will money increase subjective well-being?. Social indicators research，2002，57（2）.

9. GATAŪLINAS A，BANČEVICA M. Subjective health and subjective well-being（the case of EU countries）. Advances in applied sociology，2014，4（9）.

10. PARKINSON M. UK city regions：policies，performance and prospects. The town planning review，2016，87（6）.

11. MARES P. The new geography of jobs. Australian journal of labour economics，2013（16）.

12. ROBACK J. Wages，rents，and the quality of life. The journal of political economy，1982（90）.

13. KRUPKA D J，DONALDSON K N. Wages，rents and heterogeneous moving costs. Economic inquiry，2013，51（1）.

14. ROSEN S. Wage-based indexes of urban quality of life//MIESZKOWSKI P，STRASZHEIM M. Current issues in economics. Baltimore：Johns Hopkins，1979.

15. DESMET K，ROSSI-HANSBERG E. Urban accounting and welfare. American economic review，2013，103（6）.

16. 詹政，王铁山．PFI融资模式在城市公共工程中的应用．城市问题，2008（8）.

第 9 章

城市治安管理与犯罪预防

现代城市中社会安全与秩序稳定的迫切性和重要性日益凸显，城市治安管理应运而生，并成为城市系统运转、经济社会稳定与人民安居乐业的前提。本章有三个主要内容：一是系统阐述城市治安管理的概念内涵、影响因素和主要内容。二是介绍城市治安管理评价模型的指标选择、评价指数和数据处理方法。三是阐述城市犯罪预防的类型、方法、机制、对策与评估技术方法。

重点问题

- 城市治安管理与犯罪预防的概念内涵及理论流派
- 城市治安管理的主要影响因素
- 城市治安管理的特征与内容
- 犯罪预防的概念、特征与评估方法

9.1 城市治安管理的发展概述

9.1.1 城市治安管理的概念内涵

在古代汉语中，“治”与“乱”相对，指管理、统治的方略及状态。现代意义上的“治安”内涵转变为公共安全与良好的社会秩序。作为特殊社会主体的活动，治安的目的是保障国家安全，维护政治统治，实现政治清明和社会安定[①]。城市治安管理的概念与范畴随着城市功能的拓展及城市对公共事务的需求的变化而不断演变。正如马克思和恩格斯所说：“随着城市的出现也就需要有行政机关、警察、赋税等等，一句话，就是需要有公共的政治机构。”[②]

“治安”本质上是社会安全管理的实践过程，它有两方面含义：一是治安秩序，指由

① 万川．“治安”词义源流考．北京人民警察学院学报，2004（4）．

② 马克思，恩格斯．马克思恩格斯全集：第 3 卷．北京：人民出版社，1960：57.

人群活动而形成，受一定规则调整，在社会安定和公共安全方面的发展状况；二是治安工作，是治安管理主体针对潜在的违法犯罪、现实治安案件，以及各种扰乱社会秩序、违法违规行为依法公开进行处理及预防的一种行政管理行为①。尽管城市治安的任务目标随着城市发展需求而不断变化，但保障公共安全、维护公共秩序和保护公民人身财产安全是城市治安管理始终坚守的核心目标，刑事、交通、消防、出入境、户籍管理等是城市治安管理的重点领域。

当前，中国城市治安管理的主要任务包括以下四方面：（1）打击和处理各种违反法律法规的犯罪行为，稳定社会秩序，维护群众利益；（2）处理各种违反治安管理条例的行为，如对扰乱公共秩序、违反交通管理条例的行为形成规范处理程序；（3）预防和控制各种突发事件，将产生危害的行为扼杀在事前，减轻事件损害；（4）及时处理人为过失或故意造成的各类治安灾害事故，如火灾、爆炸、中毒等，消除损害人民生命财产的行为和事件。

此外，流动人口是治安管理需重点关注的对象。在第七次全国人口普查公报（第七号）中，国家统计局对流动人口的定义为：流动人口是指人户分离人口中扣除市辖区内人户分离的人口。其中，人户分离人口是指居住地与户口登记地所在的乡镇街道不一致且离开户口登记地半年以上的人口。市辖区内人户分离人口是指一个直辖市或地级市所辖的区内和区与区之间，居住地和户口登记地不在同一乡镇街道的人口。通俗来讲，流动人口往往跨越了一定的辖区范围，是前往户籍所在地外工作并经常性回返的人②。流动人口具有不稳定因素，易对城市安全产生威胁，尤其是其中流动频率快、工作稳定性低、生活水平较差、社会保障缺失的群体③。流动人口问题在中国体现得较为明显，由于人口基数大、国土面积辽阔、区域经济社会发展不平衡等，近年来中国人口流动规模大、增速快，以中青年及男性为主体；在空间流动层面，流入地以东部地区为主；在城乡流动层面，大量人口从乡村迁入城市。由此带来了文化差异及社会融入等方面的一系列问题，呈现人口流动方向反复等现象，这些变化对中国治安管理工作提出了新的挑战④。

针对流动人口治安管理，城市流动人口违法犯罪问题成为部分学者的研究重点。如麻国安基于人口社会学视角总结人口流动规律，发现社会不平等的程度与人口的流动性成正比，在此基础上构建了社会流动理论的框架，认为人口流动性是社会不平等性的重要参考指标，人口流动性越大，越能反映社会的不平等性⑤。环境设计预防犯罪（crime prevention through environmental design，CPTED）也被学者们引入到针对流动人口的治安管理研究中，并强调CPTED是一个过程，而不是一个结果，并且处于不断演变当中⑥。

---

① 李健和．治安学原理．北京：中国人民公安大学出版社，2013.

② 张庆五．关于人口迁移与流动人口概念问题．人口研究，1988（3）.

③ 郑翔宇．从治安管理角度探究城市流动人口的管理．法制与社会，2011（16）.

④ 陈丙欣，叶裕民．中国流动人口的主要特征及对中国城市化的影响．城市问题，2013（3）.

⑤ 麻国安．中国的流动人口与犯罪．北京：中国方正出版社，2000.

⑥ COZENS P，MELENHORST P. Exploring community perceptions of crime and crime prevention through environmental design（CPTED）in Botswana. Papers from the British criminology conference，2014.

9.1.2 城市治安管理的影响因素

城市治安管理的特征可以概括为政治性、历史性、综合性与动态性，根据不同特征，城市治安管理的影响因素也涉及不同方面，如图 9－1 所示。

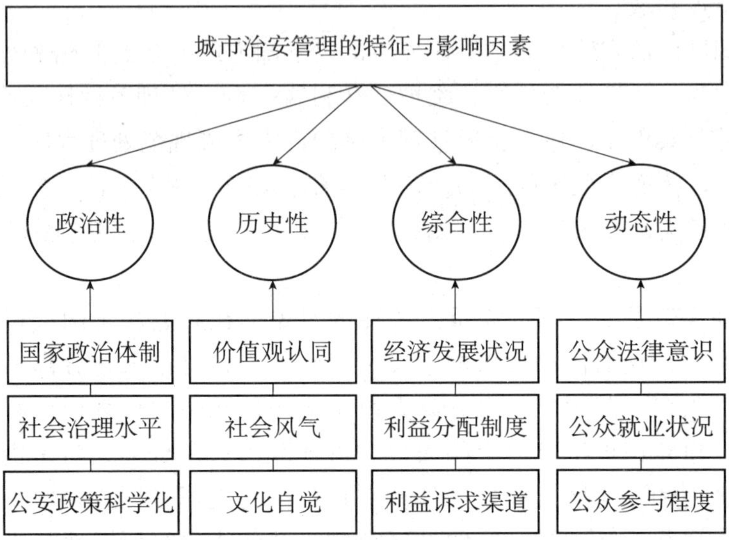

图 9－1 城市治安管理的特征与影响因素

第一，政治性。城市治安状况是直接衡量一个国家政治是否稳定的重要标杆之一。首先，社会治安状况受政治权力监督机制完善的直接影响，政治权力监督制约不力会诱发潜在的社会不稳定因素，扰乱社会秩序，影响社会治安。其次，社会治理的科学化水平是公安机关依法进行社会管理和服务的科学化程度，它既是化解社会治安矛盾的重要能力指标，也直接决定了社会治理的效果及公众公共安全需求的满足程度。最后，公安政策科学化决定了公安政策制定与执行的科学性、合理性、有效性和延续性，因此完善政策制定与执行过程中的保障机制建设能够进一步增强政策实施的客观性与公正性，有利于城市治安管理的有序进行。

第二，历史性。城市治安管理属于上层建筑的范畴，它与一定时期的经济发展水平或生产力水平关系密切。首先，不同历史时期对价值观的认同度，对特定时期城市治安管理的准则和依据具有决定作用，需通过长期的文化和价值观宣传、教育来内化成形。其次，良好的社会风气能够对社会公众的价值观与行为方式进行积极引导，有效防止社会矛盾等城市治安管理事件的发生。最后，文化自觉通过强调文化的包容和对他人的理解，减少人际矛盾和社会风险。

第三，综合性。社会秩序得以保持安定的前提在于社会矛盾得以协调解决并处于相对平衡的状态，这个解决过程比较复杂，使得城市治安管理体现出综合性的特征。重要的影响因素包括：一是社会公众的平均财富水平和占有资源的程度，可以降低社会矛盾和冲突的发生概率。二是利益分配体制和制度不合理，造成收入差距过大，容易诱发社会矛盾，直接影响城市社会治安状况。三是非正当的利益诉求方式很容易酿成社会治安问题，必须畅通利益诉求渠道来妥善处理。

第四，动态性。城市治安管理是一个动态过程，首先，社会公众的法律意识培养具有渐进性，强化相关教育宣传，提高社会公众自我保护意识，尤其是对违法成本的明确传达，能增强社会公众的素质，降低知法犯法的可能性，减少社会治安问题。其次，社会公众尤其是城市中流动人口的就业问题与城市社会治安状况密切相关。最后，社会文明程度决定了公众参与社会管理的深度，能否清晰表达自身的利益诉求，对及时消除社会利益冲突隐患非常重要。

9.1.3 城市治安管理的主要内容

在众多的城市治安管理相关理论研究中，情境预防犯罪理论、风险管理理论和社会治理创新理论真正体现了城市治安的本质。情境预防犯罪理论是城市治安管理的基础，风险管理理论为城市治安工作廓清了风险源头和管理机制，社会治理创新理论为城市治安管理指明了发展方向[①]。

情境预防犯罪理论主要针对犯罪高发地区，采用设计、管理和调整等方式持续改变环境，通过增加犯罪难度和减少犯罪收益来减少犯罪行为的发生[②]。风险管理理论是指降低风险的不良影响的管理过程。学者认为处于工业社会中心的人们自行创造了风险，社会公众都生活在市场经济、官僚行政和现代科技等产生的现代性风险之下[③]。风险管理工作的核心是治安管理主体通过识别社会活动中的潜在危险、有害因素，并以科学的方法确定风险层级，制定风险控制措施，提升城市的安全保障能力。社会治理创新理论，一方面，通过整合社会资源，改进治理方式，激发组织活力，培育扶持机制，创新预防化解矛盾的社会体制；另一方面，通过建设共同防范体系，加快城市治安管理工作从管控规制向法制保障转变[④]。

基于国内外的前沿研究与实践成果，城市治安管理的理论体系和研究方法将呈现出以下发展趋势：（1）突破传统学科的路径依赖，构建独立的城市治安管理概念系统、范畴和研究命题[⑤]，按照新兴学科的目标重构城市治安管理边界；（2）在治安理论研究的立足点与视域选择上，应跳出“强调应用性”和“缺乏规范性”的困境，提升研究的方法

---

① 李健和．治安学原理．北京：中国人民公安大学出版社，2013；杨瑞清．治安管理概论．北京：中国人民公安大学出版社，2013；王彩元，杨纪恩．关于公安学学科与专业设置、调整的思考：兼谈应急警务学科与专业建设．公安教育，2016（9）．

② COHEN L E，FELSON M. Social change and crime rate trends：a routine activity approach. American sociological review，1979，44（4）．CLARKE R V. Situational crime prevention//FARRINGTON D，TONRY M. Building a safer society：strategic approaches to crime prevention. Chicago：University of Chicago Press，1995.

③ BECK U. Risikogesellschaft：auf dem weg in eine andere moderne. Berlin：Suhrkamp Verlag，1986.

④ 张雪梅．新时期社会治理创新的制约因素与民主路径解析．社会主义研究，2014（1）；窦玉沛．从社会管理到社会治理：理论和实践的重大创新．行政管理改革，2014（4）；贾玉娇．从社会管理到社会治理：现代国家治理能力提升路径研究．吉林大学社会科学学报，2015，55（4）．

⑤ 葛志山．治安学学科体系建设研究．北京：中国法制出版社，2017.

论基础[①]；（3）在研究方法上，基于跨学科交叉的视角，综合运用社会科学与自然科学、定性与定量的分析方法，推动研究方法的交融、转换与创新，注重前瞻性[②]；（4）重新对城市治安管理的业务范围和工作内容进行规定，逐渐摆脱业务分类和部门职能设置的传统体制框架，形成开放性运行管理体系。

9.2　城市治安管理的评价模型

构建科学的社会评价指标体系来评估社会治安状况，对提升城市治安管理水平具有重要意义[③]。目前国外影响较大的治安评价指标体系有美国联邦调查局每年 9 月公布的上一年的全美犯罪数据、福布斯根据美国联邦调查局公布的数据总结的年度全美“最危险”城市、《麦克林周刊》发布的加拿大最佳城市排行榜等。国内的相关研究始于 1992 年 8 月公安部发布的《关于对社会治安状况实行分类评估的通知》，此后不同学者分别有针对性地构建了治安评价指标体系，如南京市的“全国最安全城市评价指标体系”。评价模型通常采用层次分析法。层次分析法是将相关元素分解成目标、准则和方案三个层次，确定各指标权重后，再进行定性定量研究的一种层次权重决策分析方法。通过指数进行综合测算和模型构建，一般采用分层递阶结构，包括准则层、判别层与指标层。准则层代表城市治安管理的属性主体维度，判别层是对准则层的细化，指标层则是实施综合分析的最底层可测量性的数据点。

9.2.1　评价模型的指标选取[④]

根据使用对象的不同，城市治安评价指标体系的构建可概括为面向公安机关的城市治安指数和面向公众的城市治安指数。

1. 面向公安机关的城市治安指数

在构建城市治安状态判别层时，下层指标可选取“黄赌毒”治安案件占全部治安案件比例、街道治安案件占全部治安案件比例、“两抢两盗”日均报警数、“八类”暴力案件的发案率等。同时在动态层面关注社会治安改善程度，可使用环比指标，如“黄赌毒”案件环比减少率、“八类”暴力案件环比减少率、火灾案件环比减少率等；也可以使用其他表征社会治安状态相对于基准指标可控程度的可测值，如“两抢两盗”财产损失等。

---

① 卢国显，张亚飞．当前我国城市警民距离的实证研究：以北京、天津、深圳、成都、衡水五市为例．中国人民公安大学学报（社会科学版），2015，31（1）；郭明，张成．“过程-事件”分析法对治安学研究的借鉴．中国人民公安大学学报（社会科学版），2016，32（2）.

② 王精忠．关于治安学学科建设的若干思考．山东警察学院学报，2014，26（2）.

③ 张真理，许传玺．社会治安评价指标体系的两个基本问题．中国人民公安大学学报（社会科学版），2014，30（1）.

④ 邵祖峰，张建良，胡军伟．城市治安指数设计思路与评价方法．广西警察学院学报，2019，32（5）.

城市居民满意度和社会公众满意度判别层可直接援引第三方评价或采用面向社会公众的城市治安指数分项数值。

上述三个判别层指标均属于产出性指标的范畴，投入性指标包含城市治安的警力配置、设施资源和经费保障（见图9-2)。城市治安警力配置可以通过每万人拥有警力数、社区治安治理基层组织的密度等下层指标进行测算。对于城市治安设施资源则可以使用出租屋、旅馆业等特许行业监管系统接入率、重点场所安检覆盖率、防控设施建设密度等下级指标综合测度。由于治安经费主要来源于财政支持，社会治安经费保障的下层指标应选取经费投入相关指标，如治安民警继续教育训练经费投入、消防安全宣传教育投入、治安防控体系建设经费投入等。

其他指标应重点关注环境资源性指标。若选取环境资源作为准则层，则判别层可构建城市规模、人口素质和政策与法律指标等，相对应的下层指标可选取辖区人口数量、高学历人才占比、治安相关法律法规数量等。

- 面向公安机关的城市治安指数
  - 产出性指标
    - 城市治安状态
    - 城市居民满意度
    - 社会公众满意度
  - 投入性指标
    - 城市治安警力配置
    - 城市治安设施资源
    - 城市治安经费保障
  - 其他指标：城市规模、人口素质、政策与法律

图9-2 面向公安机关的城市治安指数模型

2. 面向公众的城市治安指数

面向公众的城市治安指数分为客观指标和主观指标两个层面（见图9-3)。在构建城市治安状态判别层时，下层指标应直接反映城市治安状态，可选取通报盗窃案数量、消防安全隐患数量、电信诈骗案数量、治安失控区漏管地大小等。治安改善措施指标可通过“天眼”工程设施完善程度、街道出警巡查率等下层指标综合测算。上述指标均属于客观指标的范畴，对公众居民而言，主观指标的选取必不可少，代表居民对治安工作的认可度与反馈。主观指标可选择城市治安满意度、改善措施满意度和城市公众安全感等判别层指标。可通过问卷调查等方式测算社会治安满意度，统计城市居民对“八类”严重暴力犯罪、街区常态化治安防控工作以及对侵权类案件治理成效的意见，定量测算城市居民对治安状态的满意度。在改善措施满意度的测算思路下，可将“天网”工程、街区警察服务、基层治安管理组织作为调查的切入点，对治安防控相关工作进行打分，加权求和得到改善措施满意度的数值。城市公共安全感的测算可从日常生活和生产工作两个视角来构建指标，分别测算居民日常生活的安全感和生产工作中的安全感，实现对城市公众安全的整体测算。

- 面向公众的城市治安指数
  - 客观指标
    - 城市治安状态
    - 治安改善措施
  - 主观指标
    - 城市治安满意度
    - 改善措施满意度
    - 城市公众安全感

图 9－3　面向公众的城市治安指数模型

9.2.2　数据处理方法

根据设置的评价指标体系搜集和汇编数据，测算出各级指标数值，对各指标确定合理的权重。

单项指标的应用，首先通过对该项指标进行时间序列分析，关注变动趋势；然后进行统计指标的测算，通过计算极差、众数、平均值等方法对指标进行统计描述，并分析与总体的差别；最终将指标得分进行横向和纵向对比，找到并精准提升薄弱点。关于综合指标，要在确定权重的基础上，对指标进行无量纲化处理，再进行合理的加权计算，用于评比与排序，也可以结合地理信息系统生成区域治安指数热力图①。

（1）正向指标的标准化。

采用平均值标准化方法对正向指标进行原始数据的无量纲化处理，平均值标准化的具体公式为：

$$x_i{}' = \frac{n \cdot x_i}{\sum_{i=1}^{n} x_i}, i = 1, 2, \cdots, n$$

式中，i 表示第 i 个辖区，x_i表示每个下级指标中第 i 个辖区的原始数值，$x_i{}'$表示每个下级指标中第 i 个辖区的标准化数值。

（2）负向指标的标准化。

基于负向指标的含义，为有利于后续分析，在进行标准化前先对其取倒数，再按照上述标准化方法对原始数据进行无量纲化处理，具体公式为：

$$x_i{}' = \frac{n \cdot (1/x_i)}{\sum_{i=1}^{n} 1/x_i}, i = 1, 2, \cdots, n$$

式中，i 表示第 i 个辖区，x_i表示每个下级指标中第 i 个辖区的原始数值，$x_i{}'$表示每个下级指标中第 i 个辖区的标准化数值。

（3）适度指标的标准化

适度指标表征程度的优劣与绝对数值大小不具有线性关系，基于此，对适度指标的处理需要先计算与理想值的差值，再采用上述标准化的方法进行无量纲化处理，具体公式为：

① 邵祖峰，张建良，胡军伟．城市治安指数设计思路与评价方法．广西警察学院学报，2019，32（5）．

$$x_i' = \frac{n \cdot |x_i - x_{best}|}{\sum_{i=1}^{n} |x_i - x_{best}|}, i = 1,2,\cdots,n$$

式中，i 表示第 i 个辖区，x_i 表示每个下级指标中第 i 个辖区的原始数值，x_{best} 表示每个下级指标中第 i 个辖区的理想值，x_i' 表示每个下级指标中第 i 个地区的标准化数值。

9.3 城市犯罪预防的评估

犯罪行为严重危害个体和社会，预先防范和遏制犯罪的发生，对控制城市犯罪和维护城市社会安全具有重要意义。

9.3.1 犯罪预防的概念与方法

1. 犯罪预防的概念内涵

犯罪预防（crime prevention）是指使用诸如有效预防、协同控制、及时侦破和准确打击等各种途径与手段，妥善抑制并消除犯罪发生的原因和条件，削弱犯罪因素的作用和强度，减少犯罪数量。犯罪预防包括在社会和自然领域预先做出各种介入性措施，来改变潜在犯罪者及犯罪行为的发展轨迹，降低犯罪的可能性和危害后果①。有部分美国学者认为，犯罪预防是一种态度和行为，其目的在于减少犯罪威胁，增强居民安全感②。中国学者普遍认同犯罪的多因性导致犯罪预防的综合性，犯罪预防是使用多种手段、综合多种力量的举措体系③。部分学者还强调犯罪预防的事前性，把基于惩罚性和威慑性的预防排除在犯罪预防的范畴之外④，认为犯罪预防只是实现公共安全和刑事政策的一种手段，其区别于非刑罚化、个性化治疗及重新社会化等其他刑事政策手段。

2. 犯罪预防的方法分类

犯罪预防的方法具有多样性，强行将所有预防方法归纳成一个单一、完整的分类体系的做法并不科学⑤。基于犯罪预防的符合特性，学术界主要基于犯罪学领域和公共卫生领域对其进行分类。成形于犯罪学领域的分类体系以预防干预对象为基础，将犯罪预防划分为社会预防（social prevention）和环境预防（environmental prevention）两种宏观方法。社会预防直接针对潜在犯罪主体，通过社会化的方式，如非正式关系以及制度化措施，降低其实施犯罪行为的概率。具体来讲，非正式关系主要包括家庭、邻里关系、同龄人群体等社会关系，制度化措施主要包含工作、教育、文体活动等社会领域。理论

---

① 马圭尔，摩根，赖纳，等．牛津犯罪学指南．北京：中国人民公安大学出版社，2012.

② PEAK K，GLENSOR R W. 社区警务战略与实践．北京：中国人民公安大学出版社，2011.

③ 冯树梁．论预防犯罪．北京：法律出版社，2008.

④ 王瑞山．犯罪预防原理．北京：法律出版社，2019.

⑤ HUGHES E. Public management and administration. 2nd ed. Berlin：Springer，1998.

11.4 交通需求管理的对策建议

11.4.1 车辆拥有需求管理

1. 限制车辆保有

限制车辆保有是直接调控汽车拥有量的一种方法。新加坡是出台限购政策的首个国家。目前，我国北京、上海、广州、贵阳、天津、杭州、深圳等多个城市均采取了类似措施（如表 11－4 所示）。1994 年，上海采用拍卖方法限号；2011 年，北京开始实行摇号，每月发放 20 000 个车牌号（17 600 个私家车号）；贵阳实施摇号政策；广州实行竞价和摇号混合政策。国内城市都在考虑实行限购政策，国外政府则偏好以经济手段解决交通拥堵，少有对汽车购买进行强制性限制。

表 11－4　中国汽车限购城市政策

城市	类型	主要政策
北京	摇号	2010 年出台《北京市小客车数量调控暂行规定》，通过摇号获得车牌
上海	拍卖	国内首创通过竞拍方式获得牌照
杭州	摇号或竞价	依据《杭州市人民政府关于实行小客车总量调控管理的通告》，对行政区内小客车实行增量控制
贵阳	专段车牌摇号	对新入户的小客车核发专段号牌和普通号牌，对专段号牌增长实行总量控制
广州	摇号和竞价	2012 年颁布《广州市中小客车总量调控管理试行办法》，实行增量控制并以竞价方式配置
深圳	摇号或竞价	出台《深圳市人民政府关于实行小汽车增量调控管理的通告》，实行增量控制，通过摇号或竞价配置
天津	摇号或竞价	2013 年实行增量控制，通过摇号或竞价配置

为了限制汽车数量增长，新加坡严格执行车辆定额分配制，每月举行一次车辆配额公开招标。个人购买新车时，须向政府提出申请，投标购买拥车证，获得汽车拥有证后才允许买车，家用车和出租车的拥有证有效期分别为 10 年和 7 年，期满后需另支付费用。目前，新加坡拥车证的价格超 6 万新币。这项政策推行后，新加坡小汽车保有量的年均增长率由过去的 6%下降至 3%，从源头上控制住了汽车保有量。

2. 其他收费措施

西方国家对于车辆拥有采取了不同的收费方式。其中，丹麦的税收政策规定，私家车购置税税额应为购车费总额的 2～3 倍，且汽车自重和发动机排量越高税率也相应提高，以此达到节能减排的目的。在欧洲，燃油税普遍较高，通过增加出行成本减少交通上，社会预防涵盖人生各个阶段，对已知的和未被发现的犯罪人均适用。与社会预防相对，环境预防不直接针对潜在犯罪主体，而是希望通过对物理环境及虚拟环境的监管与调节，降低该环境下犯罪行为发生的概率。具体来讲，环境预防主要包含两种方法：一是设施预防，主要针对人们的工作、生活以及娱乐环境中对犯罪的监视和监管能力的不足进行广泛的规划设计；二是情境预防，深入挖掘犯罪主体犯罪动机，并据此进行成本-收益分析，通过增加犯罪成本（风险、难度等）、降低犯罪收益等手段降低犯罪行为实施的概率，在现实生活中这种方法常用于银行、机场等具体环境。

也有学者借鉴流行病学中的公共卫生理论对犯罪预防的方法进行分类，这种模式以阶段和目标为依据，将干预项目分为一级预防、二级预防和三级预防三个级别①。一级预防不对环境进行重点区分，针对人类活动环境的总体开展，具体包括物理环境和社会环境，如对全社会未成年人进行普法教育等，以树立良好的法律观念，降低犯罪行为发生的概率。二级预防是针对危险人群或环境的预防，对那些统计数据和其他资料表明犯罪发生高概率区域的情境干预措施，如在合法建筑或者整个娱乐场所区域外安装闭路监控系统，目的是预防组织犯罪发生。三级预防以曾经的犯罪者和犯罪环境为对象进行防范，来减少将来的犯罪以及使受害人避免再次遭受侵害。如为出狱罪犯提供帮助使其在社区里得到重新安置。其中，一级预防、二级预防是对犯罪行为本身的关注，三级预防则属于刑事司法体系内的工作，主要关注对已知的潜在犯罪人进行治疗和矫正，以切断犯罪进程或减少犯罪行为的危害程度②。

9.3.2 犯罪预防的理论与实践

1. 城市犯罪预防研究进展

相关学者对预防和控制犯罪进行了广泛且深入的研究，重点理论和相关成果如表 9-1 所示。

表 9-1 犯罪预防理论发展脉络

年份	作者	著作理论	观点
1961	Jan Jacobs	美国大城市的死与生	邻里间交流不足导致自然监控缺失，容易促成犯罪
1968	Schlomo Angel	通过城市规划阻止犯罪	街区交互模式等物质环境通过领域限定、接近控制或自然监控对犯罪行为产生直接影响，如犯罪活动与街头群体活动次数呈负相关关系

① CRAWFORD A. Crime prevention and community safety: politics, policies and practices. London: Longman, 1998.

② TONRY M, FARRINGTON D. Building a safer society: strategic approaches to crime prevention. Chicago: University of Chicago Press, 1995; CRAWFORD A. Crime prevention and community safety: politics, policies and practices. London: Longman, 1998; HUGHES O. Public management and administration. 2nd ed. London: Macmillan Publishers Limited, 1998.

续表

年份	作者	著作理论	观点
1971	C. Ray Jeffery	通过环境设计预防犯罪	提出通过环境设计预防犯罪的概念模型
1972	Oscar Newman	防卫空间：通过城市设计预防犯罪	总结影响地区犯罪率的四个要素：自然监视、领域所属、空间期望、邻里环境
1981	Patricia & Paul Brantingham	环境犯罪学	提出影响犯罪行为的四个维度：法律、犯罪、目标、地点，着重强调了对“地点”的研究
1982	George L. Kelling & James Q. Wilson	破窗理论	强调环境维护对犯罪预防的作用，环境质量较差会诱发犯罪
2003	王发曾	城市犯罪分析与空间防控	提出城市犯罪空间防控理论，强调城市空间对犯罪行为发生的重要影响，包括城市空间布局、城市空间盲区综合治理
2008	Randall I. Atlas	通过环境设计预防犯罪	提出通过环境设计预防犯罪的规定与标准
2012	P. Cozens	可防御空间	基于环境设计预防犯罪理论建设未来可防御空间，提高复杂性

理论发展脉络显示，犯罪预防已由传统的事后威慑逐渐转向事前威慑。犯罪经济学的早期研究均建立于理论基础上。贝克尔认为犯罪不是冲动或偶然，而是一种基于成本-收益分析的理性行为，仅当犯罪的收益大于成本时，犯罪主体才有可能实施犯罪行为①。通过增加惩罚的确定性和严厉程度提高犯罪行为实施的成本、降低犯罪行为的收益，能够有效威慑犯罪主体。威慑理论是此后犯罪经济学理论研究的模型基础。由于犯罪的收益和成本并不发生在当期，因此有学者将时间因素引入犯罪收益模型来验证贴现率对不同犯罪决策的影响。早期研究重视预期惩罚对当事人犯罪决策的影响，但忽视社会意义在犯罪经济分析中的作用②。20 世纪 90 年代后，学者们考虑到不同犯罪主体犯罪概率的主观差异性，将个人对犯罪惩罚概率及强度的主观感知纳入模型研究，主要通过犯罪主体的信息完备性来表征③。此外，学者们也将能够影响主观信息完备性的社会相互作用因素纳入模型进行研究，如针对青少年与成年人犯罪的对比研究发现，青少年犯罪的社会相互作用更为显著，青少年更容易受到社会因素影响而对犯罪行为的成本收益形成误判④。以上模型因采用静态或比较静态分析而忽略了动态影响，动态影响也是犯罪预防研究的重要切入点。以劳动力市场为例，劳动力市场提供的就业机会与工作收入的差异会影响当前时点的犯罪行为，但对同一个行为主体，犯罪行为还会影响未来的就业与收入，

① BECKER G S. Crime and punishment: an economic approach. Journal of political economy, 1968, 76 (2).

② KAHAN D M. The anatomy of disgust in criminal law. Michigan law review, 1998, 96 (6).

③ SAH R K. Social osmosis and patterns of crime. Journal of political economy, 1991, 99 (6).

④ GLAESER E, SACERDOTE B, SCHEINKMAN J. Crime and social interactions. Quarterly journal of economics, 1996, 111 (5).

增大其对犯罪成本的评估，从而降低实施犯罪行为的概率，这种效应被称为动态威慑效应①。在直接与犯罪行为关联的成本收益因素之外，洛克纳和莫雷蒂首次将人力资本引入犯罪经济模型，分别探讨了年龄、教育对犯罪行为产生的影响②。复合方法的使用能够对犯罪行为发生的规律进行更精确的把握，如莫坎、比卢普斯、奥弗兰结合动态视角与人力资本因素，将不同人力资本条件下在合法和非法部门获取的收入同时纳入成本收益框架，分析人力资本差异性条件下的动态最优行为③。

2. 城市犯罪下降机制分析

犯罪行为伴随城市和社会的发展而产生，如何降低犯罪率、减少犯罪行为带来的损失是城市犯罪预防的终极任务。探索城市犯罪的下降途径需从犯罪行为的完成条件着手进行针对性预防。罪犯、受害者、路人和警察是涉及犯罪的主要参与者，成功实施犯罪行为需要外在条件，须满足时间和空间方面的客观要求。犯罪行为类型丰富，不同类型犯罪的对象、程度、社会伤害性均各有差异，需要明确区分犯罪类型以达到对症下药和正确防范的效果。郭翔提出三种犯罪分类方式：根据犯罪所侵犯的客体可分为财产犯罪（经济犯罪）、性犯罪和职务犯罪等，根据犯罪的行为方式可分为暴力犯罪、非暴力犯罪，根据犯罪者的组织状况可分为集团犯罪、团伙犯罪、一般共同犯罪④。中国对刑事犯罪做了进一步的细分，从国家、社会和个人层面将刑事犯罪划分为危害国家安全罪、危害公共安全罪、破坏社会主义市场经济秩序罪、侵犯财产罪、妨害社会管理秩序罪、危害国防利益罪、贪污贿赂罪、渎职罪等十个大类。在不同类型的犯罪行为中，财产类犯罪发生的频率较高，对受害者的人身安全和财产安全造成了潜在威胁。

犯罪行为具有明显的时空集聚特征。一方面，犯罪具有空间属性，犯罪的空间分布和空间防控是犯罪预防研究的重点。犯罪空间研究较为丰富，大多学者认同犯罪在城市空间的分布具有集聚的特征⑤。不同类型的犯罪在城市空间集聚，形成了对比鲜明的犯罪空间。以财产类犯罪为例，在警员有限、人口流动流量大、交通节点、财产丰富等特征的空间往往具有显著的财产类犯罪集聚特征。不同财产类犯罪的行为根据其动机与目的不同也有所差异，其集聚特征和下降机制需要分别讨论。如抢劫抢夺容易发生于人少偏僻的地方，而公共空间盗窃更多发生在人多混杂的地方，二者的空间集聚特征大相径庭。再如入室盗窃多发生于居住区较为集中的中心城区和郊区，接触诈骗类型的犯罪行为多发生于土地利用混合度高、警力监管较弱的城乡接合地带，因此要针对不同地域的

---

① GROGGER J. The effect of arrests on the employment and earnings of young men. The quarterly journal of economics，1995，110（1）.

② LOCHNER L，MORETTI E. The effect of education on crime：evidence from prison inmates，arrests，and self-reports. American economic review，2004，94（1）.

③ MOCAN H N，BILLUPS S C，OVERLAND J A. Dynamic model of differential human capital and criminal activity. Economica，2005，72（288）.

④ 郭翔．犯罪学辞典．上海：上海人民出版社，1989.

⑤ DAVID L，WEISBURD E R G A. The criminology of place：street segments and our understanding of the crime problem. Oxford：Oxford University Press，2012；WEISBURD D. Book review：the law of crime concentration and the criminology of place. Criminology，2015，53（2）；HIPP J R. The criminology of place：street segments and our understanding of the crime problem. Contemporary sociology：a journal of reviews，2015，44（2）.

犯罪类型实施相应的空间防护措施。如加大警力部署给予犯罪前的威慑，通过交通管制措施降低逃逸便利程度，或通过呼吁犯罪热点地区人员配合降低犯罪者对空间的熟悉程度等。

另一方面，犯罪行为也具有时间维度上的分布规律。时间尺度划分越详细，越有利于进一步改善犯罪预防效果①。以财产类犯罪为例，财产类犯罪在节假日与平日、冬季与夏季的发生频率具有明显的区别。从犯罪参与者的角度来看，节假日警力部署与监督程度较弱，冬季路人监督与干预能力较弱；从引诱犯罪的角度来看，节假日财产价值较高，冬季财产目的范围大、可获得性较高。对此进行针对性布置，增强节假日控制犯罪的前期准备工作，增加冬季治安巡逻频率，制定完备的紧急抓捕方案，防止警方抓捕行动受到城市交通拥堵的影响。

3. 城市犯罪预防对策研究

（1）犯罪热点时空分布研究。

利用数学模型模拟方法、地理信息系统和数据挖掘技术，开展犯罪的时空分布特征研究是科学制定犯罪防控政策的常用技术方法，通过对不同的犯罪类型、不同的犯罪集聚空间、不同的时间范围进行准确预防，来提升城市犯罪预防的效率和针对性。

犯罪在地理上并非均匀分布，而是呈现明显的时空聚集性。犯罪地理学认为，居民犯罪行为的发生与居住环境密切相关②。犯罪行为的时空聚集特征常用犯罪热点描述，犯罪热点用于归纳犯罪事件的高发地区、高发时段、高发类型和高发目标③。

在具体实践中，时空分布研究包含模式识别、热点探测和空间描述。识别分布模式是犯罪空间分析的首要基础，犯罪数据通常是位置数据和区域统计数据，需根据数据的特点来选择合适的分类方法④。热点探测是指通过与数据类型相匹配的方法来识别犯罪多发且相互分离的空间或时间。犯罪活动的空间差异形成了犯罪热点，大部分犯罪热点探测技术针对的是犯罪数据本身，相对忽视了对犯罪因素的分析。空间描述是指犯罪热点制图，当前的主要制图方法有专题制图法、几何图示法和连续表面法。

然而，目前学术界对犯罪热点的表述并不一致，有人认为犯罪热点仅具有空间意义，即描述犯罪高发的区域，而犯罪热点在具体实施过程中应有不同侧重，应使用不同的研究思路和技术手段。总体上，犯罪热点的统计描述要体现数据类型、研究尺度、个体感知等多方面的影响⑤。

（2）示例：一种城市犯罪时空结构分析的技术路线。

该部分介绍一种时空分析的具体操作：在探究影响城市犯罪的相关机制和时空结构

---

① RATCLIFFE J H. Aoristic signatures and the spatio-temporal analysis of high-volume crime patters. Journal of quantitative criminology，2002，18（1）；RATCLIFFE J H. The hotspot matrix：a framework for the spatio-temporal targeting of crime reduction. Police practice and research，2004，5（1）.

② 孙峰华，李世泰，黄丽萍．中外犯罪地理规律实证研究．人文地理，2006，(5).

③ 陆娟，汤国安，张宏，等．犯罪热点时空分布研究方法综述．地理科学进展，2012，31（4）.

④ 邓敏，刘启亮，李光强，等．基于场论的空间聚类算法．遥感学报，2010，14（4）.

⑤ CHAINEY S，RATCLIFFE J H. GIS and crime mapping. Chichester：Wiley，2005；刘战国，郜昂．城中村犯罪热点研究：以深圳L村为例．中国公共安全（学术版），2010，(3).

时，将街道视为基本单元，对一定时间范围内的犯罪案件进行统计分析，借助 ArcGIS 的核密度分析方法对相关数据进行可视化分析，找到犯罪聚集区域，再进一步分析犯罪空间结构。在时间分布层面，利用误差椭圆，基于年际数据，探讨相关的变化趋势。通过空间和时间结构的分析将城市中的犯罪进行分类统计，探寻案件在城市中的空间分布特点，研究在不同聚集区内案件的共性及其城市空间结构的差别。

接下来进行个案分析，利用数据研究发生案件的高峰值，同时分析人口、经济、社会以及人居环境等诸多因素对于城市犯罪时空结构分异产生影响的机制。具体的操作流程见图 9-4。第一步，采集犯罪发生地点和发生时间，建立包含时间与空间信息的数据库，要细化数据的详细程度，将时间信息具体到犯罪行为准备、发生、犯罪嫌疑人逃逸和被捕的时点，空间信息具体到行政区划、街道范围及位置。第二步，在时间分析层面计算出区位熵和变化率，分析其年际性、季节性、特殊性等特征；在空间分析层面，检验是否存在空间自相关特征（若是，进行后续步骤；若否，说明不存在集聚特征），通过核密度分析确定犯罪的空间集聚特征，再使用 ArcGIS 或其他软件进行可视化描述。第三步，综合时间和空间分布特征确定犯罪的空间聚集区和时间聚集区。第四步，对犯罪聚集的影响机制进行分析，并进一步对犯罪行为及其空间集聚区的分布进行预测，制定前瞻性的防控建议。

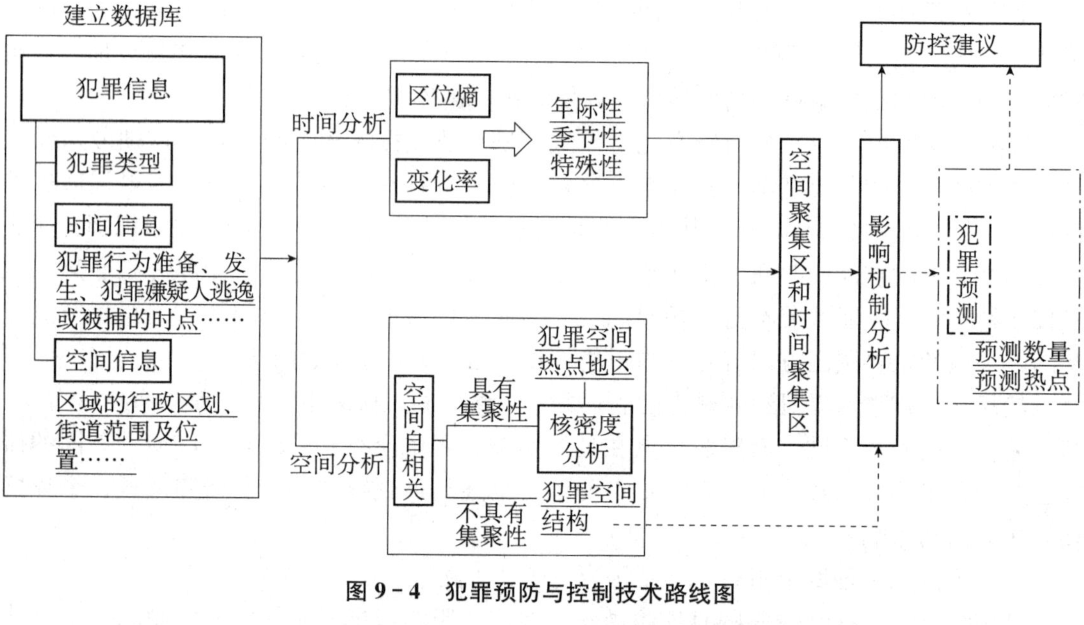

图 9-4 犯罪预防与控制技术路线图

以上是犯罪影响机制分析的基础，若与犯罪热点时间变化分析相结合，可对城市犯罪时空结构及其演变做出较好的描述与分析。可见，分析城市犯罪需从时间和空间两个维度进行，对犯罪的预测也包含数量和空间集聚区预测两个方面。在分析并预测时空结构的基础上，可以针对犯罪的结构特征、变化趋势和预测结果制定有效的对策[①]。

① 朱红．北京市城市犯罪时空结构及其影响机制研究．北京：首都师范大学，2014.

9.3.3 犯罪预防评估技术方法

对犯罪预防的效果进行评估是实施理性预防的逻辑要求，有些国家如澳大利亚的犯罪预防政策因为没有对预防项目进行评估而受到批评①。评估是犯罪风险循环链上承前启后的节点，既能评估之前犯罪预防措施的有效性，也是新犯罪预防决策的基础。对犯罪预防项目进行评估的主要方法包括成本-效益分析法、结果评估法和过程评估法。

1. 成本-效益分析法

成本-效益分析法（或成本-收益分析法）常以犯罪干预产生的收益是否超过预防项目的实际支出来计算，以反映犯罪预防成本和结果（或收益）之间的关系是否合理。衡量评估实施犯罪预防的成本节省情况可以采用多种方法②。在犯罪预防实践中，评估预防计划的成本和效益是对任何项目进行全面评估的重要组成部分。

成本-效益分析在犯罪预防评估方面得到了广泛的应用。对该方法的一个主要质疑在于：成本-效益分析具有主观特征，尤其是在直接与间接经济价值的确认环节表现得较为明显，难以对犯罪预防项目进行客观评估，因此基于成本-效益分析法来制定打击犯罪的措施决策，一方面容易忽视间接成本项目，另一方面对这些重大项目成本进行价值判断时会受到多种因素的影响，准确性降低。在预防犯罪和刑事司法方面进行成本-效益分析存在两个难点：一是损失价值难以全面界定。例如，受害者在心理上和情感上的损失，既无法采用以平均财产损失推定价值的计算方法，也很难使用金钱来衡量补偿标准，这种涉及无形财产的价值评估和价值设定上的困难在社会科学评价中普遍存在。二是难以对时间成本等其他影响因素进行价值量化。例如要准确计算各种支出和其他因素在犯罪预防活动上的时间损失、机会成本、潜在价值和社会收益非常困难。面对复杂的现实问题和各类挑战，成本-效益分析法必须做到开放、弹性，因情况而异，细致做好操作实践方面的研究工作。

2. 结果评估法

结果评估法主要通过对比试验或者控制变量来检验干预措施的实际效果和有效性，旨在反映引入犯罪预防政策、干预措施或具体项目之后产生的变化，如犯罪率的变化。根据是否对实验人群进行随机分组，结果评估法可以分为实验性方法、半实验性方法和非实验性方法③。

---

① HOMEL R. The puzzles and paradoxes of youth crime prevention. Safer society，2005.

② FARRELL G. Progress and prospects in the prevention of repeat victimization//TILLE Y N. Handbook of crime prevention and community safety. Devon：Willan Publishing，2005.

③ BYRD J，SUTTON L. Defining a crime scene and physical evidence collection//HUFFMAN J，WALLACE J. Wildlife forensics：methods and applications. New York：John Wiley & Sons，Ltd，2012；ECK J，MAGUIRE E. Have changes in policing reduced violent crime?：an assessment of the evidence// BLUMSTEIN A，WALLMAN J. The crime drop in America. Cambridge：Cambridge University Press，2009.

实验性方法是通过控制实验组和对照组来消除不可观测非时变因素的一种方法，因采用随机性对照实验而被视为犯罪预防方法中的黄金标准。实验性评估方法将目标人群中的成员随机分配到实验组和对照组，来比较两组在干预期之前与之后的结果。实验组接受干预，对照组不接受干预，两组人员都是随机组成的，因此这种方法能够避免出现"内部效度"（internal validity）的缺点（进入实验组与对照组没有受到个体主观决策影响，两组人员不存在系统性差异）。于是，干预措施是导致实验组与对照组之间出现差异的唯一原因。通常由于没有足够样本支持随机分配，所以采取这种方法会比较困难。

半实验法运用对照组和实验组进行实验，但对照组和实验组并非随机选择，而是根据相同的特征按照彼此匹配的原则进行选择。以这种方式控制对照组和实验组之间的差异性会引发疑惑，即无法确定预防项目的效果是干预行为导致的，还是由实验组与对照组之间的变化所引起的，这会影响半实验性评估结果的有效性。为避免上述问题，一方面，应保证实验组和对照组的特征尽量对等，另一方面，对于结果指标（如逃学率和财产犯罪率等），应在干预前或者干预后的一段时间内同时进行测量评价。半实验性评估对数据资料收集、评估设计的要求相对较低，此外，该方法对评估的管理和控制工作要求也较低，非常易于整合进入主流评估程序①。

非实验性方法既不需随机分组也不要分组比较，仅包括对项目标本的前期评价和后期评价两个部分，评估方法最为简单，例如比较干预措施前后犯罪行为是否减少、目标人群的行为是否改善。这种评估方法容易操作，快捷简单。但因不能确定所发生的变化直接因干预行为所致而缺少说服力。但若在全国范围内对以社区为基础的综合性预防措施进行评估时，前期评估和后期评估的方案更为现实②。

3. 过程评估法

过程评估法重在考察一个程序或计划实现的过程与机制，通过分析项目的实施方案和进展描述来发现促进或阻碍目标实现的因素。近年来，过程评估法被英、美等国家广泛应用于综合社区项目、社区安全倡议的战略方法、入室防盗倡议，以及犯罪和失序项目的过程评估实践中。中国的犯罪预防项目评估大都是面向过程的，高度重视贯彻落实决策的内部机制。

在实践中，面向具体对象的过程评估将根据项目的具体特征采用不同的研究方法，主要实施手段包括对项目管理群体的访谈、对利益相关工作人员的采访、对使用者群体的调查、量化实施效果的指标评估等，由于评估过程严重依赖对上述人群的主观记述和判断，这些方法存在主观性风险③。但在治安管理上，过程评估通过所发生的事件、参与者和其他信息，可以如实反映治安管理的主客体、行为结构和管理流程等④，评价者根据

---

① ECK J，MAGUIRE E. Have changes in policing reduced violent crime?：an assessment of the evidence//BLUMSEIN A，WALLMAN J. The crime drop in America. Cambridge：Cambridge University Press，2009.

② BYRD J，SUTTON L. Defining a crime scene and physical evidence collection//HUFFMAN J，WALLACE J. Wildlife forensics：methods and applications. New York：John Wiley & Sons，Ltd，2012.

③ CHERNEY J H，CHERNEY D J R. Assessing silage quality. Silage science and technology，2003（42）.

④ 王瑞山．论安全视角下的治安管理．公安学刊（浙江警察学院学报），2015（6）.

评估前后的信息得出结论，这是过程评估的明显优势。

本章小结

城市治安管理与城市犯罪预防对现代城市社会安全与秩序稳定影响深远，本章主要关注城市治安管理的主要内容、评价模型以及城市犯罪预防的评估手段，对城市治安管理与犯罪预防话题进行概览性介绍。

在研究内容层面，本章首先系统阐述了城市治安管理的概念、影响因素与主要内容；其次，介绍城市治安管理的评价模型的指标选择、评价指数和数据处理方法，引入案例与公式提高理论的现实应用性；最后，引入在城市治安管理研究领域中受到较多关注的犯罪预防话题，简要阐述城市犯罪预防的类型、方法、机制、对策与评估技术方法。

在分析视角与方法层面，本章实现了静态与动态视角相结合，有机融入城市管理的发展性，注重对理论沿革、数据处理、指标评价、评估技术等方面的全方位介绍。

关键术语

城市治安管理　流动人口　城市犯罪预防　环境设计预防犯罪　情境预防犯罪理论　风险管理理论　社会治理创新理论　层次分析法　成本-效益分析法　结果评估法　过程评估法

复习思考题

1. 城市治安管理的内涵是什么？
2. 城市治安管理的影响因素有哪些？
3. 情境预防犯罪理论、风险管理理论和社会治理创新理论如何描述城市治安管理的主要内容，其优缺点是什么？
4. 构建城市治安管理评价模型需要考虑哪些因素？
5. 如何理解城市犯罪预防的概念？
6. 城市犯罪预防如何分类？
7. 简述20世纪60年代以来城市犯罪预防的理论发展脉络。
8. 简要分析城市犯罪下降机制，并提出相应对策。

进一步阅读的文献

1. CLARKE R V. Situational crime prevention//FARRINGTON D, TONRY M. Building a safer society: strategic approaches to crime prevention. Chicago: University of Chicago Press, 1995.

2. HIPP J R. The criminology of place: street segments and our understanding of the

crime problem. Contemporary sociology: a journal of reviews, 2015, 44 (2).

3. 宫志刚．治安学导论．北京：中国人民大学出版社，2015.

4. 石化东．我国治安管理处罚权规制路径研究．法学杂志，2017，38（5）.

5. 张荆．日本社会治安管理机制与犯罪防控体系的研究与思考．北京联合大学学报（人文社会科学版），2015，13（3）.

6. 郑磊．试论治安管理的基本属性．中国人民公安大学学报（社会科学版），2017，33（5）.

7. 黎宏．情境犯罪学与预防刑法观．法学评论，2018，36（6）.

8. 金泽刚．第三方网络平台的类型演变与犯罪危机预防．东方法学，2020（1）.

9. 刘钊，林晞楠，李昂霖．人工智能在犯罪预防中的应用及前景分析．中国人民公安大学学报（社会科学版），2018，34（4）.

10. 宋聚生，姜雪．基于防灾、犯罪预防及心理安全角度的国内外安全城市设计研究综述．城市发展研究，2016，23（4）.

第10章

城市大脑与城市应急管理

现代城市遭遇各类突发事件冲击的不确定性和风险程度日益提升，基于技术创新的城市应急管理体系建设，对现代城市的安全平稳运行与社会稳定具有重要的决定意义。本章由四部分组成：一是在诠释城市突发事件的基础上，综合近年来国际著名城市发生的案例，对突发事件冲击进行了类型划分；二是对城市应急管理的内涵、特征以及中国的应急管理情况进行了系统描述；三是详细论述了城市应急管理的基本流程与技术支撑；四是专门论述了城市大脑驱动的应急管理创新与治理体系优化。

重点问题

- 城市突发事件的类型划分
- 城市应急管理的内涵与特征
- 城市应急管理的基本流程与技术支撑
- 城市大脑的内涵与特征
- 基于城市大脑的应急管理创新

10.1 城市突发事件的类型与案例

现代城市具有极强的复杂性和流动性，城市系统中的各类组织、人群、设施、环境等相互作用影响、互为因果纠缠、过程复合叠加，导致城市社会中潜藏了大量不可感知或尚未感知的风险①。突发事件根源于社会风险，社会风险导致公共危机，突发事件使得社会风险与公共危机之间潜在的因果关系显性化②。突发事件的集中涌现，使得城市像浪潮一样暗流涌动、起伏不定。城市应急管理即是以各类突发事件及其衍生的相关后果和影响作为主要对象的特殊公共管理行为。

---

① 黄风祝．城市与社会．上海：同济大学出版社，2009.

② 张海波，童星．中国应急管理结构变化及其理论概化．中国社会科学，2015（3）.

城市突发事件是指在城市中突然发生的，极有可能造成经济损失、人员伤亡、严重社会危害以及生态环境破坏的紧急事件①。与一般突发事件相比，城市突发事件既具有紧迫性、连续性、危险性和突发性等共性特征，还表现出现代城市背景下的其他典型特征。例如，市场开放和国际交往密集，外部风险加剧；经济总量和人口密度高，不确定风险的威胁性突出。有学者参考生命周期理论，提出城市突发事件具有时间连续特征，城市突发事件可以划分为征兆期、发生期、发展期和解决期四个阶段②。交通便利和资源流动迅捷，突发事件波及范围广，容易产生严重的次生灾害；群体多样性特征明显、社会组织比较复杂等因素，在城市发生突发事件时，将增加承灾和处置的难度和脆弱性。《国家突发公共事件总体应急预案》对突发公共事件的分类情况如表 10－1 所示。

表 10－1　城市突发公共事件的类型

级别	分类	主要形式
按照性质、严重程度、可控性和影响范围等因素的不同，可以将各类突发公共事件分成四级：I 级（特别重大）、II 级（重大）、III 级（较大）和 IV 级（一般）	自然灾害	水旱灾害、气象灾害、地质灾害，海洋灾害、生物灾害和森林草原火灾等
	事故灾难	工矿商贸等企业的各类安全事故、交通运输事故、公共设施和设备事故，环境污染和生态破坏事件等
	公共卫生事件	传染病疫情，群体性不明原因疾病，食品安全和职业危害，动物疫情，以及其他严重影响公众健康和生命安全的事件
	社会安全事件	恐怖袭击事件、经济安全事件和涉外突发事件等

资料来源：国家突发公共事件总体应急预案．http：//www.gov.cn/yjgl/2005－08/07/content _ 21048.htm.

（1）城市自然灾害。

2016 年，经修订的《国家自然灾害救助应急预案》将自然灾害的范围界定为干旱、洪涝灾害，台风、风雹、低温冷冻、雪、沙尘暴等气象灾害，火山、地震灾害，山体崩塌、滑坡、泥石流等地质灾害，风暴潮、海啸等海洋灾害，森林草原火灾等。城市自然灾害具有危险性，将对城市造成重大财产损失和人员伤亡。城市自然灾害难以预警，存在较大意外性，给城市应急管理带来巨大挑战。此外，强度较大的城市自然灾害，时常会引发一系列次生灾害。对城市自然灾害的应急管理已经成为现代城市应急管理的重点内容。就城市气象灾害来说，主要灾害包括台风、暴雪等，典型案例及其应急管理要点如表 10－2 所示。

表 10－2　城市气象灾害典型案例

城市	灾害名称	相关损失	应急管理要点
深圳	台风“山竹”	3 万人受灾，直接经济损失约 52 亿元（境内合计）③	1. 政府最大化信息公开，向市民提供气象情报及科普知识，协助甄别虚假信息；2. 采用专业团队对城市民生重点区域进行抢修、排查

① 中华人民共和国国务院法制办．中华人民共和国突发事件应对法．北京：中国法制出版社，2007.

② FINK S. Crisis management：planning for the inevitable. New York：Amacom，1986.

③ 姚景山．城市自然灾害应急管理案例研究：以深圳应对台风“山竹”为例．环渤海经济瞭望，2021，316（1）.

续表

城市	灾害名称	相关损失	应急管理要点
纽约	飓风“桑迪”	60 人死亡，经济损失近 200 亿美元①	1. 政府纵向协调体制畅通，纽约市与州政府、联邦政府紧密协商，实施应急管理；2. 开放信息，政府对外公布灾情细致情况，为市民生活提供帮助
广州	城市内涝	城市交通几乎瘫痪，受灾车辆上万台②	1. 打造“合六为一”应急指挥决策中枢，全面统筹自然灾害的防、抗、救工作；2. 日常管理与应急管理相结合，排查积水风险点，提前做好预防工作
波士顿	城市暴雪	城市铲雪花费达3 000 万美元	1. 应急管理日常化，灾害来临前政府对各种灾害均编制了应急管理预案；2. 通过 Ready Boston③ 项目提升公民应对此类灾情的能力；3. 灾前准备充足，城市准备了 700 套铲雪车，公共服务者全线上岗、随时待命，保障城市水电供应和秩序稳定

（2）城市地质灾难。

历史上发生过较多地质灾害。1994 年 1 月，美国洛杉矶发生地震，造成 62 人死亡、9 000 人受伤、25 000 人无家可归，直接受损的建筑高达 4 000 余座。为有效支持洛杉矶灾后重建，当地政府修改了房地产税务法、环境保护法等多部法律，以削减地区特定产业赋税、简化企业项目申请审批流程④。

案例专栏

日本“3·11”大地震

2011 年 3 月，日本发生“3·11”大地震，造成 15 899 人遇难、2 526 人失踪，给当地带来巨大损失。在这次地震的应急管理中，日本政府的部分举措值得借鉴。第一，注重民间力量。在政府统筹安排下，各地近 3 万个非政府组织第一时间开展行动，进入广泛号召募捐、分配捐助物资和调动志愿者的“战时状态”；此外非政府组织间还做到了互通有无、信息共享。第二，注重应急信息的传播。在整个应急管理过程中，日本政府积极通过电视台、手机短信、网络、无线电通信网络等途径向群众发出警报，气象厅将所有灾害信息在网上公开。

资料来源：日本纪念“3·11”大地震 10 周年 灾区复兴之路漫长 . http://www.xinhuanet.com/world/2021-03/11/c_1127200473.htm；刘亚娜，罗希 . 日本应急管理机制及对中国的启示：以“3·11 地震”为例 . 北京航空航天大学学报（社会科学版），2011，24（5）；顾林生 . 日本“3·11”大震的灾情特点及应急管理 . 行政管理改革，2011，21（5）.

---

① 杨明生，王芳 . 看“桑迪”横扫美国 思城市灾害应急管理 . 城乡建设，2012（12）.

② 陈洋波，覃建明，董礼明，等 . 广州内涝形成原因与防治对策 . 中国防汛抗旱，2017，27（5）.

③ 骆小平 . 应急管理非“应急”：从波士顿抗击暴风雪看美国城市应急管理的常态化 . 城市管理与科技，2015，17（2）.

④ 黄铁屿 . 经济衰退中的灾区重建 洛杉矶北岭地震经验 . 时代建筑，2009，105（1）.

（3）城市恐怖袭击。

根据《中华人民共和国反恐怖主义法》，恐怖事件是指正在发生或者已经发生的造成或者可能造成重大社会危害的恐怖活动。世界范围内较为著名的城市恐怖袭击事件有美国“9·11”事件、波士顿马拉松爆炸事件等。

案例专栏

美国“9·11”事件

2001年9月11日，恐怖分子驾驶客机撞击美国纽约双子塔，导致世贸中心一号楼、二号楼相继倒塌，造成2 977名无辜者死去，直接经济损失达2 000亿美元，相当于美国2001年GDP的2%。此次事件中，美国政府在应急管理的准备阶段出现较大过失，航空系统未能识别出偏航客机，导致事件处理丧失了主动性，严重减少了应急管理的前期应对时间。在“9·11”事件前，美国对恐怖分子的大规模袭击心理准备不足，并未设立快速反应机制，灾难发生后美国社会对消防员、警察、医护人员的大量伤亡感到意外。在应急管理措施上，纽约市采用了临时应急预案，多个机关单位联合行动，在世贸中心周边搭建联合医院。同时，纽约市政府与州政府、联邦政府开展合作，持续监控空气质量、城市供水安全、餐馆安全，并通过新闻媒体向居民发送信息、邮件提醒居民高度重视自身安全。

2013年，美国发生波士顿马拉松爆炸案，恐怖分子在马拉松终点引爆两枚炸弹，造成3人死亡、260多人受伤。爆炸案的发生，一方面是由于美国将反恐重心过度部署在国外而忽视了本土公共安全，另一方面是波士顿当局忽视了本次马拉松的安保工作致使恐怖分子有充分条件部署炸弹。爆炸发生后，波士顿当局展现了出色的应急管理能力。首先，当局利用城市中的摄像头第一时间对凶手进行排查与锁定。其次，由于爆炸现场较为血腥，政府封锁现场后，紧急调集了警察力量、医疗力量和消防力量，来排查潜在危险并紧急治疗受伤群众。最后，采取非常措施抓捕凶手，波士顿政府要求地铁和城铁全部停运，商铺关门，学校停课，公交、出租车停驶，市政厅关闭。

资料来源：综述：美国纪念“9·11”恐怖袭击事件二十周年. http://www.news.cn/world/2021-09/11/c_1127851879.htm；张先来，段南.9·11事件的警示和教训.消防技术与产品信息，2002（9）；龚震宇.2001年“9·11”事件中纽约市卫生局对恐怖主义袭击的应答措施.疾病监测，2002（3）.

（4）城市公共卫生事件。

根据《突发公共卫生事件应急条例》，突发公共卫生事件是指突然发生，造成或者可能造成社会公众健康严重损害的重大传染病疫情、群体性不明原因疾病、重大食物和职业中毒以及其他严重影响公众健康的事件①。

2020年初，新冠疫情在全世界暴发。根据世界卫生组织官方数据，截至2022年10月26日，此次灾难共造成全世界6 563 667人死亡，其中，中国有28 002人死亡，约占世界死亡人数的0.04%。中国能以较小损失恢复社会秩序归功于政府一系列有效的应急管理措施。以武汉市为例，此次公共卫生突发事件的应急管理亮点包括：第一，积极开

① 突发公共卫生事件应急条例. http://www.bjtzh.gov.cn/tzzfxxgk/c109720/202010/1319837.shtml.

展区域协作。国家建立了较为全面的医疗事件传递系统，2019 年 12 月 26 日武汉发现可疑病毒后迅速向区疾控中心、武汉卫健委和湖北卫健委报告情况。之后在湖北卫健委统筹下，及时开始了区域内调查工作。在抗疫阶段，武汉政府与中央和其他地方政府充分开展合作，多地向武汉输送抗疫物资并派遣医疗队。第二，全城一体化抗疫。首先是指挥一体化，武汉成立了专门的防疫中心，一切信息由下至上汇总到防疫中心，所有行动由防疫中心统一指挥。其次是政民一体化，武汉市市民充分信任政府，并配合政府的相关措施，在城市静默后，居民按照防疫规定在家活动，很大程度上减少了疫情的扩散。第三，创新核查方式。武汉政府充分利用科学技术，采用行程大数据、居民出行 App 扫描等方式进行疫情监测，并将各个地区的疫情状况图形化，让城市居民和医疗工作者及时了解城市情况。

针对城市突发事件的不确定性，应急管理和常态管理两种模式在城市运行管理中相互交替、共同存在。当潜在危机成为突发事件或者突发事件急剧恶化并不断发展蔓延时，城市常态管理体制迅速向应急管理体制和模式转换。当潜在危机和突发事件逐渐消弭后，城市重新恢复到常态管理体制。两种管理模式的切换，使得城市管理的程度、层次、幅度均发生变动[①]，由此提升了城市应急管理的综合业务能力。

10.2　城市应急管理的内涵与特征

10.2.1　城市应急管理的内涵

根据联合国的定义，应急管理是指运用行政决策、组织管理和具体操作技能等系统性方法，落实社会政策和策略，提高组织应对能力，减轻自然灾害、环境灾害和其他技术灾害的负面影响[②]。国际危机管理协会（IAEM）将危机管理定义为社区对潜在的或已发生的自然危害、恐怖事件或其他人为灾害等进行防备、应对和恢复。同时提出应急管理是一种管理职能，其目标是增强社区应对灾害、危机事件的能力，降低自身的脆弱性。对比发现，联合国和国际危机管理协会均强调应急管理应聚焦于潜在危机事件预防、现有危机事件应急反应和保障社会运转稳定性与持续性的任务目标。中国城市应急管理则将预防和处置诸如自然灾害、事故灾难、公共卫生事件以及社会安全事件等城市中的各类突发事件作为主要内容[③]。

目前，在世界范围内，城市应急管理既是政府与各界高度关注的重点问题，也是城市发展综合能力的集中体现。随着科学技术升级与社会形态进步，应急管理逐渐从早期

---

① 王骚，李如霞．面向公共危机与突发事件的政府应急管理．天津：天津大学出版社，2013：15.

② NIVOLIANITOU Z，SYNODINOU B. Towards emergency management of natural disasters and critical accidents：the Greek experience. Journal of environmental management，2011，92（10）.

③ 自然灾害是指城市地震、城市内涝、城市气象灾害等，事故灾害是指城市交通事故、城市化学品事故、城市公共设施事故等，公共卫生是指城市传染病事故、城市食品安全事故等，社会安全事件是指城市重大群体性事件、城市恐怖袭击等。参见：蒋志辉．城市应急管理与城市安全．科学对社会的影响，2008（3）.

的被动处理转向主动干预。城市应急管理模式正在向体系化、联动化、智慧化发展。世界范围内，发达国家的重点城市已形成较为完善的应急管理体系，以保障城市功能的持续运行，如表 10-3 所示。近年来，中国加快进行城市应急管理技术与模式的升级转型。例如，上海利用数字化技术赋能城市应急管理、深圳通过制度创新构建应急管理四大“突出”战略（见图 10-1）[①]。

表 10-3 纽约、伦敦、东京等城市应急管理的重点

城市	关注领域			
纽约	针对化应急计划	精准化风险评估	有效化指挥体系	合作化治理模式
	发布《纽约市减灾计划》，明确应急对策，建立机构合作体系，制定风险评级标准等	根据城市建筑形态以及相关因素进行综合风险评估	市长为最高指挥，承担主要责任，应急管理办公室等部门为辅助机构	搭建应急管理公私合作体系，充分发挥政府部门信用与私营部门效率的优势
伦敦	注重风险评估	规范行为标准	公开信息情报	联动管理部门
	将风险评估和后续风险监控、事故备案等作为应急管理基础工作	中央政府制定统一标准化应急管理流程，有利于实现中央与地方、地方与地方间的应急管理联通	坚持信息公开，公开内容涉及原因、经过、结果、影响等	举办复原力论坛，该论坛是英国各地区应急管理部门以及相关工作者相互联动的论坛
东京	全面进行风险评估	谨慎开展应急管理自查	大力推进应急准备工作	不断激活社会抗灾能力
	以社区为单位进行风险评估。在评估前首先就发生的不同危急情况进行假设，根据不同社区的特点，实现风险评级的确定	以实现优质应急管理为目标，对应急管理框架进行分析，根据不同应急事件的特点，补齐薄弱环节	为减少灾害带来的损失，东京一方面公开自身应急灾害管理评级，另一方面加强对社会各界的教育	东京甚至整个日本极其重视针对国民的应急教育，日本城市应急体系属于上下联动型。市民率先进行应急自救，若无法应对，社区力量随后加入，最后才是国家力量干预。这一切都是在国家的应急框架下进行的

资料来源：李杰．全球特大城市应急体系建设的经验与借鉴．党政论坛，2017（2）．

10.2.2 城市应急管理的特征

1. 管理全面化

城市应急管理需对突发危机事件进行有效处理，针对突发危机事件具备的不确定性、紧急性、威胁性等特点，城市必须构建全方位、多层次、立体化的管理体系。美国波士顿根据《美国联邦紧急事务管理署应急手册》建立了城市应急管理体系，包含教育执行

① 许勤．坚持深圳质量深圳标准 争当全国应急管理工作排头兵．中国应急管理，2014（10）．

图 10-1 深圳市应急管理的“四突出”体制

资料来源：许勤．坚持深圳质量深圳标准 争当全国应急管理工作排头兵．中国应急管理，2014 (10).

办公室、应急管理分部、交通局、枢纽调控部、疾病安全管理处、当地医院代表、公共健康部经济医疗署、应急管理专业咨询协会等接近 30 个应急管理部门①。应急管理部门之间相互配合，实现了从应急教育、应急措施到应急恢复的全流程管理。

2. 手段综合化

突发危机事件对城市生产生活具有较大冲击性影响，因此必须采用综合手段应对。

案例专栏

日本应对突发事件的手段

日本针对地方政府实施突发事件管理出台了指南，例如《市政当局水灾应对方法》《发生重大灾害时地方公共团体业务连续的指导》等。日本政府还非常重视信息技术的运用，1996 年设立内阁信息中心，致力于在城市应急管理中利用通信技术、卫星科技和计算机技术，打造信息流转的共享平台。通过共享平台可以及时发现潜伏的危机事件，信息的收集与解析也使政府在危机应对中占据有利地位，有效减少非必要的损失。同时，应用先进系统促成不同部门、不同地区的有效联动，各方共享信息，对突发事件实现快速响应。

① 骆小平．应急管理非“应急”：从波士顿抗击暴风雪看美国城市应急管理的常态化．城市管理与科技，2015，17 (2).

3. 主体多元化

除政府部门外，鼓励多元化主体参与是城市应急管理的大势所趋。布莱尔执政期间，英国开展行政改革，大力推行合作政府。合作政府是指政府将公共部门、私营部门自愿组织联合起来，展开跨越组织边界的工作，达成共同目标①。在此理念引导下，英国吸引来自大学、企业和公共组织的成员组建了一批特殊的委员会，为政府政策提出意见和建议。我国上海市也积极鼓励非政府主体与政府主体合作处理城市应急事件。例如作为一家民办非企业单位，上海市联合减灾与应急管理促进中心，就是与政府合作共同应对消防管理、医疗救护、食品卫生、公共场所安全等领域应急事件的专业机构②。

4. 区域合作化

城市突发危机事件具有较强的空间负外部性效应，而且一些重大的城市突发危机事件往往会波及周边广大区域，因此城市应急管理需要区域合作、协同治理。无论是 2003 年暴发的“非典”疫情，还是 2020 年暴发的新冠疫情，应对这些突发事件已经远超一个城市乃至一个国家的能力，必须形成全球性公共产品的供给网络，广泛使用区域间、国家间的应急合作。

10.2.3 中国城市应急管理的进展

中国的特色社会主义体制在城市应急管理方面具有显著的制度优势。自 2003 年“非典”事件以来，公共安全与应急管理逐步受到重视，成为中国城市管理的研究重点之一。近年来，部分学者关于应急管理的相关论述可见表 10－4。

表 10－4 中国学者关于应急管理的相关观点

作者	著作	观点
钟开斌	《中国应急预案体系建设的四个基本问题》	“一案三制”是中国应急管理体系建设核心，全面整合基本特征着眼于体系建设
郭济	《政府应急管理实务》	政府应当在突发事件应急管理方面加强社会合作互助
蒋克勋	《中国大中城市政府紧急事件响应机制研究》	市内现有的政府部门、应急中心、公共或私人组织，借助“物理分离、逻辑集中”方式光纤联网，达到信息共享，构建紧急事件响应“权威、统一”的公共组织乃至私人组织治理平台
马德峰	《安全城市》	政府、非政府组织、企业、市民在公共安全治理中，明确角色定位，并针对职能边界进行合理界定，建立依托于“安全社区”的安全城市
何心展	《中国沿海城市突发公共事件应急机制：以浙江省宁波市为例》	充分动员和发挥城乡社区、社会团体、企事业单位和志愿者队伍的作用，形成具有统一指挥、反应灵敏、协调有序、功能齐全、运转高效的应急管理体制

① 王希．后新公共管理时代英国合作政府模式探析．中共郑州市委党校学报，2014（2）．

② 董幼鸿．社会组织参与城市公共安全风险治理的困境与优化路径：以上海联合减灾与应急管理促进中心为例．上海师范大学学报（哲学社会科学版），2018，47（4）．

近 20 年来，中国城市应急管理的研究内容与体系建设历程呈现出以下典型特征：第一，研究重点从早期以自然灾害治理为主要对象的应急管理，逐步向环境保护、公共卫生、社会风险、恐怖袭击、国家安全等领域扩展，内涵外延与研究覆盖面日益宽广。第二，中国应急管理体系的运行制度逐步发展完善，初步形成了以“一案三制”为核心的中国特色公共危机应急管理体系的整体框架，见表 10－5。第三，在制度供给层面，中国由防灾减灾阶段快速迈向了综合性的应急管理阶段①，在管理主体上，从传统的政府单一主体步入了多元主体的协同防控阶段，高度重视政府协调治理工作体系的构建。第四，在学科基础和方法工具上，除传统的行政管理和政治学基本理论外，城市经济、博弈论、信息经济、环境工程、管理科学与工程、公共政策、非政府组织、社会心理分析等众多新兴学科的理论方法和分析工具被不断引入，前沿交叉特色愈来愈鲜明。第五，现代城市公共危机的应急管理更为强调机制的操作性和可执行性。在突发事件预防与应急准备、监测与预警、应急处置与救援、事后恢复与重建等全过程中，各种制度化、程序化、规范化的应急管理方法与措施是建立有效工作模式和成功应对突发公共事件的重要方法②。

表 10－5 “一案三制”的相互关系

内容	形式	解决问题	目标要求
应急管理预案	实践操作	实际演练和操作	覆盖各地区、各行业、各单位的横向到边、纵向到底的应急预案体系
应急管理体制	组织结构	权限划分和隶属关系	建立统一领导、综合协调、分类管理、分级负责、属地管理为主的应急管理体制
应急管理机制	工作流程	运作动力和流程	构建统一指挥、反应灵敏、协调有序、运转高效的应急管理机制
应急管理法制	法律制度	运作依据和规范	以宪法为依据、以《中华人民共和国突发事件应对法》为核心、以相关单项法律法规为配套的应急管理法律体系

资料来源：钟开斌．国家应急管理体系：框架构建、演进历程与完善策略．改革，2020（6）．

10.3 城市应急管理基本流程与技术支撑

10.3.1 城市应急管理的基本流程

城市应急管理流程可概括为事前防范预警、事中应急处理和事后善后恢复三环节，以及预防、识别、防御、应对、平息和反思评价六个阶段，如表 10－6 所示。刘永魁认为，应以事件发展逻辑为基础，将整个应急管理过程分为灾害前、灾害中以及灾害后三

---

① 童星，张海波．基于中国问题的灾害管理分析框架．中国社会科学，2010（1）．

② 钟开斌．风险治理与政府应急管理流程优化．北京：北京大学出版社，2011．

个阶段[①]。托尼雅克认为，在危机事件中，重要的进程和活动通常是重叠发生的，危机的预防和准备应同时开展，若对重叠过程处理不当，将会造成新危机[②]。

表 10-6 城市应急管理流程的“三环节、六阶段”

环节	事前防范预警		事中应急处理		事后善后恢复	
阶段	预防	识别	防御	应对	平息	反思评价

1. 事前防范预警环节

（1）预防阶段。

预防阶段的主要任务是加强多元主体的预警和监测能力建设，及时发现并消除潜在的危险事件及其影响。此阶段的工作重点包括：一是积极制定城市应急管理的发展规划和法律法规，完善制度保障体系，为地方政府赋权；二是保证预防工作中资源的充足度和资源调配的专业化、高效化，与专业团队合作开展各项预防工作；三是创造条件，鼓励社会组织承担直接面向群众的预防应急事件的日常宣传、动员工作，组织开展主题演讲、开展系列预防培训等。

（2）识别阶段。

识别阶段的主要任务是通过精准识别，做到早发现、早报告、早处理，构建高效、全面的城市应急事件的识别反馈机制。例如，美国建立了涵盖应急行动中心、电子网络疾病检测报告系统、大都市症状监测系统等系统的全国性公共卫生信息系统，实现疾病的早期识别和快速报告[③]。系统覆盖全面、实施有序，具备法律保障，能够及时应对突发公共卫生事件[④]。

识别阶段的工作重点包括：对城市应急监管进行数字化、信息化升级，提高衡量监测预报系统的效率化、精准化和可视化；引进大数据、云计算等技术，实现对上报数据的自动分析报告；针对技术、经济相对落后地区，重在优化流程，提高人员操作熟练度，实现信息高效的搜集传递；重大危机事件的信息透明公开，降低危机事件的负面影响，舒缓群众恐惧心理；制定相应法律，加快法治政府的应急管理能力建设，提高地方政府公信力。

2. 事中应急处理环节

（1）防御阶段。

防御阶段旨在对城市突发事件进行初步控制，有效遏制社会负面效应的持续扩大。此阶段，政府的工作重点包括：一是向基层社区、社会组织以及其他公众团体公开危机发生的信息，让公众了解事态的严重性和其他次生危害，加快疏散群众，传输自我保护

---

① 刘永魁，孔昭君，张箐．灾害应急管理全过程模型构建与分析．灾害学，2019，34（1）．

② JAQUES T. Issue management and crisis management：an integrated，non-linear，relational construct. Public relations review，2007，33（2）．

③ 刘晓栋，刘艺．美日突发公共卫生事件应急管理体系．现代世界警察，2020（4）．

④ 欧阳静，陈小东．美国突发公共卫生事件应急管理体系的启示．预防医学情报杂志，2020，36（7）．

的要领和信息；二是及时加大力度调查突发事件来源，明确事件起因，遏制事件进一步恶化；三是对处于紧急状态的应急管理事件应封闭现场，紧急调集消防、武警、医疗等城市应急管理力量进行现场处理；四是开展舆情工作，营造良好氛围，安抚受波及群众的情绪，防止应急危机事件带来的衍生隐患，确保社会稳定。

（2）应对阶段。

应对阶段的工作重点包括：加大拨款力度，牵头行业组织、技术专家或高等学校，对应急事件进行研讨攻关，全面评估技术应用的实际效果；以社区、街道为基本单位，发挥社会整体力量，保障受影响人群的基本生活需要，避免发生人员重大生命损失等恶性事件；街道、社区委员会及社会组织积极联络爱心企业和地区慈善组织，必要时对群众进行心理疏导，维护社会稳定；当城市应急管理资源短缺无法满足实际需求时，依靠区域间互助纽带，形成应急管理资源、物资的区域联动供给机制。例如，2020 年新冠疫情暴发期间，武汉市一方面建造了由军队医疗队伍管理的火神山、雷神山医院，另一方面得到全国各地社会组织、医护人员的支持，才得以在前期蒙受巨大损失的情况下快速控制疫情①。

3. 事后善后恢复环节

（1）平息阶段。

平息阶段的目标是使城市的社会发展、经济发展和文化生活恢复到突发事件发生前的水平。平息阶段的核心任务包括：一是对规模和影响较小的突发事件，以街道、社区为触手开展灾后平息工作，快速修复受损的经济、社会设施，尽快恢复地区功能的持续运行；二是对影响较大的突发事件，寻求区域间支援，制定政策鼓励企业复工复产，迅速恢复本地区经济秩序；三是对“突发公共事件直接导致的伤亡者及其家属”、“在突发公共事件中造成的心理伤害者及其家属”和“其他社会弱势群体”三类重点人群做好安抚工作②；四是完善法律支撑，尝试设立突发公共事件的社会补偿制度。

（2）反思评价阶段。

反思评价是城市应急管理形成闭环反馈调节系统的必要条件，应贯通应急管理的全流程。反思评价阶段包括三个重点：一是源头，要深入探析城市突发事件发生的直接原因，以及日常管理过程中诱发突发事件的短板弱项。二是过程，必须系统总结应急管理各阶段的实际措施，寻找工作中的不足，从根本上提高政府应急管理事件的治理水平。三是分类，对应急管理的具体事件和应对方式进行分类对照分析，发现问题、找出难点、明确责任，提升各部门间的相互配合能力。

10. 3. 2　城市应急管理中的技术支撑

目前城市应急管理正在向智慧化和专业化方向发展，物联网、云计算、大数据、人

① 鲁全．公共卫生应急管理：类型、流程与责任分配机制．人文杂志，2020（5）．

② 席恒，张立琼．突发公共卫生事件应急管理的基本问题与关键节点．学术研究，2020（4）．

工智能等智慧技术已在城市应急管理中得到广泛应用，帮助城市管理者第一时间绘制应急事件画像，制订应急管理方案，协调应急管理环节，最终实现应急管理的目的。

物联网实现了城市应急管理信息捕获的实时性。物联网技术促进了人类与自然的紧密融合，确保城市应急管理部门可以从自然中获得大量数据，提高了城市应急管理部门对城市突发事件的分析把握能力。在应急管理实践中，物联网技术在面对极端灾害时表现出显著优势。巴西里约热内卢常年遭受暴雨侵害，为有效应对暴雨带来的一系列城市突发事件，里约热内卢政府斥巨资打造了城市物联网系统，用以搜集与城市天气有关的数据，帮助政府了解城市暴雨情况①。美国科罗拉多州为应对潜在水灾，在科罗拉多河流域部署了上百个传感器来捕获河流的实时数据，帮助当地政府进行河流管理，有效地处理河流灾害②。

云计算改善了城市应急管理部门配合的协调性。云计算的应用助力城市管理部门实现了内部软件生态的整合，使城市管理部门的所有数据在统一平台上运行，通过云操作系统的调度实现了城市应急管理虚拟资源的分配、共享，提高了城市应急管理的部门配合和协调效率。例如，美国波特兰市通过城市云计算平台实现了"云上办公"，还建成了基于云计算的人力资源系统，基本实现了城市应急状态下的效率化运营。该系统一方面能够根据不断变化的业务需求快速部署新的解决方案，另一方面简化了政府内部流程，显著改善了人力资源与财务报表，为政府节省了大量资金③。

大数据提升了城市应急管理未来预测的精确性。城市运行会产生海量数据，大数据的广泛应用有助于对获得的数据集进行加工处理，以观察和追踪城市发展动态，提高城市应急管理活动的精准性。例如，沙特阿拉伯专门建立了大数据分析平台，以维护麦加的安全，通过分析当地朝圣人群的移动速度、方向和密度以及预测未来的发展趋势，更好地制订疏散计划，并通过位置数据向指定人员发布预警④。2009 年，谷歌公司利用大数据技术成功预测了 H1N1 流感在美国的暴发，通过将谷歌大数据技术与美国疾病预防控制中心的数据相结合，美国科学家可以预测未来一周美国的流感传播情况⑤。

人工智能强化了城市应急管理方案的合理性。人工智能的优势是能够针对特定目标开展合理化的行动，因此人工智能正在被广泛地运用到城市应急管理领域⑥。根据微软的研究报告⑦，人工智能是各国政府减轻飓风、野火和地震等自然灾害以及缓解新冠疫情大

---

① 智慧城市，让人居环境更美好. https://baijiahao.baidu.com/s?id=1675678288808459485&wfr=spider&for=pc.

② TORRES N. 物联网等技术如何提高应急管理能力. http://www.elecfans.com/iot/1156749.html.

③ ROACH B. How cloud will lead state and local agencies into the digital future. https://statetechmagazine.com/article/2021/03/how-cloud-will-lead-state-and-local-agencies-digital-future.

④ YANG C J, CHEN J G. Using big data to enhance crisis response and disaster resilience for a smart city//2017 IEEE 2nd International Conference on Big Data Analysis (ICBDA 2017). IEEE Beijing Section、Xi´an Jiaotong-Live University: IEEE BEIJING SECTION（跨国电气电子工程师学会北京分会），2017: 4.

⑤ CHOI C. To predict flu outbreak, just Google it. https://spectrum.ieee.org/tech-talk/computing/it/google-cdc-partner-to-predict-flu-spread.

⑥ FRANKENFIELD J. Artificial intelligence: what it is and how it is used. https://www.investopedia.com/terms/a/artificial-intelligence-ai.asp.

⑦ KUGLITSCH M. AI disaster resilience. https://s3.documentcloud.org/documents/6985891/AI-Disaster-Resilience.pdf.

流行造成的破坏的最有效的技术之一。美国加利福尼亚州的一些城市，采用人工智能对火灾进行精确有效反击，以拯救生命、减少财产损失[①]。在美国辛辛那提，地方政府针对城市消防突发事件建立了基于人工智能的预测分析系统，根据位置、天气等不同变量，向调度员提出紧急呼救的相应建议[②]。此外，人工智能软件还帮助应急管理部门有效响应和优先处理每年收到的 80 000 条请求，极大地缩短了部门的应急管理时间，降低了应急管理成本[③]。

10.4 城市大脑驱动的应急管理创新

10.4.1 城市大脑的内涵与特征

城市大脑（city brain）是指由中枢、系统与平台、数字驾驶舱和应用场景等要素组成，以数据、算力、算法等为基础和支撑，运用大数据、云计算、区块链等新技术，推动全面、全程、全域实现城市治理体系和治理能力现代化的数字系统和现代城市基础设施。城市大脑本质上是人工智能的拓展，通过在城市治理顶端创造一个智慧大脑来优化城市治理的整体性方案，提升城市治理水平[④]。城市大脑是智慧城市的数据处理与决策中枢，其目标是支撑城市治理的整体性统筹、精细化运营和动态管理[⑤]。城市大脑是一种新型城市运行管理与公共事务治理的工具。在智慧城市建设阶段，城市大脑有利于提升顶层设计、系统整合和社会协同能力，实现城市高质量发展转型[⑥]。在城市管理范式变革的背景下，城市大脑也有助于提升城市管理效能，形成全周期、智慧化的城市治理新模式[⑦]。

城市大脑的作用是采用数字化手段融合海量数据资源，推进业务系统之间高效协同，探析城市多元主体行为背后的因果关系与影响机制，最终借助无限算力和人工智能，解决城市运行管理和公共治理中的复杂问题，为政府精准决策提供科学支撑。按照技术创新的应用形态与功能进化，城市大脑的演进可以归纳为三个主要阶段：第一，城市大脑 1.0 阶段，主要针对城市管理中的核心问题，探索单一领域的管理场景，通过提升识别能力，实现事件动态感知，提高应急事件协同处置效率。第二，城市大脑 2.0 阶段，主要面向城市发展中的重点关切目标，探索多元化治理场景集成，通过汇聚资源、扩展应用场景和提升数据和算力，实现城市大脑赋能城市治理。第三，城市大脑 3.0 阶段，主要任务是融合感知认知，探索自动决策与跨域协同，通过超大规模的实时计算、全域多端协同和

---

① WOOD C. Why AI might be the most under—used emergency response tool. https：//statescoop. com/artificial-intelligence-state-local-government-emergency-response/.

②③ TORRES N. Three emerging technologies to improve emergency management. https：//datasmart. ash. harvard. edu/news/article/three-emerging-technologies-improve-emergency-management.

④ 李文钊 . 数字界面视角下超大城市治理数字化转型原理：以城市大脑为例 . 电子政务，2021（3）.

⑤ 高文，田永鸿，王坚 . 数字视网膜：智慧城市系统演进的关键环节 . 中国科学：信息科学，2018（8）.

⑥ 徐振强，刘禹圻 . 基于“城市大脑”思维的智慧城市发展研究 . 区域经济评论，2017（1）.

⑦ 焦永利，史晨 . 从数字化城市管理到智慧化城市治理：城市治理范式变革的中国路径研究 . 福建论坛（人文社会科学版），2020（11）.

人工智能深度应用，实现全局资源调度优化，缔造全新的城市运营形态和城市价值。

在数字赋能城市智慧化运行管理的大背景下，城市大脑的任务目标包括：第一，推动“一件事”的联管、联办和联服的特色示范场景建设，实现“一网通办”“一脑通治”“一屏通览”“一码通服”①。第二，提高对各类城市问题的发现、识别、处置和解决率。第三，及时发现并妥善处置重大公共突发事件，提高城市应急管理化解风险与不确定性的能力。第四，协调解决跨行业、跨领域、跨部门、跨区域的城市运行管理难题，实现众多应用场景的全覆盖管理。例如，宁波市通过城市大脑指挥运营中心全方位监控城市运行动态，需求导引的基层治理应用场景不断“破茧而生”，不断改善工作质量和提升服务效率。“甬易办”平台在政府、企业和群众之间构建起“端对端”一键通、一站式的政策兑付系统，一方面从“坐店等客”向“速递上门”转变，完成了政府服务变革的模式嬗变；另一方面精准施策，使得城市治理更及时、精准、便捷。第五，通过技术创新实现城市各类资源有效配置，增强高效服务企业和城市居民的能力。例如，2020 年 7 月，杭州“线上行政服务中心”依托城市大脑“亲情在线”平台，探索将“零纸质”“零人工”“零时限”“零跑次”的“无感智慧审批”纳入智慧城市建设，来实现惠企、惠民的政策目标②。

目前，中国“城市大脑”的开发建设具有几个鲜明特色：第一，城市大脑的总体架构设计各具特色。以“城市大脑·萧山平台”为例，新一代人工智能创新平台的总平台设计涵盖了六个“一”。一张网：整合电子政务网和部门专网，联通数据资源；一朵云：做大政务云，为各类业务提供进出场设施；一个库：归集数据库，共享资源体系；一个大脑：建设核心平台，提升算力，支撑多领域行业应用；一批领域：将不同领域和场景接入平台；一个展馆：在驾驶舱呈现一体化智慧应用③。北京市海淀区城市大脑的总体架构则为“1＋1＋2＋N”，即：一张感知网、一个智能云平台、大数据和人工智能计算处理两个中心，以及 N 个创新示范应用。第二，“城市大脑”的平台组成功效更为强大。例如，温州消防管控“秒响应”平台，实现消防安全隐患早发现、早响应、早处置，可一键实现业务调度、远程指挥、应急处置④。第三，城市大脑的应用领域日益拓展。城市大脑在中国已广泛应用于城市的众多领域和场景。截至 2019 年 11 月，在交通、应急管理、人口、食品安全、旅游、治安、医疗救助、智能支付等城市民生领域，杭州城市大脑已上线了诸如便捷泊车、舒心就医、20 秒入园、30 秒入住、数字旅游专线、易租房等 11 个重点领域的 37 个应用场景，极大改善了城市居民生活的满足感和体验度。

10.4.2 基于城市大脑的应急管理创新

1. 城市大脑是推进城市全周期管理的重要保障

全周期管理要求顺应城市生命体的发展规律，实现全过程、分阶段、多环节、精准

---

① 宁波城市大脑启用运营 实现两个全国首创．宁波日报，2021-03-28.

② 人民日报点赞杭州城市大脑 让智慧城市更聪明更暖心．人民日报，2021-03-22.

③ 城市大脑起源地 萧山用大脑改变未来．杭州日报，2019-06-04.

④ 城市大脑到底有多聪明．温州日报，2021-03-14.

匹配的动态闭环管理。然而，中国城市传统发展模式所固有的重建设轻管理、部门割裂缺乏互动互补、法律和行政配套不健全等现象，一方面造成大城市的规划、建设、管理三大核心领域存在严重的局部运行和环节断裂，另一方面导致城市政府各职能部门之间存在资源固化、信息孤岛和协同不力等问题。针对上述问题，政府制定了推进城市大脑赋能城市治理工作的“三协同”原则：一是要求所有相关部门各司其职、协同推进；二是建立健全联动协调机制，协同解决重大问题；三是促进各系统与平台数据通过中枢协同机制互联互通，以业务、数据和政企协同为重点，形成整体性政府，提升城市协同运行能力①。

在技术解决方案上，2020 年阿里云峰会升级发布城市大脑 3.0，强调通过数据智能强化感知能力，一方面通过城市空间基因库链接全部城市要素数据，实现智能化深度融合；另一方面采用人工智能技术，实现交通、医疗、应急、民生、养老、公共服务等全部城市场景的智能化决策。在迅速数字化转型的基础上，未来城市的全部元素及其相互之间的复杂关系都将获得数字化的表达形式，进而构建出全领域、全覆盖、全周期的数字化管理系统。

由重大突发事件引发的城市公共危机和应急防控是全周期管理的典型案例。城市面对重大灾害和公共安全的应急防控能力提升的任务目标，在时间维度上包括事前准备、事中处置与事后恢复三个重要节点，以形成城市应急防控治理的正反馈机制（如图 10－2 所示），建立健全城市公共安全治理系统。事前准备注重对重大突发事件制定应急处理计划与预防工作安排，事中处置注重事故发生初期的有效组织、发生过程中的统筹指挥和协调机制，事后恢复注重事故发生后的有效控制和保障措施。

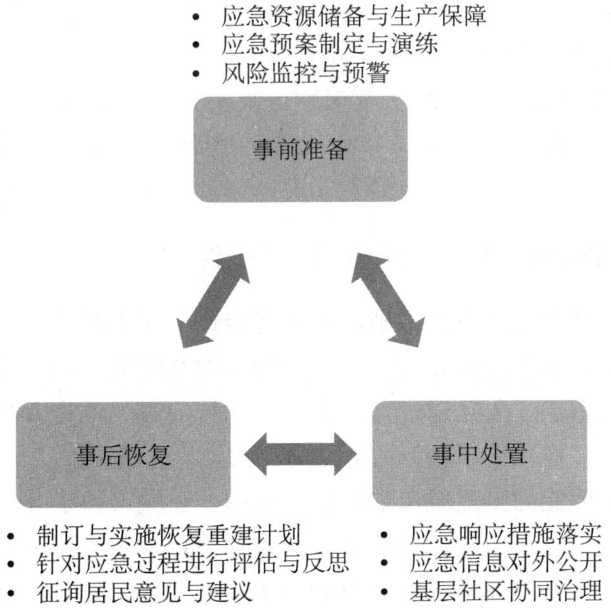

图 10－2　城市应急防控的全周期管理机制

① 参考《杭州城市大脑赋能城市治理促进条例》第六条、第七条、第八条。

2. 城市大脑是应急和风险防控管理的组织基础

基层社会治理对城市应急风险防控工作至关重要。针对新冠疫情期间中国城市暴露出的应急防控机制不健全和城市韧性不足等问题，应基于城市大脑的技术优势，强化城市应对突发重大应急事件的反应速度、应对措施和调动能力，健全应对各类公共安全和突发事件的城市应急防控机制。

首先，搭建大数据、云计算的城市应急风险防控和反应平台，实现“全天候”“全覆盖”。结合从前期的风险预警、潜在风险捕捉，到中期的抢险人员调度、公共服务配置，再到后期的妥善安置受灾群众、开展灾后重建等应急管理各环节的主要目标和任务，利用数字信息技术进行编组和反应，提升问题解决效率。其次，随着数据科学、计算机和信息网络技术日益发展，城市基层社会的治理主体有条件由事件和危机过后的治理型思维转向事前预防的管理型思维①。通过建立日常数据监测平台，实时了解社区治理过程中的客体情况，识别基层社会运行的时间和空间特点，实现“主动寻找问题”的治理手段事前化。最后，大数据的高频、即时、多样等技术特征，能够将城市管理内容扩展到人口、安全、应急、群体性事件等传统数据分析难以涉及的层面，保障了对城市治理内容和治理体系的综合化改进。一方面，构建三级管理体系结构。功能层注重智慧城市、社区服务等生活化和生产性功能；平台层实现管理主体间的信息联通共享和优质公共服务生产；网络层为主客体提供扁平化、多元化的共生网络式治理的机制安排②。另一方面，促进科层制转变为现代双向治理结构③，以便根据城市与社区之间的异质性和信息的即时传导，相应地布置差异化多层次的监控力量和安排不同的措施。

此外，运用大数据、云计算、人工智能技术的成果，从危机预防与危机应对两个维度，针对危机前的预警机制、立体实施监控指挥、分区分层分类管理、定点值守责任归属等，以及危机应对过程中的问题识别、决策方式、实施执行和评价反馈等环节（见图 10－3），形成标准统一的应急技术规范，进而构建应急风险预警防控平台与应对系统。

3. 城市大脑是驱动数智化精准治理的工具条件

精准治理是指以精细化管理为基础，运用智能化技术手段从供需两端优化城市服务生态系统。基于公众需求的多元异质性、公共治理的及时灵活性和城市数据的多维时空性特性，精准治理的重点任务是通过城市大数据和智能过滤的专业化工具创新，满足城市治理过程中复杂的多样化需求，为城市创造新的核心价值。

第一，推进数字赋能的多源城市数据融合应用。在城市数字化浪潮下，城市各领域的动态空间和属性数据均在信息化的数字空间中存储，最终通过云计算等动态虚拟化的网络服务提供给用户。在技术手段上，通过借鉴数据活化（data vitalization）的应用理

---

① 孙粤文．大数据：现代城市公共安全治理的新策略．城市发展研究，2017（2）．

② 许峰，李志强．大数据驱动下社区治理模式变革与路径建构．理论探讨，2019（4）．

③ 闫臻．城市社区组织化治理：自上而下的科层制嵌入与横向联系的扁平化合作．人文杂志，2018（5）．

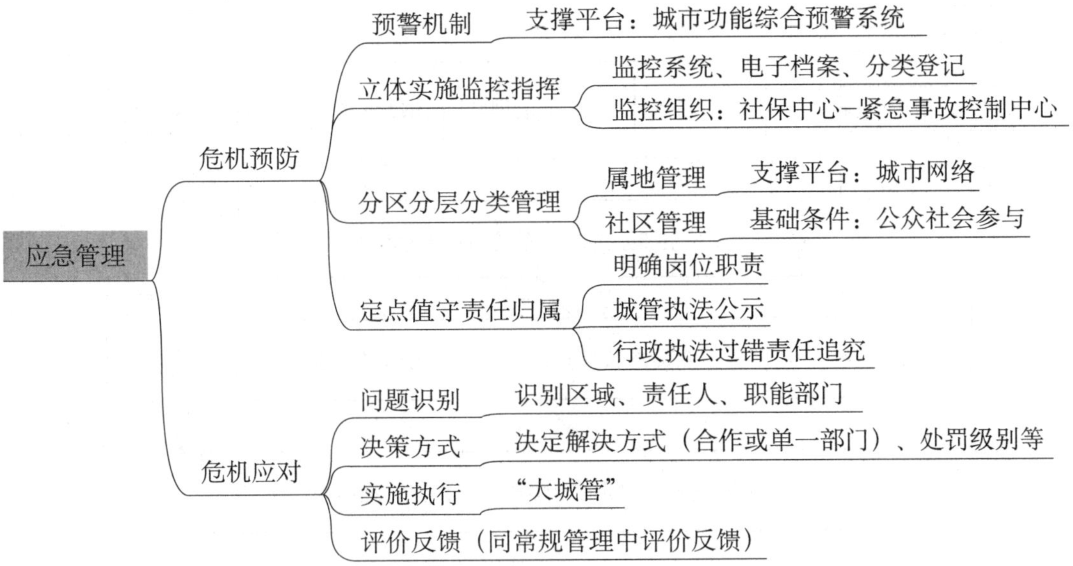

图 10－3　应急风险预警防控平台与应对系统

论基础，以空间位置的社交网络（location based social networks）为框架，针对传统GPS与POI等众源地理空间数据引入网络服务特性的语义信息，突破传统数据分析中信息空间与物理空间的割裂，推动城市智能化的数字赋能创新①。

第二，驱动基于智慧网格单元的信息管理工具创新。网格化管理是中国率先实践的现代化城市管理模式，尽管具备数字化管理、闭环式管理、精细化管理和动态化管理等四个主要特征②，但当前分布式数据库、Hadoop等现有信息管理工具，均无法满足城市治理的实时性和灵活性要求③。未来城市应从系统设计、管理决策两个层面，探究网格化管理的智慧升级路径。在系统设计层面，以基础设施、数据融合、场景应用、标准评价及运营发展五个部件构成城市治理核心，以城市资源线索工具与资源体系解构工具为支撑，以松散耦合的粗粒度形式通过标准化的接口体系连接泛在信息网络（UN）④，形成模块化、开放式的城市智慧网格治理系统，如图 10－4 所示。

第三，在管理决策上，针对城市数据多元异构的时空多维特性，一方面考虑时空数据演化特性，通过信息科学、复杂网络等多学科研究工具分析居民需求特征；另一方面针对城市维度间的数据相关属性，搜集城市服务需求和地区信息数据，利用城市功能网络与人类行为时空动力分析等方法，针对异质性的居民需求优化重构城市精准治理流程。

---

① XIONG Z，LUO W，CHEN L，et al. Data vitalization：a new paradigm for large-scale dataset analysis. https://dl. acm. org/doi/10. 1109/ICPADS. 2010. 102.

② 陆军，黄伟杰，杨浩天．智慧网格创新与城市公共服务深化．南开学报（哲学社会科学版），2020（2）.

③ 倪明选，罗吴蔓．数据爆炸时代的技术变革．中国计算机学会通讯，2011（7）.

④ 沈健，唐建荣．智慧城市：城市品质新思维．北京：人民邮电出版社，2012.

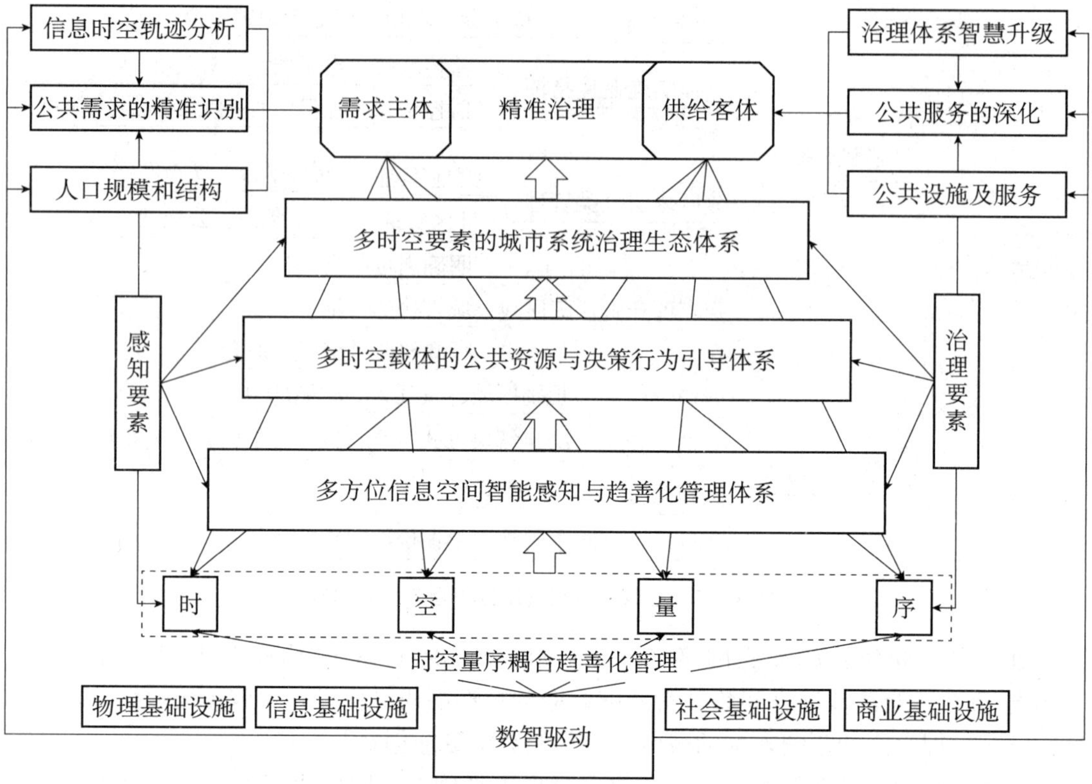

图 10－4　数智技术驱动的城市精准治理和工具创新

本章小结

作为应急管理的延伸，城市应急管理强调处理与预防自然灾害、事故灾难、公共卫生事件、社会安全事件等。城市应急管理分为事前防范预警环节、事中应急处理环节和事后善后恢复环节，具备管理全面化、手段综合化、主体多元化和区域合作化等特征。随着科学的发展，物联网、云计算、大数据、人工智能等技术先后被广泛应用于城市应急管理中，而城市大脑就是技术应用的产物。城市大脑带来了更多城市应急管理的创新，进一步推动了城市全周期管理，为应急和风险防控奠定组织基础，最终实现数智化精准治理。

关键术语

城市突发事件　应急管理　城市应急管理　城市应急管理流程　城市大脑

复习思考题

1. 简述城市应急管理内涵与特征的联系。
2. 简述城市应急管理的基本流程。

3. 城市大脑在应急管理中的优势有哪些?
4. 简述中国城市应急管理的进展。
5. 结合现实分析应急管理技术和城市大脑的应用。

进一步阅读的文献

1. COZENS P M, SAVILLE G, HILLIER D. Crime prevention through environmental design (CPTED): a review and modern bibliography. Property management, 2005, 23 (5).
2. 陆军．城市大脑：城市管理创新的智慧工具．人名论坛・学术前沿，2021 (9).
3. 张勤林，林慧卿．美国波士顿马拉松爆炸案处置经历．轻兵器，2013 (24).
4. 李杰．全球特大城市应急体系建设的经验与借鉴．党政论坛，2017 (2).
5. 杨雪冬．风险社会理论述评．国家行政学院学报，2005 (1).

第 11 章

需求导向的城市交通管理

伴随经济发展、城市化加速和汽车保有量大幅增长，交通拥堵成为世界城市管理的普遍难题。拥堵是城市交通供给无法匹配交通需求的外在表现，它降低了城市运输系统的运行效率，浪费了社会资源，造成经济损失、环境恶化和空气污染的外部性日益加剧。近年来，国内外城市积极实施交通需求管理策略，从单纯增加道路交通基础设施容量转变为以交通需求管理调节道路交通设施容量。

本章包括四个部分：第一部分对交通需求管理的概念、类型和拥挤定价进行概述；第二部分阐述交通需求管理的主要方法工具以及主要国家的典型措施；第三部分从公共经济学的视角，介绍拥堵收费、停车收费、汽油税和摇号等交通需求管理的主要模型；第四部分从车辆的拥有和使用、公共交通和交通规范等维度，提出交通需求管理的主要对策。

重点问题

- 交通需求管理的概念和主要类型
- 交通需求管理的主要方法工具及措施
- 交通需求管理的主要模型

11.1 交通需求管理的理论概述

11.1.1 交通需求管理与拥挤定价

目前，学界对交通拥堵尚未形成一个统一的定义。中华人民共和国公安部《道路交通拥堵度评价方法》中给出的定义为：由于车辆的通行需求超过道路通行能力或受交通事件等影响，车辆被迫降低车速行驶或停止，并造成车辆积压超过一定程度的交通现象[①]。一些

① 道路交通拥堵度评价方法. https://hbba.sacinfo.org.cn/stdDetail/590f0bf69548ce2a21c61b3c92a0658573a9dcdf45a6ef07a020faf39c693998.

研究人员则将其简单定义为“对道路空间需求大于供给的情况”。较为复杂的定义包括“交通拥堵是在运输系统达到它的最大容量时，由于速度-流量关系，车辆之间互相施加的阻抗”①。美国联邦公路管理局认为，交通拥堵的关键是道路系统使用者期待的表现和实际表现之间差异的一种相对现象②。

交通需求管理（travel/transportation demand management，TDM）近年来已成为世界各国有效解决交通拥堵的主要手段。美国联邦公路管理局和公共交通管理局认为，交通需求管理的核心目的是通过提高车辆的占有率或通过影响出行的时间和需要，使交通运输系统运送旅客的能力实现最大化。国内的一些学者则认为，交通需求管理是指减少或分散需求来达到供需平衡，维持交通系统正常运行③。其中，该过程更为注重运用行政手段、经济手段、技术手段等工具减少城市机动车交通量，优化居民出行结构，调节出行时间、路线等行为，实现交通供需平衡和空间均衡④，最终达到提高城市交通运行效率、缓解交通拥堵、改善环境污染和促进经济社会可持续发展的目的。

拥挤定价（congestion pricing）是交通需求管理行之有效的工具。拥挤定价也称拥挤收费（congestion charging），其理论基础是由庇古奠定的，他主张要用边际外部成本定价来修正外部性⑤。在该理论基础上，城市道路交通拥堵收费指的是对城市道路使用者从车辆保有到道路使用全过程中收费，其中还包括汽车购置税、汽油税、车辆配额和拥车证制度等税费。其核心目标是使边际个人成本提高到边际社会成本⑥，促使出行者重新选择自己的出行行为，减少无效交通需求。

11.1.2　交通需求管理类型与工具

1. 基本需求和派生需求

交通需求包括基本需求和派生需求，派生需求的弹性是交通需求管理的前提。道路是一种竞争性的稀缺资源，令价格反映道路资源的市场稀缺程度，是交通需求管理的根本目标。交通基本需求源于市民不可避免的出行和各种资源必不可少的流动，属于保障城市功能的“刚性需求”，应由城市交通规划予以满足。

各类交通运输工具的客运量、货运需求以及各种运输系统所承载的交通负荷统称为派生需求。派生需求涵盖运输组织、运输方式、交通管理等多个环节。派生需求具有较大弹性，因为在城市社会经济活动中，如购物、文化、娱乐等需求，受外界因素影响较大，即使在确定的时段内也并不稳定，出行具有很大的不确定性。

---

① DARGAY J M，GOODWIN P B. Evaluation of consumer surplus with dynamic demand. Journal of transport economics & policy，2010，29 (2).

② U. S. Federal Highway Administration. Is congestion the same everywhere? . http：//www. fhwa. dot. gov/congestion/congsame. htm.

③ 钱勇 . 基于仿真技术的武汉城区特定交通拥堵点治理研究 . 武汉：武汉理工大学，2008.

④ 戴东昌，蔡建华 . 国外解决城市交通拥堵问题的对策 . 求是，2004 (23).

⑤ PIGOU A C. The economics of welfare. London：Macmillan Press Ltd，1920.

⑥ 朱广峰，盛玉奎 . 城市道路交通拥挤收费的经济学分析 . 山西科技，2007 (3).

2. 市场手段和行政手段

市场手段以货币化的成本和价格调节出行者的行为选择，使稀缺资源得到更有效的利用。一般原则是让不同出行选择的价格大致等于其社会成本，达到边际收益等于或大于边际成本。城市交通管理中的市场手段，目的是以“用者自付”的收费模式，抑制交通需求增长，获得补偿受损害者的收入来源。通过提高出行成本来调节出行需求，让使用者直接承担因使用道路或交通设施对其他人施加的成本，引导出行者重新选择出行的时间、方式和线路，达到缓解交通拥堵的目的。

准入许可、限购和限行等城市交通管理的行政手段具有一定的强制性，监管的难度也比较高。事实上，城市交通管理的经济手段和行政手段难以明确地截然区分。相反，市场化收费的时间和空间规定需要颁布具体措施予以确认，缓解交通拥堵最有效的方法是两个手段的有机结合，共同实现交通资源的最优配置[①]。以经济手段为居民出行提供更多的灵活选择自由，以强制性的行政手段保证制度的有效实施，让不同行为的边际成本等于边际社会成本。比较而言，运用市场机制的城市交通管理，在缓解城市交通问题和改善交通基础设施上的结果更接近于理想状态。然而，市场定价机制可能给低收入家庭造成压力，以及高峰时期征收通行费可能无法直接补贴低收入驾驶者，从而对社会公平造成负面影响。

11.2 交通需求管理的方法工具

11.2.1 交通需求管理的主要工具

在实践中，管理者认识到仅靠增加道路交通基础设施供给，无法满足交通需求增长，达到缓解交通的目的[②]。因为新建的道路设施会诱发新的交通需求量。交通需求管理可以引导需求，抑制交通出行，现代交通需求管理更重视通过各类措施，引导人们理智地使用有限的交通资源。交通需求管理的主要措施包括：一是车辆拥有的需求管理，主要控制车辆总需求量；二是车辆使用的需求管理，主要控制车辆交通量。当前，交通需求管理不能仅停留在限制机动车的数量和使用等行政管理层面上。国内外成功的交通需求管理措施表明，城市管理不仅要关注人们是否拥有汽车和怎样拥有汽车，更重要的是要分析人们如何理性地使用汽车。在车辆拥有的需求管理上，通常采用限制车辆保有（摇号、拍卖、拥车证）和提高购车税费支出等经济措施。在车辆使用的需求管理上，通常采用限制车辆使用（单双号或尾号限制、对卡车和柴油车的限制等）、收取高额市内停车费（采取杠杆且高额的市内街道停车收费制度）以及征收拥堵费（采取高额路费，每一辆驶

---

① DOWNS A. Still stuck in traffic：coping with peak-hour traffic congestion. Washington：Brookings Institution Press，2004.

② DOWNS A. The law of peak-hour expressway congestion. Traffic，1962，33 (3).

入市区的机动车必须缴费，公共交通除外）等，如图 11－1 所示。

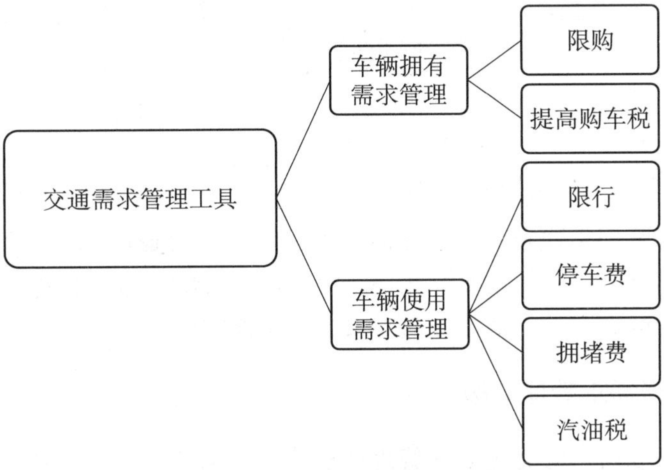

图 11－1　交通需求管理工具

11.2.2　美国、新加坡、日本和英国的交通需求管理的措施

交通需求管理起源于美国。交通需求管理有利于节省能源、改善空气质量，并减少高峰时段的拥堵。目前，美国、新加坡、日本和英国等大多数交通发达国家，针对城市交通综合治理问题，开展了系列性的交通需求管理工具研究，并建立起较为完善的制度。例如在美国，交通需求管理政策主要针对小汽车交通，通过减少出行量、鼓励合乘、停车收费和弹性工作制来均衡交通量。新加坡的交通需求管理推行了拥车证制度、区域许可证制度和中心区电子道路收费系统，提高了汽车税费和市内停车费，并征收拥堵费，有效缓解了交通拥堵。日本则着重发展公共交通，做好城市规划，推动公交优先，以公共交通引导城市发展。英国通过征收拥堵费、停车管理等措施减少了汽车使用，同时重视交通造成的环境问题，将环保理念融入需求管理工具，促进城市交通的可持续发展。尽管各国的交通需求管理策略不尽相同，但对解决城市交通问题均起到了积极作用。

1. 美国交通需求管理措施

美国是全球私人汽车拥有水平最高的国家，因此较早地考虑交通需求管理，引导出行需求，鼓励高效出行方式。在 1992 年出版的《交通需求管理手册》中，美国制定了一系列限制出行数量的法规，探寻有效缓解交通拥堵的途径。表 11－1 汇总了美国交通需求管理的主要措施。

表 11－1　美国交通需求管理的主要措施

政策导向	具体措施
改进现有道路公共服务	改善交通服务系统
	轿车、客车共乘方案
	改善自行车和行人交通设施

续表

政策导向	具体措施
经济激励与限制	停车场建设和收费管理
	交通拥堵收费
工作时间安排	弹性工作时间、电子通勤

资料来源：王刚．实施有效交通需求管理：TDM在美国．北京：中国人民公安大学出版社，2004.

美国交通需求管理实践表明，交通需求管理对解决交通问题，尤其是对解决大城市中心城区的交通拥堵问题至关重要。此外，采用市场机制，通过收费控制道路空间需求，以及鼓励多人共乘的制度，对城市交通需求管理非常有效。

2. 新加坡交通需求管理措施

新加坡是最早成功开展交通需求管理的国家，在有效控制交通拥堵、推动公共交通发展上取得了令人瞩目的成就。通过有预见性地采取交通需求管理措施（如表11－2所示），新加坡的交通迄今未发生严重的交通拥堵现象。

表11－2　新加坡交通需求管理的主要措施

主要措施	实行拥车证制度，严格控制汽车保有量
	1998年前实行区域许可证制度
	1998年后执行中心区电子道路收费系统
	新建大容量交通系统，不断改善公共交通系统
	建立多个商业副中心

中心区电子道路收费系统（electronic road pricing system，ERPS）是新加坡交通需求管理措施的典范。具体措施包括：第一，收费范围主要集中在中央商务区7.2平方千米、乌节路（商业区）和3条快速路；第二，其收费方式主要是在布局收费区或路段出入口的ERP电子闸门按车辆进入的次数进行收费；第三，收费时间方面，中央商务区通常收费时间为工作日7：30至19：00，而乌节路商业区段则为周一至周六的12：00至20：00，快速路则主要对早晚高峰时段进行收费；第四，收费额度方面，对于不同时段和不同车型采取差异化定价策略，具体收费额根据季度效果评估调整。最终在未对商业活动造成影响的前提下，新加坡通过ERPS实现拥挤区日交通量、早高峰小时交通量分别减少15%和16%，车速提高了22%①。

3. 日本交通需求管理措施

日本人口密度大，除了大力兴建以轨道交通为主的公共交通体系外，日本城市交通领域还践行了一系列独具特色的需求管理措施，如表11－3所示。基于智能交通系统，尤其是电子收费技术（ETC）的发展，将经济手段引入道路收费制度。日本实行TDM

① 荣利利，马洪生．国外交通需求管理经验借鉴分析．交通科技与经济，2013，15（4）.

的主要目标是控制交通总量，促进交通供需平衡，减少车辆交通量，均衡交通量。

表 11-3　日本交通需求管理的主要措施

实施目标	主要措施
控制交通总量	弹性工作日，电子通勤
	土地利用政策
减少车辆交通量	高承载率汽车（HOV）
	停车-换乘枢纽（P+R）
	改善公共系统，行人和自行车系统
均衡交通量	货车运行时间限制和路径优化，无小汽车日
	停车管理

4. 英国交通需求管理措施

作为最早工业化和城市化的代表性国家，英国城市交通系统建设得非常完善。其中，伦敦的道路拥挤收费政策是英国交通需求管理中最有价值的部分。除了致力于解决交通拥堵外，还将环境治理和交通结合起来考量，设置低排放区（low emission zones），实行差别车辆税、燃料税、对新车和低污染方式进行补贴，还实行了高额市内停车收费制度。

11.3　交通需求管理的主要模型

11.3.1　拥堵收费

1. 拥堵定价研究的分类

依据出行的时间与空间属性，拥堵定价研究可以分为静态定价和动态定价两种模型。静态定价模型重点考察拥挤定价的空间属性，不考虑时间变化，忽略当前的拥挤定价对未来交通拥挤的影响。动态定价模型则兼顾拥挤定价的时间和空间属性，认为拥挤道路的使用收费是时变的。

拥堵定价的最优拥挤定价理论认为，应该向用户收取等于边际成本的费用，但这在实际应用中比较困难。因此衍生出次优拥挤定价理论。而次优拥挤定价理论考虑的是在一个路网存在很多约束条件下的拥挤道路的使用收费问题。

2. 拥堵定价研究的趋势

作为一项公共政策，拥挤定价对不同人群的影响大相径庭，例如高时间价值的用户愿意为减少出行时间付费，而其他用户包括低时间价值的群体、低收入水平的群体，可能因不愿付费导致出行情况变差。因此，公众的价值取向以及公众对拥堵费收入再分配方案的支持程度，对拥堵定价能否成功实施至关重要。目前，关于拥堵定价政策的研究，主要集中在拥堵定价政策的公共支持和拥堵费收入再分配的公平性上。

费拉里主张使用国家财政和道路收费共同承担拥堵成本。最优拥堵收费应该和道路的固定成本之间不存在相关关系，其依赖于公共财政的边际成本和用户的支付意愿。若两者均较高，当最优拥堵收费的收益可能高于实际道路成本时，盈余则可以返还给用户①。还有学者研究指出，对公共产品性质的基础设施的投资决策，仅使用成本-效益分析方法是远远不够的，必须兼顾社会福利和个人福利的同时提升。

3. 最优拥堵定价模型

依据庇古理论，交通拥堵的原因可以解释为：为交通出行实际支付的成本不能反映交通出行活动的真实成本，使得路网的实际交通流量大于资源最佳配置时的流量，造成市场资源配置失效，产生拥堵。

如果 11－2 所示，当交通流量/道路行驶容量（F）不断增加，出现车速减慢、时间延迟等拥堵状况后，车辆单位里程的运行成本和时间成本开始增加。边际社会成本 M_1 表示每增加一辆车给所有路上车辆的使用者带来的成本增加，平均成本 C_1 表示每新增一辆车导致所有车辆的平均成本变动。d 表示交通需求量。因此对道路的合理有效使用规模应为 F_S，此时边际成本等于边际收益，若 F 继续增大，将导致边际成本超过边际收益，导致交通流量从 F_E 减小到 F_S。因此要通过征收拥堵费或通行费来解决道路拥挤问题。对拥挤的最优收费规模应该等于 S 点位置的边际成本与对应平均成本的差值。

最优定价拥堵收费额＝边际成本－平均成本

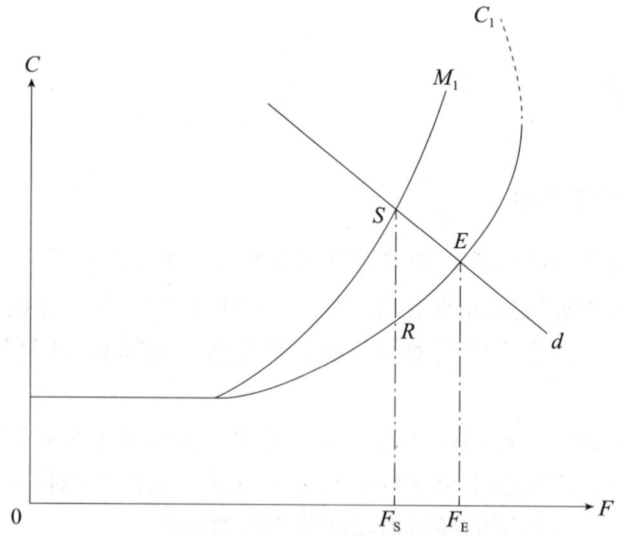

图 11－2　交通拥堵的最优拥挤定价原理

首先，假定车辆行驶的总成本 C 可以表示为路网流量 V 的函数 C（V），因而路网通

① FERRARI P. Road network toll pricing and social welfare. Transportation research part b methodological, 2002, 36 (5).

行总成本 $TC(V)$ 为：

$$TC(V)=V\times C(V)$$

而边际社会成本 MSC 为：

$$MSC(V)=\frac{\mathrm{d}TC(V)}{\mathrm{d}V}=C(V)+v\times\frac{\mathrm{d}C(v)}{\mathrm{d}v}$$

求导后反映的经济含义是每增加一辆车的社会总成本的变化量，其中 $C(V)$ 表示边际个人成本，根据上述公式每辆车应该承担的拥堵费为 $v\times \mathrm{d}C(v)/\mathrm{d}v$。道路拥挤时，出行者应支付 $v\times \mathrm{d}C(v)/\mathrm{d}v$ 的拥挤费用，以此补偿其给社会和其他出行者造成的时间延误和其他成本。

4. 瓶颈拥堵定价模型

该理论假设，交通拥堵是因为受能力限制，在某些瓶颈处出现拥堵排队现象，产生早到和迟到的计划延误费用。

假设在不收费的情况下：

出行费用＝行驶时间费用＋计划延误费用

在该模型下，交通平衡的条件指的是所有出行者的出行总成本相等，因而拥堵时刻的收费水平应该等于不收费平衡时用户的等待时间费用，即以收费取代排队等待时间使模型实现平衡条件。

设有 n 个出行者，每天早上从 O 地出发去 D，在 OD 之间有一个通行瓶颈（桥梁隧道等），通行能力为 s 辆/单位时间，为了方便研究，假设只在瓶颈处发生排队，发生排队时说明瓶颈处的车流量大于 s。

设 $u(t)$ 为 t 时刻的离开率（车辆流出瓶颈的速率），$q(t)$ 为 t 时刻的排队长度，则在 t 时刻 $q(t)$ 的变化率为：

$$\frac{\mathrm{d}q(t)}{\mathrm{d}t}=u(t)-s$$

$u(t)$ 大于 s 时排队数量减少，小于 s 时排队数量增加

此时汽车从 O 行驶到 D 所需的时间为 $t_1+q(t)/s$，t_1 为 OD 的正常行驶时间，$q(t)/s$ 为排队的等待时间。

假定汽车总出行费用由时间消耗、上班早到或晚到的惩罚和道路拥挤费三部分组成，对于 t 时刻出发的车辆而言，总出行费用可表示为：

$$C(t)=\begin{cases}\alpha\left[t_1+\dfrac{q(t)}{s}\right]+\beta\left[t^*-\left(t+t_1+\dfrac{q(t)}{s}\right)\right]+p(t),\ t\in[t_b,\ t_0]\\[2ex]\alpha\left[t_1+\dfrac{q(t)}{s}\right]+\gamma\left[\left(t+t_1+\dfrac{q(t)}{s}\right)-t^*\right]+p(t),\ t\in[t_0,\ t_c]\end{cases}$$

其中，α 为时间价值系数，β 为上班早到惩罚系数，γ 为上班晚到惩罚系数（满足 $\gamma>\beta>\alpha$），t^* 表示为工作开始时刻（上班时间），t_b 表示最早出发时间，t_0 表示能使车辆准时到达 D 的离开时刻（$t_0+t_1+q(t_0)/s=t^*$），t_c 表示最晚出发时间，$p(t)$ 表示 t 时刻的道路拥堵费。

不收费时，$p(t)=0$。平衡状态时，出行者出行成本一致，且无法通过改变出发时

刻来降低其出行总成本，因而平衡条件如下：

$$\frac{\mathrm{d}C(t)}{\mathrm{d}t}=0$$

不妨分别令 $t=t_b$，$t=t_c$，此时的出行成本应该一样，等式不考虑 $q(t)/s$，因为最早和最晚的出行者不需要排队，于是得到等式：

$$\alpha t_1+\beta[t^*-(t_b+t_1)]=\alpha t_1+\gamma[(t_b+t_1)-t^*]$$

瓶颈路段的总流量为：

$$N=s*(t_c-t_b)$$

由以上公式可以得到：

$$t_b=t^*-\delta N/\beta s-t_1$$

$$t_c=t^*+\delta N/\beta s-t_1$$

$$t_o=t^*-\delta N/\beta s-t_1$$

$$C=\delta N/\beta s+\alpha t_1$$

其中，$\delta=\beta\gamma/(\beta+\gamma)$。可以发现此时 t_b 等于 t_0，即在不收费的情况下，最早出行时间等于最佳出行时间，无论什么时候出行都将延误。经济学家提出，实施动态收费策略可以调节车辆的出发时间，使得在 t_b 到 t_c 之间的出发率等于 s（$u(t)=s$），这样就消除了排队，系统的出行成本依然是 $C=\delta N/\beta s+\alpha t_1$，由此可以得到动态收费水平为：

$$p(t)=\begin{cases}C-\beta(t^*-(t+t_1))-\alpha t_1, & t\in[t_b, t_0]\\ C-\gamma((t+t_1)-t^*)-\alpha t_1, & t\in[t_0, t_c]\end{cases}$$

5. 次优拥堵定价模型

最优拥堵定价模型强调在拥挤的道路网络中，每个时段或路段、每个用户的拥堵收费都应等于其边际外部成本。然而，次优拥堵定价模型打破了最优定价模型的理想化假设。受技术、政治等条件限制，对不同类型的用户征收不同的拥堵费只是理论上的演绎，现实上难以操作。因此，次优拥堵定价理论拓展了最优拥堵定价模型。

马钱德首先提出了次优（second-best）收费理论，该理论认为应该针对特定路段和特定时段征收拥堵费，并建立了固定时间条件下拥有两条平行道路的简单路网的均衡模型。但当时尚未考虑转移高峰交通量等拥堵收费的时间效应①。韦尔雷夫等人基于时间、空间结构的维度，研究了只有两条并行道路的简单路网的拥堵问题。一条道路收费，另一条道路不收费。采用模拟方法分析需求函数和成本函数对两条道路效率的影响②。刘和麦克唐纳建立两个时间段多条道路的简单路网，分析拥堵定价的时空效应③。韦尔雷夫将假设只有两条平行道路的简单路网扩展为通用路网，研究静态条件下通用路网的次优拥

① MARCHAND M. A note on optimal tolls in an imperfect environment. Econometrica，1968 (36).

② VERHOEF E，NIJKAMP P，RIETVELD P. Second-best congestion pricing：the case of an untolled alternative. Journal of urban economics，1996，40 (3).

③ LIU L N，MCDONALD J F. Efficient congestion tolls in the presence of unpriced congestion：a peak and off-peak simulation model. Journal of urban economics，1998 (44)；LIU L N，MCDONALD J F. Economic efficiency of second-best congestion pricing schemes in urban highway systems. Transportation research part b methodological，1999 (33).

堵收费模型，设计出仅对通用路网的部分路段收费的次优拥堵收费策略，并研究了收费等级和收费点的启发式算法①。谢菲对出行方式进行了扩展，研究了公交车和私家车同时行驶的情况，设计了分离行驶和混合行驶两种行驶情况，并针对分离行驶情况提出了求解多模式拥堵收费的模型和方法②。部分学者还研究了停车、换车以及公交出行对解决拥堵的有效性问题。斯莫尔对多用户群进行扩展，根据旧金山湾区和洛杉矶地区收入群体的差异性进行拥堵定价研究，认为两个案例中分别存在受益群体和受害群体③。阿诺特等人以及科恩研究了拥堵收费政策对不同用户群体的影响，提出高收入群体用户是时间价值收费的受益者④。

11.3.2　停车收费

停车费是一种比较有效且被广泛接受的缓解城市交通拥堵的管理措施⑤。利用差别化停车收费政策改变出行者行为是缓解城市交通拥堵的重要手段。Su Qing 和 Zhou Liren 基于 2005 年华盛顿州和西雅图的通勤出行数据，构建了分类评价模型（Logit 模型）分析停车管理措施、财政补贴以及交通需求管理措施对通勤出行选择行为的影响，证明了征收停车费在一定程度上影响了出行者的方式选择，有效缓解了城市道路的通行压力⑥。为了研究停车费的定价方式，将停车费的征收划分为两种方式：路外停车收费定价模型和路边停车收费定价模型。

1. 路外停车收费定价模型

路外停车收费模型主要针对封闭式的停车场等停车区域。模型考虑的因素包括：路外停车设施的行业平均建设成本和运行费用、路外有效停车需求和停车供给状况、停车行为偏好、停车政策法规、车辆类型、停车者对停车收费的容忍度等。模型假设：第一，供求均衡假设。在一段时间内，停车的需求与供给大致均衡，此时的停车费率为均衡费率。第二，不变成本假设。不考虑通胀、利率等因素，停车设施的建设成本和运行费用保持不变。第三，合理布局假设。路外停车场的布局合理，服务半径均达 300 米至 500 米，且无临近停车场。第四，政策法规完备假设。停车政策法规具有完备性，居民法律意识强，有关部门执法严格。

---

① VERHOEF E T. Second-best congestion pricing in general static transportation networks with elastic demands. Regional science & urban economics，2002，32（3）.

② SHEFFI Y. Urban transportation networks：equilibrium analysis with mathematical programming methods. Upper Saddle River：Prentice Hall，1985.

③ SMALL K A. The scheduling of consumer activities：work trips. American economic review，1982（72）；SMALL K A. Using the revenues from congestion pricing. Transportation，1992，19（4）.

④ ARNOTT R，PALMA A D，LINDSEY R. Route choice with heterogeneous drivers and group-specific congestion costs. Regional science & urban economics，1992，22（1）；COHEN Y. Commuter welfare under peak-period congestion tolls：who gains and who loses？. International journal of transport economics，1987，14（3）.

⑤ MARSDEN G. The evidence bases for parking policies：a review. Transport policy，2006，13（6）.

⑥ QING S，LIREN Z. Parking management，financial subsidies to alternatives to drive alone and commute mode choices in seattle. Regional science & urban economics，2012，42（1-2）.

确定路外停车费率时，首选需要明确的参数包括：C 表示单位泊位实际成本，$C_{土}$ 表示单位泊位的土地使用费，$C_{设}$ 表示单位泊位的设备成本，$C_{建}$ 表示单位泊位的建筑成本，F_m 表示单位泊位第 m 年运行费用，D 表示停车场年折旧值，$TC_{土}$ 表示土地使用费，$TC_{建}$ 表示总建筑成本，TF_m 表示第 m 年运行费用，Q 表示停车楼的泊位数，N 表示投资回收期（INV（N）表示对投资回收期取整），R 表示行业平均主营业务利润率，I_m 表示单位泊位第 m 年停车收入，r 表示所得税税率，U_n 表示第 n 天夜间停车场利用率，t_n 表示第 n 天车辆计费时间（注：车辆停放时间不到 1 小时，按 1 小时计费），EI 表示车辆的夜间保管费，ER 表示路外停车费费率①。

有以下公式：

$$C=C_{土}+C_{设}+C_{建}$$

$$C_{土}=\frac{TC_{土}}{Q}，C_{建}=\frac{TC_{建}}{Q}$$

上述公式说明每一个泊位的实际成本是土地成本、建设成本和设备成本的总和。为了保证路外停车场可以回收其投资成本并获取利润，需要满足以下约束条件，$F=\frac{TF}{Q}$，其中，F 为单位泊位费用：

$$\sum_{m=1}^{INV(N)}[(I_m-F_m)\times(1-r)+D]\frac{1}{(1+i)^m}\leqslant C$$

$$\leqslant\sum_{m=1}^{INV(N)+1}[(I_m-F_m)\times(1-r)+D]\frac{1}{(1+i)^m}$$

式中，N 为整数，运用资本回收公式，将参数 I_m 和 F_m 用其均值 $\bar{I}$ 和 $\bar{F}$ 代替，可将上式简化为：

$$[(\bar{I}-\bar{F})\times(1-r)+D]\times\frac{i(1+i)^N}{(1+i)^{N-1}-1}=C$$

由此可得：

$$\bar{I}=\left\{\left[C\times\frac{(1+i)^{N-1}-1}{i(1+i)^N}-D\right]/(1-r)\right\}+\bar{F}$$

由于$I_m=\sum_{n=1}^{365}(ERt_n+EIU_n)$，由此得到停车费费率为：$ER=(I_m-EI\sum_{n=1}^{365}U_n)/\sum_{n=1}^{365}t_n$，将式中参数用平均值代替，可以得到：

$$ER=\frac{\bar{I}-EI\bar{U}\times365}{\bar{t}\times365}$$

$$ER=\left\{\left[\frac{C\times\frac{(1+i)^{N-1}-1}{i(1+i)^N}-D}{1-r}+\bar{F}\right]-EI\bar{U}\times365\right\}/(\bar{t}\times365)$$

这里考虑到停车需求时间对停车费的影响差异，费率函数可表示如下：

$$f(ER)=\lambda_t\cdot ER_0$$

在上式中λ_t表示的是时间 t 变化对均衡费率的变化，可以表示为：

① 安实，王健，丁文桓．我国城市路外停车场收费定价研究．企业经济，2001（4）.

$$\lambda_t=\left(\int_{T}^{T+t}U_T(t)\,\mathrm{d}t\right)/t\times U_0$$

其中，U_T（t）为从时刻 T 开始的停车泊位利用率的时间函数，将上式代入前式，t 趋近于 0 时，可求出任意时刻 T 的停车费率。

2. 路边停车收费定价模型

路边停车泊位和路外停车场泊位的性质不一样，路边泊位的公共产品性质更明显[①]，目标是社会效益的最大化而非经济效益的最大化，存在扭曲。因此，其收费定价应采用次优定价理论。

若不考虑收取停车费对交通的影响，路边停车费率的确定原则，是在财政约束条件下实现社会效益最大化。因此，路边停车泊位的定价问题由下式表示：

$$f(t)=\max\sum_{i=1}^{n}\left[\int_0^T(1+s)-tF_i(p_i,d_i,h_i,v_i)\,Q_i(t)dt\right]$$

并且有约束条件：

$$\begin{cases}\sum_{i=1}^{n}\left[\int_0^T(1+s)-t\,p_i(t)\,Q_i(t)dt\right]\geqslant\sum_{i=1}^{n}\left[C_i+\int_0^T(1+s)-tC'_{t},_{i}(t)\,Q_i(t)dt\right]\\ p_i(t)\leqslant p_{\mathrm{i}}{}'(t)\end{cases}$$

上式中，n 表示机动车的分类数目，主要包括为小型车、中型车和大型车三个类别（用 i 表示）；T 表示盈利的开始年份；F（）表示机动车驾驶员出行的效用函数（单位：元）；p 表示机动车对应的停车费率水平；p（t）表示机动车停车费率变化的时间分布函数；d 表示机动车停放后所面临的步行距离；h 表示机动车寻找停车地点的泊位时间；v 表示机动车出行价值；Q（）为机动车的停车需求函数；C 为建设机动车泊位的固定成本；C'（t）为机动车泊位变动成本的时间分布函数；p'（t）为机动车停车费率容忍度调查的时间分布函数；s 表示社会折现率。

由于该函数式的求解相对复杂，因而首先必须确定各类函数的时间分布函数。其中第 i 类机动车停车需求函数 Q_i（）的确定与求解是模型的关键所在，考虑到收取停车费会影响居民的出行方式选择，因而从居民出行的角度提出了一种基于 G－Logit 的停车需求预测模型，其计算方式如下：

$$Q_i(t)=\lambda_i\cdot P_i\cdot f(t)+\varepsilon_i$$

$$f(T)=\sum_{j=1}^{I}f(T_j)=\sum_{j=1}^{I}(a_0+\sum_{m}(\sum_{k}a_{mk}\,x_{jmk}))$$

$$P_i=\frac{\sum_{\{m,i\in C_m\}}\exp\left(\frac{V_i(b)}{1-\alpha_m}\right)\left[\sum_{i\in C_m}\exp\left(\frac{V_i(b)}{1-\alpha_m}\right)\right]^{-\alpha_m}}{\sum_{m=1}^{M}\left[\sum_{j\in C_m}\exp\left(\frac{V_i(b)}{1-\alpha_m}\right)\right]^{1-\alpha_m}}$$

上式中，f（T）表示交通量函数；P 表示机动车出行概率；λ 表示机动车出行中产生停车需求占出行的比例；δ 表示机动车泊位换算成标准小汽车泊位的系数；ε 为不影响

① 安实，马天超，尹缙瑞．我国城市停车收费定价模型研究．哈尔滨工业大学学报，2000，32（2）.

车辆出行但能影响其停车需求的因素变动项；$f(T_j)$ 为预测时点的第 j 区的交通量；x_{jmk} 为第 j 个交通小区 m 类指标中的第 k 个指标，如人口指标类中的常住人口；a_{mk} 表示参数；b 表示交通方式效用的贡献因素向量参数；a_m 表示第 m 种交通方式的参数，第 i 类驾驶员出行效用函数 F_i () 可表示为：

$$F_i(p_i, d_i, h_i, v_i) = \lambda_{i1} p_i + \lambda_{i2} d_i + \lambda_{i3} h_i + \lambda_{i4} v_i + \varepsilon_i$$

在上式中，λ_{ij} 为模型参数，ε_i 表示出行效用的其他因素冲击项。因此，可以通过实地调查的方式简化函数关系以确定相关参数，在相应约束下构造拉格朗日函数，求解盈利年份和各类机动车的停车费费率水平。

11.3.3 汽油税与限行

通过征收较高的汽油税减少出行意愿是最低福利损失的方式，但限行可能抑制支付意愿非常高的家庭的出行，这种影响是随机的，抑制了边际和超边际的出行。例如一个家庭在周二被限行，假设这天出行的效用非常高，则其愿意用其他时间的减少出行来替代，针对这种情况，有学者提出让行驶证可交易。图 11－3 比较了在减少相同需求下，增税和限行导致的福利损失，其中，P 为价格，Q 为需求，t 为汽油税。

目前，研究认为限行对需求的影响难以预测。第一，出行者可以将这一天的出行放到其他时间或和其他人合作，比如在 A 被限制 B 不被限制的时候，可以由 B 行驶更远的距离来接送 A，在 B 被限行的时候亦然。第二，越来越多的家庭购置第二辆车作为应对，从而导致汽车总量增加更快，这样的后果是带来了周末更多路段的暴堵。

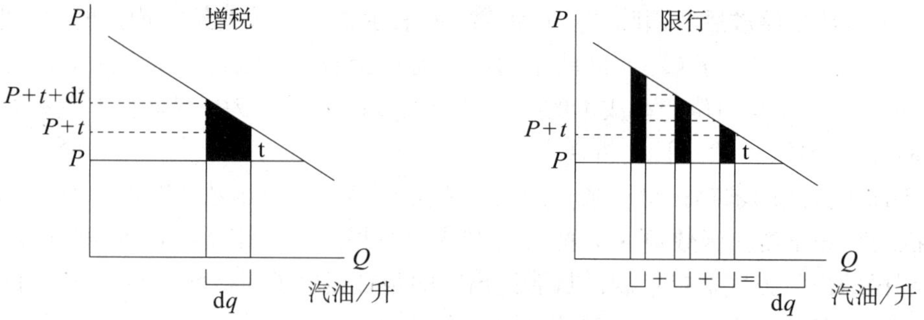

图 11－3 增税和限行带来的福利损失

资料来源：ESKELAND G S，FEYZIOGLU T. Rationing can backfire：the "day without a car" in Mexico city. The World Bank economic review，1997，11 (3).

11.3.4 摇号与拍卖

李善军对北京（摇号制度）和上海（拍卖制度）的汽车牌照的分配制度进行了福利分析，结果发现北京的摇号制度虽然在减少汽车使用的外部性上比统一价格的拍卖有较大优势，但这种优势会被分配不当导致的福利损失所抵消①。假设所有车主产生相同水平

---

① SHANJUN L. Better lucky than rich?：welfare analysis of automobile license allocations in Beijing and Shanghai. The review of economic studies，2018，85 (4).

的外部性，比较摇号与拍卖车牌号的效率差异（如图 11－4（a）所示），假定摇中号的车主没有行为变化，外部性水平与摇号前一样，由大到小均匀分布，不同类型车主产生不同的外部性，车价越高，车体越大，外部性越大（如图 11－4（b）所示）。可见拍卖所产生的福利损失要小于摇号，以经济效率和创收为目的分配稀缺的公共资源时，与非市场机制比，市场机制往往效率更高。

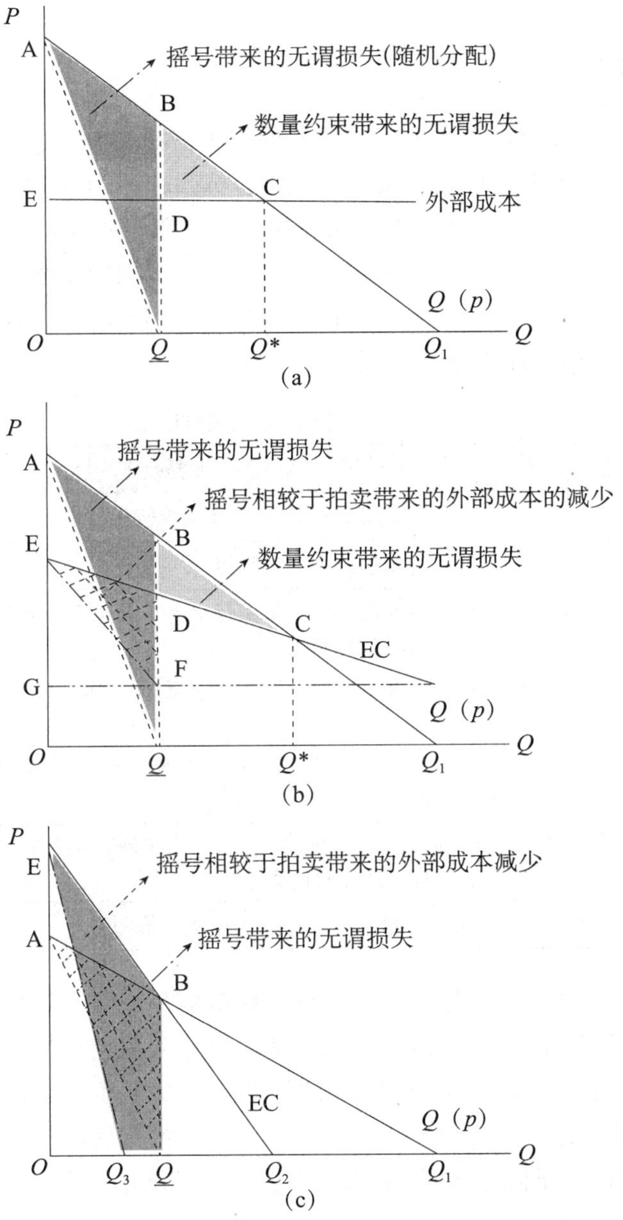

图 11－4　考虑外部性的摇号与拍卖的福利比较

资料来源：SHANJUN L. Better lucky than rich?：welfare analysis of automobile license allocations in Beijing and Shanghai. The review of economic studies，2018，85（4）.

量。首尔也通过经济手段调节汽车保有量，提高汽油税，并征收交通拥堵费，每辆车收 2 000 韩元，但对 3 个以上乘员的车辆免费，以有效减少交通运输量，提高通行速度。

旧金山湾区地处美国西海岸，交通拥堵非常严重，也无法通过修建高速公路来解决拥堵问题。湾区居民比较富有，对汽油、道路和停车费并不像其他地区那么敏感。政府采取了 8 项措施来解决该问题，其中有 7 项是通过税、费、补贴来调控交通运输量。（1）上调燃油税至 5 美元/加仑，使加州成为世界上燃油税最高的地区。（2）单人驾车（SOV）收费和非单人驾车激励相结合。单驾车的通勤者，每天需额外支付 3.33 美元的停车费，依靠公共交通或拼车出行的居民会得到现金奖励；预计 SOV 通勤量会降低 28%，政策变成对低收入工作者的潜在补贴。（3）调节高峰时段出行模式，鼓励绿色出行。目前每英里行驶费为 0.2 美元，收费比较高。（4）将每月缴费的保险模式，改为按行驶里程支付保险费。但收费等同于每加仑 1.4 美元的燃油税，对长途司机不利。（5）实施高承载率汽车激励计划（5 美元），将停车位空间通过交易变现，促进 SOV 通勤转化为拼车或乘坐公交通勤，降低单人驾车出行比例。（6）针对旧金山湾区内主要就业中心，在收费区采用高精度车牌识别技术，针对就业中心进行跨界收费（5 美元）。（7）在工作岗位区征收停车附加费（5 美元），通过增加停车费改变通勤方式。

11.4.2　车辆使用需求管理

1. 限行

目前，限行政策主要分为两类，一类是单双号或尾号限制，另一类是按照车辆的尾气排放量限行。1989 年，墨西哥城政府推行了一个环保项目叫“Hoy No Circula”（HNC），这句西班牙语译为“（你的车）今天不能上路”，旨在通过车牌号尾数来决定每周有一个工作日禁止开车（例如尾号 0 和 1 的车辆不能在周一使用，尾号 2 和 3 的不能在周二，以此类推）来改善空气质量。这项措施被严格执行，一旦违反规定，结果将十分严重①。然而国外学者研究发现，这项限制不仅没能改善空气质量，还促使部分家庭购买第二辆车，增加了总的汽车保有量②。格兰奇和罗德里戈·特龙科索的研究则表明，圣地亚哥尾号限行政策能在短时间内减少 5.5%低排量和 4%高排量的私家车出行③。然而，埃斯克兰和费齐奥格鲁采用断点回归和时间序列方法，对墨西哥城限行政策进行评估发现，该政策并没有实现预期效果，反而增加了私家车数量，造成了交通拥堵④。塞克对新加坡限行政策的研究发现，其政策可以在一定程度上缓解市中心高峰时期的交通拥堵现

---

① ESKELAND G S，FEYZIOGLU T，et al. Rationing can backfire：the “day without a car” in Mexico city. The World Bank economic review，1997，11（3）.

② DAVIS L W. The effect of driving restrictions on air quality in Mexico city. Journal of political economy，2008，116（1）.

③ GRANGE L D，TRONCOSO R. Impacts of vehicle restrictions on urban transport flows：the case of Santiago，Chile. Transport policy，2011，18（6）.

④ 同①.

象，但是对私家车数量的控制效果不明显[①]。实际上，驾车者可以通过购买一辆尾号不同的车来规避限制达到每天开车的目的。HNC似乎和同一时间汽车登记量、新售出汽车数量的增加联系紧密，且新售出的车辆包含大量二手车，这类二手车通常是高排放和高油耗的，这也就解释了空气质量为何没有改善、耗油量也未出现下降趋势。不仅如此，戴维斯从成本-收益分析的视角，指出HNC政策并不能让人满意，限行的收益总体上要小于成本。此外，限行使私人无法选择最满意的出行方式还产生了社会成本[②]。在模型中，私人在做出行选择时并未考虑到空气质量的社会收益，因此造成市场失灵，结果导致均衡水平下的空气质量比社会最优水平要差。限行力图通过限制交通需要数量来解决市场失灵，但人们购买第二辆车说明他们愿意为避免限行出高价，此时支付意愿高于付出的成本。对于有些人，虽然没有购买第二辆车，但限行对他们造成了极大的不便，这类社会成本也需要被考虑在内。此外，限行还需要巨大的执行成本，需要花费额外的人力资源进行监督和管理。阿明·施穆茨勒认为限行政策不仅未解决环境污染问题，还增加了私人出行的成本，加剧了环境污染[③]。坎蒂略和奥图萨尔收集了多个实行限行城市的数据，发现限行政策对于解决交通拥堵和环境污染只具有短期实效，效果难以长期维持[④]。国内学者赵峰侠[⑤]、胡健毓[⑥]、郭战伟[⑦]、杨鹏[⑧]等人均认为北京市限行政策的经济成本远高于社会收益，造成了较大的效率损失。

由于许多城市只执行了限行而没有配套的限购措施，造成居民通过购买第二辆车来应对限行，汽车保有量不降反增，甚至出现车牌黑市、套牌问题、环境污染加剧，政策的负面影响难以消除，所以以行政政策作为管理手段的限行会产生一定的效率损失。

2. 高额市内停车费

停车收费对使用者信息需求较少，既可以区分不同的支付意愿，收费的额度与方式还可以根据拥堵情况实时变化，以弹性调控的方式缓解城市交通拥堵问题，改善市内交通通行率。目前，美国、日本、新加坡、英国等不同国家执行了不同的停车收费方式。

为了控制城市中心区过度密集的小汽车集散量和滞留量，部分国家和地区利用高额停车费限制中心城区的汽车交通量。征收停车费是交通需求管理的一个重要手段，可以有效降低汽车出行的比例。格雷格·马斯登研究了停车费对出行目的地和市中心经济活

---

① SEIK F T. A unique demand management instrument in urban transport: the vehicle quota system in Singapore. Cities, 1998, 15 (1).

② DAVIS L W. The effect of driving restrictions on air quality in Mexico city. Journal of political economy, 2008, 116 (1).

③ SCHMUTZLER A. Local transportation policy and the environment. Environmental & resource economics, 2011, 48 (3).

④ CANTILLO V, DE DIOS ORTUZAR J. Restricting the use of cars by license plate numbers: a misguided urban transport policy. Dyna rev. fac. nac. minas, 2014, 81 (188).

⑤ 赵峰侠，徐明，齐晔．北京市汽车限行的环境和经济效益分析．生态经济，2010 (12).

⑥ 胡健毓．浅析机动车“尾号限行”政策：基于法经济学的视角．华东交通大学学报，2011，28 (4).

⑦ 郭战伟．关于单双号长期限行的公共性分析．商业文化月刊，2008 (10).

⑧ 杨鹏．限行政策对城市物流的影响及其建议．科学之友，2010 (9).

力的影响，结果显示，其对经济活力影响并不明显[①]。此外，美国联邦运输管理局通过对 20 个都市区和波特兰的数据进行分析，认为当停车费和改善公共服务同时进行时，可以降低 SOV 通勤并引导人们选择公交出行，极大地影响了人们对出行方式的选择[②]。美国联邦基金资助项目“Pay As You Drive And You Save”（PAYDAYS）的结论是将停车费的 10%和行驶里程结合，可以缓解拥堵，减少环境污染。亨舍和金将悉尼的调查数据用于嵌套 Logit 模型，研究停车限制的影响，认为停车费的提高会导致中心区停车比例的降低，开车出行的人选择将车停在中心商业区外面，或选择别的出行方式，但总量并未减少[③]。

日本的《道路交通法》《停车场法》《城市规划法》《东京都停车条例》都提到了停车，日本也是第一个提倡“自备车位”的国家，规定车主在购车前必须拥有固定的车位[④]。东京市区所有停车场都征收停车费，收费水平根据区位决定。2011 年，一个固定车位的月租费用为 2 万～4 万日元；中心区域收费标准则为每小时 500～700 日元，有的地段高达 800 日元[⑤]。停车服务的高利润促使民营化经营，以保障停车设施永续服务。

新加坡对中心商务区实行区域通行证（ALS）制度，执行严格的停车收费管理制度，依照区位和停车时间长短费率不同，采用累计方式计价，无论公营私营，停车费均不能低于颁布的标准。为了减少对市中心商业、金融等经济活动的影响，市中心的停车费较低，但不支持长时间停车。即使同一个停车场，在不同时段的收费标准也存在差别，高峰时间收费较高，其余时间会降低，周末或节假日的收费很低。基本上全部采用电子收费。

新加坡目前仍通过提高停车费率来缓解停车压力。我国香港地区也面临土地资源有限、人口高度密集的情况，因此也通过交通需求治理工具来疏导交通。香港中心区停车供应指标较少，为控制总的停车数量，很少采取一户一个车位的指标，在商业办公区、靠近地铁和交通枢纽等区域的停车指标也很少。公共场所私家车约占一半，中心场所停车更困难。其限量供应车位政策还和高额停车费结合[⑥]。停车费的多少由市场决定，根据停车位供需情况及时调整。

伦敦道路承载力有限，庞大的交通需求造成严重拥堵，伦敦出台了一系列应对政策，包括高额停车收费和严格的执法管理。停车费的标准要保证停车位的使用率在 85%的水平并不断留有停车位；在交通需求量高的地区，每小时停车费高达 6.2 英镑，且不能连续停车超过两个小时。为了减少偷逃停车费的现象，政府安装了大量摄像监控装置以专门拍摄违章车辆，收取的罚金用于改善停车系统和发展城市公共交通。

---

① MARSDEN G. The evidence base for parking policies：a review. Transport policy，2006，13（6）.

② DUEKER K J，STRATHMAN J G，BIANCO M J. Strategies to attract auto users to public transportation. Washington：Transportation research board，1998.

③ HENSHER D A，KING J. Parking demand and responsiveness to supply，pricing and location in the Sydney central business district. Transportation research part a policy & practice，2001，35（3）.

④ 刘学军．城市停车收费政策对城市交通的影响研究．武汉：武汉大学，2005.

⑤ 王振报．北京市交通需求管理（TDM）政策研究．北京：北京工业大学，2006.

⑥ 王振报，陈艳艳，陈金川，等．北京市交通需求管理政策意向调查与分析．道路交通与安全，2006（4）.

3. 拥堵费

拥堵收费的方式最早出现在 20 世纪 70 年代，指的是在交通严重拥堵的情形下，通过“用者付费”的方式来引导和调节交通出行需求，实现交通流量分布的优化配置。征收拥堵费对交通的影响程度不一，通过对伦敦、斯德哥尔摩和罗马的数据分析发现，拥堵收费可减少的交通量在 10%～30%之间浮动，具体的数值水平取决于收费系统的设计[①]。最重要的拥堵费衡量指标是出行时间、出行时间的波动性和车辆行驶总里程的减少。

1975 年 6 月，为了治理城市交通拥堵问题，新加坡开始收取拥堵费，把拥堵严重的中心商业区划定为收费控制区，收费对象是汽车和火车。1998 年进一步扩大到私营公交车和出租车，把人工收费变成电子收费。拥堵费政策使核心商业区高峰时段的交通量减少 44.5%，平均车速有所提高。

2003 年，伦敦市政府开始对私家车工作日出行采取收费政策，以缓解市中心的交通拥堵问题、减少动车尾气排放量。当然，这里的收费对象限于私人汽车和货车，而公交车、出租车、紧急救援车、消防车等公共属性的车辆实行免费政策。自 2003 年 2 月起，工作日的收费时段为 07：00—18：00，节假日免费，对开进收费区的车收取 11.50 英镑/天，最方便的缴费方式是电子支付，可以每天节省 1 英镑[②]。收费区域从伦敦市中心 8.5 平方千米的区域，现扩张至 22 平方千米。电子收费系统采用自动识别技术，保证了运行效率，拥堵费的付费方式也十分多样，在限制区有 1 200 多个收费点，居民可以通过在线、电话和实地等多种方式付款，还可以在加油站、报亭和零售超市自助缴费，这一措施显著降低了控制区内的汽车交通量、排队现象和交通拥堵，既改善了公共交通和空气质量，还增加了政府的财政收入[③]。在经济效益上，相比于进入区域的小汽车数量，进入区域的人的数量对经济发展更为重要。伦敦的数据显示，进入收费区域的汽车数量减少，但进入区域的人的数量并未减少，反而通过采用多种交通出行方式和改变出行的时间分布，使得比从前更多的人进入了收费区域。同时，伦敦的环境质量也得到了提高，根据环保部门的监测，2003 年至 2006 年间，市中心空气中的氮氧化合物、二氧化碳和 PM10 污染物浓度分别降低了 17%、3%和 24%，而伦敦市政府借助收取的费用，改善交通服务设施，增加公交线路，修缮地铁和完善收费系统，形成了良性循环。

斯德哥尔摩是沿海城市，道路狭窄，路网结构状如棋盘，容易造成交通拥堵。借鉴了新加坡和伦敦的经验，斯德哥尔摩于 2007 年推行拥堵费，由内城区的 18 个摄像头自动读取过往车辆，将数据传输到统一数据库并与车主信息匹配，再通过互联网或银行账单等形式收取拥堵费，月底结算，收费时间为工作日的 6：30—18：30，不同时间段收取不同费用，并依据上下班高峰期的情况采取递增或递减收费方式。最高收费 20 克朗，

---

① 王颖，宋苏，邱诗永，等．拥堵收费和低排放区国际经验研究．https：//wri. org. cn/sites/default/files/2022 - 01/study - international - practices - low - emission - zone - congestion - charging - CN. pdf.

② Transport for London. Congestion charge. https：//tfl. gov. uk/modes/driving/congestion-charge.

③ BUCKINGHAM C，DOHERTY，T A R，HAWKEFF D C L，et al. Central London congestion charging：unterstanding its impacts. Proceedings of the institution of civil engineers，2010（6）.

单日不超过 60 克朗，流程十分严苛，具体收费标准见图 11 - 7。

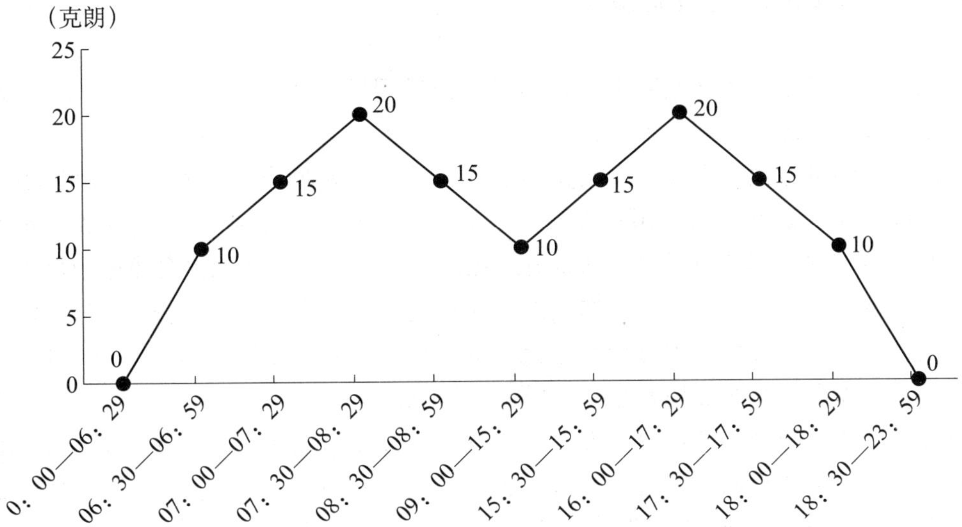

图 11 - 7　斯德哥尔摩拥堵费不同时间段收费标准

资料来源：ELIASSON J. The stockholm congestion charges: an overview. Working papers in transport economics, 2014 (7).

新加坡、伦敦和斯德哥尔摩实施拥堵费的实践效果表明，实施拥堵费可以提高整个城市交通系统的效率，降低市内车流量，减少尾气排放，有利于保护环境，促进经济发展。例如，三个案例城市的车流量均有超过 10%的下降，减少了出行时间和延误预期，部分地缓解了城市交通路网运行压力和环境污染。而且，在实施拥堵费的过程中，通过征收不同的价格、在不同的地方征收，以及根据实际交通情况制定差异化的征收政策，还能鼓励居民使用公共交通工具和选择错峰出行，使出行者有更灵活的选择，达到优化城市交通出行结构和方式的目的。

11.4.3　优先发展公共交通系统

以公共汽车和轨道交通为主的城市公共交通体系，运量大、运行效率较高、平均能耗低，有助于节约交通用地，缓解交通拥堵。以“公交优先”原则构建城市交通模式，是全球城市发展的主流理念。当前，应确立对公共交通资金投入、财政税收的倾斜政策，通过综合交通政策规划，保障公共交通的道路优先通行权。

库里蒂巴市是巴西小汽车保有量最高的城市，但该市完善的公交系统吸收了城市高峰时段的大部分交通出行量，依靠公交解决了全市 75%的出行。在特大城市中，轨道交通是城市边缘组团与城市中心区的公共交通联系主干。2019 年，日本东京市内有 13 条地铁线、15 条私营地铁线，轻轨线路总长 320 多公里，年客流量达 25 亿人次，承担了出行总量的 86%，城市的公交出行率非常高，市民在工作日很少开私家车。

11.4.4 整合土地使用与交通规划

土地利用方式是调控交通需求和解决城市交通问题的源头。发达国家非常重视通过土地使用与交通用地联合规划的方式，杜绝无序开发，降低民众的长距离出行需求。经验表明，城市的可达性、土地开发与交通需求之间，以及城市规划和交通规划之间，若能相互协调引导，就可以良性循环发展。一方面以交通规划引导城市布局和土地利用，另一方面以城市规划合理布局居住和就业的地理分布，最终达到减少交通量的目的。

一个典型的例子是新加坡。新加坡的发展确定了土地利用高密度的发展模式，通过相关的运输网络与中心城区进行密切连接。通过设立车站，实现商业区、住宅区与交通的密切配合，以促进交通规划和城市规划的相互配合①。

另外一个典型的例子是美国。美国在 20 世纪 70 年代从供给和需求的角度讨论了交通规划策略。为协调土地和交通的关系，美国政府出台《清洁空气法案》和《陆路复合运输效率法案》等，各州因地制宜规划交通设施。在此基础上，评估交通对土地利用的有效性②。

在城市规划中，应考虑土地和交通之间的关系，避免无序开发，增加拥堵和污染。交通引导发展（transit-oriented development，TOD）土地利用作为一种综合考虑土地利用和交通的模式，愈发受到重视，并不断被付诸实践。TOD 模式旨在建立一个以公交为纽带、综合用地组团为节点的城市布局模式，使城市规划既满足正常的社会经济活动，又能缩短交通距离。TOD 模式的核心优势是将人们的居住活动区域（工作、购物、学校等）规划在大容量的公共交通站点附近，形成多个城市中心或副中心，增加公交出行的便捷性和可达性，鼓励利用公共交通出行，或结合步行和自行车完成各种出行，缩短人们日常的出行距离。

《本章小结》

交通需求管理的核心目的是通过提高车辆的占有率或通过影响出行的时间和需要，使交通运输系统运送旅客的能力实现最大化。交通需求管理工具主要有车辆拥有需求管理和车辆使用需求管理两种，前者采用限购和提高购置税等方式，后者主要有限行、拥堵费、汽油税、停车费等方式。

国外交通需求管理以美国、日本、新加坡和英国最为典型。美国交通需求管理政策主要针对小汽车交通，通过减少出行量、鼓励合乘、停车收费和弹性工作制来均衡交通量。新加坡交通需求管理推行了拥车证制度、区域许可证制度和中心区电子道路收费系统。日本则着重发展公共交通，以公共交通引导城市发展。英国通过征收拥堵费、停车管理等措施来减少汽车使用。

① 胥耀方，邵毅明．城市交通需求管理对策．城市交通，2012（5）．
② 陆礼．城市交通需求管理的国际借鉴与策略建议．现代城市研究，2012（6）．

交通需求管理的主要模型包括拥堵收费、停车收费、汽油税与限行、摇号与拍卖等，这些模型为缓解城市交通拥堵的交通管理措施提供了理论基础。

关键术语

交通需求管理　拥堵定价　最优拥堵定价模型　次优拥堵定价模型

复习思考题

1. 交通需求管理的概念内涵是什么？
2. 简述交通需求管理的主要工具及其适用情况。
3. 简述美国、新加坡、日本和英国的交通需求管理的主要措施。
4. 交通需求管理的主要模型有哪些？
5. 简述路外停车收费定价模型和路边停车收费定价模型的差异。

进一步阅读的文献

1. ZHAN Y，GHAMKHARI M，AKHAVAN-HEJAZI H，et al. Cost-aware traffic management under demand uncertainty from a colocation data center user's perspective. IEEE transactions on services computing，2021，14 (2).

2. KIM Y，KANG S. Innovative traffic demand management strategy：expressway reservation system. Transportation research record，2011 (2245).

3. FENG S，SHEN X，HU B. Optimization of traffic demand management policy in China：towards a sustainable mode split. Transportation planning and technology，2018，41 (2).

4. ZHONG R X，SUMALEE A，PAN T L，et al. Optimal and robust strategies for freeway traffic management under demand and supply uncertainties：an overview and general theory. Transportmetrica a：transport science，2014，10 (10).

5. 熊杰，陈彪，李向楠，等．大数据支撑下的交通需求管理体系研究．城市交通，2019，17 (3).

6. 陈艳艳．国外有哪些可供借鉴的交通需求管理经验．汽车与安全，2018 (11).

7. 徐猛，高自友．基于可交易出行路票的城市交通需求管理．交通运输系统工程与信息，2021，21 (5).

8. 周鹤龙，徐吉谦．大城市交通需求管理研究．城市规划，2003 (1).

9. 王丰元，陈荫三，宋年秀．交通需求管理及其在中国的应用．交通运输工程学报，2002 (2).

第 12 章

城市摊贩市场规划与管理

"贩夫走卒"自古有之，城市很重要的功能就是在市域范围内提供公共场所，便于居民之间交易行为的完成。作为一个全球性问题，流动摊贩管理的规范程度和执法水平，是判断城市发展与治理能力的重要指标。本章由四部分组成：一是介绍城市摊贩的定义、类型与特征；二是对当前国内外城市摊贩管理研究进行综述；三是分类归纳世界代表性城市的摊贩管理经验；四是论述城市摊贩管理中的制度创新与工具创新。

重点问题

- 城市摊贩的特征
- 城市摊贩管理水平的评价
- 世界代表性城市的摊贩管理经验
- 城市摊贩管理中的重要制度创新与工具创新

12.1 城市摊贩的定义、类型与特征

12.1.1 城市摊贩的界定

城市摊贩是世界范围内普遍存在的现象。中国法律尚未对城市摊贩进行明确的定义，而将其视为一种城市现象。根据流动性的不同，学者将城市摊贩分为固定摊贩和流动摊贩两类。固定摊贩需按相关法规向城市管理部门进行申请并缴纳固定费用①；固定摊贩拥有营业位置、固定资产，且时间确定，会缴纳对应的税费。流动摊贩既不具备以上特征，且形象欠佳，还是城市脏乱差的主要原因，因此成为主要关注对象②。城市流动摊贩往往被贴上"边缘经济体""落后经济体""非主流经济体"等标签，通常无法受到法律

① 高芙蓉，李和平．城市街头摊贩空间的弹性规划控制．城市问题，2019（6）.

② 邓雪萍．流动摊贩合法化路径探析．企业导报，2011（1）.

保护①。

国际上普遍将城市摊贩称为街头小贩（street vendor/street business/flea market）。维基百科将城市摊贩定义为：出售较为便宜的商品、手工艺品、食品等的小贩，存在固定和流动两种形式。学术界更关注流动商贩，认为城市摊贩是在公共空间中不依赖固定建筑物，仅依靠临时固定结构或流动货摊来提供商品服务的人群。印度全国街头商贩协会（national association of street vendors of India）指出，街头小贩是指仅依靠临时静态结构或流动摊位（或用头载），来向公众出售商品或服务的人。街头小贩可以是静止的，占据人行道或其他公共/私人区域的空间；也可以是移动的，用手推车、自行车或篮子搬运他们的货物，或者在移动的公共汽车上出售货物。街头贩售可以是全职的、兼职的、季节性的或偶尔的，也可以是固定的、偶尔移动的或者连续移动的；它可在白天和晚上的任何时间运行；涉及的公司可以是微型企业、合伙企业、家族企业，也可以是大型非街头企业的特许经营商、计件工人和工薪工人；有些街头摊贩和路边商店甚至建立了分支机构。作为一种国家特色，印度街头摊贩吸引众多旅游者前往体验，还出现了介绍城市摊贩的网红经济。

12.1.2　城市摊贩的类型

中国多将城市摊贩划分为固定摊贩和流动摊贩。固定摊贩向农贸市场缴纳场地月租，经营模式较为固定。流动摊贩是指没有固定摊位的摊贩在城市街头流转售卖。还有学者将经营贩售旅游产品、夜宵、水产品、水上娱乐活动等具有强烈季节性特征的摊贩称为“半流动摊贩”。根据北京市的经验，流动摊贩可分为九类，基本覆盖了市民日常生活②，见表 12－1。

表 12－1　城市流动摊贩的分类

分类	内容
食品类	小吃、早餐、主食、蔬菜、水果、夜市排档等
便民服务类	家电维修、磨刀、修车、修鞋、理发按摩、现场缝纫、刻章、修窗纱、修伞等
服装类	服装鞋帽等
日用百货类	日用百货、儿童玩具、电器、杂货、通信器材、小玩具、瓷器等
废品回收类	收废品、收药品等
书刊影像类	书报、光碟等
饰品类	饰品、工艺品、卖花等
其他类	洗车、卖煤、宣传产品、卖宠物、装修、卖保险、游医等
摊群	三个以上摊位

资料来源：张磊．流动摊贩类型及其经营规律研究：以北京市朝阳区为例．城市问题，2013（5）.

① 叶敏．中印大城市摊贩治理：行政化排斥与政治性接纳．华东理工大学学报（社会科学版），2016，31（3）.

② 张延吉，张磊，吴凌燕．流动商贩的空间分布特征及与正规商业的分布关系：基于距离测度方法的数量研究．地理学报，2017，72（4）.

国外通常依据城市摊贩的特征进行分类，纽约拥有超过 20 000 家街头摊贩，其街头摊贩共分为 6 种类型：食品摊贩（food vendors）、一般商品类摊贩（general merchandise vendors）、第一修正案类摊贩（first amendment vendors）、退伍军人摊贩（military veteran vendors）、绿色市场摊贩（green market vendors）、无证摊贩（unlicensed vendors）。2011 年，纽约有超过 3 000 个食品摊贩通过卡车进行售卖，出售产品的种类包括但不限于热狗、蔬果、咖啡、饮料等。一般商品类摊贩专业售卖汗衫、围巾等非食品商品。退伍军人摊贩售卖的物品与一般商品类摊贩相似，只是经营执照有所不同。绿色市场摊贩主要出售农产品，每周 1～2 次，集聚形成市场。2011 年，纽约有超过 50 个此类的大型摊贩集聚点。

12.1.3 城市摊贩的特征

1. 主体身份集中性

流动摊贩主要有三类主体：市场化进程中的失业工人、城镇化过程中的农村剩余劳动力和城市中的待业人员①。流动摊贩是城市的弱势人群，由于缺少物质资源、经济地位低、社会公众关注度不高和缺少必要的技能，只能依赖流动摆摊满足基本生存需要，既无法享受各种城市福利，还随时面临被取缔的风险。固定摊贩的主体构成也基本类似，但固定摊贩有合法的售卖摊位，其在城市中的经济情况、交易规模、社会地位以及文化认可程度均高于流动摊贩。

2. 经营内容复杂多样

城市摊贩经营售卖的产品品种复杂多样，既涉及服务提供，如咨询建议（风水、命理等）、货物搬运、城市交通（摩的）、宣传推广（街头广告发放）等，也涉及商品供给，如零食饮料、工艺品、果蔬等②。城市摊贩的经营模式也丰富多样，以流动摊贩为例，一些流动摊贩属于全国流动，通过卡车运输商品巡回出售，机动性强。有些流动摊贩售卖的货物较少，一旦执法人员出现，便迅速转移躲避。流动摊贩均具备机动能力较强的特征，为了保证生存，流动摊贩喜欢结成群体共享信息，以躲避城市管理者的突击检查，形成了成熟的互动模式和独特的阶层属性③。经营类型的复杂性反映出城市摊贩活动的多样性，给城市摊贩管理带来了一定的挑战。

3. 时空分布具备差异性

首先，时空分布的差异性体现在固定摊贩与流动摊贩的分布上，固定摊贩在政府提供的固定摊位进行经营活动，流动摊贩则没有摊位的限制，选择在城市内部进行流动。

---

① 杨亚南．街头行政场域中城市管理综合执法的研究：基于柔性执法的视角．城市发展研究，2014，21（8）．

② 王鹏，陈培阳，雷诚．供给型疏导理念下城市流动摊贩治理与规划研究：以泗阳县城区疏导规划为例．城市发展研究，2019，26（2）．

③ 范时杰．城管制度中主客体二元对立的困境与突破．江苏行政学院学报，2010（2）．

但流动摊贩和固定摊贩（固定门店）存在某种联系，在一些城市中固定摊贩（固定门店）较多的地方，往往会出现流动摊贩，流动摊贩和固定摊贩共享了部分客流，二者组成了新的市场①。

其次，流动摊贩本身呈现出时间和空间集聚的特点。在空间上，流动摊贩在小范围内高度集聚，在大范围内不断离散，且随着距离不断增长，流动摊贩数量和种类的多样性迅速下降。在时间上，流动摊贩倾向于夏季出摊，夏季流动摊贩的数量显著高于冬季；餐饮类的流动摊贩倾向于在早晚时间段进行活动，午后时间是服务类摊贩（物品回收、一般商品类）的活动高峰②。

12.1.4　中国城市摊贩产生的根源

城市摊贩市场的存在是内部因素和外部因素共同作用的结果。内部因素中，城市低收入消费群体和多元化消费偏好促成了摊贩市场的需求端。城市流动摊贩的成因与发展中国家的城市化进程密切相关③，在中国城市化的进程中，大量外来务工者与城市中部分本地居民的劳动能力较低，无法跟上城市的发展步伐，仅能满足基本生活需求。这些低消费能力的群体创造了摊贩市场需求④。此外，大中城市内部人口的多样性造成消费需求的多元化，部分人群更倾向于购买流动摊贩的路边小食、个性饰品，从而为流动摊贩带来生存空间⑤。流动摊贩的投资少、成本低、风险小、收益快等特征，吸引着城市中下岗人员、失业人员、待业人员、外来人员、自产自销的农民、两劳释放人员、残疾人、退休人员等进入该领域⑥。

有待完善的就业和再就业政策保障体系是形成摊贩市场的重要外部因素。城市摊贩市场的参与主体是较难获得工作的人员，由于就业保障政策范围较窄，优惠政策无法更大范围地惠及普通大众，难以实现普遍公平，加之就业政策和城市低保政策之间缺少有效的链接，这一系列因素导致部分城市居民无法进入正规就业市场，实现有效就业⑦，而成为摊贩市场的潜在供给端。低收入的就业人群对收入差距、区域发展水平差距存在较低的公平感⑧，且部分岗位仅提供了就业机会，缺乏对工作人群的培训，无法从根本上提高个人素质⑨，无法彻底提高低价格偏好群体的购买能力。最终，需求与供给两个维度达成了内部闭环，使得城市摊贩市场具有了必要的存在基础。

---

① 张延吉，秦波，吴凌燕．正规商业与流动商贩的空间分布关系及其影响因素：以北京市朝阳区为例．人文地理，2014，29（5）.

②③ 张延吉，张磊，吴凌燕．流动商贩的空间分布特征及与正规商业的分布关系：基于距离测度方法的数量研究．地理学报，2017，72（4）.

④ 李瑾．论城市化进程中的低端需求：以城市摊贩问题为例．城市问题，2009（3）.

⑤ 刘玲玲，刘承水，史兵．流动摊贩外部性分析及其治理政策：以北京市为例．技术经济与管理研究，2014（5）.

⑥ 范时杰．城管制度中主客体二元对立的困境与突破．江苏行政学院学报，2010（2）.

⑦ 康艳文．我国再就业政策体系的现状及对策．企业改革与管理，2017（18）.

⑧ 麻宝斌，杜平．现阶段民众就业政策公平感受的实证分析．天津行政学院学报，2019，21（5）.

⑨ 焦亚转，何汇江．城市低收入群体就业政策的伦理选择．郑州航空工业管理学院学报，2014，32（2）.

12.2 国内外城市摊贩管理研究综述

国内研究重点关注城市摊贩与管理者之间的关系、行政管理措施和治理模式。当前，中国城市注重美学，追求城市秩序，相对忽略了包括城市摊贩在内的多元社会群体的需求规律，缺少柔性治理，加之摊贩群体内部比较分散，缺乏有效组织，因此在城市公共生活系统中缺少话语权。

城市摊贩问题本质上是城市化、贫困等问题的外在表现。中国拥有摊贩的历史传统，城市管理者与摊贩之间存在着一种复杂的变化的关系，行政力量无法杜绝摊贩的社会存在，且用暴力驱逐处于弱势地位的城市摊贩会激起大众的怜悯之情①。目前，摊贩和城管之间出现了一种新型的合作互惠关系，城管执法通过行为和尺度的变化，不断适应和满足城市弱势群体的生存需求，这种灵活的弹性策略有助于增加社会对摊贩生存的容忍度，增强对城市低收入阶层的包容性②。

目前，通过总结经验，中国在城市摊贩管理上采取了一些新的尝试：一是采用商业化手段，为城市摊贩规划专门的经营空间；二是推进摊贩对接基层，开展社区化服务；三是政府在处理摊贩问题上，尝试使用人性化和非正式化手段。实践表明，在城市摊贩的治理过程中，通过采用多部门协同规划的系统整合方法③，以人为核心、尊重人的基本权利，赋予摊贩经营的权力、形成规模化摊贩市场，以及保障经营空间的基本卫生和安全条件等途径，可以实现城市摊贩的成功治理④。

外国的摊贩现象也拥有悠久历史。国外学者认为，城市摊贩为城市弱势群体提供了再就业机会，对城市经济发展具有重要作用。在明确摊贩存在广泛性、合理性的基础上，国外学者重点分析政府及各阶级对摊贩的具体态度，探讨摊贩的生存方式⑤。

然而，城市政府往往以卫生、安全等为理由，对城市摊贩持负面态度，认为街头摊贩自律性较差，容易损害消费者的权益⑥。在现代语境下，城市摊贩甚至被视为一种试图脱离政府经济管制的创收活动⑦，认为摊贩有强烈的动机超脱政府管制⑧。因此，虽然政

---

① 蔡克蒙．中国城管能从外国学习哪些经验．法学，2010（10）．

② 刘超．试错空间的形成：城管与摊贩博弈下的空间规训机制：基于武汉市“城管”实践分析．云南行政学院学报，2016，18（1）．

③ 陈煊，袁涛，杨婕．街边市场的多目标协同规划治理：以美国波特兰街边市场建设为例．国际城市规划，2019，34（6）．

④ 黄耿志，徐孔丹，薛德升．广州摊贩空间疏导模式及其成功效应的影响因素：基于沥滘村疏导区的实证研究．人文地理，2013，28（6）．

⑤ BROMLEY R. Street vending and public policy：a global review. International journal of sociology and social policy，2000，20（1/2）；BHOWMIK S K. Street vendors in Asia：a review. Economic and political weekly，2005，40（20/23）．

⑥ SUBRATTY A H，BEEHARRY P，CHAN SUN M. A survey of hygiene practices among food vendors in rural areas in Mauritius. Nutrition and food science，2004，34（5）．

⑦ HE S，WU F. China's emerging neoliberal urbanism：perspectives from urban redevelopment. Antipode，2009，41（2）．

⑧ ROY A. Urban informality：toward an epistemology of planning. Journal of the American planning association，2005，71（2）．

府拥有相关的法律法规，但政府角色不断变化，导致摊贩难以禁止和管制①。现实中的大量案例均显示，政府禁令并不能有效禁止小贩的工作，城市摊贩具有强大的生存能力。当前，受城市精英和大企业家影响较重的地方政府，常将城市摊贩视为拥堵和犯罪的源头，主张城市摊贩到偏远地区，或者通过公共政策来限制街头摊贩的盈利能力，刻意减小摊贩的规模，或者引导摊贩主要满足低收入群体和贫穷的社区的需求。已经获得经营许可的小贩，需要面对政府的偏见和歧视带给他们的种种不安全行为和生存风险。为了维护自身权益，小贩们试图成立正式政治组织，或者通过组成群体来保护自己的商品免于被没收。因此，城市需要通过立法改革，在法规内容制定和实施上增加透明度，并结合市民政治意愿考虑城市空间的规划利用。

12.3　国内外代表性城市的摊贩管理经验

12.3.1　国际代表性城市摊贩管理经验

1. 纽约：实施弹性化管理和鼓励多元化

纽约在城市摊贩管理上，针对摊位资产、经营时间和区域、合法化摆摊申请程序、负责监管的部门以及执法的标准等内容，均制定了周密的法律规定。表 12－2 展示了纽约摊贩资质管理的部分标准，涉及是否需要营业许可证与许可费、许可机关、街道限制与占用空间限制、营业设施限制等四个方面。在执法过程中，管理者对城市摊贩实施多种形式的检查，且标准极其严格。如 2013 年，纽约街头摊贩被罚次数超过 40 000 次，有超过 10 000 人被逮捕②。尽管执法严格，但审批方面却较为弹性，对申请未能获批但确实存在生计困难的市民，会开放对应的申请权限，公众可在部分规定区域内进行售卖活动或为其他流动摊贩打工。

表 12－2　美国纽约摊贩资质管理

	食品摊贩	一般商品类摊贩	第一修正案类摊贩
营业许可证与许可费	需要	需要	不需要
许可机关	纽约健康与心理卫生部	纽约市消费事务部	
街道限制与占用空间限制	存在	存在	存在
营业设施限制	对贩卖与运输食品的车辆和手推车的尺寸有限制，且必须满足卫生标准并得到有关部门许可	摆摊所用的椅子和广告的尺寸限制	摆摊所用的椅子和广告的尺寸限制

资料来源：蔡克蒙．中国城管能从外国学习哪些经验．法学，2010（10）．

---

① VARLEY A. Postcolonialising informality?. Environment and planning d：society and space，2013，31（1）.

② 谢师傅纽约练摊记．人民日报，2013－08－12.

当前，纽约市政府充分重视街头摊贩的作用。城市餐车现在已经成为纽约街头文化的象征。而且纽约市政府计划2021年增加4 000个城市摊贩，并且从2022年起的未来十年，每年都将增加400个摊贩许可，保证每个街头都有摊贩。此外，纽约市的街头允许不同族裔的商贩摆摊，制作、展示并经营街头美食。多元文化和不同族裔流动商贩的集聚不仅丰富了纽约的摊贩经济，还让众多外来人口重新感受到了家乡的气息。

2. 华盛顿：科学规划设摊地点

华盛顿对城市摊贩的合法管理松紧有度，且灵活应对非法摊贩。第一，市政当局科学规划，及时公告当年可供申请的小摊贩数量和地点，兼顾摊贩经营选址的交通便利、方便民众生活和往来客流量等条件。第二，摊贩经营者必须确保卫生，并按规定纳税。市政当局为小摊贩提供优惠，减免年销售额达不到最低标准的摊贩的部分税收。第三，为增加就业机会，避免非法摊贩冲击社会秩序，政府主动在城市规划中加入跳蚤市场区域，吸引城市摊贩，同时规定大型商场也需要配置一定比例的城市摊贩摆卖点，并对外公示，接受公开申请，但是城市摊贩不能阻挡车流和行人，也不能设在住宅区，否则在接到居民举报投诉后，警察就会对城市摊贩予以取缔①。

3. 巴黎：管理与服务并行

巴黎治理城市摊贩的核心策略是依法管理，同时注重提供公共服务。第一，保持早市经久不衰，固定设置每个早市的摊位，规定每周营业时间，早市的城市摊贩必须拥有专门执照，执照的获得应向早市所在市政府提交申请，政府依法对申请资格进行严格管理。第二，巴黎定时、定地、轮流举办跳蚤市场，用公共空间资源开办摊贩集市，将市区接近环城路的各个城门附近的街道作为跳蚤市场举办地点，并协助进行交通管制，维持秩序。第三，将定时交纳管理费作为获准在集市营业的条件，扣除成本和管理费，经营收入可以保证经营者家庭的生活水平。第四，巴黎的市政和市场法律条款很多，但具体执法管理灵活变通。对无证摊贩和乱摆摊行为，主要以教育为主，相对宽容②。

4. 首尔：制度规范化与管理人性化

20世纪80年代以来，首尔城市摊贩达20 000多个。首尔治理城市摊贩的举措包括：第一，推行“路边摊亭规格化”，通过统一设计规格，彻底改变路边摊杂乱无章的形象；第二，实行经营实名制，规定路边摊贩挂牌营业，统一标牌、明确标记摊主姓名、所在位置并附有摊主照片，方便市政管理和市民监督；第三，采取营业时间制，将路边摊营业时间统一规定为午后4点至夜间10点或12点，以消除对市容和交通的影响；第四，规定路边摊贩均须缴纳路面占用费，征收额是每平方米土地公示价格的1%；第五，采用“人性管理＋业者自律”的方式，完善管理规范，将摊贩的遵守事项、营业场所、经

---

① 张春燕．上海市区路边摊贩的现状与导控的对策研究．上海城市管理职业技术学院学报，2007（6）．

② 于妮．对街头小贩的经济学分析．广州：暨南大学，2011．

营项目、经营饮食卫生标准、食品安全检查等纳入法治化管理[①]。

5. 曼谷：宽容、保护和扶持摊贩生存发展

曼谷街头摊贩遍布商业街及居民区，历史悠久。大量外国游客驻足品尝传统食品、购买特色商品是常见的城市文化旅游场景。曼谷市政府认为，若完全制止城市摊贩经营，会增加偷盗、抢劫等治安案件的发生概率，危害社会稳定，因此将弱势群体的生存发展权利放在首位，对街头摊贩采取宽容态度。根据地方法律，泰国的城市摊贩不需要缴纳税收，同时禁止公职人员欺负街头商贩[②]。并规定执法部门负责巡查，保障城市基本秩序不被损害。城市管理者和城市摊贩是动态互动的关系，城市居民没有意见，城市政府不会随意插手摊贩的售卖活动。对没有得到许可的摊贩，即便查处也仅能处以低于 500 泰铢的罚款，且不能没收摊贩的经营工具等其他财产。

12.3.2　国内代表性城市摊贩管理案例

中国香港的城市摊贩管理科学严格，卓有成效，主要措施包括：第一，城市政府设立市政局、食品环境卫生署作为摊贩管理和负责食品安全卫生的专门机构。第二，为防止阻塞交通，避免滋扰公共空间，城市政府一方面采用发牌制度，管制商贩经营的行业规模；另一方面制定优惠方案，采用赎买政策限制摊贩数量，如自愿交还流动牌照的小贩，可领取特惠金或可以换取一个空置的固定摊位。第三，在繁华路段设定流动小贩经营专区，划定区域供固定摊贩租用出售商品。第四，严格法律规制与灵活执法相结合，建立小贩事务队进行日常管理执法，定期巡查持牌固定摊位小贩，警务部门、法院给予全力支持。第五，允许持牌流动小贩成立行业协会，主动监督举报无照商贩，保障商贩的合理诉求，城市政府与之加强沟通联系，维护市场秩序，降低管理成本[③]。

在城市摊贩管理机制上，内地城市采取不同的治理方式，收效也各不相同。浙江省温州市筹建的摊贩公司模式具有一定的创新性。温州市五马街部分摊贩在城市政府规定商圈内禁止摆摊后，集体向工商部门注册成立温州市市民商务服务有限公司，作为合规存在的独立经营实体，向城市管理主管部门提出申请，请求在禁摊范围内设立疏导点。其具体运营模式为：民民公司管理摊贩群体的日常经营行为，并且以购买服务的方式将经营场所的清扫保洁工作进行外包，消除了摊贩经营对城市环境的影响。在摊贩群体的识别上，通过定制标识，统一摆卖设备，约定经营时间，完成摊贩群体的形象统一，并在摊贩经营点建立公共厕所等基本服务设施。在运营费用上，每个摊主需按年缴纳设备押金，按月缴纳保洁费和工具使用费。摊贩可以选择退出民民公司，未加入公司的摊贩只需缴纳每月的清洁费用[④]。苏州在流动摊贩上采取“疏堵结合、以疏为主”的治理模式，一方面明确规定“主干道和重点地区严禁、次干道严控、内街小巷和城乡接合部规范”；

---

① 曹世功．首尔推行路边摊亭规范化管理．经济日报，2008-04-19.
② 管理小摊贩各国寻良策．https：//news. sohu. com/20130622/n379564288. shtml.
③ 李洪普．上海流动摊贩治理研究．上海：复旦大学，2010.
④ 金雯．温州摊贩公司的城市管理学．新周刊，2009（4）.

另一方面在疏导基础上，让公众和流动摊贩参与管理，并在特定地点建设便民小吃店、蔬菜水果临时销售点等。

12.4 城市摊贩管理的制度创新与工具创新

12.4.1 城市摊贩管理的制度创新

1. 完善相关法律法规，提高摊贩活动的合法性

缺乏专门的法律法规作为依据是城市管理执法难的主要原因。中国尚未针对城市摊贩颁布专门性的法律法规，关于城市摊贩的相关规定也非常笼统。因此，应加快完善相关法律法规体系建设，一方面在立法中划定城市管理者的法律地位与职责权限，规范执法行为保护城市摊贩的合法权益；另一方面依法依规管理城市摊贩的经营行为，规范摊贩的标志标牌和摆卖设备，明确摊点责任负责人，建立信息公示制度，改善摊贩经营产品的安全性。

此外，从居民的生活需求出发，强调城市摊贩等低端部门作为正规市场的补充，具有经济正当性[①]。在城市摊贩的管理实践中，摆脱“放任—禁止—开放或有限制开放”的恶性循环，逐步将摊贩经营纳入城市规划[②]。同时，提高执法人员的法律意识和文化素质，实现执法理念从“堵、禁、赶”向“疏、管、谈”转变，以疏导和说服教育为主，推行柔性执法，避免和化解矛盾冲突。

2. 完善跨部门联合执法机制，创新差异化管理模式

城市摊贩管理具有综合性、涉及面广的特点，需要进行跨部门联合执法，因此须明确相关部门的管理责任，建立常态化联系机制，优化执法转单的流转和结算流程，实现多部门联合执法的高效化、常态化。同时，城市管理部门针对城市摊贩实行分级、分片和分层管理，依托城市网格与基层社会治理体系，在标准化的空间管理单元中进行日常监管，对不同类型、不同规模的城市摊贩进行分等定级，采取不同的管理措施。此外，在执法过程中，城市管理部门需要兼顾法律法规与人性关怀，在不违反管理原则的前提下，灵活变通，化解城市管理者与被管理者之间的矛盾冲突。

3. 广泛动员，构建完善的治理体系

城市摊贩管理涉及城市政府、城管部门、小摊贩主、居民和社会组织等多元主体，改变“单中心”的管理模式和转变治理结构是走出摊贩管理困境的可行选择[③]。一是重视

---

① 刘新宇．论中国低端部门就业与城市环境管理的冲突．上海：复旦大学，2007.
② 苏蒲霞．从新加坡的小贩管理看我国的城管行政执法．长治学院学报，2014，31（6）.
③ 穆方平．城市摊贩管理的治理视角．山东行政学院山东省经济管理干部学院学报，2009（3）.

行业协会和社会团体的作用。社团组织作为城市摊贩群体的委托代理人，一方面充当沟通桥梁，推动摊贩与城管部门就市场规划、管理方案和治理模式等问题展开对话，在多方合作框架下形成共同决策机制；另一方面通过参与法律法规、行业标准和公共政策的制定，既强化对城市摊贩的行业管理和自我约束，也为有需要的摊贩提供必要的法律援助和生活援助。二是鼓励居民参与摊贩管理，一方面表达自身合理的日常生活需求，引导摊贩经营行为，提升摊贩资源配置效率；另一方面市民应积极参与协商、听证，并对摊贩进行监督。

4. 统一规划管理，有效利用公共空间

划定专门的集中经营空间是规范城市摊贩管理模式的有效途径①。借鉴新加坡政府统一安装卫生设备、摊位、排烟过滤等设施，在城市各生活区规划成立摊贩中心的办法，基于民众需求，城市规划可以设立疏导点形成良好市场经营环境，减少摊贩生存空间与城市发展空间的冲突与矛盾②。但要避免疏导点因管理不规范导致租金商业化、空间固定化和进入权不平等等问题，这样不仅变相剥夺了摊贩的低成本、流动性等优势，还会降低摊贩对管理部门的信任与配合程度③。为避免发生租金过高小摊贩难以进入的问题，既要对摊贩市场的规划布局与营业模式进行周密论证④，在空间营造过程中可邀请居民、摊贩、规划师共同拟定设计方案，确定建设细节，还要制定多种优惠政策，大幅度减免税收和管理费用，提高对流动摊贩的吸引力。如 2001 年，新加坡启动“小贩中心升级改造计划”（hawker centers upgrading program），改造 20 世纪 70 年代建立的小贩中心和集贸市场⑤。此外，在城市中划定“禁止摆摊区”、“控制摆摊区”和“允许摆摊区”，引导城市摊贩在公共空间合理分布。这样一方面执法人员可根据摆摊区域的差异，对摊档规模、商品类别和经营时间，实施严格的分区域、分类别管理；另一方面与摊贩群体保持定期沟通交流，对区域选址和管控方案进行协商调整，定期公布摆摊区的调整方案。

5. 摈弃粗暴管理模式，实现柔性执法

突击式和取缔式是比较特殊的城市摊贩管理办法。城市管理部门在大型活动前夕或上级部门组织相关检查前，对摊贩进行突击式的临时性综合整治，或者采取“一刀切”管理模式，通过驱赶、没收经营工具和坚决取缔等方式，对摊贩进行粗暴管理。但这种方法不仅治标不治本，还增加了城市运行成本。

与暴力执法相对，柔性执法将摊贩视为城市生活与城市空间的合理组成部分，强调

---

① 李郁芬．无锡市新吴区流动水果摊贩对城管不同执法方式接受意愿研究．扬州：扬州大学，2017.

② TIWARI G. Urban transport priorities：meeting the challenge of socio-economic diversity in cities，a case study of Delhi，India. Cities，2002，19（2）；梁玉柱．从“疏导点”的运行看城市治理中的府际权力结构．领导科学，2015（26）；杨芳，张倩，林静，等．流动商贩疏导区建设：问题与对策：基于广州市的实证分析．城市观察，2015（5）.

③ 黄耿志，徐孔丹，薛德升．广州摊贩空间疏导模式及其成功效应的影响因素：基于沥滘村疏导区的实证研究．人文地理，2013，28（6）.

④ 王洛忠，刘金发，宗菊．城市街头摊贩：非正规就业与公共政策回应．新视野，2006（2）.

⑤ 苏蒲霞．从新加坡的小贩管理看我国的城管行政执法．长治学院学报，2014，31（6）.

适应经济发展新趋势的客观要求，主张在相互尊重的前提下，采用柔和、灵活和有效的行政执法方式来实施相关规定[①]。美国的城市摊贩管理贯彻了柔性执法策略。一是认可摊贩存在的合理性，将其视为城市经济活力的重要体现；二是出台相关管理法案，降低城市摊贩获得合法执照的难度与费用，支持小贩合法摆摊；三是管理与被管理双方签订协议，强调相互理解，共同遵循城市法律法规。事实上，美国的城市摊贩管理由警察执行，柔性执法与严格管理并存，严格执行标准但执行手段相对温和。2007 年，武汉推行“城管革命”，在执法理念上倡导平等对待执法对象。2013 年，颁布《武汉市城市综合管理条例》，明确划定权责界限，实行市民参与和协作共治，探索城管柔性执法的新方式，减少与摊贩之间的冲突[②]。

6. 鼓励摊贩自我治理

经验表明，拥立行业组织促进包括摊贩在内的城市非正规就业人群实现自治管理，是缓解社会矛盾、减少不稳定因素的有力举措。自治组织具备自律、服务和协商的功能[③]。韩国就是通过行业协会自治实现城市摊贩有序管理。在韩国，城市摊贩一旦加入“小摊业主协会”，便可在城市固定区域内摆摊，且无须缴纳税费。摊贩行业组织获得自治权的前提是城市摊贩自觉接受并遵守严格的摊贩管理办法[④]。

昆山市是我国加强城市摊贩自治化社会管理的典型。2013 年，昆山为摊贩设置疏导点，同时通过民主恳谈会了解市民需求和摊贩诉求，使政府、社会和城市商业相互协商，并进一步与摊贩和市民沟通，达成摊贩自治、轮流管理的协议，积极探索城市摊贩自治的有效路径，并获得了良好的治理效果。一方面摊贩自主选拔管理人员，对地区的摊贩数量、卫生情况、营业市场等进行自我管理；另一方面政府制定街道标准，对摊贩管理进行考核，当考核分数低于八分时，会要求摊档换人经营管理。

12.4.2 城市摊贩管理的工具创新

1. 严控执法力度

城市摊贩是经济上的“理性人”，其经营行为取决于对经营场域繁华程度、人口密集度等因素的理性判断，若摆摊的收益高于成本，摊贩就会选择出摊。城市摊贩的违法违规行为是城市摊贩管理的重点内容。现实中，摊贩违法违规经营须承担三类成本（如图 12－1 所示）：一是事先购置推车、货物的固定成本或沉没成本；二是防范成本，包括摊贩为躲避城市管理者巡查、防范违规行为被发现并受到处罚而事前进行“侦查踩点”的成本，以及摆摊期间谨慎防范监管巡查的心理成本；三是自卫成本，在暴力

---

① 杨亚南．街头行政场域中城市管理综合执法的研究：基于柔性执法的视角．城市发展研究，2014，21（8）.

② 王晓燕．比较视域下的流动摊贩治理研究．理论与改革，2016（1）.

③ TINKER I. Street foods：traditional microenterprise in a modernizing world. International journal of politics，culture，and society，2003，16（3）.

④ 许显辉．论食品生产加工小作坊和食品摊贩管理法治化．行政法学研究，2013（2）.

执法或不规范执法的情况下，摊贩为保护人身财产安全或抵抗财物被非法罚没付出的成本[①]。

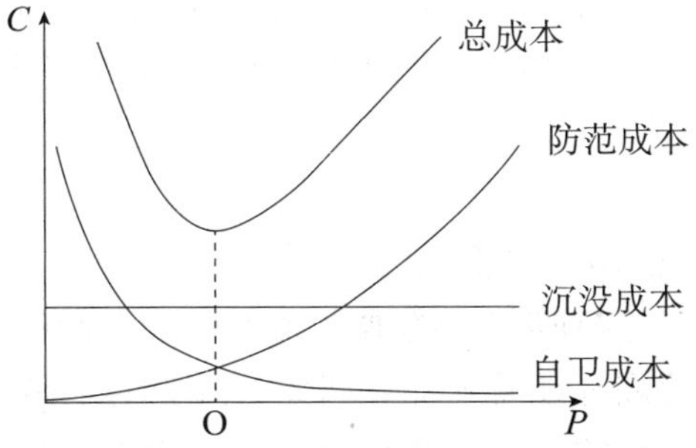

图 12－1　城市摊贩违法经营的成本曲线

图 12－1 中，横轴表示执法力度和规范的严格程度（P），纵轴表示摊贩违法经营行为的成本（C）。其中，固定成本由商品市场价格决定，与城市管理者执法无关；伴随管理的规范化和法治化程度的提升，流动摊贩用于对抗暴力执法风险的概率和自卫成本会大幅降低。在执法保持适度的严格程度，即在 O 点时，摊贩实施违法经营行为的总成本最低。通过提升执法的严格和规范程度，摊贩违法经营的成本支出将大幅增加，摊贩经营的纯收益将被压缩，摊贩违法经营的行为动机会被抑制。

2. 行政罚款

作为一种传统的威慑管理工具，罚款通过增加摊贩违法成本迫使摊贩遵纪守法，规范经营行为。但为维护政府公信力，确保执法公正，须对行政罚款的方式、形式、额度和标准等确立严格的法律规范。

萨维尔在《法律的经济分析》中提及关于罚款的法经济学公式，即当以罚款作为制裁方式时，罚款数额遵从如下公式：

$$相称的罚款=H\times(1/P)$$

其中，H 为伤害成本，源于被罚款行为实际造成的损害；P 为制裁概率，表示被罚款行为被处罚的可能性。由于罚款具有不确定性，为达到震慑的效果，通过公式计算得出的罚款数额必须高于被罚款行为造成的直接损害（$P<1$）。

现实中对罚款处理进行了两种灵活调整：一是设定 H 与 P 的基数。北京执法人员对摊贩进行罚款处理时，曾使用过“罚款数额＝罚款基数×(基准系数＋区域系数＋情节系数＋变量系数)”的公式，其中罚款基数是 H 的变体，根据违法行为类型核定罚款基数，如将无照经营行为的罚款基数设定为 200 元、将占道经营行为的罚款基数设定为 100 元等；“基准系数＋区域系数＋情节系数＋变量系数”是对 P 的具体化，既保障了行政处罚的惩罚与威慑效果，也规范了执法工作中的自由裁量空间。二是灵活变更罚款形式。结合实际情况灵活变通，是动态发挥罚款和行政处罚行为的制裁与威慑作用的重要保证。如执

① 陈文清．法律经济学视角下城管执法问题的应对策略：以摊贩管理为对象．天府新论，2018（5）．

法力度与处罚力度应由行政人员结合具体的、不同的执法类型自主选择[①]。现实中，绝大部分摊贩经营者收入水平低，但为了维护政府和行政执法的公信力，可以采取以实物代替罚款的方式；当当地经济发展水平有限时，罚款数额应保持较低水平；但若提高巡视频率、扩大执法人员队伍和增强执法力度的社会成本过高，应适当提升罚款的数额。

3. 颁发许可证

许可证是对摊贩进行规范化管理的普遍方式。英国的地方政府掌握规制管理城市摊贩经营行为的权限，如英格兰与威尔士的地方城市管理部门都颁布了法令，明确规定城市摊贩必须在取得当地经营许可证后才能在指定区域摆摊。同时在对城市内部进行分级分类的基础上，根据不同区域的城市功能控制摊贩数量或规定收取税费的水平。美国也要求摊贩在正式经营前向当地政府相关部门提出申请并获取许可证，华盛顿、纽约的市政当局在街区、商业区、大型商场规划了经营摊点供摊贩申请。不同的摊贩经营点对营业时间、营业范围和营业方式都做了不同的规定，摊贩不仅需申请许可证，还需缴纳相应的税款。新加坡也采用过强制性登记领取执照、组建持枪执法队伍等方式，控制城市摊贩数量，提升城市摊贩质量。

4. 数字化管理

信息不对称和沟通不及时是城市摊贩管理中造成意见分歧与冲突的常见原因。数字化管理是促进信息传递与及时沟通交流、洞察摊贩个体差异化、搭建有效的沟通桥梁和实现城市摊贩精细化治理的重要工具支撑。一是通过智能化应用解决城市摊贩管理中多元主体的信息沟通问题。一方面使用微博、微信等软件加强管理部门与民众的信息互动，促进社区等社会基本单元实施精细化管理[②]；另一方面以智能化应用进行信息沟通，有助于在城市信息互动中消除因摊贩数量众多、经营分散及素质参差不齐等造成的信息不对称问题。二是建设城市摊贩数字化管理系统，提高对城市摊贩的监管效率[③]，通过平台采集和分析各类数据，增强及时查找和准确发现摊贩问题行为的能力，同时有效提高各类事件的传达和处置速度，缩短从问题发现到问题解决全过程的时间。

本章小结

城市摊贩市场规划与管理对实现城市高质量发展意义重大，也对提升城市景观发挥着重要作用。本章主要关注城市摊贩市场规划与管理问题，首先界定城市摊贩的概念、类型并总结其特征，进一步分析中国城市摊贩产生的原因；其次对国内外城市摊贩管理研究进行综述，详细梳理了国内外对城市摊贩问题产生原因、管理措施等方面的研究进展；最后，总结归纳国内外城市摊贩管理实际经验，并在此基础上提出城市摊贩管理的

① 陈文清．法律经济学视角下城管执法问题的应对策略：以摊贩管理为对象．天府新论，2018（5）.

② 崔占峰，桑琰云．城市治理中的“共治”与“共享”如何实现?：对摊贩“微治理”应用的考察．城市发展研究，2020，27（11）.

③ 郑绪万．昆明市流动摊贩数字化管理研究．昆明：昆明理工大学，2019.

制度创新与工具创新探索的新方向。目前对中国城市摊贩管理的体系化研究较少，本书希望填补这一空白，所以对城市摊贩管理理论与中国实践进行全方位介绍。

关键术语

城市摊贩市场规划　城市摊贩管理　弹性管理　柔性执法　摊贩自我治理

复习思考题

1. 城市摊贩的定义及主要特征是什么?
2. 城市摊贩管理的主要手段有哪些?
3. 中国城市摊贩管理的特征是什么?
4. 简述国外城市摊贩管理的实践经验。
5. 分别从城市管理者与摊贩的角度，阐述城市摊贩管理的难点和诉求。

进一步阅读的文献

1. CHIU C. From self-management towards private management: changing approaches to decentralized management of street business in Taipei. Journal of urban management, 2013, 2 (2).

2. ROEVER S, SKINNER C. Street vendors and cities. Environment and urbanization, 2016, 28 (2).

3. STEEL G. Whose paradise?: itinerant street vendors' individual and collective practices of political agency in the tourist streets of Cusco, Peru. International journal of urban and regional research, 2012, 36 (5).

4. ELSHESHTAWY Y. Observing the public realm: William Whyte's "the social life of small urban spaces" . Built environment (London. 1978), 2015, 41 (3).

5. LEGATES R , STOUT F. The city reader. 6th ed. New York: Rontledge, 2016.

6. GRAAFF K, HA N. Street vending in the neoliberal city: a global perspective on the practices and policies of a marginalized economy. New York: Berghahn Book, 2015.

7. 庞明礼，陈念平．城管执法尺度拿捏的策略及机制研究．城市问题，2020 (4).

8. 徐晓军，孙权．从“技术环境”到“制度环境”：城市摊贩治理策略的选择与流变：以武汉市 J 区为例．江汉大学学报（社会科学版），2019，36 (1).

9. 笪素林，王可．城市街头摊贩治理之道：基于纽约街头摊贩治理的分析．江苏行政学院学报，2017 (6).

10. 卢红艳．国内外城市流动摊贩治理经验及启示．天水行政学院学报，2016，17 (6).

11. 王晓，王志权．流动摊贩治理的武汉经验与温州经验及其启示．城市问题，2015

(6).

12. 张延吉，张磊，吴凌燕．流动摊贩的空间分布规律及其影响因素：以北京市甘露园社区为例．城市问题，2014 (8).

13. 萨维尔．法律的经济分析．北京：中国政法大学出版社，2008.

14. 王春业．论柔性执法．中共中央党校学报，2007 (5).

第13章

城市土地开发与管理

土地是城市资源的物质载体，也是城市参与市场经济运行的核心生产要素，因而土地管理是城市发展与管理的基本内容之一。本章包括四部分内容：一是阐释城市土地开发的概念、步骤以及城市土地开发管理的重点；二是根据经济学原理，分析城市土地价值捕获的方法及政策保障；三是系统阐述城市土地开发资本化的经济学原理、实施目的、管理工具的核心问题及政策保障；四是从空间维度阐释城市土地空间管理的方法、核心问题和政策保障。

重点问题

- 城市土地开发管理的概念、步骤与重点
- 城市土地价值捕获的方法
- 城市土地开发资本化的经济学原理与机制特征
- 地租理论和精明增长理论的主要内容
- 城市土地空间管理的主要工具与方法

13.1 城市土地开发管理概述

13.1.1 城市土地开发的概念

土地是社会经济可持续发展的基础，也是人类活动与自然环境作用的载体。经济学中的开发，是指人类对自然资源发掘利用，实现资源合理配置的过程。土地开发的目标是在特定区域空间形成自然-经济-社会的复合系统。关于城市土地开发的概念，国际上有广义和狭义之分：广义的城市土地开发是指为适应城市经济、社会和文化发展的需要，采用现代科学技术和经济手段，对土地进行投资、改造和建设，提高土地利用率和集聚经营程度，满足城市各项活动的空间需求，形成对各类建筑物和地块的综合利用①。狭义

① HEALEY P，BARRETT S M. Structure and agency in land and property development processes：some ideas for research. Urban studies，1990（27）.

的城市土地开发是指对未利用城市土地的开发利用。

国内对城市土地开发的界定，强调对城市存量土地的整理、投资、开发、改造和重建等[①]。2000 年 12 月，北京市出台《中关村科技园区条例》，独创性地提出了“土地一级开发”的概念。随后《中关村科技园区土地一级开发暂行办法》对土地的一级开发、二级开发做出明确规定。一级开发，也称为土地增量开发或扩展式开发，指政府以委托或公开招标的方式确定开发主体，对城市土地进行有目的利用、改变其原有形态和用途的行为，例如土地征收、平整；二级开发，也称为土地存量开发，以效益最大化为目标，对原有用地类型、结构及空间进行置换升级[②]，比如房地产开发。一级开发属于政府行为，二级开发是土地使用权在个人或组织机构之间的转移。基于此，城市土地开发管理是为实现土地价值，发挥城市土地的资本属性和空间承载功能，以征税、收费等财政政策或其他针对性的管理手段，依据土地性质、功能和开发主体的差异，所实施的多层次、多维度管理，以实现城市土地开发的宏观、微观层面上的协调有序和可持续发展。

13.1.2 城市土地开发的步骤

根据不同步骤的技术特点和管理实施重点，城市土地开发包含前期、中期和后期三个阶段。城市土地开发管理侧重土地开发过程的计划、组织和控制，以及后期土地价值的维护与再开发。

1. 前期：土地储备

土地储备是城市一级开发的重要环节，是一项大规模的土地取得、管理及处理计划，主要是政府委托授权相关机构，以征用、收购和置换等方式将分散的土地集中起来，通过一系列整理开发形成“熟地”，留作未来执行公共土地规划及土地政策使用。土地储备是城市土地开发管理的前端，通过土地的预先整合、购买和整理，为城市发展供给充足土地。

2. 中期：土地规划、开发与利用

城市土地开发管理的中端环节是对已有土地资源的规划、开发和利用。土地规划是土地开发和管理的依据[③]。因此，在规划环节应主要针对城市未来的发展方向和定位，综合人力、财力和政策等方面的情况合理布局，综合部署城市各项工作建设[④]。土地的开发利用，是在土地规划基础上的土地有效利用，通过高效的土地价值开发过程，使城市土地充分发挥经济效益和社会效益。

3. 后期：土地价值的维护、管理与再开发

价值维护是城市土地开发管理的主要环节。因功能属性的不同，城市土地的价值及

---

① 王权典．新型城镇化存量土地再开发之调控与规制策略．北京：知识产权出版社，2015.

② 北京京投土地项目管理咨询股份有限公司．城市土地开发与管理．北京：中国建筑工业出版社，2006.

③ 利维．现代城市规划：第 5 版．北京：中国人民大学出版社，2003.

④ 宋迎昌．城市管理理论与实践．北京：社会科学文献出版社，2012.

其增值率也大相径庭。土地价值维护、管理与再开发的目标，是通过价值捕获和其他的管理政策或工具，回收城市土地增值中的社会贡献部分，再运用税收、收费等财政政策和其他管理手段，将其转化为公共财政收入或直接转移至对公共设施、服务的投资，来提升土地价值利用效率，增加社会福利[①]。再开发是为了实现土地效益最大化，对土地类型、结构及空间布局进行调整升级，充分实现其经济和社会价值的过程[②]。

13.1.3 城市土地开发管理的重点内容

城市土地兼具自然资源、生产要素和财产等多种功能[③]。例如，美国土地经济学家理查德·T. 伊利将土地功能分为参与生产的经济元素和商品。土地开发需制定有针对性的管理策略，运用经济、社会、环境等学科的理论方法，从市场与政府、宏观与微观两个维度，通过计划、组织、协调与控制，充分挖掘土地价值，保护土地合理运用。在管理过程中，还应做好社会经济发展、环境与空间方面的内容协调，充分发挥土地的各类功能[④]。按土地功能差异，城市土地开发管理的重点内容包括以下三方面：

1. 土地作为商品的价值开发管理

作为私人产品，土地在市场上通过租用、出售进行交易，土地所有者获得地租或销售收入；作为公共产品，土地通过建设公共设施为城市居民提供公共服务，还将增值收益回馈到城市的土地规划、建设以及公共设施的运行维护保障上，实现城市社会福利的帕累托改进。因此，根据土地的产权差异，对土地价值的界定和捕获进行管理，并兼顾城市经济稳定增长、环境可持续发展和居民生活满意度提升等显得尤为重要。

2. 作为生产要素的资本化开发管理

土地作为核心生产要素之一，在生产过程中可以创造价值，以私人或公有财产的形式投入生产，以市场机制获得收益[⑤]。土地具有产权归属，因而与资本特性相似，需通过所有权或使用权的转移实现资本化。对土地要素实施管理，须从土地资本化出发，使土地参与市场经济运行。私人土地的资本化投资可增加自有资产收入并获得增值收益；公有土地的所有权也可与资本市场机制、社会资本合作，参与市场交易，提高经济运行效率，增加公共财政收入。

3. 作为空间载体的开发管理

作为人类生存发展所必需的空间载体，土地利用须注重可持续发展，在为促进经济

---

① SMOLKA M O, AMBORSKI D. Value capture for urban development: an inter-American comparison. Lincoln institute of land policy, 2000.

② 王权典．新型城镇化存量土地再开发之调控与规制策略．北京：知识产权出版社，2015.

③ LEMMEN C, OOSTEROM P V, BENNETT R. The land administration domain model. Land use policy, 2015 (49).

④ 北京京投土地项目管理咨询股份有限公司．城市土地开发与管理．北京：中国建筑工业出版社，2006.

⑤ 歌德伯戈，钦洛依．城市土地经济学．北京：中国人民大学出版社，1990.

增长而进行土地开发时，应注重环境效益，减少污染导致的存量土地耗减；还应不断调节城市规模与土地承载能力之间的矛盾，对城市布局进行合理规划，对荒地、棕地进行绿色开发，实现城市可持续发展和功能扩展。从不同功能角度制定土地开发管理目标，加强对城市各类土地的专门管理，避免政策间的重复或矛盾，充分发挥土地价值，控制城市规模，提升城市舒适性和社会效益，实现城市土地有序治理。

13.2 城市土地价值捕获的路径与机制

因为产权属性，土地商品连同地上建筑、附着物依靠交易实现土地价值增值，并受价格波动影响改变供求关系。总体上，土地价值会随着生产效率的提高而增长。特定城市土地的价值增长大多来自公共基础设施投资、政策许可或人口增长，而非土地所有者的投入。然而，农业用地改为住宅用地的土地增值，无法天然地从土地总收益中剥离出来[①]。因此，商品属性的城市土地的开发管理，在测算土地真实价值、增值空间的基础上，应通过土地使用权与所有权的分离，统一捕获和转换，将土地新增价值中的社会贡献部分从土地价格中剥离出来，用于公共部门支出，避免哄抬土地价格。

13.2.1 土地及其价值的经济学原理

稀缺性导致土地在市场上的有限供给。土地供给弹性很小，供给量的些许改变也可能导致其价格大幅波动。市场供给方享有议价优势，获得超额利润。然而，所有者并非土地价值收益的唯一提供者，政府投资和政策支持也为城市土地价值创造了边际产出。城市土地开发管理，应从不同的产权关系角度分析土地的价值归属；在宏观层面，以公共效益最大化为目标，将土地价值中公共部门贡献的增值部分用于公共建设，既保证所有生产要素都按其边际生产率获得相应报酬，也体现政府对市场失灵部门的监管需要。

1. 马克思主义地价理论

马克思认为土地本身没有价值，其价值来源于人类的劳动投入。作为一种商品，土地的价值与其他商品类似，取决于其投入品的边际报酬，即劳动时间。因此，土地价值的增加中含有公共部门的劳动附加值以及相关政策的辅助贡献，这部分通常被资本家攫取，没有返还给公众。

2. 产权理论

当土地作为一种商品参与市场竞争时，其获得的价值一般由产权归属来界定。不同

① GRIMES A，LIANG Y. Spatial determinants of land prices：does auckland's metropolitan urban limit have an effect?. Applied spatial analysis and policy，2009（1）.

的土地所有制形式具有不同的产权主体和权能，也决定着土地资源配置的不同机制和形式。当土地私有化时，产权所有者获得土地的所有收益。但这其中除了业主行为直接提高的土地价值外，还有一部分土地价值增值来自公共部门的行为①。如政府授予的特定土地开发权、基础设施投资和城市劳动力增加等。这些给土地带来的增值往往被忽视或被私人部门汲取，未能返还给公共部门②。在土地公有制中，价值增加主要源自公共部门行为，此时土地类似于一种公共物品，其参与市场机制过程的价值增值也应返还给公共部门。

13.2.2　土地价值捕获的方法

城市政府依据参与生产要素投入比进行分配的原则，从土地市场交易中获取公共部门创造的增值部分，一方面可以增加财政收入，补充城市公共投资资金；另一方面通过汲取土地超额价值，防止地价房价虚高，控制土地和房地产交易市场价格稳定。

在实践中，各国政府根据本国特点采用不同方法对土地增值部分进行回收。如哥伦比亚对房地产市场采用直接的强干预措施。但干预措施也影响了购房者行为，在一定程度上损害了公众利益。智利采用直接向土地所有者征收土地价值税的方式，但这容易导致通货膨胀和市场波动，且可能涉及对同一项资产的“双重征税”③。目前国际上使用最广泛且最有效的土地价值挖掘和抽取方法是土地价值捕获（land value capture，LVC）。价值捕获概念源于厄思沃特报告中提出的开发利益还原理论，认为政府规划会对土地价值产生正向影响，引起土地效益的重新分配，并可能导致社会利益损失，因此两者间必须建立一种补偿和利益平衡机制④。价值捕获方法的原理是将社会创造的土地价值增值用于社会，再以税、费或其他财政手段转化为公共财政收入或直接投资公共物品。目前，各国使用最多的土地价值捕获方法有改良税、税收增量融资和公私联合开发机制等。

1. 改良税

改良税（betterment taxation，BT）是通过对土地价值的持续征税，捕获由社会公共投资产生的土地增值的税制。BT 的征收对象是以增加交通便利，减少拥堵和污染，或由公共交通投资降低了交通成本的受益者⑤。在资本高速流动、电子商务可通过离岸购买实现避税的时代，土地等国家边界以内的实物资本仍是征税的合适目标。

BT 对土地的价值捕获是通过对公共基础设施直接征税实现的，征税可以更公平地分

① 乔治．进步与贫困．北京：商务印书馆，2010.

② 吴易风．产权理论：马克思和科斯的比较．中国社会科学，2007（2）.

③ SMOLKA M O，FURTADO F. Mobilizing land value increments for urban development：learning from the Latin America experience. IDS bulletin，2002，33（3）.

④ DU H，MULLEY C. Relationship between transport accessibility and land value：local model approach with geographically weighted regression. Transportation research record：journal of the transportation research board，2006，1977（1）.

⑤ FENSHAM P，GLEESON B. Capturing value for urban management：a new agenda for betterment. Urban policy and research，2003，21（1）.

配城市发展的收益和成本，建设高效的城市管理系统[①]。对于征收的额度，应以某一开发时点前的土地价值为基准，然后对土地价格高于该固定时点的增值部分进行征税[②]。

对不同国家或地区而言，地方政府也会根据本地开发情况和土地价值增值程度制定不同的税率。新西兰的大多数地方政府向土地开发部门征收专门的雇佣改良税，其征收力度在1926—1953年期间甚至达到了50%[③]。哥伦比亚曾在20世纪70年代征收100%的改良税，以捕获所有因土地改造而取得的增值部分[④]。印度花费175亿美元投建基础设施升级项目，改造道路和运输系统，但同时采用征收改良税的方式，将可能产生的土地增值部分征回。

2. 税收增量融资

税收增量融资（tax increment financing，TIF）是价值捕获的典型公共融资工具，其核心是一种利用未来预期的增量财产税来补贴现期项目资金需求的机制，捕获土地价值并直接用于城市更新、基础设施建设及其他社区改进项目[⑤]。与改良税强调土地增值的捕获方式不同，TIF更强调进行价值捕获后投资对象的选取。它使政府不必刻意增加税收来支付改进费用，保障了实现自我融资（self-financing）的闭环（如图13-1所示），因此被称为“零成本”发展工具[⑥]。TIF的运作思路是，政府首先通过发放地方债、政府信用贷款等方式融资，为改善社区环境和建设公共基础设施提供资金，吸引更多私人资本提升社区房产价值，进而引入新的商业税收和更多财产税；其次补贴初始公共投资，在地方发展过程中，由投资收益来覆盖成本[⑦]。与减税和直接的税费补贴相比，这种融资模式综合了经济激励和溢价回收等特征，既能获得新发展资金，也能降低开发商成本。

目前，TIF已被美国1 000多个城市采用，为地方政府提供了相对灵活的决策权力，以支持城市中衰败区域的各类更新再造项目，如公共基础设施建设、环境治理和其他私人或公私合作住宅项目等。芝加哥运用TIF模式，将超过基准数额的财产税增量投入到传统经济发展（包括零售、商住及工业项目等）、基础设施建设和公共服务设施建设中，不仅优化了项目申请流程，还为商业发展、河岸环境改善及科技创新等城市发展的重要

---

① FENSHAM P，GLEESON B. Capturing value for urban management：a new agenda for betterment. Urban policy and research，2003，21（1）.

② MILL J S. Principles of political economy：with some of their applications to social philosophy. Toronto：University of Toronto Press，1890.

③ HARRIS C E. Slow train coming：the New Zealand state changes its mind about Auckland transit，1949—56. Urban policy and research，2005（23）.

④ BOURASSA S C，NEUTZE M，STRONG A L. Assessing betterment under a public premium leasehold system：principles and practice in Canberra. Journal of property research，1997，14（1）.

⑤ Council of Development Finance Agencies，Stifel Nicolaus and Company，International Council of Shopping Center. Tax increment finance best practices reference guide. New York：ICSC，2008.

⑥ WEBER R. Equity and entrepreneurialism the impact of tax increment financing on school finance. Urban affairs review，2003（38）.

⑦ BRIFFAULT R. The most popular tool：tax increment financing and the political economy of local government. University of Chicago law review，2010，77（1）.

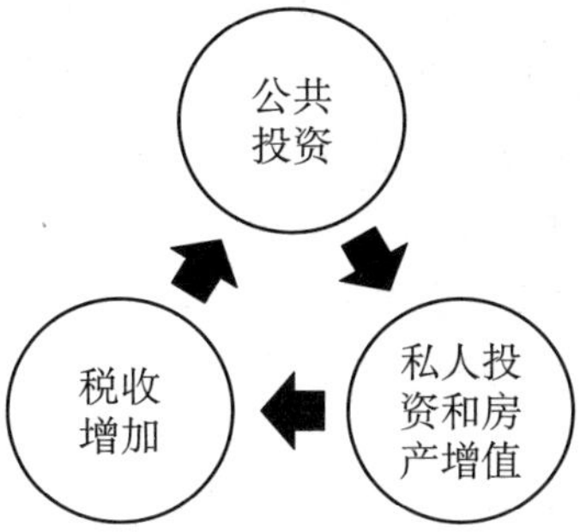

图 13-1　税收增量融资的逻辑图示

资料来源：臧天宇．税收增量融资：芝加哥的案例与启示．城市发展研究，2016，23（9）．

环节提供专门性的资金来源[①]。桑兹等人基于此提出了“社区 TIF”概念，认为以住宅和商业区组合项目进行税收增量融资，可以通过建立社区邻里型土地开发项目提高地方政府融资效率，如果学校和公园等公共资源能纳入项目，将会进一步增加税收融资数额[②]。

3. 联合开发机制

除 BT 和 TIF 外，一些国家或地区综合多种经济学理论提出了新型价值捕获策略，如联合开发机制（joint development mechanism，JDM），通过公共部门与私人经营者或开发商之间的合作，形成对公共基础设施投资和开发的风险共担机制。JDM 针对公私合作的程度、领域和承担风险的高低，衍生出 BOO、BOT 和委托代建等不同的联合开发模式，并逐渐演化成为早期的 PPP 模式。与税收机制、补贴式融资等财政手段相比，公私资本合作的开发模式被证明不会引发市场经济中的公平和效率问题，而且还可以避免财政政策导致的社会福利损失。私人开发商可通过该项目获得更好的投资环境和更多的潜在客户，公共部门也可以通过私人资本的引入分摊公共建设成本。

在城市土地开发领域，JDM 实质上是一种介于外包和私有化之间，并结合两者特点的一种公共产品供给合同，由私人投资方承担基础设施和公共产品的设计、建设、运营管理及后期维护等大部分工作，通过“使用者付费”和适当的“政府付费”获得合理的项目投资回报[③]。它使政府和私营企业（或开发商）在土地开发过程中的角色发生了改变。政府从投资者、招商者转变为参与者、合作方，私营企业或开发商则从招商者、开发建设者转为投资者。

英国最早将联合开发模式用于保障性住房建设，并自伦敦地铁建设项目开始逐步发展成熟。之后，加拿大、澳大利亚等国家陆续使用联合开发模式对城市公共土地进行开

① FARMER S，POULOS C D. Tax increment financing in Chicago，IL，building neoliberal exclusion one school at a time. Critical sociology，2015（41）.

② SANDS G，REESE L A，TRUDEAN K. Tips for tifs：policies for neighborhood tax increment financing districts. Community development，2007（38）.

③ TANG L Y，SHEN Q，CHENG E W L. A review of studies on public-private partnership projects in the construction industry. International journal of project management，2010，28（7）.

发管理[①]。北京的地铁 4 号线项目是中国对公私合作投资的尝试，也是中国最成功的 PPP 案例之一。联合开发模式与成熟的 PPP 项目相比，流程相对简单，没有土地资本化的过程，保障机制也相对缺乏，但对联合开发机制的尝试，为中国公私合作探索提供了实证基础。北京地铁 4 号线项目由政府牵头，京投、港铁、首创等多家企业共同出资投建，在项目运营期内共同承担建设风险、共享投资收益，运营期结束后无偿移交给京投公司，回收公共设施所有权（如图 13－2 所示）。

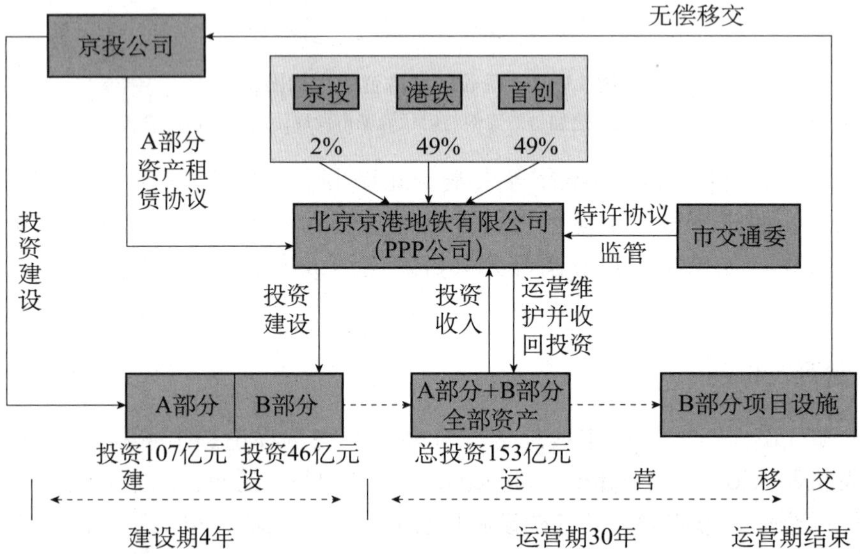

图 13－2 北京地铁 4 号线项目框架示意图

资料来源：http://fgw.hubei.gov.cn/fgjj/ztzl/zl/2016/pppzt/dxal/201609/t20160923_535559.shtml.

除上述管理机制外，土地价值捕获还可通过收费或其他管理手段实现。如开发协议（development agreements）、受益者付费制度（benefit assessment districts）等，均是各国针对不同国情、不同地区发展水平采用的灵活多样的管理手段，促使土地价格更合理、收益公平更分配。

13.2.3 土地价值捕获管理的政策保障

通过价值捕获分享土地增值时，需注意财政政策的实施力度，对税收、收费等敏感性政策，政府应在协调区域市场经济均衡稳定的前提下予以审慎制定[②]。此外，在实施 PPP 模式时，还应区分公共投资者与私人投资者的投资管理权限，明确项目到期后的所有权归属，健全相关法律措施，通过前期评估和后期验收等流程，保障土地开发项目顺利开展，实现公私部门对土地增值部分的利益共享、责任共担。

---

① 杨俊龙．PPP 模式的效应、问题及优化对策研究．江淮论坛，2017（3）.

② HUI E C，HO V S，HO D K. Land value capture mechanisms in Hong Kong and Singapore：a comparative analysis. Journal of property investment & finance，2004，22（1）.

1. 划定税收管理权限

LVC 方法有效实施的前提是地方政府享有对土地征税、收费的权力。因此中央政府应根据地方发展要求，适当扩大地方政府财政权力，为制定土地开发价值捕获政策提供制度环境与保障。如美国各州政府都具有完全的土地税收权限，可自行决定征收的税种和税率，为实施 LVC 提供了充分的政策基础[①]。1990 年波兰出台的《领土自治法》划分了中央和地方财政的收入来源，明确了地方土地税收和费用归属地方财政，使得市政当局在规划预算和税收方面掌握了财政管理和自主权。南非的《市政财产费率法》允许在区域内设立"特别税费区"，该区内土地开发所征收的税费全部由市政府获得[②]。美国部分自治州将 TIF 纳入州法律，以鼓励区域内公共建设项目通过 TIF 形式进行融资，并通过政府信用担保或授权代理等形式鼓励社会资本参与[③]。

2. 推进公私合作机制

在实施 LVC 方法的同时，为维护地区经济稳定和城市可持续发展，国家和地方政府需要给予法律配套和政策保障。拉丁美洲实施 LVC 的成功经验证明，良好的政策环境是 LVC 有效实施的前提。行政和财政分权给地方政府更多财政自主权和职能权限的同时，也鼓励其寻找新的收入来源。同时，随着民主化进程和民众参与城市建设积极性的提高，政府有机会通过实施公私合作策略，将社会资本引入公共基础设施建设中，以完善其工具与机制，在实现土地价值捕获的同时，满足公众对公共服务的需求。如古巴政府通过与私人开发商运行一个类似于财产管理公司的项目，共同参与城市改造工程的流程设计和共建；政府通过向开发商收取租金的形式，捕获城市改造项目带来的土地增值[④]。

13.3　城市土地开发的资本化路径与机制

土地是一种有限供给的财产或投资，在参与生产的过程中实现保值增值[⑤]。土地要素的管理过程，应遵循经济学对生产要素生产率和收益率的定义，充分考虑土地作为有限资源的供给能力，量化土地收益，提高土地资产的利用效率和经济效益。早期的经济学家们用生产函数分析经济增长问题时，将土地视为一种固定资本。目前量化土地价值的主要方式是通过出让使用权，将其转换为收入现金流（如地租），或者转化为金融产品以获得资本利得，即土地资本化的过程。

---

① 张俊．美国土地价值捕获制度及其借鉴．广东土地科学，2008（1）．

② FRIEDMANN J．Perspectivas urbanas：temas críticos en políticas de suelo en América Latina. Urban Studies，2008，45（9）．

③ 臧天宇．税收增量融资：芝加哥的案例与启示．城市发展研究，2016，23（9）．

④ SMOLKA M D，FURTADO F. Mobilizing land value increments for urban development：learning from the Latin America experience. IDS bulletin，2002，33（3）．

⑤ 赵才水．论城市土地资本运营．中国土地，2001（9）．

13.3.1 土地资本化的经济学原理

1. 地租理论

最早提出地租概念的是经济学家威廉·配第，他在所著的《赋税论》中把地租定义为“收获的生产品扣除一切生产费用后的剩余部分”，而这种成本的增减“取决于距目标地的远近”。亚当·斯密在此基础上将地租定义为使用土地的代价。他在《国富论》中提出：在土地产权分明的条件下，“地租是土地使用权转移的结果”。大卫·李嘉图运用劳动价值理论分析地租问题，认为土地与资本、劳动力相同，均可作为生产要素参与经济活动，在土地资源有限且存在生产率差别（相对肥力差异）时，地租是土地参与生产获得的边际报酬。

马克思将地租定义为对土地的资本化过程，认为这一过程的实质是土地所有权的资本化过程，其资本价值表示为 $V=\frac{a}{r}$（其中 V 为土地价格，a 为土地纯收益，r 为土地的还原利率）。但这种对土地资本的界定掩盖了社会阶级关系的内在矛盾，因为城市土地具有稀有性特征，这种特征使土地存在天然垄断特征，因而单纯依靠地租不能对土地资本予以客观评价①。

2. 区位理论

土地是维持区域发展的基础，据市中心距离远近所导致的土地成本差异，使城市出现空间结构分化。早期区域经济学在研究城市问题时，也以土地作为主要研究对象，对其成本的量化分析也可视为土地资本化的分析过程。其中，具有典型性特征的是阿隆索的区位理论。该理论建立在杜能农业区位理论和韦伯工业区位理论基础上，通过分析区位成本和土地成本对形成城市产业与居民分布状态的影响，从经济区位角度提出城市土地开发思路。由于不同产业对土地资源的要求和市场导向不同，城市自市中心出发，以土地成本差异为区划标准向外延伸并集聚形成产业带。土地需求者按边际产出等于相应地租来决定对不同区位土地所愿意支付的最高地租，因每一单位土地利用所产生的经济地租递减曲线不同，而呈现出同心圆结构。这种价格的区分体现了土地作为一种资本的价值差异，而这种差异在当时被认为主要取决于距离市中心的远近②。随着现代都市目标导向趋于多元化，决定城市土地资本价值的因素也变得更为复杂，为了评估土地价值以获得要素收益，对土地进行资本化显得更具现实意义。

13.3.2 土地资本化管理实施目的

由于供给的有限性和所有权归属差异，土地无法类同于其他生产要素，不能通过

① HARVEY D. Class monopoly rent，finance capitals and the urban revolution. Regional studies，1974 (8).

② 汤庆园．土地开发与产业升级关系的研究．上海：华东师范大学，2014.

产量高低来评定单位投入所获得的边际报酬。因此，为避免土地价值错估导致投机行为或价格泡沫，实现城市社会经济协调发展和土地收益的最大化，土地资本化是必要途径。

土地资本化的目的是通过特定政策或金融手段，将生产中预计由土地参与者获得的报酬予以量化、贴现，并通过股权、债权等形式表现出来。此外，就有限区域而言，土地资本化也蕴含着另外一层意义。由于土地作为一种有限资源，其参与生产的过程存在供给有限性特征，因此对有限土地的资本化，应由市场反映土地供需情况。对政府而言，土地资本化可优化土地资源配置，实现土地要素向资本属性转变，从而减少土地价值流失①；作为土地实际控制者，资本化后的土地成为地方政府能控制的最大资产，为地方提供财政收入资金来源，为基础设施建设提供流动资金②。

13.3.3　土地资本化管理工具

土地资本化管理的主要依据是土地作为生产要素的基本性质。目前，土地资本化管理主要从土地所有权资本化管理和土地空间资本化管理两方面展开，采用较多的管理工具包括土地发展权转移和融入各类金融衍生产品（如基金、股权、信托）的项目工具等。

1. 土地发展权转移

土地发展权转移（transfer of development rights，TDR）是通过将土地的开发权或建设权转移，以实现土地空间资本化的过程。美国最早使用该模式进行土地资本化管理，土地所有权人将发展权（包括土地使用权、租赁权、销售权、馈赠权、抵押权以及依法在土地上建房和开矿等权益）的部分或全部权力转让或出卖给他人，再运用发达地区土地开发所获得的收益，分摊欠发达地区的土地开发成本，使土地价值具有与资本相同的性质，实现价值在空间上的腾挪和流动③。土地发展权转移的运作机制源于自由主义经济学理论，认为土地发展权具有与资本同样的属性，不需要政府的干预就能在市场上实现自由交易，并由市场供需决定土地发展权的收益分配④，以此减少政府土地开发管理成本和因管制导致的效用损失，提高土地利用效率和收益。发展权的转移不仅使开发收益较低的区域获得了土地开发的机会，还缓解了因已开发区域土地需求密度过高而导致的拥挤状态⑤。这种所有权的转移机制使得土地资本化不再依靠金融手段和税收、费用等财政

① CAI M. Land for welfare in China. Land use policy，2016（55）.

② FAN X，ZHENG D，SHI M. How does land development promote China's urban economic growth?：the mediating effect of public infrastructure. Sustainability，2016，8（3）.

③ ZIEGLER E H. Transfer development rights and land use planning in the United States. Liverpool law review，1996，18（2）.

④ BERRY D，STEIKER G. An economic analysis of transfer of development rights. Natural resources journal，1977（17）.

⑤ LEVINSON A. Why opposes TDRs?：transferable development rights can increase overall development. Regional science and urban economics，1997.

手段而是由市场机制进行供需调节，节约了政府土地开发管理的成本。

TDR 实施的关键是准确评估待转移土地的价格，并依靠市场产生土地供需。基于土地收益理论，可以直接对土地发展权转移价格进行估算，表达式为：

$$P_{TDR}=\frac{B}{i}-A$$

其中，P_{TDR} 为土地发展权转移价格，A 为土地用途转换前的价值，B 为土地用途转换后每年预期收益，i 为折现利率。其原理以土地最优利用为原则，以获得更高资本利得为前提，通过缩小预期收益与当前价值的差异，驱使土地所有者通过对土地所有权进行当期转移以获取土地价值[①]。

由于所有权转移后土地所获得的收益不能完全归属于土地当前的所有者，因而其资本利得不应以简单的永续年金形式来表示。基于此，土地发展权转让价格公式得以进一步优化：

$$P_{TDR}=\frac{B}{i\left[1-\frac{1}{(1+i)^{n}}\right]}-A-C$$

其中，n 为土地所有权转移的有限期限，C 为所有权转换过程中可能产生的成本和费用。

除此之外，源于 1999 年新泽西州政府颁布的《确定土地发展潜力价值的评估指南》的另一种评估方法，提出可以通过银行登记市场交易数据，并制定一个市政平均值[②]。这种方法可实时洞察市场对土地资本的供需情况变化。当地政府也可通过这种方式对交易数量与价格进行调控，引导和培育市场需求。该平均值的估算公式为：

$$P_{TDR}=\frac{x}{m}$$

其中，x 为一定时期内土地发展权交易额，m 为该时期内土地发展权的销售数量。

2. 土地资本化的金融衍生工具

随着金融产业的发展以及衍生产品种类的日益丰富，作为产权和利益分配的一种形式，土地可通过金融产品这一媒介实现资本化。这种模式是对土地使用权的间接资本化，也是土地公有制国家常用的机制。其资本化过程可以通过多种金融产品及其衍生工具的单一或组合形式来实现。如，土地信托，其产品的设定模式被一些西方学者认为是土地产权与资本结合的最好形式[③]；“土地银行”，通过专门的金融机构对土地所有权权益进行界定和交易，以激励土地完全转化为资本并参与市场交易。这种模式被认为是实践土地

---

① CHAVOOSHIAN B B，NORMAN T. Transfer of development rights：a new concept in land-use management. The appraisal journal，1975，42 (2).

② Appraisal guidelines for determining development potential：transfer of development rights program. https：//www.nj.gov/agriculture/sadc/documents/appraisals/appraisertdrguide.pdf.

③ GUSTANSKI J A，EDWARDS-JONES G，SQUIRES R H. The ethics-economics-policies paradigm：the foundation for an integrated land trust conversation decision-support model. Urban ecosystems，1999 (3).

资本化最理想的方式，但在现实中由于政策环境的制约而较难实现[①]。

现阶段使用较广的金融衍生工具，是将土地所有权以抵押的方式与信用相结合，通过金融产品进行打包、折现，转变为票据、债券等融资工具并参与资本市场交易。这一过程的实质，是将土地未来收益进行套现，以获得当期现金流。土地开发信托计划是实施这一土地资本化工具的最直接方式。政府通过招标将土地开发项目承包给指定开发商，开发商将开发项目进行打包折现，在资本市场发行集合资金信托，以公开或私募的形式向公众或社会机构融资。其间，包括银行在内的金融机构可通过认购信托计划实现对该土地开发项目的投资。这个模式在土地再开发阶段可进一步衍生为房地产信托基金（REIT），既是对土地上方建筑物的资本化过程，也是对土地未来增值价值的折现[②]。

近年来，伴随 PPP 模式的推广，许多国家或地区将土地资本化与公私合作机制相结合，形成引入金融机构参与的新型公私合作机制（如图 13－3 所示）。先由政府、开发商和金融机构共同出资成立项目管理公司（SPV），公司再通过发行债券或基金面向社会融资。在这种合作模式中，银行等金融机构起到重要作用，不仅作为中介机构为开发商和政府提供交易的平台、设计适合的金融产品、提供财务顾问服务，还为双方提供贷款支持，并作为投资人参与项目投资。这一模式实现了土地开发的资本化，土地开发风险将由政府、开发商和金融机构共担；政府可通过对项目所有权和运营权的把控，获取未来土地价值增值部分的收益。土地资本化使政府参与市场交易的身份更为灵活多样，不仅可作为权益所有者，也可作为债务的共同承担者，还可以作为提供税收支持或银行债务便利性的第三方，这为地方政府的土地开发管理决策提供了多元化路径[③]。

13.3.4 土地资本化管理的核心问题

1. 地方政府间的竞争性

土地资源的有限性决定了土地供给受到数量和空间的影响。土地空间分布差异使土地资本化过程面临地方政府间的竞争问题。这一问题最早由福尔姆提出，他认为土地市场由诸多互相作用的利益集团所控制，而地方政府通常是其中最大的集团[④]。竞争促使地方政府缺乏土地资本化的动力。为了提升招商引资的竞争力，有的地方政府甚至故意压低地价，形成脱离市场机制、以政策为导向的集聚与分散效应。

---

① SIMONSON S. Financial reform in Japan institution deregulation entering critical phase. East Asian executive reports，1991（15）.

② LING D，NARANJO A. Dedicated REIT mutual fund flows and REIT performance. The journal of real estate finance and economics，2006，32（4）.

③ BAKATJIAN S，ARIKAN M，TIONG R. Optimal capital structure model for BOT power projects in Turkey. https：//shaghool. ir/Files/2003－176. pdf.

④ FORM W H. The place of social structure in the determination of land use. Social forces，1954，32.

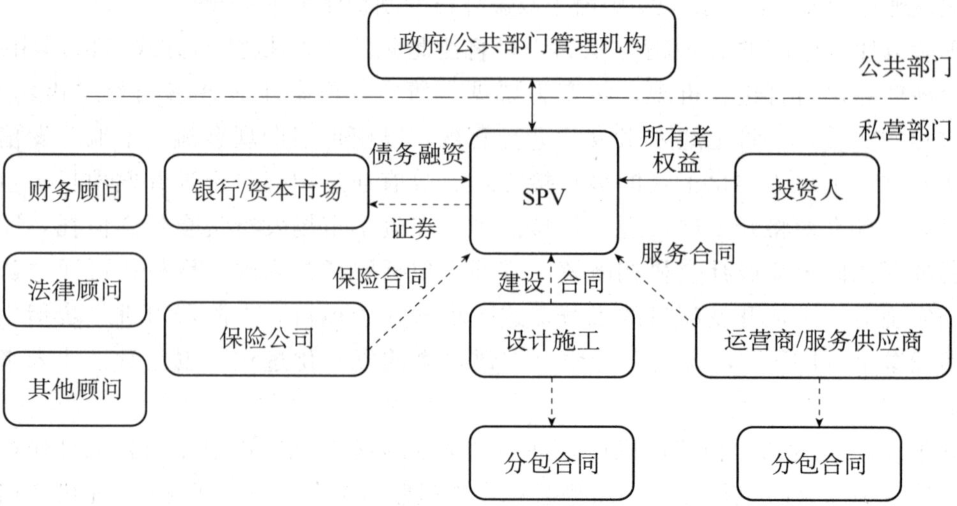

图 13-3 引入金融机构和土地资本化工具的 PPP 模式

资料来源：PPP 融资论坛：信托在 PPP 领域的应用和法律架构研究．http://www.shtourong.cn/jinrong/1215.html.

2. 地方政府的寻租行为

土地公有制的国家进行土地资本化时，地方政府对土地所有权的绝对垄断容易导致寻租行为，造成政府失灵①。土地使用权在市场中进行公开交易，但因缺乏监管或官僚意识等，易导致官商勾结、暗箱操作，违背市场供需机制，使土地资本化失去意义。如在土地开发招标或所有权转移过程中，官员运用手中权力决定竞价结果；获得土地开发资格的开发商或其他利益团体为了摊平寻租成本，进而将这部分成本转嫁到普通购房者或土地使用者身上，导致城市居民整体福利水平下降和社会消费结构失衡②。

13.3.5 土地资本化管理的政策保障

1. 鼓励和规范银行等金融机构参与行为

作为土地开发管理的第三方，银行等金融机构在参与土地资本化过程中须秉持客观性和市场导向原则，这在一定程度上能规避土地开发权交易市场上的寻租问题，同时也能为土地资本化提供多样化的产品和路径。地方政府应积极鼓励金融机构参与土地开发管理，为资本化的土地开发提供产品组合和资金来源，并代表社会公众对土地资本化过

① FAN X, ZHENG D, SHI M. How does land development promote China's urban economic growth?: the mediating effect of public infrastructure. Sustainability, 2016, 8 (3).

② 叶陈刚，肖韵，陈霄．土地资本化对经济增长的作用．北京工商大学学报（社会科学版），2016，31 (1).

程进行监督。同时，中央政府应对土地资本化交易市场进行统筹监管和政策把控，以避免因制度不健全引起的系统性风险。如英国在实施公私合作土地开发模式的同时，颁布了《关于公私合作的新指引：公共部门参股 PF2 项目的条款协商》《大项目评估办法》等，用以规范市场供需双方的行为；澳大利亚也颁布了《联邦 PPP 政策与操作指引》，用来保护参与 PPP 项目投资的社会资本的安全[①]。

2. 明确界定地方政府的权力与义务

为保证土地资本化的有效实施，需对地方政府的职能权限和义务进行界定和约束。在土地资本化过程中，政府从单一的土地供给者，转变为合作方、担保方甚至债务人。由于所承担的角色不同，政府在土地参与资本市场交易的过程中所承担的责任也存在差异。因此，为保障公众和机构投资者的权益，避免政府在资本化管理期间发生寻租或毁约行为，应同时设立第三方机构实施监管。《国际公共部门会计准则第 32 号》明确规定与金融机构合作运行的 PPP 项目必须纳入地方政府的资产负债表中，而不应仅进入银行的表外业务或项目管理公司的资产负债。这一规定有效规避了地方政府通过实施土地资本化来调整财政收支。英国在积极推动土地资本化项目的同时，更加注重监管体制改革，不仅将由金融机构参与的 PFI 或 PPP 等项目纳入政府规范体系，还衍生出竞争性谈判等制度[②]。2015 年，中华人民共和国国务院通过，并由国家发展和改革委员会等六部门发布的《基础设施和公用事业特许经营管理办法》，进一步健全了中国地方政府采用 PPP 模式进行公共土地开发管理的政策保障体系，也对政府和社会资本的相应责任与义务做出了规范[③]。

13.4　城市土地开发的空间路径与机制

土地供给具有稀缺性和不可移动性。如何充分利用土地资源，在有限的空间内最大化其公共效益，是当前城市管理者需要思考解决的重要问题之一。城市精明增长理论为城市空间拓展提出了发展方向，随之衍生出的棕地开发（brownfields development）管理、城市增长边界（urban growth boundaries，UGB）管理和交通引导发展（transit oriented development TOD）等城市土地空间管理机制，已在多国的实践中得到验证。

13.4.1　城市精明增长理论

“城市精明增长”与“城市蔓延”概念相对，用于定义城市对靠近城市的尚未开发土地进行的开发扩展活动。哈维和克拉克将这一概念细化为三种形式：低密度连续发展、

① 黄景驰，米尔．英国政府与社会资本合作（PPP）项目的决策体系研究．公共行政评论，2016，9（2）．

② 刘薇．PPP 模式理论阐释及其现实例证．改革，2015（1）．

③ http://www.ndrc.gov.cn/zcfb/zcfbl/201504/t20150427_689396.html. 2015.

沿干道带状发展和不连续蛙跳式发展，并认为无序的蔓延拓展会导致城市人均基础设施建设成本增加、农业用地流失、闲置土地及城市边缘区域土地价值下降等负面效应[①]。为了规范城市扩张现象，避免发生城市规模边际效应递减的后果，美国在探究大都市发展问题的过程中提出了城市精明增长理论，通过倡导地方政府对城市有限土地资源的开发管理，实现城市集约增长、土地缓和利用以及以公交系统为导向的城市规划等[②]。此后，城市精明增长理论不断被各国沿用和借鉴，以此为基础的城市土地开发模式对现代大都市土地规划和开发均具有积极的指导意义。欧文等人提出城市精明增长政策对城市土地空间扩张存在抑制作用；孔帕则基于定量分析，提出了城市绿带控制思路，丰富了这一理论体系[③]。

13.4.2 土地空间管理的方法

伴随城市化和全球经济的快速发展，人们越来越看重城市的舒适度和发展潜力，即城市带给居民的经济、文化、生态环境等多方面的综合感受[④]。城市土地空间管理的目的，是吸引政府、市场与社会公众等多维利益主体参与，从城市交通、公共设施等宏观维度对土地用途进行调控，通过城市合理布局、城市棕地开发管理、UGB管理、TOD等措施抑制城市无序蔓延，高效利用土地空间，促进城市经济与环境的协调和可持续发展。

1. 棕地开发管理

棕地是指被遗弃、闲置的，或等待再开发再使用的工业和化工工厂所在的区域，这些区域的扩张和再开发过程会因实际或潜在的环境污染而变得更为复杂化。在实践中，棕地是指城市中先前用于工业或某些商业用途的，虽被有害物质或废弃物污染，但清理干净后能被重新利用的土地。对城市棕地开发实施管理，是推进政府、企业、环保组织和公众等多方协作，并从土地开发规划、棕地再开发景观设计和生态环境建设等方面对棕地及附近区域进行综合管理和改造的过程。棕地开发有助于平衡政府资产负债、带动区域复兴和居民就业，同时也从某种意义上拓展了城市空间，提高了城市土地利用效率。

城市棕地开发管理按照对原有建筑的保留程度不同可分为重建式、保留式和保护式三类模式，其流程涉及监测、成本效益评估、规划、建设或改造、维护等环节。棕地在被再开发前，政府要对其进行考察和评估，确定被污染的程度和再造的潜力；对棕地开发价值进行成本-效益分析，综合考虑棕地属性和邻域社区情况，选取再造模式；有针对性地设计重建用途和景观，形成规划方案。开发改造过程应遵循开发模式要求，拆除或保留原有建筑，改善区域环境状态，避免破坏和污染周围区域。开发项目完成后，要进

---

① HARVEY R，CLARK W. The nature and economics of urban sprawl. Land economics，1965 (1).

② https：//www.epa.gov/sites/default/files/2014-01/documents/gettosg2.pdf.

③ IRWIN E G，BOCKSTAEL N E. Land use externalities，open space reservation，and urban spraw. Regional science and urban economics，2004，34 (6)；COMPAS E. Measuring exurban change in the American West：a case study in Gallatin County，Moontana，1973—2004. Landscape and urban planning，2007，82 (1/2).

④ 王权典. 新型城镇化存量土地再开发之调控与规制策略. 北京：知识产权出版社，2015.

行后续的维护和监控工作。作为公共资源管理者和公共物品提供者，政府对棕地开发应履行首要管理职责。

案例专栏

俄勒冈州南滨水区的棕地开发

南滨水区曾是一个设有发电站、磨坊和废料场的大型工业区，由于技术落后 1985 年被废弃。1989 年，俄勒冈州政府对该区启动了重建计划，将这一区域改建成大型居住社区，共建有 480 栋住房和医院、学校等基础设施，还有宾馆、俱乐部和餐厅等一系列休闲娱乐场所。这一项目每年为该区带来近 150 万美元的税收收入，创造了超过 440 个就业岗位，促进了当地经济增长。这一项目的成功，归功于棕地再造目标的制定和缜密的执行。

资料来源：SARNI W. Greening brownfields：remediation through sustainable development. 哈尔滨：哈尔滨工业大学出版社，2017.

韩国首尔城市公园项目

韩国首尔市为迎接 2002 年世界杯，将市中心原有的废弃物水净化厂改造成为仙游岛公园，将垃圾城处理后，改为兰芝岛世界杯主题公园，该项目不仅美化了城市面貌，也恢复了相邻区域内的生态系统，为当地带来旅游收入的同时，也提高了居民的生活舒适度。

资料来源：韩国第一个环境再生生态公园：仙游岛公园 . http://www. chla. com. cn.

2. 城市增长边界管理

UGB 是美国开发的一种遏制城市无序蔓延的土地管理工具。最早由新泽西州的塞勒姆市实施，通过人为划定“城市和农村土地直接的分界线”，严格规定了边界内外的土地属性，并明确提出边界外的土地不可作为城市用地开发。UGB 概念的提出，目的是限制城市的肆意蔓延，避免产生规模不经济的人为空间约束性措施。随着这一概念在各国的引用和不断演化，边界的具体形式也在不断更新和变化。如伦敦采用环城绿带进行边界划分，既美观又起到隔离的作用；美国俄勒冈州采用动态边界形式，每 4～7 年按一定规则进行评估，并根据环境因素不断对边界进行调整①。

UGB 管理在美国被广泛应用，以限制和引导各州城市的空间增长。城市边界的划定原则，不仅涉及城市各部门管理职能和空间规划技术标准的协调，还涉及划定成果与既有规划成果之间的协调（“多规合一”）②。因此在实施前，需权衡行政权力覆盖度、中心功能疏解对周边区域的影响，以及土地权属、财政实力等各方面因素，并综合考虑城乡差异、居民生活舒适性、交通和公共设施服务能力等城市管理的各个环节（如图 13 - 4 所示）。

---

① KNAAP G J，HOPKINS L D. The inventory approach to urban growth boundaries. Journal of the American planning association，2001，67（3）.

② 赵丹，刘科伟，李建伟，等 . 城市开发边界内涵及划定方法研究 . 西北大学学报（自然科学版），2017，47（1）.

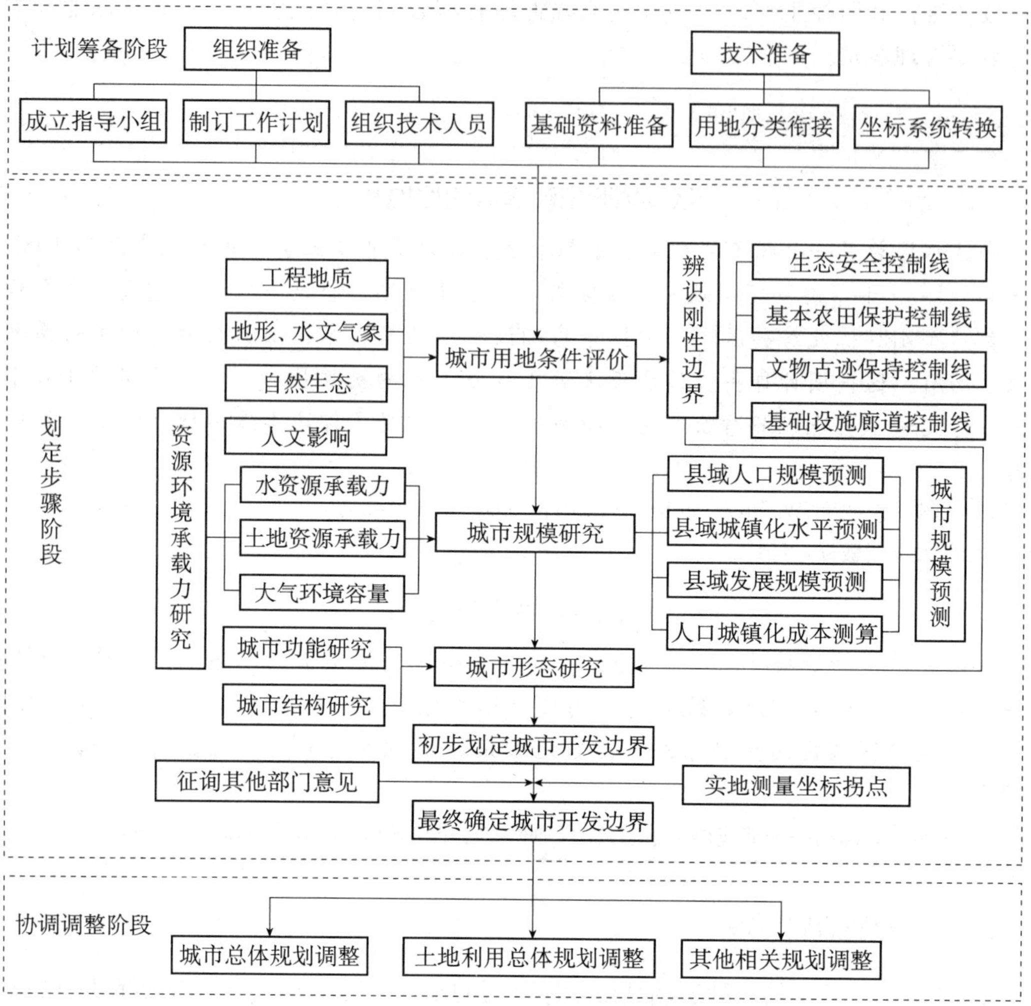

图 13－4　城市成长边界划定技术流程图

资料来源：赵丹，刘科伟，李建伟，等．城市开发边界内涵及划定方法研究．西北大学学报（自然科学版），2017，47（1）．

案例专栏

伦敦城市绿带

伦敦市建立的城市绿带宽达 8～15 千米，总面积 2 000 余平方千米，将城市中心过于拥挤的人口疏散到绿带外围的新城及其他增长中心。这一简单的土地规划设计，有效缓解了城市拥挤压力，为城市挪出更多空间来实施生态涵养和公共设施建设。伦敦的城市绿带既达到限制城市扩张的目的，又对城市边缘区域起到绿化环保的作用，被认为是城市增长边界管理的经典案例。

资料来源：文萍，吕斌，赵鹏军．国外大城市绿带规划与实施效果：以伦敦、东京、首尔为例．国际城市规划，2015，30（S1）．

俄勒冈州增长边界的划定

俄勒冈州在划定增长边界时，综合考虑了人口、住房单元预测和密度预测等多方面因素，以及经济外部性、土地需求、供应和增长率等市场条件与生态环境保护要求。投建前，先对人口规模、用地规模等进行模拟预测，确定城市发展空间潜力，并在边界预留了 20 年的城市发展用地。

资料来源：TURNBULL G K. Urban growth controls：transitional dynamics of development fees and growth boundaries. Journal of urban economics，2004（2）.

3. TOD 模式

TOD 模式是结合区位理论原理形成的一种以土地资源合理开发利用为导向的城市发展模式。这一概念最早由卡尔索普提出，旨在为城市提供一种新的发展方向，即以公共交通为导向的土地使用开发模式，通过创造紧凑的城市空间和良好步行环境，实现对城市土地的高效利用，引导城市向现代化、健康和可持续的方向发展①。

交通作为城市管理中的重要一环，对其进行合理的安排和优化有助于加快城市发展节奏，提高居民生活舒适性。TOD 模式是为解决当今国际化大都市普遍存在的交通拥堵、环境污染和居住郊区化等问题而提出的，通过对城市交通网络的合理搭建，形成土地利用、出行方式、交通需求、交通设施、可达性和土地价值等多因素的闭环互动模式（如图 13－5 所示），并通过改善交通状况带动城市社会、经济和环境等多方面收益，如营造大都市氛围、提高居民生活质量、提高出行效率和减少环境污染等②。目前，以美国、瑞士为首的发达国家将 TOD 模式引入对新兴城市的土地开发规划中，以缩减通勤成本，提高城市生活便捷度。

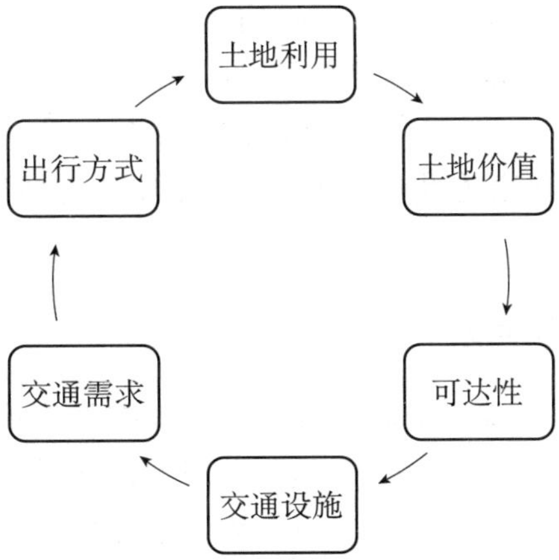

图 13－5　TOD 模式下城市交通与土地开发互动关系图

资料来源：刘千树．基于 TOD 模式下的城市土地开发利用研究．北京：首都经济贸易大学，2016.

---

① 刘千树．基于 TOD 模式下的城市土地开发利用研究．北京：首都经济贸易大学，2016.

② SARNI W. Greening brownfields：remediation through sustainable development. 哈尔滨：哈尔滨工业大学出版社，2017.

案例专栏

丹麦哥本哈根市的“轨道迁人”模式

丹麦的哥本哈根市是成功实施TOD模式的城市之一。其轨道交通从市中心向外以“手指形态规划”的几条放射形走廊发散出去，公共建筑与高密度住宅均布局于交通轨道沿线。这种开发模式为市民提供了方便和快捷的出行方式选择，为市内和城外的居民提供了均等的公共交通服务，大幅提高了居民的出行效率，也提升了道路的通畅程度。

美国波特兰的TOD模式

波特兰以片区为单位，以公共轨道交通站点为城市发展中心，保证每个轻轨车站满足社区范围400米内的TOD模式要求，市民工作和居住均围绕该中心建设和延伸。这种土地开发模式以实现经济发展为导向，对城市土地资源进行有计划的管理，为市民提供快速便捷的交通出行设施，扩大城市生活空间，降低通勤成本。

资料来源：雒占福．基于精明增长的城市空间扩展研究．兰州：西北师范大学，2009.

13.4.3 土地空间管理的核心问题

1. 棕地开发与周边区域地价控制

由于土地供给弹性较小，对棕地的重建和开发容易导致周边区域土地价格的波动。土地开发产生的资本化效应会带动周围地价上涨，使临近的土地所有者从项目中获得外溢的收益。这一结论在现实中也得到了证实：根据考夫曼等人的发现，棕地的存在确实对周围房地产价值产生了严重的负面影响①；而科尔哈泽进一步证明了当污染清理和土地再造完成后，房地产价值会回升②。这种现象的存在使一些投机者有动机在棕地开发前对周边土地进行投资，以期在未来土地增值中获得收益。因此地方政府在实施棕地开发管理时，还要注意避免此类投机行为对城市土地交易市场和住房市场产生影响。

2. 城市边界的土地竞争问题

城市边缘区域的竞争也是城市空间管理过程中需要注意的问题之一。随着城市边界的划定，城市边缘地区会形成大量人口聚集。同时，由于城市中心功能的疏解，一些过剩的产业也倾向于向城市边缘区迁移，以寻求更多的生产空间和劳动力，从而导致边缘区的土地竞争激烈。因此，在对城市空间进行合理规划时，需要兼顾邻近的区域，特别是注重城市与边缘区人口、产业和生态的协调问题。

---

① KAUFMAN D A，CLOUTIER N R. The impact of small brownfields and greenspaces on residential property values. Journal of real estate finance and economics，2006（33）.

② KOHLHASE J E. The impact of toxic waste sites on housing values. Journal of urban economics，1991（30）.

13.4.4　土地空间管理的政策保障

1. 实施奖惩措施并举的空间管理

城市空间规划涉及多部门、多领域，为保障土地开发规划的顺利实施，须制定高标准的政策。在强制性政策方面，多国政府均重点防范管理措施在执行过程中可能出现的道德风险或投机行为。如美国俄勒冈州为保障城市边界计划和棕地开发顺利实行，在土地开发之前通过立法对土地空间管理过程中涉及的政府、企业和社会公众的权力和责任予以规定①；日本的《宅铁法》，就是在开发过程中专门为促进土地轨道交通协调发展所制定的法规②。此外，为保障土地所有者权利，法国还出台了专门法规，规定政府须通过购买而非征用来获得私人所有权土地，在土地出售或转手时，土地所有者须公布其出售意愿③。在补偿性和鼓励性政策方面，为保障 TOD 等发展模式的推进，一些国家对公共交通设施给予了专项补贴和税费减免。如加拿大为提高公众公共交通乘坐率，对公共巴士内置设施更新提供专门性补贴；苏黎世和维也纳为方便城市居民出行，在 90%的十字路口都装有针对公交优先的探测摄像头等④。

2. 建立统筹兼顾的空间管理体系

城市土地空间管理涉及城市建设的多个环节，对政府各职能部门的工作安排和协调机制提出了更高要求。因此，城市管理者应做好土地空间管理的统筹工作，积极协调各职能部门的权责范围，吸收不同领域专家的意见与建议，从而选取适合区域发展的管理模式。在实施管理的过程中，注意与先前规划和法律法规内容之间的相互支持和嵌套⑤，避免因政策间的矛盾导致管理效率低下。诚然，城市精明增长的实现不仅要依靠政府的统筹规制，还需社会组织和公众积极参与和群策群力。因此政府在做好城市土地规划与管理的同时，还需加强宣传力度，鼓励群众参与城市建设与管理，以便群众对政府工作予以支持和监督。

本章小结

土地管理是城市发展与管理的基本内容之一。本章基于对城市土地开发的概念解读、步骤归纳，总结了实施城市土地开发管理的主要目标和任务，并根据土地在经济

---

① 李智慧，彭科，宋彦，等．如何制定公共政策来保障 TOD 的实施?：国际经验介绍及借鉴．国际城市规划，2011，26 (2).

② 铃木博明，瑟夫罗，井内加奈子．公交引导城市转型：公交与土地利用整合促进城市可持续发展．北京：中国建筑工业出版社，2013.

③ http：//www.french-property.com/reference/pre_emption_rights.htm.

④ Transportation Research Board. Making transit work：insight from Western Europe，Canada，and the United States. Washington：National Academy Press，2001：70.

⑤ 同①.

学中商品价值、生产要素和空间载体等多重属性，对应提出土地价值捕获、土地开发资本化和土地空间管理等三类土地开发管理路径。通过分析各个路径的经济学原理、管理目标、主要工具与方法、核心问题，并结合案例归纳相关政策保障，探究充分发挥土地价值、控制城市规模无限扩张、提升城市舒适性和社会效益的土地开发管理模式。

关键术语

产权理论　土地价值捕获　改良税　税收增量融资　地租理论　土地发展权转移　精明增长理论　棕地开发　城市增长边界　交通引导发展

复习思考题

1. 简述城市土地功能及对土地实施开发管理的重点内容。
2. 简述各类土地价值捕获工具的特征及应用场景。
3. 简述土地资本化管理的工具。
4. 都市圈土地空间管理的目标与核心问题分别是什么？

进一步阅读的文献

1. GERRIT K，ARTHUR N. The regulated landscape：lesson on state land use planning from oregon. Lincoln institute of land policy，1992.

2. IRWIN E G，BOCKSTAEL N E. Land use externalities，open space reservation，and urban sprawl. Regional science and urban economics，2004，34 (6).

3. 奥沙利文．城市经济学．北京：中信出版社，2003.

4. 铃木博明，瑟夫罗，井内加奈子．公交引导城市转型：公交与土地利用整合促进城市可持续发展．北京：中国建筑工业出版社，2013.

5. 宋迎昌．城市管理理论与实践．北京：社会科学文献出版社，2012.

6. 陆军，等．城市治理：重塑我们向往的发展．北京：北京大学出版社，2020.

7. 李学瑞，汤小橹，金晓斌，等．土地整理复垦开发重大项目特征与管理模式研究．中国土地科学，2009，23 (9).

第14章

城市规划实施与空间增长管理

20世纪50年代，美国城市化步入郊区化阶段，小汽车成为普及的交通工具，中产阶级流向郊区，城市蔓延成为主要趋势。种族隔离、贫富差异拉大、城市无序扩张、空间功能错配和交通拥堵等一系列“大城市病”接踵而来，这使得城市的空间经济效率损失和环境质量恶化，严重影响城市经济社会发展。

为抑制大城市无序蔓延，本章遵循“以人为本”的规划理念，系统分析城市的规划实施与空间增长管理体系。本章包括五部分内容：一是阐述新城市主义和精明增长的内涵、原则、目标与内容。二是从定性定量结合、动态模型和微观数据等角度，阐述城市空间管理方法和工具的演进。三是以TOD模式为例，分析公共交通导向下城市宏观土地利用策略。四是论述城市空间增长管理的维持机制、推动机制和监督机制等三大运行机制。五是分析中国城市规划与空间增长的难点和对策。

重点问题

- 新城市主义的内涵、原则、目标与内容
- 新城市主义和精明增长的联系与区别
- 城市空间管理方法与工具演进
- 公共交通导向下城市宏观土地利用策略
- 中国城市规划与空间增长的难点与对策

14.1 新城市主义与精明增长

14.1.1 新城市主义的内涵与原则

20世纪80年代，新城市主义（new urbanism）思想在美国兴起。这一时期，美国城市正遭受空心化、能源浪费、环境破坏等“城市病”的严重困扰，与城市理想的宜居性、经济发展、社会结构、邻里关系、社区治理等发展目标和环境条件相去甚远。作为抑制美国城市郊区化蔓延的一种新城市规划和设计指导思想，新城市主义由此开启了一个新城市发展模式。美国著名城市规划师、纽约前市长亨利·丘吉尔在《城市即人民》中提出了新城市主义的思想内核：一座城市的社会和物质机体质量状况，实际上是由他的人民最终决定的，人是城市的核心。他还提出了邻里单位的理论。新城市主义注重以人为本、强调社区的组织和建构，以形成一种紧凑的、功能混合的、适宜步行的邻里。1996年通过的《新城市主义宪章》（Charter of the New Urbanism），对各国的城市规划、住宅发展与政府决策产生了持久的影响。

新城市主义思想产生有两个原因：一是伴随城市人口规模增长与空间集聚，“摊大饼”“大城市病”现象在全球屡见不鲜，且日益严重；二是根据“空间决定论”原理，土地利用、功能分区、交通连接性、路网规划以及城市建筑、规划设计方案等对人们的行为产生直接影响，且空间组织形式对居民之间的互动与社区意识也产生显著影响①。

在新城市主义者眼中，规划师不仅是组织者，还应是社区的领导角色②。一方面，新城市主义强调以人为本、多样化的城市规划设计，重视公共领域及土地功能的多样性与混合功能，在保持多样性的同时强调持续维持城市生态系统的平衡；另一方面，在设计原则上，新城市主义提出紧凑性、多样性、适宜步行、珍惜环境等一些基本原则。

新城市主义运动的发起人、联合国城市规划专家顾问小组首席专家、交通引导发展理论全球创始人彼得·卡尔索普在《翡翠城市》中，基于效益标准、可量化标准和实践标准提出了“翡翠城市”十项原则（如表14－1所示），包括城市总体规划、控制性详细规划、建筑以及为城市提供服务的基础设施，为规划建设繁荣、可持续和有活力的城市确立了多维度的新战略与新价值取向。

表14－1 “翡翠城市”的十项原则

原则1	UGB	紧凑型增长规划，保护自然生态、农业景观与文化遗址
原则2	TOD	将人口集中在公共交通周边，开发适宜步行的混合用途街区
原则3	混合用途	创建功能混合社区和片区，缩短出行距离
原则4	小街区	建设密集街道网络，打造人性尺度的街区，优化步行、骑行和机动车交通流
原则5	步行与自行车交通	打造适宜步行和自行车出行的环境，促进非机动化交通
原则6	公共空间	提供人本尺度的、可达性高的市政配套设施、绿地和公园
原则7	公共交通	公共交通要成为首选交通方式，而非第二必要选择
原则8	小汽车控制	规范停车与道路使用，提高道路交通效率
原则9	绿色建筑	执行最佳实践，减少建成环境对自然环境和人类健康的影响
原则10	可持续基础设施	通过开发可再生能源、推广资源回收再利用、提高公共基础设施效率等手段，减少能源消耗、用水量和垃圾数量

资料来源：卡尔索普事务所，宇恒可持续交通研究中心，高觅工程顾问公司．翡翠城市：面向中国智慧绿色发展的规划指南．北京：中国建筑工业出版社，2017.

① VICK J, PERKINS D. Building community: residential satisfaction in conventional and neotraditional suburban neighbourhoods//BESEL K, ANDREESCU V. Back to the future. New urbanism and the rise of neotraditionalism in urban planning. Lanham: University Press of America, 2013.

② 格兰特．良好社区规划：新城市主义的理论与实践．北京：中国建筑工业出版社，2009.

14.1.2　精明增长的目标与内容

城市空间增长主要发生在乡村和城市之间非连续性的过渡地带，属于“周边城市化”的范畴。空间增长发生在空间密集性很高的地区，且具有动态、多元化和无序的特征，因此，科学的城市规划实施与空间增长管理不可或缺，这对遏制城市蔓延、保护郊区开敞空间、减少能源消耗、创造多样化和充满活力的城市极其重要。

精明增长（smart growth）的思想源于欧洲率倡导的“紧凑发展”原则，主张以紧凑的城市形态来实现高效、集约的城市发展模式。美国前副总统戈尔在 1998 年将精明增长作为竞选纲领，指出精明增长是“21 世纪新的可居住议程”。2000 年，美国规划协会联合 60 家公共团体组成“美国精明增长联盟”[①]，专门讨论如何运用精明增长来解决城市蔓延问题。

美国规划协会指出精明增长的内涵是：旨在促进地方归属感、自然文化资源保护，以及开发成本和利益公平分布的社区规划、设计、开发和复兴。通过提供多种交通方式、多种就业、多样住宅，精明增长能够有效促进城市短期和长期的生态完整性并提高生活质量[②]。精明增长发展模式最开始是缓解城市无序向外扩张、侵占农田的重要抑制手段。除此之外，精明增长发展模式还能帮助政府将影响城市规划和管理的法规条例实现现代化，并在立法上为政府工作提供支持。城乡规划专家指出，精明增长并非不增长，而是划定城市增长的边界范围。精明增长有三个核心要素：一是保护城市周边的乡村土地；二是鼓励嵌入式开发和城市更新；三是发展公共交通，减少对小汽车的依赖，以及强调限制城市外围，注重发展现有城区[③]。

精明增长的倡导者格雷格·多伊尔将精明增长的目标概括为“4C”：(1) 问题超越地方范畴时，应由区域性协调（coordination）来解决；(2) 限制（containment）服务区范围，提高能源、公用设施和市政设施的效率；(3) 保护（conservation）大城市边缘区及其附近的开敞空间与其他资源；(4) 重视社区（community）的经济、再开发、形态与生活质量。美国奥斯丁的城市精明增长实践极具代表性。1995 年奥斯丁市发动公民领导者成立公民规划委员会，1998 年该委员会公布《奥斯丁市精明增长提案》，提出三个目标：划定主要的精明增长区以限定城市增长边界；改善生活质量，增强传统邻里关系，以多样性方式改善交通可达性和机动性，维护生态敏感区和减少蔓延，提高环境质量；投资城市中心促进经济发展，增强税基，吸引城市投资[④]。

14.1.3　新城市主义和精明增长的关系

新城市主义和精明增长在 20 世纪 90 年代中后期在实践中得到迅速发展。新城市主

① 殷俊．基于满意度的居住小区密度及其相关指标研．广州：华南理工大学，2019.

② 王丹，王士君．美国“新城市主义”与“精明增长”发展观解读．国际城市规划，2007，22 (2).

③ 唐相龙．新城市主义及精明增长之解读．城市问题，2008-01-27.

④ 张雯．美国的“精明增长”发展计划．现代城市研究，2001.

义和精明增长产生的背景相同，均为有效抑制城市的无序蔓延问题而衍生出来，二者均遵循以人为本理念，开展城市规划实施与城市空间增长管理。

王丹与王士君认为，新城市主义与精明增长拥有共同的目标，具有一定的互补性，但两者解决问题的角度和方法大相径庭（如图 14－1 所示），新城市主义常以微观视角解决宏观问题，通过市场运作落实管理理念；精明增长则从宏观视角解决城市管理的问题，主要以政府引导性和限制性的政策法规为工具。现实中两者又有相辅相成：新城市主义向精明增长注入市场元素①，而精明增长则为新城市主义提供政策保障。在应对城市蔓延问题上，新城市主义和精明增长的解决方案基本达成三大目标：实现城市和区域的可持续协调发展、优化中心城市结构和提高城市竞争力。

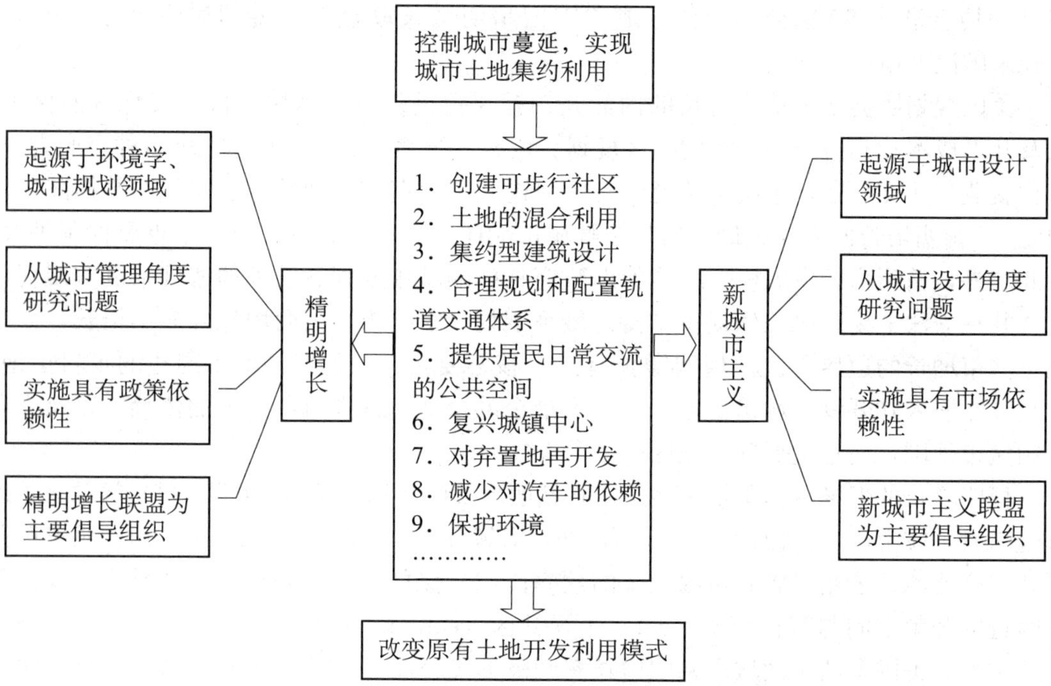

图 14－1 “新城市主义”与“精明增长”思想的比较

资料来源：王丹，王士君．美国“新城市主义”与“精明增长”发展观解读．国际城市规划，2007，22（2）．

伴随大城市的复杂程度不断加深和问题日益严重，新城市主义和精明增长已经从纯粹的理念更新，上升为融合了理念、原则、方法、工具和政策的一个理论体系。例如，为了促进城市发展与生态、人口、经济和社会的有机融合，构建区域和谐发展的整体目标，精明增长理论先后实践了 UGB 管理、TOD 模式、城市内部废弃地再利用等新发展模式。其中，TOD 模式是两者的关键点和重要共识。

① 亢晶晶．精明增长理论下的城市社区规划研究．武汉：华中科技大学，2008．

14.2 城市空间管理方法与工具演进

落实城市空间规划管理目标并将理念细化成可实施的行动方案，是抑制城市增长无序蔓延的关键环节。为提升城市管理质量，纽约市制定了 10 项政策行动计划、150 多个项目，涉及众多部门的协调合作[①]。洞悉城市空间管理方法与工具的发展历程和演进趋势是现代城市公共管理与公共政策分析的重中之重。

14.2.1 定性分析与定量研究深度结合

城市空间管理的工具与方法是定性与定量研究的综合体，包括两大层面：一是概念与理论层面的定性研究；二是基于数学工具测量分析的定量研究，两者在城市空间管理上相互结合代表了社会科学领域综合性学科的基本研究范式。在定性研究上，自 20 世纪 60 年代起，很多学者在城市空间结构领域贡献了规范性的理论与概念框架，例如多维概念框架[②]、系统理论[③]、空间形态和社会过程的相互作用[④]等跨学科的概念和规范，为城市空间结构研究做出铺陈。

经验表明，空间规划与城市经济社会的交互影响是空间管理的关键点，由此规定了城市空间管理工具与方法的三大基本要素：客观现实、主观体验和社会-经济空间。城市空间增长的指标与变量众多且参差不齐。有学者通过对数理模型进行整合，在社会、环境与经济三大板块下综合出衡量精明增长成效的指标与标准，便于数学建模和定量分析（如图 14-2 所示）[⑤]。

14.2.2 科学应用政府工具成大势所趋

1975 年，美国城市土地协会（Urban Land Institute，ULI）将城市成长管理界定为：政府运用各种技术、手段和方法，对城市郊区土地拓展的方式、区位、速度、数量等进行有目的的控制和引导。美国研究显示，城市成长管理的政府工具包括综合规划、分区条例、土地区分性管制和基础设施改造计划等四类。在城市成长管理中，科学地选择和应用政府工具，有助于保证城市发展的规模适度、空间紧凑拓展和文脉有序传承，以推进城市与乡村、整体与区域的协同发展。

---

① DE BLASIO MAYOR B，SAPIENZA P E V. Commissioner. New York city 2018 drinking water supply and quality report. https：//docslib. org/doc/1542261/new-york-city-2018-drinking-water-supply-and-quality-report.

② WEBBER M. The urban place and the nonplace urban realm//WEBBER M. Explorations into urban structure. Philadelphia：University of Pennsylvania Press，1964.

③ BOURNE L S. Internal structure of the city. New York：Oxford University Press，1971.

④ 唐子来．西方城市空间结构研究的理论和方法．城市规划汇刊，1997（6）.

⑤ LI L Y，REN X B. A novel evaluation model for urban smart growth based on principal component regression and radial basis function neural network. Sustainable smart cities and villages，2019，11（21）.

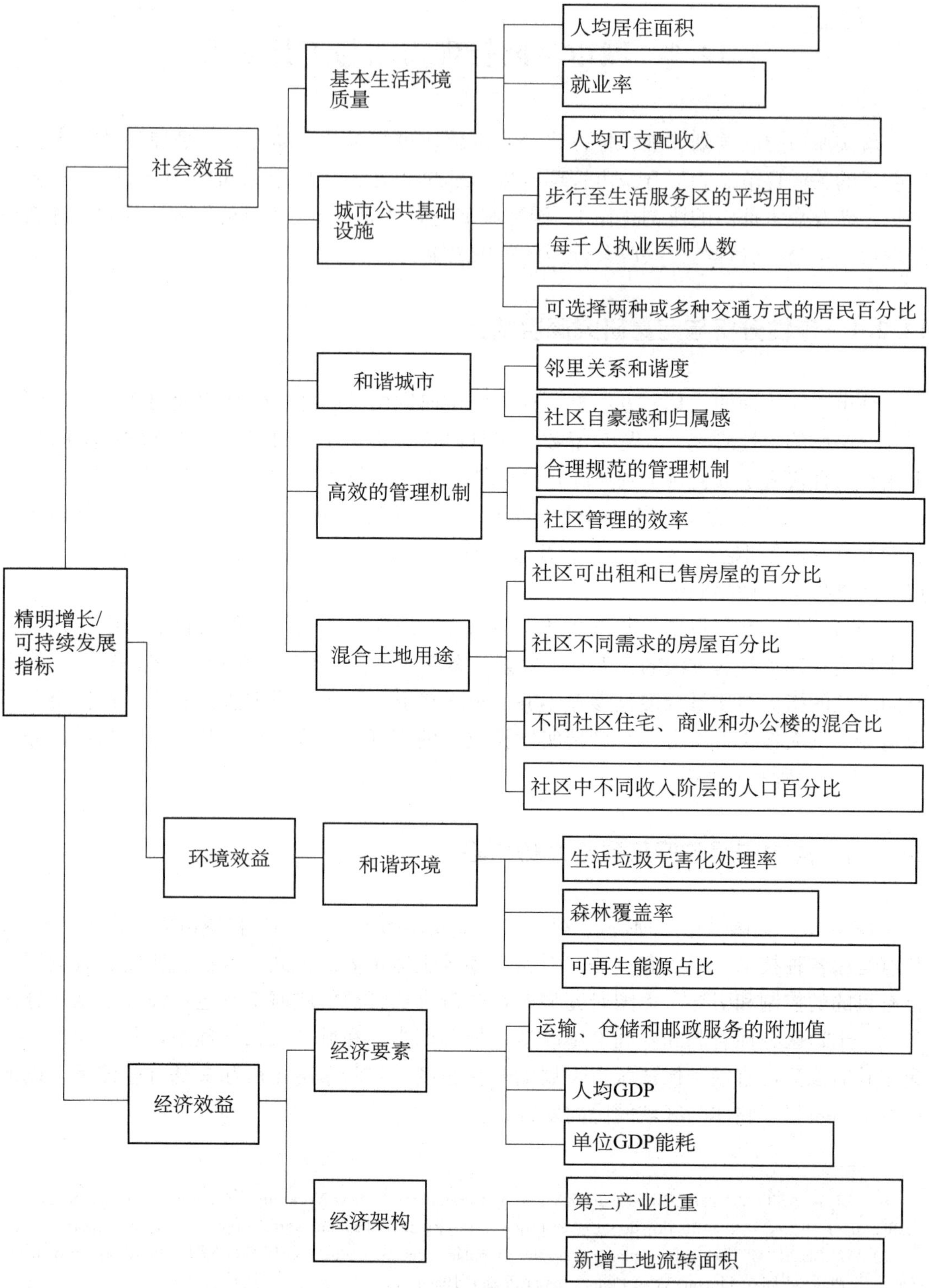

图 14-2　精明增长最终指标与衡量标准框架

资料来源：LI L Y，REN X B. A novel evaluation model for urban smart growth based on principal component regression and rodial basis function neural network. Sustainable smart cities and villages，2019，11（2）.

案例专栏

美国城市管理的政府工具体系

● 综合规划

编制区域规划是美国区域规划的首要协调机制，如芝加哥大都市区规划，其核心是在城市发展中通过政府与市场的职能融合，针对城市未来发展密度、可支付住房的区域空间分布、区域城市与中心划分、公交优先的城市交通系统与土地利用空间模式、交通管理、自然环境保护、公众参与等一系列重要的城市发展内容进行规制，实现区域的可持续发展。不同地区之间存在很强的竞争机制，需要一个战略性的区域规划组织机制来发挥协调作用。《美国联邦法》规定，凡 5 万人以上的都市化地区都需成立大都会规划组织，以保证规划的时序性、持续性与合作性。

● 分区条例

作为全球首部综合性区划条例，1916 年 7 月，纽约市颁布了《纽约分区条例》，制定分区条例的初衷是控制大楼高度的无序增长①，以法令形式对每个区块的土地用途给予强制性规定，规范土地使用管理。根据分区条例，纽约市的五个行政区划分为居住区、商业区和混成区，明确土地用途限制。分区制度通过对纽约的城市空间环境景观、建筑功能和建筑形式进行控制来保证土地和物业的升值、平衡资源分配、稳定政府税收和城市经济发展。实施分区规划产生的良好经济效果、利益关系的有效平衡、土地资源的保护利用，以及对人文立场的秉持，使得越来越多的城市竞相仿效。

● 土地用途管制

美国宪法修正案规定，私人财产须在满足公共用途且得到公平补偿的前提下才能被政府征用，任何人的财产未经正当程序不得被剥夺。州和城市通过法规授权编制和强制推行土地用途管制，例如《州区划授权法案》。为了建立一套“科学的”区划体系，美国联邦住房管理局在城市更新和新建社区中针对由联邦资助的集合住宅项目中采用土地使用强度评价系统（land use intensity rating system）②，通过一系列相互联系的比例规则对大型住宅项目进行监管，主要包括容积率、开放空间和停车位要求等。将指标绘制在一张列线图中，既能反映规制标准，还能在给定用地面积和开发强度的条件下显示具体的空间形式（如图 14-3 所示）。

● 基础设施改造计划

美国俄勒冈州首府波特兰都会区是精明增长的先锋城市，也是公认的美国城市规划实践的模范城市。城市增长边界内的土地及服务设施主要为城市服务。波特兰一方面减少汽车使用，另一方面增加公园和广场用地，避免城市密度升高而减少城市开敞空间。此外，都会区政府投资购买具有重要生态价值的自然区域，开辟运动场所、儿童游乐场所，配置野餐和露营设施，吸引不同类型居民，提高土地使用率。此外，还通过实施经费奖励措施、免费提供设计资源、发放绿色街道手册等途径，推动生态屋顶和绿色街道建设③。

---

① 彭飞飞．美国的城市区划法．国外城市规划，1987（2）．

② 李琴诗．创新传播视角下区划对控规的影响研究．杭州：浙江大学，2018．

③ 魏德辉，谌丽，杨翌朝．美国波特兰的宜居城市建设经验及启示．国际城市规划，2016，31（5）．

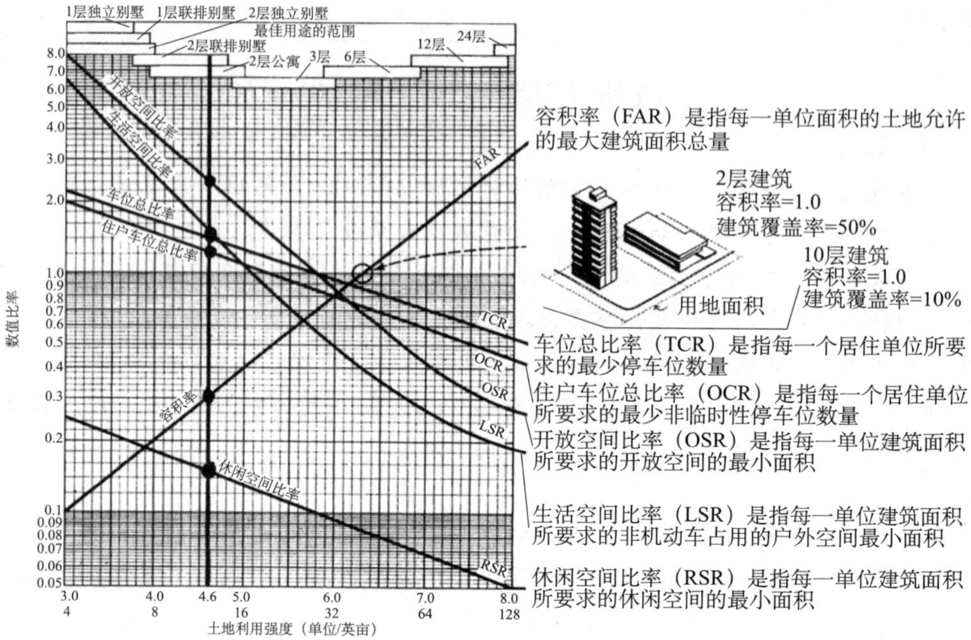

图 14-3 土地使用强度列线图

资料来源：郑思齐，霍燚，张英杰，等. 城市空间动态模型的研究进展与应用前景. 城市问题，2010 (9).

14.2.3 一体化动态模型推动科学决策

土地利用、交通和环境三者之间的紧密联系与动态互动关系是城市规划和空间增长管理的核心①。20 世纪 90 年代后，高性能计算机的普及和地理信息系统（GIS）技术日益成熟，计算机仿真的城市空间模型应运而生，为城市规划和城市空间管理提供了分析、预测和决策的集成支持工具。基于“土地利用-交通-环境”空间互动理论的城市空间动态模型开发应用逐渐活跃。有学者进一步提出，城市空间动态模型是由若干子模型相互连接所构成的模型体系，包含行为模型和物理模型两种类型（如表 14-2 所示）。

表 14-2 “土地利用-交通-环境”一体化理论模型子模型内容

子模型	子模型名称	子模型说明
行为模型	企业搬迁与选址决策模型	企业根据利润最大化原则，考虑集聚经济收益、工资成本和土地成本，进行选址决策
	居民搬迁与选址决策模型	居民根据效用最大化原则，考虑工资、土地成本（住房成本）和交通成本，进行选址决策

① WADELL P. Urbanism modelling urban development for land use, transportation and environmental planning. Journal of the American planning association, 2002 (3).

续表

子模型	子模型名称	子模型说明
行为模型	地价和房价模型	企业选址和居民选址形成各自的竞租函数，两者之间的竞租行为形成地价和房价分布，并决定每块土地的使用者
	出行选择模型	居民在考虑交通可达性、交通成本（考虑环境和拥堵外部性价格）等条件后，决定出行方式、出行频率和出行时间
	土地开发模型	根据净现值最大（或实物期权方法）原则，根据开发成本和预计售价，决定每个地块的开发概率
物理模型	交通可达性模型	选择合适的方法度量可达性，影响企业和居民对每个区位的需求和竞租，交通设施建设会改变每个区位的可达性
	环境影响和管制模型	通过环境工程中的工程关系将企业和居民行为转化为环境影响（如空气污染和碳排放），通过效用函数、规划、开放限制、广义环境影响费实现环境影响的嵌入

资料来源：郑思齐，霍燚，张英杰，等．城市空间动态模型的研究进展与应用前景．城市问题，2010（9）．

通过子模型之间的互动，可以准确把握城市内部系统的关联性和耦合性特征，这将有助于完善城市空间动态模型，深入揭示城市空间增长与变动的机制与机理，还可以进一步对城市规划的政策实施效应和空间增长边界影响效应进行评估反馈，提高城市空间决策的科学性。

14.2.4　微观数据构建精细化研究范式

大数据时代，基于多源数据，城市形成了一种新数据环境，可以从多个维度反映微观尺度上的人类行为、位移活动以及环境要素特征。城市规划专家和城市管理者据此通过微观数据构建数字模型，形成一种基于精细化的模拟单元分析的城市与区域研究定量工具，有效分解异质性元素的属性和位置①，高精度地反映更精细的空间和社会单元，为科学的城市空间规划研究奠定基础（如图 14-4 所示）。

大规模的数据驱动促成了城市领域的精细化研究范式：一是可以开展更精确且有针对性的城市空间量化研究；二是在城市发展的空间规划与经济政策模拟上，大数据支持对外部冲击和具体政策的传导和影响进行定量化表达；三是通过改变参数，可以观察或识别主体行为的模式变化；四是聚焦特定政策的影响途径和机制，加强因果关系识别。

① LONG Y，SHEN Z J. Disaggregating heterogenous agent attributes and location. Computers，environment and urban systems，2013（42）.

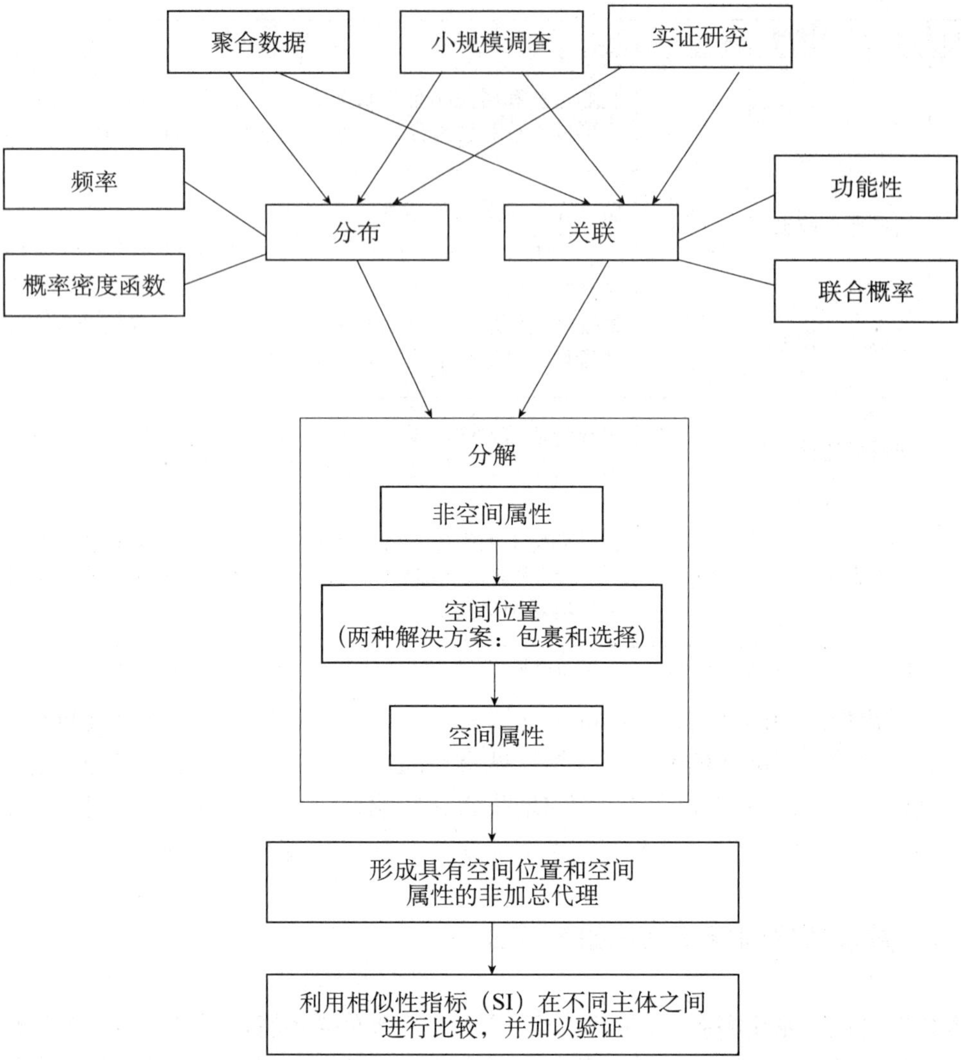

图 14-4 大数据环境下城市空间规划研究分享方法流程

资料来源：LONG Y，SHEN Z J. Disaggregating heterogenous agent attributes and location. Computers，environment and urban systems，2013（42）.

14.3 公共交通导向下城市宏观土地利用策略

TOD 是新城市主义和精明增长理论的重要实践内容之一。TOD 重视公共交通和土地利用之间的关系，强调站点地区的紧凑城市空间形态、土地混合使用、高开发强度，以及街道环境与步行导向便捷友好。TOD 分为城市型 TOD 和邻里型 TOD。

20 世纪 90 年代初，汽车逐渐成为大众化的交通工具，然而城市的交通基础设施无法跟上城市交通发展的需要，“城市病”严重，而城市交通环境的恶化又进一步加重了城市结构不合理的趋势，使美国城市进入恶性循环状态，导致城市更加无序、无节制地蔓延①。因此，城市功能结构的发展演变受到城市理论研究的高度重视。区别于传统规划思路的 TOD 模式成为解决一系列环境和社会问题的重要对策。TOD 发展模式的准则包括：区域增长结构与公共交通发展方向一致，采用更紧凑的城市结构；以混合使用、适合步行取代单一用途的区划控制原则；城市设计面向公共领域，以人的尺度为导向，而非倾向传统的私人地域和小汽车空间。

卡尔索普还确立了 TOD 分类规划引导方法：分类、分圈层和分要素形成控制要求。首先根据不同区位及交通特征对 TOD 地区的类型进行划分，再按照不同功能区域与站点空间距离来划分圈层关系，最后在具体落实规划上针对不同的规划要素提出具体的规划指引要求，如图 14－5 所示。

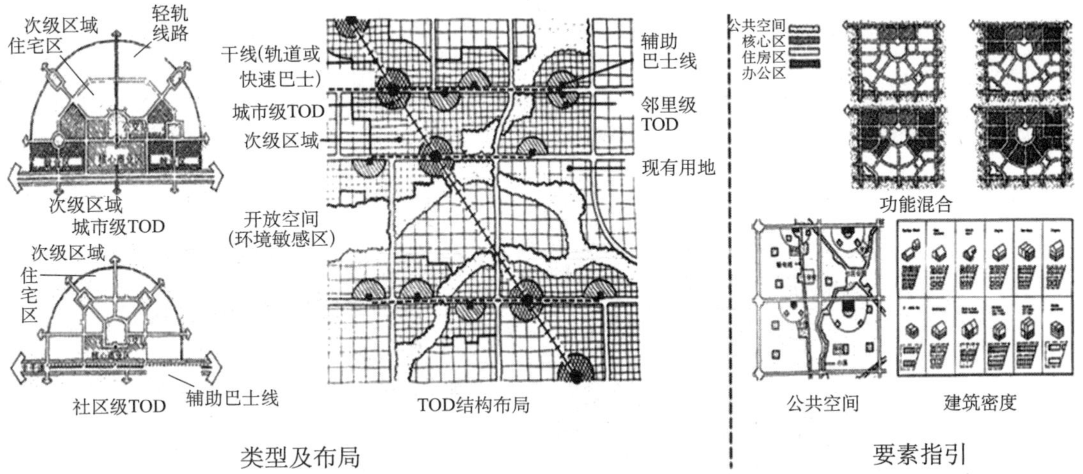

图 14－5　卡尔索普的 TOD 地区基本分类规划指引

资料来源：刘泉，钱征寒．北美城市 TOD 轨道站点地区的分类规划指引．城市规划，2016，40（3）.

14.3.1　分类

卡尔索普将 TOD 划分为城市型 TOD 和邻里型 TOD 两种基本类型。城市型 TOD 是指公共交通网络主干线上的站点地区，采用高密度混合使用形式，一般位于两条或两条以上地铁线的换乘站点或大型交通枢纽的 600 米内。城市型 TOD 属于区域中较大型的交通枢纽和商业区、就业中心，具有较高的开发强度，功能更加综合。邻里型 TOD 则是指具有较高密度的住房区域，具有零售、市政和开阔地服务设施，较少出现商业区。邻里型 TOD 大多位于区域公交的次要线路而非主干线上，仅通过轨道支线与主干线相连，并服务于周边社区（如图 14－6 所示）。值得注意的是，邻里型 TOD 的公交站点的具体交通位置也需与周边服务呈高度连通性的特征，如图 14－7 所示。根据 TOD 建设原则，需将商业、住宅、办公楼、公园和公共建筑设置在步行可达的公交站点的范围内，邻里型

① 地产线编辑部．TOD 模式，以人为中心，重塑城市梦．地产线杂志，2019（34）.

TOD交通站点周围的空间布局也须具备高度通达性，满足TOD模式中社区宜人的步行环境。

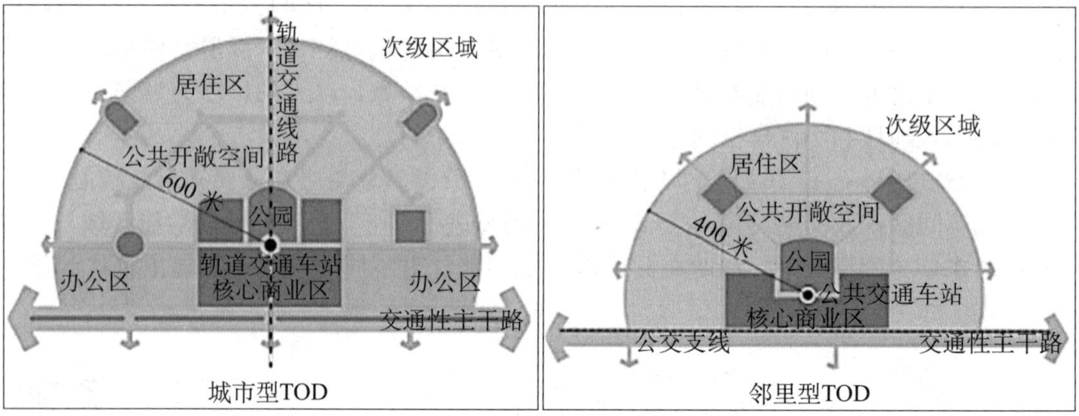

图14-6 城市型TOD与邻里型TOD的基本特征

资料来源：王倩妮．TOD（Transit-Oriented Development）的理论与实践．成都：西南交通大学，2017.

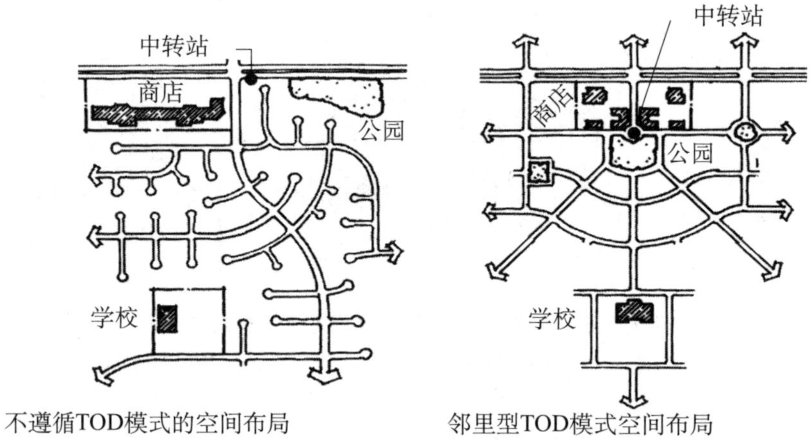

图14-7 不遵循TOD模式的邻里空间布局及邻里型TOD模式的空间布局

资料来源：University of Idaho. Transit oriented design. Department of landscape architecture，2006.

14.3.2 分圈层

从区位理论的视角出发，划分圈层是城市土地有效集约发展、集聚功能和强化中心的前提。彼得·卡尔索普提出的TOD设计理念以公共交通为导向，强调“在区域层次整合交通体系”及“在社区层次营建宜人的步行环境”。目前成型的TOD理论包括两个方面：一是以公共交通为导向发展城市；二是以公交站点为中心、以5～10分钟步行路程（约400～800米）为半径建设TOD片区。

14.3.3 分要素形成控制要求

TOD模式主要在圈层划分的基础上具体落实，根据直接影响地区和次级区域、与站点不同的空间关系及不同的功能布局需要做出相应的规划指引要求，因此要深入到具体的规划实践，包括该区域的建筑密度、公共空间的设计等。这些具体规划根据不同的城市特征会有所不同。

为了更好地理解 TOD 的核心理念，根据交通站点进行具体规划，确保土地的高效综合利用，1999 年贝托里尼提出了节点-场所模型（如图 14－8 所示），为规划者提供一定的量化依据。节点-场所模型将 TOD 站点分为节点（交通能力）和场所（功能强度和丰富度）两个方面。模型以不同的指标分别评估 TOD 站点节点和场所的能力，也可以综合评估站点是否平衡发展。其中，沿着对角线区域分布的站点为平衡站点，这意味着节点和场所的数值相当。关于在对角线之外的区域，模型提出了失衡节点和失衡场所两种情况。这两种情况都是不适宜的。

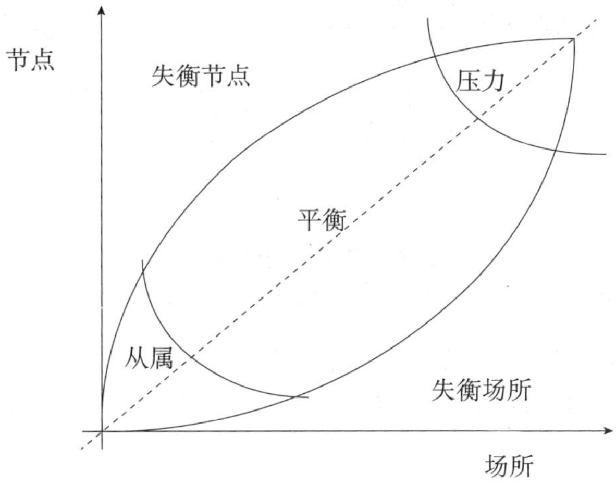

图 14－8　节点-场所模型

资料来源：BERTOLINI L. Spatial development patterns and public transport：the application of an analytical model in the netherlands. Planning practice and research，1999，14（2）.

14.4　城市空间增长管理的运行机制

14.4.1　政府自上而下的维持机制

多中心治理的运作机制是美国精明增长策略的支撑保障。地方政府负责编制与实施城市规划，联邦和州政府与专家团体制定规划原则，提供技术实施指导，并通过提供补助金、项目补助或委托金融机构提供融资平台与资金信息等途径，对地方政府开展基金引导为主、法律法规管制为辅的“软控制”，如图 14－9 所示。

此外，精明增长项目中的利益分化容易产生冲突矛盾，需由第三方（如城市规划委员会、上诉委员会等）介入调停。外部网络主体的行为同样受法规约束，不得逾越维护公共利益的红线。利益集团、社会公众、电子媒体可在法律允许的范围内通过游说、公共参与及舆论监

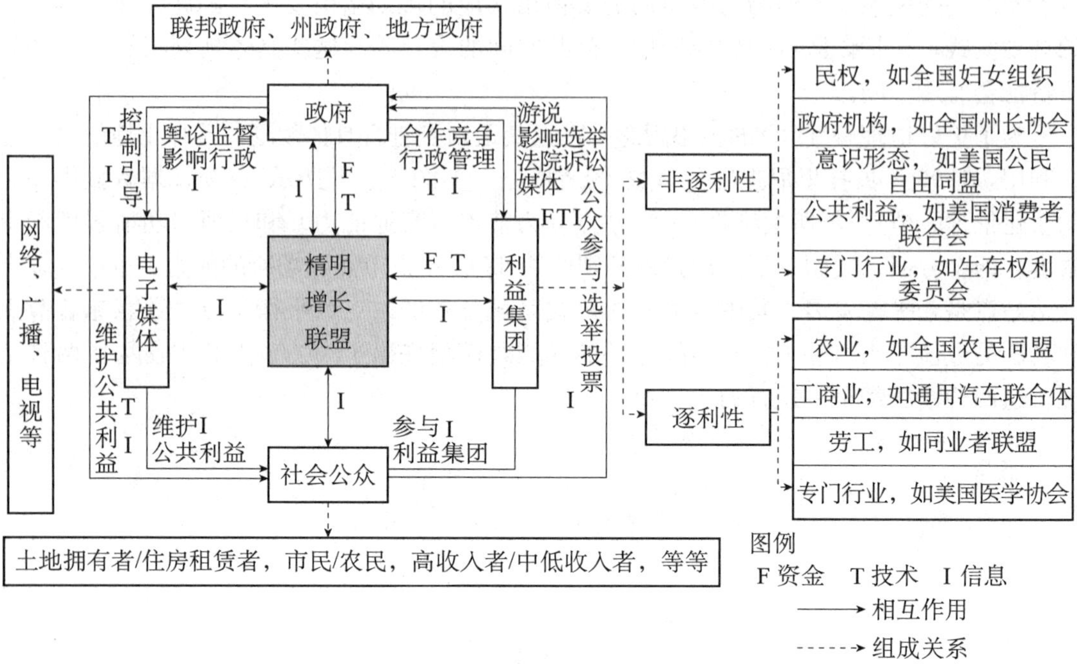

图 14-9 美国政府精明增长的综合维持机制

资料来源：张衔春，马学广．精明增长政策下美国城市多中心治理研究．地理科学，2017，37（5）．

督等方式表达利益诉求。政府与专家共同制定的实施准则与指导可以有效地维护地方公共利益，也将有助于长期维持良好的公共秩序。政府公共政策以维护公共利益为宗旨，内部遵循层级“软控制”，通过资金自上而下流动、法规控制以及多层次引入第三方组织参与政府治理等途径解决矛盾，同时在外部还利用法规控制，为网络主体创造相对宽松的行动空间。

14.4.2 多元合作竞争的推动机制

利益集团与政府通过资金、技术的竞争与合作来强化多元治理的能力与水平，其竞合机制依据不同项目类型而有所不同。政府资金主要用于公共性质或非商业类的大型项目；利益集团资金与其性质相关；非营利性利益集团立足公共项目，但资金量较少；逐利性利益集团关注商业类项目，资金量相对较多。在合作中，政府具有行政权威而利益集团拥有专业化技术，两者相辅相成，共同搭建精明增长联盟的资金-技术框架，完成公共性质或非商业性的项目。当公共项目遭遇资金短缺时，逐利性利益集团依靠资金优势与政府争夺项目的控制与开发权，这将不利于精明增长稳定发展。政府与私人部门的竞合关系还体现在私人部门、地方企业等为社会公众提供实施资金，通过选举机制监督地方政府行为。政府与利益集团为精明增长联盟贡献了资金和技术资源，但具体实践与合作方式由项目性质决定，两者的竞争仅出现在逐利性利益集团占优势的项目中。

14.4.3　彰显公民权利的监督机制

社会公众拥有部分土地所有权及宪法赋予的选举投票等基本公民权，是精明增长项目的主要服务对象。在政治环境中，公众参与、选举投票、参与利益集团等方式会增强公众的社会地位，使公众意见、公众参与成为社会公众介入规划实施的决定要素。由此，植根于美国城市发展现状以及特定政治、规划背景下的新城市主义与精明增长理论，用来指导中国现阶段的城市发展显得不合时宜①。在一定程度上，利益关系和主体博弈成为中西方城市增长策略分异的关键点。中国城市土地开发过程中利益主体的相互作用集中表现为以保障地方经济利益为核心的运作模式，这与美国的多中心治理及多层次合作-博弈模式存在明显差异。因此，明确中西方城市增长的政治、经济、文化社会的背景差异是研究中国城市空间增长管理必要之举。

14.5　中国城市规划与空间增长的难点

2001 年，迈尔斯和吉尔里的研究显示，20 世纪 90 年代初，美国新开发住房中紧凑的、适宜步行的邻里只占市场份额的 15%，2000 年该比率成功达到了 30%。美国新城市主义和精明增长发展观在社会实践中也遇到了诸多问题。例如与原有法律政策冲突、居民不信任、机构改革缓慢及自身存在缺陷等。此外，随着人口向城市大规模集中，住房供给短缺、医疗健康保护不足、社会服务设施缺乏等问题愈演愈烈，对美国城市空间管理构成挑战，同时抑制了劳动者集体消费的供给保障能力，进一步加剧了阶级分层和社会不平等程度，这可能导致城市社会运动成为权利冲突②。此外，美国城市增长的管理实践也对居住成本带来一些负面影响。例如，利用较少土地空间资源安置更多居住单元、提高建筑容积率以及排除市郊廉价住房建设用地等做法势必造成居住成本上涨，且城市人口密度提高后，又给城市生态环境、交通带来挑战。

针对美国城市规划与增长管理的负面效应及引发的政治、经济和社会问题，国内外学者进行了深刻思考和理论阐释，以辨析中西方空间增长策略的内在差异，探析根源，应对挑战。当前中国城市规划与空间增长面对的战略难点包括：

第一，土地利益格局固化，增长主义激发政企联盟，抑制土地市场化机制。

面对内外部竞争压力，中国各级城市政府容易强化发展的增长主义，拥有公共政策制定权的政府和占据资本投资主导权的市场企业，彼此互动形成政企联盟，在城市发展政策的制定与实施中形成固有模式和利益导向。

与欧美社会相比，中国城市在环境塑造和公共空间营建过程中，如社区协会、精明增长组织、环保组织和非营利组织等第三方机构通常参与不足，同时也缺乏能够保障公

① 唐相龙．新城市主义及精明增长之解读．城市问题，2008（1）．

② 何艳玲．城市的政治逻辑：国外城市权力结构研究述评．中山大学学报（社会科学版），2008（5）．

众参与和监督项目落地的公民咨询组织机构介入调停，这使得中国城市土地开发中的冲突矛盾容易被内化为不同层级政府、政府下属的利益关联机构和开发商之间的利益协调博弈。企业型政府异化为政府企业化，诱导城市政府在逐利性的土地开发项目上的“深度涉入”，一方面，干扰了城市土地市场上各经济主体之间竞争合作机制的稳定性，造成土地市场供求失衡和价格波动；另一方面，加剧社会网络主体间的结构关系失衡，忽略了对城市居民的文化发展、消费提升以及人文发展需求的满足，造成社会福利增长不足。

第二，城市土地开发过程中政府主导性过强，公众参与及利益多元分享被弱化。

相较于多数西方城市，中国各级政府在土地开发过程中的多元主体网络运作体系中占据主导地位，无论资金还是规划实施的技术开发很大程度上都依赖于政府的支持与拨款。地方政府已然形成了一套独特的资金筹集运作体系：以各类土地的招拍挂出转让收入为基础，以开发区作为项目集中运营承载地开辟招商引资渠道，依托上级政府拨款、下属金融组织和融资平台筹资，或与利益集团结成政企联盟获得城市发展资金，其间社会公众或非营利组织直接参与资金供应的比例很低。规划实施技术在很大程度上也依赖于城市土地财政和 GDP 增长基础。由于城市发展利益的分配受到增长联盟中主导成员的控制，城市社区和居民群体一般被排除在增长联盟之外，仅能被动分享城市发展的经济福利回报。

为鼓励公众参与公共决策，一些城市在城区改造和城中村改造中分别进行了两轮征询和村民投票等尝试，但由于政策实施时间短且环境复杂，信息公开程度也较低，居民和村民缺乏有效渠道全面深度参与城市发展项目的咨询决策[①]。因此，一方面，如何保证不同产权所有者的权益范围界定、意愿表达渠道和利益合理分配，是理顺城市多元主体参与治理的重要条件；另一方面，割断政府与城市发展之间的直接经济利益链条，通过协调城市的土地规划、空间布局和生态环境保护，行使监督和裁决职能，成为保障城市公共利益的责任主体，推动城市发展从增长联盟向权益共同体转变，重构中国城市的发展逻辑和利益格局。

第三，社会文化与社区背景不同，多元合作治理网络模式不易形成。

中西方国家的社区文化与治理模式具有显著差异，城市空间规划管理的实践基础也大相径庭。历史上西方发达国家的社区改革运动不断增强，社区在处理地方性事务上形成了一种依靠社区内部资源进行自治或合作的治理形态，社区治理是西方国家治理理论与实践变轨的重要基础。然而，在中国独特的政治环境下，国家作为元治理主体的“两面性”作用非常强大，中国要真正建成“基于社区”的治理网络，设立不同于西方国家的“结构-反应”机制[②]还具有较大的挑战性。尤其是在尚未建立起完备健康的社区治理文化基础时，营建多元主体的长效合作治理机制比较困难。良好的治理需要层级治理、市场治理和自组织治理三者之间紧密结合、互为补充，形成鼎立之势[③]。经过一个较为漫

① 李灿．从“三旧”改造困境看城市更新：以广州市为例．中国土地，2016（9）．
② 吴晓林，郝丽娜．“社区复兴运动”以来国外社区治理研究的理论考察．政治学研究，2015（1）．
③ 罗家德．自组织：市场与层级之外的第三种治理模式．比较管理，2010（2）．

长又艰难的维权斗争和制度建设过程后，三种治理机制之间逐渐形成了相对平衡、走向合作的治理格局演化趋势[①]。

进入大数据时代，在数据的收集、存储、传输、处理和可视化方面的技术创新成为支撑现代城市管理科学化的重要工具。在数据支撑下，城市规划与空间成长管理将具有较高的可测量、可操作与可预估性，提升矫正规制措施的治理效果。一方面，在测算未来城市人口增长的基础上，科学规划基础设施和公共服务供求规模；另一方面，城市各主体可以充分表达个性化的意愿和偏好，使城市形成更理性、更宜居的规划设计。此外，随着世界各国对生态城市、经济高端化城市、数字城市、创新型城市、文化特色城市、低碳城市等[②]不同发展模式的尝试，中国应集成经验并发掘自身特色，探索构建一个绿色、数字化、高效和可持续的城市空间战略。

14.6　中国城市规划与空间增长的对策

城镇的规模不能一概而论。城镇过大、过于集中，容易产生“城市病”；城镇过小、过于分散，则不利于实现集聚效益和规模效益，并占用大量土地资源[③]。因此，形成结构合理的城镇化体系是重中之重。中西方精明增长策略具有明显的路径分异，中国须找到符合国情的增长管理模式，以实现城市的可持续发展。

第一，引导空间紧凑增长，合理形成城镇结构体系。

有学者认为，当城市扩张造成基础设施和公共服务供求矛盾时，可以尝试控制需求，但更有效的规制方式是增加供给[④]。关键是预先做好科学的都市圈与城市群的内部规划，形成紧凑城市必需的便捷轨道和公路交通网络，有效减少“职住分离”产生的通勤及相应的拥堵和污染，推进社会保障和公共服务的一体化。中国城市规划应着重推进城镇化低碳发展，逐步形成结构合理的城镇体系，提高城镇综合承载能力，促使大中小城市和小城镇协调发展、相互配合，形成功能互补的城镇体系。将一批特大城市和城市密集区建设成为城镇体系的中心城市，推进中小城市与核心城市构建完整紧密的城市网络，形成比较明确的分工与合作。尤其是促进大量小城镇利用自身及所在地区的自然资源和交通特点，有机融入区域城镇体系。

第二，加快发展中小型城市。

国际的城市化经验表明，在城市化演进的不同阶段，中小型城市的人口规模经历三个阶段：(1) 人口向城镇集中，不同类型城市的规模普遍扩大；(2) 人口迁移加快，大城市迅速膨胀，小城镇发展减速，甚至出现萎缩和停滞；(3) 人口主要流向中小城镇[⑤]，且大城市人口也向小城镇迁移，推动小城镇快速发展。小城镇兼具交通便捷和接近大自

---

① 陈鹏．国家-市场-社会三维视野下的业委会研究：以 B 市商品房社区为例．公共管理学报，2013 (10).

② 史文清．论我国城市的可持续发展．中共中央党校学报，2010，14 (1).

③ 刘长松．城镇化低碳发展的国际经验．中国发展观察，2016 (1).

④ 陆铭．中国城市化路径的困境与抉择．https：//flcds. fudan. edu. cn/info/1044/1282. htm.

⑤ 罗思东．从小城镇到大都市：改革开放以来我国城市化政策的演进．马克思主义与现实，2014 (6).

然的双重优势，拥有更为宜居的生活环境，目前发达国家的小城镇发展已经非常完善，且在国家城镇体系中占据重要地位。不少国家非常重视卫星城的建设，将其作为缓解人口压力和经济、社会、环境问题的重要手段。中国地域广阔，地区差异大，加快发展中小型城市是城市化进程中有效规制城市空间增长的关键。

第三，发展具有较强竞争力的城市群。

城市群在国家推进工业化和城镇化的进程中发挥了重要作用。中国"十四五"规划和 2035 年远景目标纲要强调中国城市群将成为双循环经济新格局的主要动力。依据联合国经社理事会的研究，未来会有更多的城市人口居住在大城市（50 万以上人口）中，500 万以上人口的城市占比将大幅提高。都市圈和城市群成为国家经济、贸易、金融的核心以及全球化竞争的重要节点。如纽约-波士顿-华盛顿城市带的人口约占美国的 25%，不仅是美国最大的商业贸易中心，还是全球最大的国际金融中心。而我国京津冀、长三角和珠三角地区应致力于在绿色低碳发展方面持续创新，不断提升城市化的质量与水平，加快建设世界级城市群。

第四，加快与土地制度改革配套的户籍制度改革。

中国人口城镇化滞后很大程度上源于户籍制度改革滞后，城市规划管理须与土地、户籍的改革密切配合、相得益彰。如允许城郊农村集体建设用地入市，既可解决包括外来流动人口中较高收入群体在内的所有人购买产权房的问题，也能降低城市地价和房价，稳定城市生活成本。此外，在出租房集中的城中村的规划改造中采用"区段征收"和"市地重划"等方法，在不增加政府廉租房建设资源投入的情况下，以市场机制解决外来流动人口中较低收入群体的住房需求问题①。经验证明，只有彻底的户籍制度改革才能从根本上将农村的人口和土地释放出来，同时缓解农村大量宅基地闲置与新建宅基地占用大量宝贵耕地资源并存的问题②。

第五，尽快突破中国城市规划实施与空间增长管理的难点。

在理论创新层面上，一是在充分考虑中国城市的特殊性，确保模型能很好地处理内生性问题、均衡与动态问题以及外部性问题；二是深入研究如何实现模型的本土化以符合国情，并将制度转型和不容忽视的历史路径依赖性有机纳入城市空间动态模型。在数据操作层面上，政府官员、城市规划专家与各界学者需要在模型准确性和数据可得性之间进行充分权衡，一方面，弥补历史数据积累仍然不足的短板，提高数据质量；另一方面，进行模型系数标定时应使用高分辨率的数据，以保证模型精度和预测的有效性。

本章小结

各个国家与地区开始加快城市化的步伐，而如何有效控制城市规模并优化空间格局

---

① 陶然，汪晖．中国尚未完成之转型中的土地制度改革：挑战与出路．国际经济评论，2010（2）．

② 比如，可以考虑在户籍制度改革过程中通过设定一定的"城市户口"获得条件（例如在本城市工作超过 2～3 年，过去一段时间内月收入达到一定水平），让那些符合条件的农户在放弃农村承包地的条件下转换为城市户口，并获得其对应的"城市福利包"（主要包括廉租房、子女在城市公立学校平等就学权利和城市最低生活保障）。当然，宅基地由于农民投入较多，可以直接市场化，即那些已经到城市定居并获得城市户口的乡村流动人口，可以保留或者直接出售其宅基地，而不像承包地作为得到城市户口必须放弃的财产。

已成为当前我国国土资源管理的重点工作之一。为有效抑制城市的无序蔓延，国内外学者纷纷提出了多种控制城市蔓延的技术手段和政策工具，而当前国外城市增长边界的实施效果具有地区差异性。着眼于中国，对于城市增长边界的制定更须考虑城乡土地利用转换背后不同情景下主体间的复杂博弈对用地转换在空间分布上的决定作用。大数据环境的蓬勃发展也将迎来由新技术和城市模型共同支持与引领的城市增长边界制定与规划设计。

关键术语

新城市主义　精明增长　空间增长管理　城市蔓延规制　空间结构规划　城市增长边界

复习思考题

1. 新城市主义和精明增长的含义、异同之处，并简述二者之间的互补性。
2. 简述城市空间增长管理的目的与必要性。
3. 简述城市空间管理的工具和方法。
4. 简述美国城市空间管理面临的挑战。
5. 什么是交通引导发展模式?
6. 简述城市土地利用和空间成长政策保障。
7. 大数据时代如何进行城市规划管理?
8. 中国与西方城市增长管理模式的差异有哪些?
9. 中国如何达成精明增长模式?

进一步阅读的文献

1. INGRAM G K，YU-HUNG H. Evaluating smart growth：state and local policy outcomes. Cambridge：Lincoln Institute of Land Policy，2020.

2. KNOX P. Urban social geography：an introduction. 6th ed. New York：Routledge，2009.

3. SUN Y，QIAO S，YANG Y. A smart growth evaluation system based on analytic hierarchy process. https：//doi. org/10. 2991/fmsmt—17. 2017. 158.

4. ADAMS G，GERARD D. Smart growth and transportation：opportunities and challenges for Austin. ITE journal，2000，70（11）.

5. COHEN J R. Maryland's "smart growth"：urban sprawl：causes，consequences and policy responses. Washington：Urban Institute Press，2002.

6. HARE M，MCIP，RPP Urban Strategies Inc. Exploring growth management role in Ontario：learning from "who does what" elsewhere. https：//ontarioplanners. ca/OP-

PIAssets/Documents/Policy-Papers/growth _ 101001 _ position. pdf.

7. SONG A L，LIU H F，LIU S S. The design and application of city smart growth evaluation system based on dunhuang city. Computer science and application，2017，7 (7).

8. 黄慧明. 美国“精明增长”的策略、案例及在中国应用的思考. 现代城市研究，2007 (5).

9. 马强，徐循初. “精明增长”策略与我国的城市空间拓展. 城市规划汇刊，2004 (3).

10. 龙瀛，吴康，王江浩，等. 大模型：城市和区域研究的新范式. 城市规划学刊，2014 (6).

11. 张衔春，马学广，单卓然，等. 精明增长政策下美国城市多中心治理研究. 地理科学，2017，37 (5).

12. 唐子来. 西方城市空间结构研究的理论与方法. 城市规划汇刊，1997 (6).

13. 王艺瑾，吴剑. 基于精明增长理论的美丽村庄规划研究. 广西城镇建设，2014 (7).

14. 卡尔索普. 未来美国大都市：生态·社区·美国梦. 北京：中国建筑工业出版社，2009.

15. 宋阿羚，刘海峰，刘守生. 城市精明增长评估体系的设计与应用：以敦煌市为例. 计算机科学与应用，2017，7 (7).

16. 周启刚. 3S 支撑下的山地都市区城市扩展及其地表参量响应研究. 成都：西南交通大学出版社，2015.

第 15 章

城市社区的治理转型

随着城市化的推进，传统城市治理模式暴露出诸多弊端。为提高治理效率，改善治理质量，城市社区治理需要进行系统的转型和变革。本章包括三个核心内容：一、论述城市社区治理的主体、结构、策略和手段，及其转型的过程与表现，即“是什么”的问题；二、阐释城市社区治理为何须推进相应的转型变革，即“为什么”的问题；三、探讨城市社区治理如何应对转型困难，即“怎么做”的问题。

重点问题

- 城市社区治理主体转型的特征、作用与对策
- 城市社区治理结构转型的特征、作用与对策
- 城市社区治理策略转型的特征、作用与对策
- 城市社区治理手段转型的特征、作用与对策

15.1　城市社区治理的主体转型

尽管世界各国的城市社区治理模式不尽相同，但在主体上各国均表现出由政府一元管理向多元主体共治转型的趋势。

15.1.1　城市社区治理主体转型的特征

城市社区治理主体包括政府、企业、社会组织、第三方组织、社区居民等多个利益相关者，多元主体间形成相互交织的利益关系[①]。政府在传统城市社区治理中占据主导地位，自上而下地垄断城市社区治理决策权，并亲自负责处理社区问题和提供社区服务，导致城市社区自治空间十分狭窄，政府外的其他主体无法发挥能动作用。如在中国城

① 陆军，等．营建新型共同体：中国城市社区治理研究．北京：北京大学出版社，2019.

市社区处于由单位制向社区制转型的阶段，社区治理主体呈现出“一核多元”特征（如图 15－1 所示）。“核心”是社区党组织，它在城市社区治理过程中发挥着领导核心与政治保障作用；“多元”包括社区的居委会、老年组织、义工组织和驻区单位等。但“一核多元”并不等同于多元主体合作共治①。在这种模式下，社区党组织是城市社区治理唯一的领导核心，其他主体在党组织指导下开展工作，配合实现党组织的领导地位②。

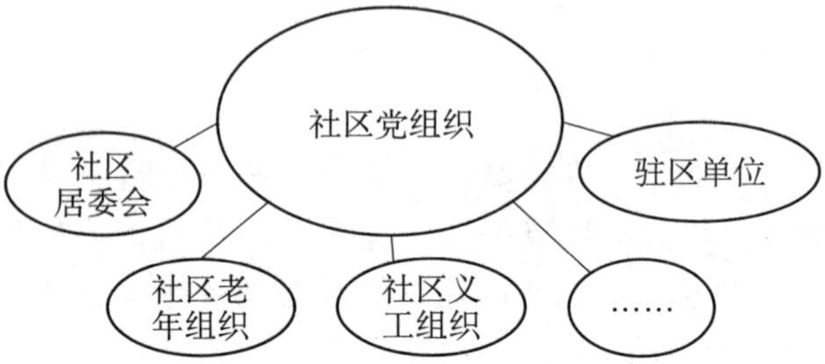

图 15－1　中国城市社区治理主体的“一核多元”特征

随着城市社区事务和居民利益诉求日益复杂化，政府一元管理模式遇到越来越多的困难。首先，政府主导社区问题处理和供给社区服务，将难以承受巨额的财政负担。其次，政府面对信息不对称问题，因不具备专业优势，限制了城市社区治理效率的提升和质量的改善。政府应改变在城市社区的事务决策、问题处理和服务提供上的参与策略，真正做到多元主体共治。例如，英国社区的企业、社会组织、居民等主体都可以申请政府设立的“竞争性资金”项目，获得开展社区治理活动的资金。为通过申请，各个主体须按照政府的规范和标准来设计和实施项目并接受政府监管③。

随着城市社区治理向多元共治转型，社区的企业和社会组织能够承接社区问题处理和社区服务供给。如 2017 年，中国南京市鼓楼区凤凰街道的凤凰熙岸社区尝试将社区养老、社区青少年教育等事务外包给社会组织。南京市惠仁社会工作服务中心因长期扎根在社区，具有服务面广、专业能力强等优势，以每年 40 万元的价格中标进行运营。由社会组织或社区工作者专职负责社区事务管理，既可以发挥社会组织的专业优势改善社区服务质量，也使得社区居委会能更好地开展社区居民自治工作④。

在多元共治模式下，社区居民从治理对象转变为治理主体。如美国社区居民可以加入社区董事会或住宅社区协会，作为机构成员参与社区发展规划制定、社区集体事项决策以及社区设施的日常运行管理等。社区董事会是基于政治参与形成的社区自治组织，类似于中国城市社区中的居民委员会；住宅社区协会则是基于财产权利结成的社区自治组织，类似于

---

① 陈家喜．反思中国城市社区治理结构：基于合作治理的理论视角．武汉大学学报（哲学社会科学版），2015，68（1）．

② 张平，隋永强．一核多元：元治理视域下的中国城市社区治理主体结构．江苏行政学院学报，2015（5）．

③ 黄晴，刘华兴．治理术视阈下的社区治理与政府角色重构：英国社区治理经验与启示．中国行政管理，2018（2）．

④ 政府部门尝试社区服务项目外包 一社会组织 40 万元中标社区外包服务．http://mzt.jiangsu.gov.cn/art/2017/6/6/art_55087_6755965.html．

中国城市社区中的业主委员会[①]。此外，居民通过结成志愿团体、兴趣小组等社区自组织，主动承担社区事务处理或社区服务提供工作[②]。英国的社区服务志愿人员计划通过吸收 16～35 岁的社区志愿者，为无家可归者、年老体弱者、犯罪的青少年等需要帮助的人群提供服务[③]。

15.1.2　城市社区治理主体转型的作用

多元共治模式凭借以下三个方面的优越性，推动了城市社区治理的主体转型。

第一，利用不同主体的比较优势提升社区治理效率。政府的垄断性行政行为既难以处理复杂的社区事务，高度一致性的特征也无法满足多元化的居民需求[④]。例如按统一标准进行体育设施建设是政府性价比最高的方式，但千篇一律的体育设施供给并不符合老年人、幼儿等特殊群体的需求。未来须依靠作为社区“局内人”的企业、社会组织、居民，彼此间提供需求信息，通过各主体间分工合作，发挥各自的比较优势，改善社区服务质量，回应社区居民的差异化需求[⑤]。

第二，通过多元主体间的协商沟通减少社区利益纠纷。居民类型的丰富化使社区利益关系和利益格局正经历调整与重塑。在政府一元化管理时期，诸如垃圾填埋场选址等具有邻避效应的公共事务均由政府部门拍板决策，这容易引发其他治理主体的排斥和反对。多元共治模式为各方提供了沟通与协商渠道，或者由政府邀请各方主体共同参与决策。如英国许多社区都建有社区网络论坛，让居民自由表达观点、对社区委员会的工作提出意见和建议[⑥]，这有利于多方主体就利益矛盾充分交换意见，在良性互动中形成合意，达成和谐稳定的利益均衡格局[⑦]。

第三，通过多元主体间的协同合作增强社区凝聚力。政府一元管理挤压了社区自治空间，导致各方主体彼此间缺乏了解，社区内部呈现一种松散的关系网络形态，不利于长期稳定与和谐。通过多元主体深度参与社区公共事务决策，形成利益共同体意识，可以增强社区的认同感和归属感，建立长期稳定的信任关系，促进城市社区的关系网络由松散转向紧密，达到增强社区凝聚力的目标[⑧]。

15.1.3　城市社区治理主体转型的对策

城市社区治理的主体转型需针对以下三个主要问题，及时制定解决思路。

---

① 郑晓东．美国城市社区自治的现状与趋势．浙江学刊，2008（5）；HAWKINS B W，PERCY S L，MONTREAL S R. Residential community associations and the American intergovernmental system. The journal of federalism，1997，27（3）.

② 胡小君．从分散治理到协同治理：社区治理多元主体及其关系构建．江汉论坛，2016（4）.

③ 何海翔．国外社区义工模式对我国思想政治理论课社会实践的启示．职业技术教育，2010，31（5）.

④ 闫臻．城市社区组织化治理：自上而下的科层制嵌入与横向联系的扁平化合作．人文杂志，2018（5）.

⑤ BOWLES S，GINTIS H. Social capital and community governance. The economic journal，2002，112（483）.

⑥ 王燕锋．去机构化的多元服务：英国城市社区治理现状与经验．浙江学刊，2008（5）.

⑦ 陈家喜．反思中国城市社区治理结构：基于合作治理的理论视角．武汉大学学报（哲学社会科学版），2015，68（1）.

⑧ 方亚琴，夏建中．社区治理中的社会资本培育．中国社会科学，2019（7）.

第一，为多元主体参与治理提供制度保障。在向多元共治转型的过渡阶段，相关法律和制度建设往往滞后于社区治理的转型需要。首先，相关法律和制度尚未授予政府以外的多元主体参与社区治理的法定地位，多方主体进入多元共治序列时会受到固有的行政权威结构的排斥和质疑。其次，相关法律和制度尚未对各方主体参与社区治理的内容、各自的权利与义务等进行明确规定，使得主体间在多元共治过程中容易产生分歧和摩擦[①]。未来应出台专门的法律法规，授予城市社区多元主体法定权利、明确共治主体间的权利义务关系等，为社区多元共治提供保障。

第二，提高居民参与社区治理的广度与深度。在多元共治的转型过程中，居民参与不足。首先，照顾弱势群体生存是社区的主要任务之一，但就此容易造成其他群体的参与缺位，削弱了社区发展的活力与动力。其次，居民缺乏积极参与社区治理的主体意识，认为社区的发展与自己关系不大[②]，而参与渠道的逼仄和不畅进一步限制了居民参与社区治理的意愿。未来应设计对全体居民具有吸引力的社区活动，提供丰富有效的参与途径，为全民参与营造氛围，为培育社区自治创造条件。

第三，完善社会组织和多元协作体系建设。当前，城市社区建设中社会组织发育滞后的现象比较普遍，原因是经费来源不足或者社区规模有限。社会组织发展迟缓使其难以承接政府和企业转移出来的社会职能和服务职能[③]。政府应通过资金援助、政策扶持等方式支持社会组织发展。2012 年 4 月，英国政府推出“大社会资本计划”，为第三部门投入 6 亿英镑以支持英国社区中的社会企业、慈善部门和社团组织的发展。这些社会组织为英国城市社区自治做出了突出贡献[④]。

15.2　城市社区治理的结构转型

伴随治理主体多元化，城市社区治理结构从科层制形态向扁平化形态发展。

15.2.1　城市社区治理结构转型的特征

传统的城市社区治理结构呈现纵向的科层制特点，其组织模式包括：一、组织内部在纵向上进行分层，每一层级受组织规则和上一层级的约束和规范，层级间具有明显的权限范围[⑤]；二、信息和指令以单线条的方式自上而下层层传递，高层对下级管理对象进行领导和控制。图 15－2 展示了中国城市社区的科层治理结构。其中，在社区内部，党

---

① 边防，吕斌．转型期中国城市多元参与式社区治理模式研究．城市规划，2019，43（11）．

② 卫志民．中国城市社区协同治理模式的构建与创新：以北京市东城区交道口街道社区为例．中国行政管理，2014（3）．

③ 王琳．构建社区治理的多元主体结构．社会主义研究，2006（4）．

④ 阎耀军，李佳佳．英国政府社区治理政策与实践及对我国的启示．北京工业大学学报（社会科学版），2014，14（4）．

⑤ 田毅鹏，张帆．转型期社区组织的科层化及其走向：以 C 市 J 社区为例．吉林大学社会科学学报，2014，54（3）．

组织、居委会、事务委员会或社区服务站之间呈现明显的纵向分层，层级设置的依据主要是行政等级的高低以及机构间的领导与被领导关系。在纵向结构中，社区基层事务的处理和社区基层服务的提供主要依赖自上而下的命令传递、行政动员和绩效考核[①]，城市社区治理具有突出的行政强制性。

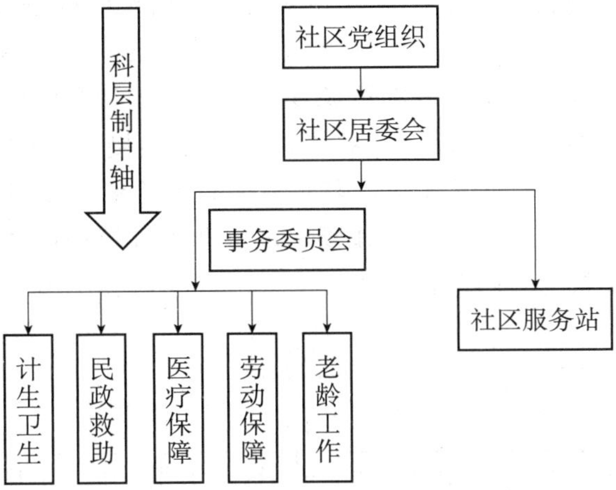

图 15－2　中国城市社区的科层治理结构

资料来源：闫臻．城市社区组织化治理：自上而下的科层制嵌入与横向联系的扁平化合作．人文杂志，2018（5）.

科层制尽管具有集中领导、加强控制、维护稳定的优势，但其固有弊端也阻碍了城市社区治理效率的提升，主要问题表现为：首先，在科层制的治理结构中，信息传递严格遵循自上而下层层传达的原则，这种方式制约了信息流通效率。图 15－2 中，任何一项工作的信息都将依次通过某专门工作小组-事务委员会-社区居委会的纵向渠道向上反馈，这使得对接效率较低。其次，在科层制的治理结构中，社区基层工作主要是完成上级指派的工作任务，社区基层工作人员少有机动空间，这种方式会束缚工作人员的积极性，抑制社区治理的活力。

城市社区可借鉴企业管理的项目制来实施治理工作。项目制是一种横向管理组织结构，可以较好地缓解科层制的工作低效、信息不畅和抑制人员积极性的弊端。在社区治理中，项目制的特征主要表现为：首先，项目制是一种事本主义的动员或组织方式，相关部门及人员为完成某一明确的预期目标，在限定时间和限定资源的约束条件下，根据工作流程结成临时性的工作小组，为完成工作目标协作并进[②]。其次，项目制意味着政府不再是社区治理中的唯一领导权威，项目制通常邀请企业、社会组织、居民等多元主体共同参与项目小组的工作。最后，项目制突破了科层治理结构中的纵向层级约束，社区治理工作不再需要严格遵循自上而下的多层级传递，而改为政府部门指导下的横向协作形式，以此简化社区治理层级，使社区治理结构呈现扁平化特征。

图 15－3 和图 15－4 展示了城市社区治理中项目制的两种形式。图 15－3 描述了项目制自上而下的发包形式。在这种模式下，治理项目由政府发起，政府通过“发包”“打

① 程宇．从科层治理到圈层治理：城市社区治理结构的转型：以 S 市社区治理实践为例．求实，2018（4）.

② 渠敬东．项目制：一种新的国家治理体制．中国社会科学，2012（5）.

包”“抓包”等方式将亟待解决的社区问题或亟须提供的社区服务委托给具有资质和能力的项目小组。项目小组成员包括政府下属的工作部门或工作组、社区企业、社区社会组织、社区居民等。如 2011 年 8 月，中国成都市温江区民政局牵头实施社区、社会组织、社工互动的“三社互动”项目。作为项目发包单位，区民政局通过每周一次的汇报会、每月两次的推进会，对项目进行全程监管和掌控，对出现的问题适时回应和及时调整。街道办事处、社区社工站、社区社会组织等作为项目的具体实施单位，负责调动并整合基层政府的行政资源、社工机构的专业资源和社区内部的社会资源，以切实推进政府行政管理与居民自治管理的良性互动。这些主体还需定期接受民政局的检查、监督和考核[①]。在项目制自上而下的发包形式中，多元主体间平等参与项目实施。但在这种模式下，城市社区治理项目的工作目标、工作要求、资金来源等仍由政府决定，属于“政府订单、社区供给、居民接受”的形式。

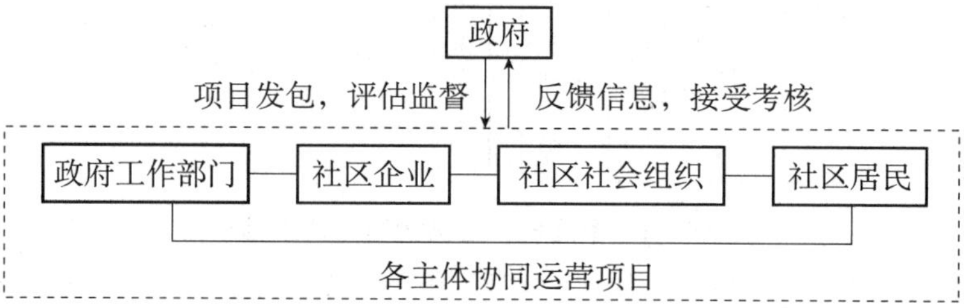

图 15－3　城市社区治理中项目制自上而下的发包形式

随着社区自治不断发展，城市社区治理形成了项目制自下而上的反向发包形式，如图 15－4 所示。在这种模式下，社区项目来自社区基层主体自下而上的反馈和申请。社区企业、社区社会组织、社区居民等多元主体在对社区需求进行充分调研的基础上形成社区治理项目草案，再提交给由政府主导并吸纳多元主体参与的评议机构进行评选或审批，最终由政府根据评议结果向各个项目拨付不等的资源，以支持各项社区治理项目的自主实施[②]。2014 年 9 月，北京市 C 区基于项目制自下而上的反向发包形式，提出“社区创享计划”，探索形成一套规范化、可操作的“八步走”步骤流程。八个步骤包括社区调研、制订创享计划实施方案、金点子征集、提案项目撰写及优化、社区提案大赛、优胜提案项目公开和提案项目实施。“社区创享计划”激励多元主体自下而上推动项目设计、项目论证、项目申请和项目实施[③]。

15. 2. 2　城市社区治理结构转型的作用

城市社区治理结构向横向项目制转型，可以克服科层制结构的固有弊端。

---

① 张琼文，韦克难，陈家建．项目化运作对社区社会组织发展的影响．城市问题，2015（11）．

② 李小艺．双轨动员：项目制社区自治的实践逻辑及其影响：对上海市 P 街道社会服务项目化运作模式的考察．天津行政学院学报，2020，22（3）．

③ 张瑞凯，孙通．社区治理中项目制的赋权实践研究：以“社区创享计划”项目为例．社会政策研究，2020（4）．

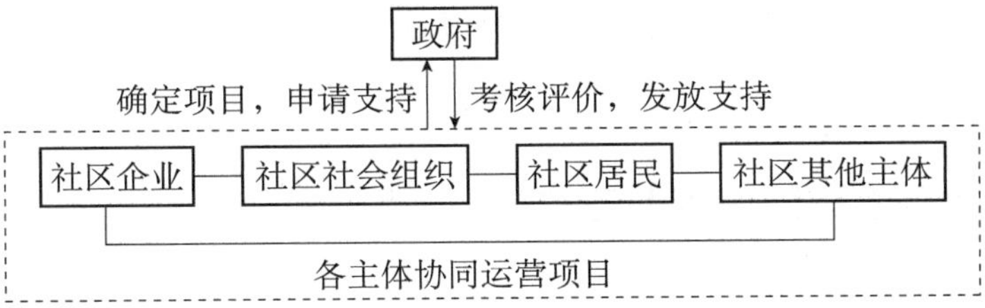

图 15－4　城市社区治理中项目制自下而上的反向发包形式

第一，有利于提高城市社区问题识别的精准性。由于信息不对称，供给导向的社区纵向治理结构在决策上常与社区居民的真实需求不相匹配。如社区因缺少开展文体活动的公共空间，导致居民活动只能挤占社区停车场，若缺乏真实的信息反馈机制，社区可能决定投资扩建停车位而非扩展社区活动场所，造成公共资源空间失配。横向项目制有助于提高问题识别的准确性。首先，在横向项目制中，更多熟知社区真实情况和日常运行的多元主体深入参与治理，可有效缓解信息不对称问题。其次，自下而上反向发包的项目制使社区居民的真实需求得到表达并向上传递①，这种需求导向的社区治理决策方式有利于使与社区居民利益相关的问题得到切实关注。

第二，有利于提高城市社区信息传递的有效性。随着科层组织的扩张和社区事务的日益复杂化，垂直的信息科层传递结构既增加沟通成本，也导致信息僵化无法动态回应居民需求变动。例如，在传统社区治理中，任何一项社区服务项目都需要部门间的合作和相互支持，但受条块分割体制对协调权限的制度约束，相关部门间的对接难度大、成本高，容易拖延工作周期。项目制有利于治理结构的扁平化，加快信息传递速度。尤其能加快治理主体间的横向互动与沟通，提高信息传递效率，及时回应和处置社区居民需求。

第三，有利于提高城市社区资源配置的灵活性。在科层治理结构中，资源获得高度依赖于其所处的管理层级，资源配置机制僵化。一旦政府财政收缩，城市社区治理工作将面临很大困境，只能被动受制于政府部门的资源供给和行动指导。在此背景下，项目制结构通过邀请多元主体共同参与社区治理，能够调动和整合社区内外资源，促成正式或非正式的资源互利、合作及共享关系，扩大资源的来源渠道②。这有利于增强城市社区对不确定性冲击的抵御能力，也赋予了相关治理主体根据实际情况灵活配置资源的能力。

第四，有利于提高城市社区工作开展的专业性。科层结构中的治理主体主要是政府行政官员，他们普遍缺乏社区治理的资质和能力，导致社区治理工作的专业性十分受限，制约了治理效率和治理质量。在城市社区治理的项目制结构中，在事本主义和问题导向的基本原则指导下，更具专业能力的多元主体结成合作伙伴关系，贡献各自的专业技术以寻求问题的解决③。在项目制结构中，城市社区治理的相关主体专注于实现项目目标，

---

① 王明．政府购买服务项目参与城市社区治理的运作逻辑．云南社会科学，2020（3）.

② 郸啸．论社区治理的转变：从科层制到政策网络．领导科学，2013（20）.

③ 郑晓茹．城市社区项目制治理的行动框架、逻辑与范畴研究．上海交通大学学报（哲学社会科学版），2018，26（5）.

不必承担其他行政工作，从而有利于提高城市社区治理的专业化水平，提升社区治理效率。

15.2.3 城市社区治理结构转型的对策

在社区治理结构转型的推进过程中会遇到一些问题，需要通过有效的工作手段予以改进。

第一，城市社区中纵向行政体系与横向社会网络的互嵌与衔接亟待优化。在社区治理结构的转型过程中，会呈现出纵向行政体系与横向社会网络双向嵌入的格局。在传统的威权治理结构模式中，纵向行政体系在城市社区治理中占据天然的强势地位，这使得不少城市社区的治理结构呈现一种“政府主导下的专业弱自主性嵌入”形态[①]，导致横向社会网络在城市社区治理中嵌入不足，纵向行政体系与横向社会网络的治理地位不对等。此外，在横向社会网络嵌入传统城市社区科层治理结构时，其与社区纵向治理体系的衔接不够顺畅，二者间的互动不够协调，两种治理体系在互嵌过程中存在一定程度的相互割裂。为此，亟待出台法律法规、制定指导政策来理顺两种治理体系的关系，帮助两种力量在良性沟通的基础上顺利衔接并相互建构。

第二，社区规则意识与社区社会资本的培育与发展亟待加强。在新型城市社区治理结构中，以项目制为代表的扁平化城市社区治理结构虽然有效提高了城市社区的治理效率，但这种事本主义和问题导向的治理方式实际上是一种暂时性的合作关系，项目的终结往往意味着多元主体间权利义务关系的终止。这种方式可能造成两大后果：一是城市社区无法建立长期性的规则及监督制约关系，不利于城市社区形成稳定的治理秩序；二是除政府外的城市社区治理多元主体间无法建立长期稳定的合作关系，不利于横向社会网络深度融入城市社区[②]。尽管项目制是一种短期的合作形式，但这并不意味着社区规则意识和多元协作共治不能在社区长期扎根发展。未来应在社区建立正式规则与非正式规则相兼容的社区规则体系，引导形成严格按规矩办事的行事逻辑，降低社区治理的行为成本。同时通过在社区鼓励居民结成社区自组织、广泛参与公共议事等方式，加强培育社区公共精神，在社区形成一种长期稳定的互助风尚。

15.3 城市社区治理的策略转型

随着城市社区性质的不断变化，城市社区治理策略表现出从情感治理向规则约束转型的趋势。

---

① 姚进忠．项目制：社会工作参与社区治理的专业策略．社会建设，2018，5（2）．

② 张振洋．公共服务项目化运作的后果是瓦解基层社会吗？：以上海市S镇“乐妈园”项目为例．中国行政管理，2018（8）．

15.3.1　城市社区治理策略转型的特征

斐迪南·滕尼斯将“社区”解释为一种基于亲族血缘关系而结成的，由同质人口组成的具有共同价值观念、关系密切、出入相友、守望相助的富有人情味的社会群体[①]。随着社区不断发展，学者们在共同体价值之外赋予社区地域性含义[②]。强调人际关系纽带的共同体精神和相同社会文化基础的地域性特征是城市社区在发展早期能够采用情感治理策略的重要条件[③]。情感治理是指城市社区治理相关主体在社区治理的过程中运用人情、关系、面子等非正式规则来完成治理任务，包括协调多方主体间的关系、推动社区治理事务的开展、维系社区的安定秩序等。情感治理是城市社区治理初期阶段的核心策略。

总体上，城市社区情感治理主要包括原生型情感治理和工具型情感治理两种类型。原生型情感治理是指城市社区治理相关主体通过日常的人际互动与情感交流，营造良好的社区情感氛围，为工具型情感治理积攒情感资源。如中国上海市天平社区通过再造社区公共文化空间、打造社区交往平台（“创邑邻里汇”）等方式，为社区居民提供人际交往的场域和载体，增进社区居民彼此间的情感交流和互动，为饱含温情的社区关系网络的塑造和维系创造了有利条件[④]。工具型情感治理则是指在某些特殊的社区场景，例如在稳定社区中的危险分子、化解社区纠纷、完成上级指派的强制性任务中，社区工作人员有意识地运用情感资源来解决问题[⑤]。如在中国江苏省 N 社区的一个拆迁纠纷事件中，当地街道办的工作人员多次以“拉家常、聊感情”的方式，从“人情、面子”等情感要素着手切入谈话，劝说该拆迁纠纷事件中的“钉子户”接受拆迁协议[⑥]。

随着城市化的不断推进，物权购置逐步取代人际纽带成为城市社区形成的重要因素，这意味着城市社区的性质开始发生转变。这一时期，同一城市社区中的居民彼此间并不熟识，他们只是因为购买或租用了同一社区内的房产而成为邻居。城市社区从熟人社会向陌生人社会的转变使得传统的情感治理策略在城市社区治理过程中越来越难以发挥作用，制定正式的规则体系成为城市社区相关主体开展社区治理工作的新策略。总的来看，与城市社区治理相关的正式规则体系主要包括法律法规和社区标准两类。法律法规主要对城市社区治理多元主体间的权利义务关系、社区具体事务的管理与开展等进行明确规定，因其享有法律效力而具有较为突出的强制性。例如，美国联邦政府针对城市社区发展出台的《住宅和社区发展法》《居权法案》《社区再投资法》《公平住宅法案》《国家和

① 滕尼斯．共同体与社会．北京：商务印书馆，1999.

② 罗吉斯，伯德格．乡村社会变迁．杭州：浙江人民出版社，1988.

③ 文军，高艺多．社区情感治理：何以可能，何以可为?．华东师范大学学报（哲学社会科学版），2017，49（6）.

④ 曾莉，周慧慧，龚政．情感治理视角下的城市社区公共文化空间再造：基于上海市天平社区的实地调查．中国行政管理，2020（1）.

⑤ 田先红，张庆贺．城市社区中的情感治理：基础、机制及限度．探索，2019（6）.

⑥ 武小龙．柔性治理的发生逻辑及影响效应：以拆迁纠纷事件中政府的回应策略为例．社会发展研究，2021，8（2）.

社区服务条例》等为界定与调整城市社区内部不同主体间的关系提供了坚实的制度保障。日本地方政府则通过出台地方行政法规与规章条例等方式，对城市社区各项事务的管理，例如社区开支的使用、社区设施的收费等做出明确规定①。

标准是经协商一致制定并由公认机构批准，共同使用和重复使用的一种规范性文件②。标准属于一种社会规范，其并不具备强制的法律效力，但它能够对法律法规起到一定的补充作用，并能通过自身的推行促进法律的统一和落实。在城市社区治理方面，现有的社区标准主要是针对城市社区治理的组织架构、人员遴选、工作流程、绩效考核等进行统一规定。例如，2021 年 9 月，中国山东省东营市正式发布《城市社区建设指南》。该标准填补了东营建市以来城市社区建设地方标准的空白，也是山东省地级市层面的首个城市社区建设标准。该标准主要从组织建设、综合服务设施要求、标识要求、服务内容、人员管理、工作规范等方面，对东营市城市社区的建设工作做出了明确规定。此项标准的实施为东营市城市社区治理的发展提供了有力的技术支撑，有助于进一步改善东营市城市社区的治理效率③。又如，河南省郑州市民政局发布的《郑州市城市社区分类管理实施办法》决定将郑州市的城市社区分为一类社区、二类社区和三类社区进行管理，并对一类社区的标准做出了详细规定④。表 15－1 展示了郑州市一类社区标准的部分内容，尽管这些标准对于郑州市的城市社区建设并不具有强制实施效力，但标准的具体内容可以为郑州市城市社区的建设提供明确的指导方向。

表 15－1　《郑州市城市社区分类管理实施办法》中的一类社区标准（节选）

一类社区标准	标准内容
文明社区标准	社区组织、制度健全
	居民生活方式健康科学，注重文明礼仪，社区家庭和睦，邻里关系融洽，无恶性吵架、斗殴现象。有社区家庭和社区居民的相关荣誉材料
	群众性文体活动广泛开展，社区组织的活动居民参与率较高，有活动相关资料
	社区内有精神文明建设宣传设施、公益性广告标志和宣传专栏，定期更换内容；社区创先争优活动成效突出，有相关图片资料
	社区群众不参与非法组织及活动
卫生社区标准	社区设有物业管理专干，社区物业管理规范
	社区道路整洁，卫生保洁及时到位，公厕、果皮箱、垃圾箱等环卫设施齐全，垃圾收集点设置规范，有资质的物业管理合同及相关图片资料
	垃圾清运及时，无暴露垃圾、无污水、无乱扔废弃物、无卫生死角，社区居民无违法违章饲养宠物和家禽等现象，在相关部门无不良投诉记录等相关资料

① 刘志鹏．城市社区自治立法：域外比较与借鉴．国家行政学院学报，2012（3）.

② 谭福有．标准和标准化的概念．信息技术与标准化，2005（3）.

③ 山东省东营市发布城市社区建设地方标准．https://baijiahao.baidu.com/s?id=1711699413597863291&wfr=spider&for=pc.

④ 郑州市民政局关于印发《郑州市城市社区分类管理实施办法》的通知．http://gfxwj.zhengzhou.gov.cn/u/cms/gfxwj/201704/18153753vqz3.pdf.

续表

一类社区标准	标准内容
环保社区标准	社区居民具有较高的环保意识和良好的环境行为，社区绿化合理，垃圾分类投放
	社区内无锅炉设施及用煤取暖现象，烟尘控制、噪声治理达到标准
	有一定面积的公共活动场所和公共绿地，无占绿毁绿现象
	街巷、庭院、楼道无乱堆乱放、乱贴乱画现象，公共部位门窗无破损等

资料来源：郑州市民政局关于印发《郑州市城市社区分类管理实施办法》的通知 .http://gfxwj.zhengzhou.gov.cn/u/cms/gfxwj/201704/18153753vqz3.pdf.

15.3.2　城市社区治理策略转型的作用

第一，有利于明确权责，提升城市社区治理效率。在传统的城市社区情感治理策略中，城市社区事务的处理主要依靠人与人之间积累的社会资本和情感资源，即通过所谓的讲人情、拉关系、给面子来达到处理城市社区事务的目标。城市社区治理多元主体之间并未就职能分工、主体权责等进行明确规定，导致各主体在开展工作时常出现业务交叉的问题，降低社区治理效率。在现代化城市社区治理阶段，通过制定正式的规则体系，对参与治理的多元主体的权利、义务、彼此间关系等进行明确界定，能有效消除重复工作带来的低效治理问题。同时，明确的权责关系也能促进城市社区治理各主体间的分工协作，鼓励各主体发挥各自的比较优势来进一步改善城市社区治理效能。

第二，有利于统一流程从而提升城市社区治理效率。在城市社区情感治理策略中，城市社区治理各项工作的开展并无统一的流程规范或程序要求，社区多元主体大多利用情感手段来寻求相关问题的解决。这意味着对同一件城市社区事务，可能由于每次参与该事务处理的主体不同、参与主体彼此间的情感基础不同，使得对该事务的处理手段以及处理结果出现差异。在这种情况下，若无统一的规则对相应工作做出指导，不仅会增加城市社区事务处理的不可预见性，也可能因相关主体采取不当的处理方式造成城市社区治理效率下降。在城市社区治理现代化阶段，通过出台正式的规则体系，对城市社区各项事务的处置流程做出详细规定，统一标准，避免因处置原则混乱而出现处置失误，有利于提高城市社区的治理效率。

第三，有利于去人格化从而提升城市社区治理效率。在城市社区情感治理策略中，城市社区事务的处理多依赖于人与人之间的互动与情感交流。尽管我们可以期待城市社区治理的相关主体都能够形成社区共同体意识，为实现社区整体利益的提升而采取行动，但人性总是复杂的，很容易发生社区各主体为谋求个人私利、或因顾虑他人情面而做出损害社区整体利益的事件。如对社区中某一居民无故占用楼道公共空间的行为，社区工作人员可能碍于与该居民的私人关系而不好意思介入处置，从而造成其他居民的利益受损。为解决此类问题，城市社区通过出台正式的规则体系，并要求社区治理相关主体遵循这些规则而非情感联系，来帮助多元主体排除个人偏好和情感，保持价值中立，对他们采取的城市社区治理行为进行约束。这有利于消除个人私心对城市社区治理的干扰，从而达到改善城市社区治理效能的目标。

15.3.3 城市社区治理策略转型的对策

尽管从情感治理向规则约束的转型促进了城市社区治理效率的提升，但正式规则体系还存在一定的问题，需要清醒面对，及时加以解决。

第一，亟须通过宏观层面的统筹协调解决治理规则碎片化问题。在制定正式规则的过程中，由于缺少独立于城市社区治理相关主体之外的高层统筹机构进行协调，城市社区治理各方主体常根据自身的利益偏好形成竞争博弈，具体表现为各方主体常针对同一城市社区事务各自出台规则，致使出现“政出多门”或“九龙治水”的现象。这不仅使社区工作人员在开展相关工作时不清楚应以哪项规则为准，且规则的重复制定也造成城市社区治理效率的下降。未来，出台城市社区正式规则应首先在城市社区治理相关主体之间进行统筹和协调，明确每一城市社区事务的职责归属，再由负责该事务处置的主体制定和发布相应规则的方式来进行，其余主体主要发挥配合、支持和协作的作用。

第二，亟须通过流程拆解和量化设计解决治理规则粗放化问题。首先，在城市社区治理策略转型过程中，可能受前期调研不充分、中期考虑不周全以及后期跟进不及时等因素影响，城市社区治理主体制定的不少正式规则往往未能覆盖相关工作的全流程，且可操作性较差。这不仅使城市社区工作人员在进行该项工作的某个环节时常常面临无章可循的窘境，而且也不利于社区工作人员明确应当将该项工作进行到何种程度①。未来，城市社区治理主体在制定正式规则时应采用流程化的思路。在周全考虑该项社区事务从始至终包括哪些环节的基础上，明确每个环节有哪些内容需要被规范，以确保无遗漏地对这些需规范的内容制定相应的标准。其次，社区规则的制定者应尽可能地使各项标准以一种量化的方式被表述，这样既能帮助社区工作人员清晰地获知应采取何种手段来开展该项工作，也可以及时了解应使该工作结果达到何种具体标准。

第三，亟须建立动态更新机制以解决治理规则僵硬化问题。城市社区现有的正式规则体系在出台后通常没有建立配套的动态更新与灵活调整机制，使得随着社区事务的日益复杂化，僵化的规则体系滞后于城市社区的治理需求，导致过时的城市社区治理流程继续被误用，从而拖累城市社区的治理效率。未来，城市社区应借助物联网、大数据、云计算等新一代信息技术，实时采集社区内各项治理工作开展的信息，将信息反映的实际工作情况与该项工作的现有标准进行对比，观察二者之间是否存在偏差。若长期存在偏差，则应在大数据分析的基础上对这些不合理的标准及时进行修正与调整，以保证城市社区治理的正式规则不落后于实际工作情况。

15.4 城市社区治理的手段转型

治理手段是城市社区治理相关主体为完成社区治理任务而采用的具体工具。传统治

① 姜胜辉．标准化治理：城市社区治理新模式．中共天津市委党校学报，2019，21（5）．

理主要依赖相关制度的制定和执行。随着新兴信息技术的发展，数字技术赋能下的城市社区治理手段正朝着更智能、更高效、更人性化的方向转型。

15.4.1　城市社区治理手段转型的特征

城市社区治理的手段转型在城市社区事务决策、城市社区问题处理以及城市社区服务三个方面具有亮眼的表现。具体来看：

第一，城市社区事务的决策方面。过去，城市社区治理多元主体之间主要依靠一些制度性渠道的建设，如社区听证会、社区居民代表大会、社区自治组织会议等的召开来进行沟通和协商，进而实现对城市社区集体事务的共同决策。由于这些制度性会议的召开通常需要提前拟定时间、地点和议题，并事先确保通知到城市社区治理的各方主体，一旦确定后便很难进行调整和变动，因此在城市社区事务日益复杂化的背景下，这种高度僵化的制度性决策渠道愈发难以回应城市社区居民多变的需求。而随着新兴信息技术的不断发展，城市社区开始寻求通过开发社区数字应用或借助社交媒体等方式为社区多元主体提供能够实时进行沟通和协商决策的平台。如美国许多社区建设名为“邻里”的社交应用平台。各社区的居民在验证自己的真实姓名和地址之后，可以加入所属社区的社交网络。在“邻里”平台上，社区居民不仅可以十分便捷地与本社区的其他居民进行聊天、互动和协商决策，也可以就自己在社区中遇到的问题进行投诉、举报和寻求帮助[①]。在我国，近年来，微博、微信、社区 App、社区 QQ 群、博客、社区网络论坛等新媒体和新应用正在成为社区居民进行互动与协商决策的新载体[②]。社区居民利用智能手机便可以在相关媒体或应用上发表对本社区治理的意见、与其他主体进行协商或参与社区集体事务的决策。新兴信息技术的发展为城市社区事务的决策提供了更加方便、快捷和高效的渠道，这有利于改善城市社区治理决策的效能，并减少多元主体间的摩擦。

第二，城市社区问题的处理方面。在传统的治理模式中，城市社区问题的发现主要依赖于社区工作人员的巡视制度和面向社会公众的上访制度。社区相关机构在发现问题或收到社区居民反映之后，将根据社区工作制度的规定，在讨论得出处理方案的基础上，派遣相关人员前往现场对问题进行处理。这种治理手段虽然也能保证被城市社区治理机构或社区居民发现的问题顺利得到处理，但仍存在一些弊端：一是城市社区治理机构在对社区问题的巡视和方案研讨上，需要花费大量的人力、物力和财力，且这种成本将随着城市社区规模的扩大而不断增加；二是依靠城市社区居民反映的制度来发现问题实际上是一种被动的问题处理方式，这不利于城市社区治理相关主体提早识别问题和预防问题的发生。而在物联网等新兴信息技术的支持下，城市社区开始在问题识别、方案分析和统筹调配等环节采用更加智能化的手段。图 15－5 展示了在采用新兴信息技术的城市社区中，社区问题是如何以一种更为智能化的方式被处理的。在新模式下，社区环境信

---

① LAMBRIGHT K. Digital redlining：the Nextdoor app and the neighborhood of make-believe. Cultural critique，2019（103）.

② 梁丽．北京市智慧社区发展现状与对策研究．电子政务，2016（8）.

息能够通过城市社区基础信息设施而被实时感知和采集。在此基础上，这些信息一方面将通过通信网、互联网、物联网等网络在城市社区治理的不同主体之间实现共享，另一方面也将被进一步上传到云端的社区指挥中枢。社区指挥中枢将借助大数据、云计算等技术对汇总而来的社区环境信息进行实时分析、监控和提前预警。一旦社区指挥中枢识别出某些异常，它便会结合社区当前的资源情况，例如社区工作人员的位置信息等进行自主计算和分析，设计出最优的资源调配方案和问题处置方案。这些有关资源调配和问题处置的指令将由城市社区指挥中枢发布，并经由通信网、互联网、物联网等网络传达到相应人员手上，指导相应人员对问题进行处理。相关人员在妥善处理好问题之后，可以选择自主上传处置后的数据到社区指挥中枢，也可以选择由城市社区基础信息设施自动识别变化后的环境数据，再由这些基础信息设施将相应数据上传到社区指挥中枢。这些数据将供社区指挥中枢进行事后检查和评估[①]。

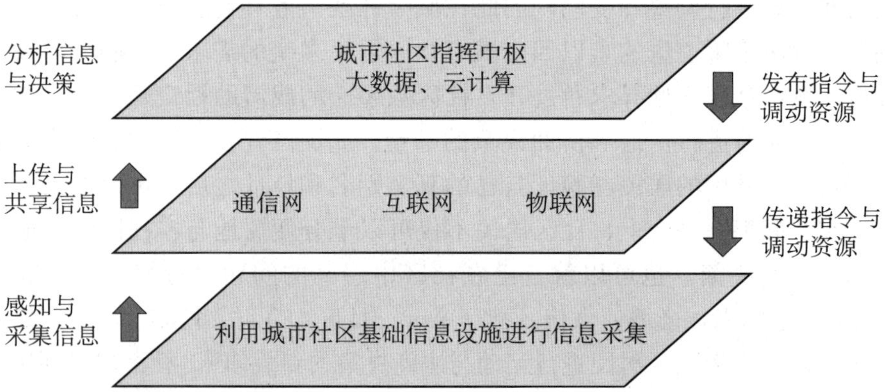

图 15－5　城市社区问题的智能化处理流程

第三，城市社区服务的提供方面。传统的城市社区服务项目的确定是自上而下的协商决策或自下而上的反向发包的结果。无论何种方式，其过程都受到相应制度的规范。例如，部分社区的基金会在决定对哪些社区服务项目提供支持时，会在项目申请、项目评审、项目接包和实施、项目评估与验收等环节提出详细的制度规定，社区企业或社区社会组织在参与社区服务供给时需要严格遵循这些要求[②]。这种方式的弊端是，城市社区服务的供给受制于供给导向的思路，即主要依靠供给方决定应该为社区居民提供什么样的服务，而忽视作为社区服务的直接享受者——社区居民的意愿和个性化需求。而在新兴信息技术的辅助下，城市社区治理的相关主体可以在收集社区日常运行数据并进行实时分析的基础上，感知社区居民的需求细节，为社区居民提供定制的个性化服务。例如，社区治理相关机构可以通过将社区居民的日常出行数据与实时的交通路况数据相对接，为社区居民提供出行路线规划服务，帮助社区居民选择最便捷、最环保、最舒适的出行路线；社区治理相关机构还可以通过分析社区中不同群体属性的社区居民的日常生活数据，归纳出社区居民日常活动的时间和空间规律，从而通过预先调整社区相关资源的开

① 王法硕．智能化社区治理：分析框架与多案例比较．中国行政管理，2020（12）．
② 方勇．柔性控制：政府主导型社区基金会的项目制运行逻辑．社会主义研究，2018（2）．

放时间与空间，在满足不同群体属性的社区居民的需求的同时，实现社区资源配置的优化[①]。在现实生活中，已有不少城市社区开始运营由新兴信息技术支持的智慧社区服务项目。例如，中国广州市荔湾区东漖街的智慧养老项目依托互联网智能系统，采用智能手段为社区老年人提供有针对性的健康管理服务。这个项目的实施过程为：第一步，社区中有需要的老年人在家自行监测自身的健康数据；第二步，这些健康数据会被自动上传到社区智慧养老项目搭建的互联网智能系统，接受健康管理员和社区医生的共同监测；第三步，健康管理员和社区医生将在综合评估的基础上，为每位有健康管理需求的老年人提供个性化的诊疗方案，帮助他们改善健康状况[②]。可见，新兴信息技术的发展能够为社区居民提供更具针对性的服务，从而改善面向居民的社区服务质量。

15.4.2　城市社区治理手段转型的作用

城市社区治理手段从制度建构向技术赋能转型，是当前应对社区事务日益复杂和居民需求日益多变等挑战的必然选择，技术赋能的城市社区智能化治理手段具有如下优势：

第一，有利于推动城市社区多元主体共治的实现。由于相关制度和法律的缺失，各方主体在进入城市社区多元共治序列时往往会受到一定的阻碍。不仅各方主体的权利无法得到切实保障，政府外的其他主体往往也处于弱势地位。此外，城市社区多元主体参与社区治理的制度性渠道不畅也在一定程度上降低了多元主体参与城市社区共治的意愿。而信息化平台和社交媒体网络的建立通过在城市社区多元主体之间搭建起一个能够实时进行沟通、互动与协商决策的平台，不仅确保了各方主体平等参与城市社区公共事务决策的机会不被剥夺和侵犯，也极大地降低了各方主体参与城市社区治理的成本。这些都有利于增强城市社区多元主体参与城市社区治理的积极性，有利于促进城市社区多元共治格局的形成[③]。

第二，有利于城市社区治理的作用边界向事前延伸。在传统治理模式下，城市社区治理机构往往要等到工作人员在巡视过程中发现问题或接到社区居民反馈之后，才能介入社区问题处理或回应社区需求，这属于一种事后性应对。而大数据、云计算、人工智能等新兴信息技术的应用则能使城市社区治理机构对社区问题和居民需求的介入点前移。具体而言，大数据、云计算、人工智能等技术能够借助对海量数据的量化分析来寻找治理主体之间、治理资源之间、治理主体与治理客体之间、治理需求之间的数据关联，发现其中的规律和趋势，并在此基础上对社区问题感知、社区资源配置、社区服务供给等做出预判性决策[④]。通过化被动应对为主动预测，城市社区治理机构能提前做好准备以应对可能发生的问题。这不仅使城市社区内部的问题或居民需求能在第一时间被发现、被解决、被反馈和被检验，提高城市社区治理的准确性和及时性，还能通过预先处置，将

---

① 朱琳，万远英，戴小文．大数据时代的城市社区治理创新研究．长白学刊，2017（6）.

② 王静，吴烈雄，陈少芬，等．社区照顾视角下医养结合模式在社区养老服务中的应用：以广州市荔湾区东街智慧养老项目为例．中国社会工作，2017（36）.

③ 宗成峰．中国“互联网＋”城市社区治理：挑战、趋势与模式．城市发展研究，2020，27（10）.

④ 宋晓娟，王庆华．智慧社区：主体间新关系与治理新形态．电子政务，2020（4）.

一些问题扼杀于萌芽状态，避免进一步扩大造成不良影响。

第三，有利于回应城市社区居民的多样化需求。在传统的社区治理模式中，对居民需求的识别主要依赖于自上而下的调研或自下而上的反馈，只有较强的集体性需求才能被识别和捕获。这使得治理机构对社区居民需求的回应不仅具有一定的被动性和滞后性，且服务质量也较为粗糙，无法对高度异质性的个体需求做出精细化的回应。但在数字技术赋能阶段，城市社区治理机构在新兴信息技术的辅助下，不仅能在分析居民个人特征的基础上针对社区居民多样化需求提供定制化服务，还能凭借对社区居民特征数据和社区运行数据的实时监控，根据社区居民个性化偏好的改变和社区资源的演变，动态调整服务方案。

15.4.3 城市社区治理手段转型的对策

新兴信息技术应用于城市社区治理的过程中也暴露出一些问题，需要在进一步的建设中予以注意和整改。

第一，亟须建设完善的制度体系以保障城市社区治理手段的转型。当前，城市社区治理缺乏与数字技术嵌入相适配的制度体系，具体表现为：首先，数字技术在城市社区治理中的嵌入将带来公共话语权、公共信息传播、公共场域互动等方面的新发展，其实质是数据资源的技术化分配导致社区治理权的重新配置。为保障社区多元主体共治格局的稳定，需要建立相应的制度体系以维护新的社会空间中各方主体的合法权利①。其次，在数字技术应用于城市社区治理的过程中，有关社区日常运行和居民生活的海量信息被相关媒体、应用软件或平台捕获。尽管相关媒体、应用或平台也有关于数据使用的说明，但由于缺乏法律制度的保障，这些媒体、应用软件或平台可能会利用社区居民的个人信息进行营销，或通过转售社区居民的个人信息来获利，造成社区居民的隐私泄露问题②。政府应尽快完善对城市社区治理过程中数字技术使用的相关规范，确保城市社区居民的信息安全不被侵犯。

第二，亟须建设专业的人才队伍以支撑城市社区治理手段的转型。移动互联网、物联网、大数据、云计算、人工智能等属于信息和通信领域的前沿技术，通常具有较高的进入和使用门槛，因此在城市社区治理手段向技术赋能转型的过程中，特别需要掌握相关技术的专业人才参与城市社区治理，保证新兴信息技术在城市社区治理中切实落地。但当前受发展前景、工作待遇等因素的制约，掌握相关技术的年轻人才大多不愿意长期驻扎在社区基层工作。而现有的社区工作人员，在进入社区工作序列时并未接受新兴信息技术能力方面的培训，加之工作人员大多年龄偏大，文化水平不高，接受新事物、学习新技术的意愿与能力不足，导致新兴信息技术在城市社区治理中的使用存在诸多困

---

① 沈费伟，叶温馨．基层政府数字治理的运作逻辑、现实困境与优化策略：基于“农事通”“社区通”“龙游通”数字治理平台的考察．管理学刊，2020，33（6）.

② MASDEN C，GREVET C，GRINTER R，et al. Tensions in scaling-up community social media：a multi-neighborhood study of nextdoor. https：//faculty. cc. gatech. edu/～keith/pubs/nextdoor－chi2014. pdf.

难[①]。政府及相关社区治理机构应通过政策引导、宣传激励、物质支持等方式，增强对掌握数字技术的专业人才的吸引力，组建一支有知识、懂技术的专业人才队伍，为城市社区治理手段向技术赋能转型提供切实支撑。

本章小结

城市化的加速推进改变了城市社区治理的环境与条件，这不仅使得原本的城市社区治理模式遭遇窘境，也对新形势下的城市社区治理提出了更高的要求。为提升治理效率，改善治理质量，城市社区治理主体从政府一元管理向多元主体共治转型，治理结构从科层制向项目制发展，治理策略从情感治理向规则约束转型，治理手段则在数字技术赋能的背景下朝着更加智能化的方向发展。未来，城市社区治理应当在提供配套制度保障、加强人才队伍建设、培育社区社会资本等方面提供更多的支持。

关键术语

多元共治　科层制　项目制　情感治理　规则约束　技术赋能

复习思考题

1. 简述城市社区治理从政府一元管理向多元主体共治转型过程中面临的主要问题及解决思路。
2. 简述科层制和项目制在城市社区治理中的主要表现形式。
3. 简述城市社区治理结构从科层制向项目制转型过程中面临的挑战及对策。
4. 简述情感治理和规则约束作为城市社区治理策略的联系与区别。
5. 城市社区治理策略从情感治理向规则约束转型的优势有哪些?
6. 在数字技术赋能的背景下，城市社区治理如何优化治理手段?

进一步阅读的文献

1. BRAUN R，CATALANI C，WIMBUSH J，et al. Community health workers and mobile technology：a systematic review of the literature. Plos one，2013，8（6）.

2. COY P，HEDEEN T. A stage model of social movement co-optation：community mediation in the United States. The sociological quarterly，2005，46（3）.

3. HAMPTON K N. Persistent and pervasive community：new communication technologies and the future of community. American behavioral scientist，2016，60（1）.

4. HAMPTON K，WELLMAN B. Examining community in the digital neighbor-

① 张鹏. 智慧社区公共服务治理模式、发展阻碍及整体性治理策略. 江淮论坛，2017（4）.

hood：early results from Canada's wired suburb. Lecture notes in computer science，2020 (1765).

5. RODRÍGUEZ-POSE A，STORPER M. Better rules or stronger communities?：on the social foundations of institutional change and its economic effects. Economic geography，2006，82 (1).

6. 陆军，等．营建新型共同体：中国城市社区治理研究．北京：北京大学出版社，2019.

7. 孙萍．中国社区治理的发展路径：党政主导下的多元共治．政治学研究，2018 (1).

8. 陆军，丁凡琳．多元主体的城市社区治理能力评价：方法、框架与指标体系．中共中央党校（国家行政学院）学报，2019 (6).

第16章

开放条件下的城市区域治理

随着全球城市化进程不断向纵深推进，都市圈、城市群等城市密集区迅速崛起，传统城市管理面临着公共治理跨行政区的广域化趋势与属地化管理体制之间的突出矛盾。未来的城市治理，一方面迫切需要将原有的实施尺度由城市转向区域，探索建构与城市区域空间相适应的管理系统；另一方面，亟待在区域治理的工具和手段、区域间的合作与关系协调、区域公共产品的供给、区域公共安全维护等重大问题上寻求突破之策。

本章由四部分组成：一、以城市区域化治理尺度重构为逻辑起点，对核心概念进行梳理辨析；二、对国内外区域治理的模式、组织机构等进行理论和实践的梳理总结；三、阐释区域公共产品的供给模式，以及地区间联合供给的协同合作机制；四、探讨国内外跨区域重大突发事件联防联治策略，总结经验提炼改革思路与方向。

重点问题

- 城市区域治理理论的演进趋势及特点
- 城市区域治理模式、工具及其比较
- 区域公共产品的供给模式与机制
- 跨区域重大突发事件联防联治策略

16.1 城市区域治理的背景与理论演进

16.1.1 城市区域治理兴起的原因

1. 公共问题逐渐突破行政管辖区的刚性约束

在城市化、区域一体化和社会信息化的大背景下，传统的城市公共管理问题已经更加趋向“外部化”和“跨行政区化”，并开始突破行政管辖区的刚性约束，因而单一行政区政府在面对日益复杂化和区域性的公共事务问题时变得力不从心①。一方面，诸多区域性的公共问题使区域间的联系更加紧密，如区域间政府的协调与合作、区域污染协同治理、区域公共产品的联合供给等问题受到愈来愈多的关注；另一方面，跨地域性的公共议题开始凸显，尤其是疫情等重大突发事件的公共安全问题，为跨域协同治理和协同发展提供了客观依据②。因此，在推进国家治理体系和治理能力现代化的战略部署下，如何突破传统行政区划思维的城市治理模式困境，有效解决区域性公共事务与公共问题，已成为区域公共管理的重大挑战，为城市区域治理理论与实践探索提供了客观事实依据。

2. 对传统地方政府合作困境的反思与超越

政府主导的自上而下的治理模式拥有权威性和社会执行低成本的优势，然而需要以上级政府的理性和完全信息为前提。而且此类等级制治理模式存在明显弊端：一方面，固着于行政区划的管理模式容易造成地方本位主义，尤其是不同职能业务管理部门、不同区域间的合作事务，由于缺乏自主性的整合与协同发展思维，地方政府治理碎片化问题突出③；另一方面，在区域发展的张力下，不同阶层的微观个体对高质量生活具有强烈需求，但政府对市场的过度干预与封闭管制使得体制日趋僵化，公共机构、社会组织和企业等参与公共事务管理的渠道受阻，限制了区域资源的优化配置和微观个体的收益均等化过程。城市区域治理更关注跨域地方政府的合作与协同，更强调多元主体的协作伙伴关系，相比于传统的等级制，更具有弹性、开放性和包容性，有助于提升治理绩效。

3. 治理尺度的重构

随着单体城市内部的公共事务与公共问题逐渐演变成为“跨域”“跨行政层级”的区域性问题，亟须实现从“城市”到“城市区域”的空间尺度转换，城市区域治理应运而生。城市区域是核心城市与周边腹地形成紧密经济、制度、文化等联系的经济地理区域④。

在城市区域治理的过程中，既有经济社会联系的尺度重塑，又有物理空间的边界转换，空间尺度重构理论可以作为城市区域治理过程的重要理论工具⑤。在中国，城市区域尺度主要包括都市圈和城市群两个地理范畴。都市圈是以超大特大城市或辐射带动作用强的城市为中心，以1～2小时通勤圈为基本范围的空间单元；城市群是指一定地域范围内，基于交通、人口、产业、贸易等联系机制、以中心城市为核心向周围辐射形成的具

---

① 陈瑞莲．论区域公共管理研究的缘起与发展．政治学研究，2003（4）.

② 张成福，李昊城，边晓慧．跨域治理：模式、机制与困境．中国行政管理，2012（3）.

③ 吕丽娜．区域协同治理：地方政府合作困境化解的新思路．学习月刊，2012（4）.

④ RODRÍGUEZ-POSE A. The rise of the “city-region” concept and its development policy implications. European planning studies，2008，16（8）.

⑤ SWYNGEDOUW E. Authoritarian governance，power，and the politics of rescaling. Environment and planning d：society and space，2000，18（1）.

有网络空间特征的城市集合体[①]。当前中国城市区域的尺度重构包括行政区划调整、区域发展规划和跨区合作伙伴关系[②]。其中，行政区域调整属于刚性的尺度重构，后两者则是柔性的尺度重构[③]。

16.1.2　城市区域治理的概念和特征

关于城市区域治理的内涵，不同研究者莫衷一是。黄丽提出，城市区域治理是通过建立一个机制或者整合专门政府机构委员会的形式，组织动员非政府组织、社会民众等多元主体参与解决城市区域问题的政治过程[④]。洪世键认为，城市区域治理是在中心城市与外围区域紧密联系的一个实体地域空间内，政府、市民、社会组织等多元主体通过政府调控与合作、市场化竞争等机制手段，解决区域共性问题，联合供给公共服务的行动[⑤]。因此，城市区域治理强调跨越行政区域的组织模式、治理机制和工具创新，其核心是解决区域性公共问题的过程与方法。

作为一种新型治理模式，城市区域治理具有如下特征：第一，具有明确的城市区域空间和跨行政区组织单元。当前，城市区域治理的地域空间主要是都市圈和城市群两个地理尺度。它们是由中心城市以及周边中小城市、城镇形成的功能性区域，地域范围具有开放性和动态性特征，也超越了单一行政区域的管辖范畴。第二，治理对象主要是跨域性的公共事务与公共议题。城市区域治理的主要目标是合作解决单一地区主体无法解决的区域性问题，例如较强外溢性的公共产品供给与服务、环境污染、区域公共安全等问题，这些必须经由区域间的不同政府、不同企业和不同部门合作才能予以有效解决。第三，参与主体多元化。城市区域的治理结构包括政府、私营部门和第三部门等多个利益主体，第三方部门包括行业协会、志愿组织、非营利机构、社区互助组织等。

16.1.3　城市区域治理的理论演进

1. 传统区域主义：统一大都市政府

20 世纪 30 年代以来，政治碎片化问题开始在大都市区显现[⑥]。对于该问题，传统区域主义理论认为，为了更好地应对城市区域对公共物品联合供给的需要，可以通过兼并或市县合并等方式打破区域内众多地方政府各自为政的局面，建立一个统一型的大都市区政府，从而实现区域内优化资源配置和供给效率提升[⑦]。有学者称这种理论主张为“巨

---

① 陆军．中国城市群战略演进的内在逻辑与外在挑战．人民论坛，2021，28（25）.

② WU F. China's emergent city-region governance：a new form of state spatial selectivity through state-orchestrated rescaling. International journal of urban and regional research，2016，40（6）.

③ 张衔春，胡国华，单卓然，等．中国城市区域治理的尺度重构与尺度政治．地理科学，2021，41（1）.

④ 黄丽．国外大都市区治理模式．南京：东南大学出版社，2003.

⑤ 洪世键．基于新区域主义的我国大都市区管治转型探讨．国际城市规划，2010，25（2）.

⑥ MAXEY C. The political integration of metropolitan communities. National municipal review，1922，11（8）.

⑦ 易承志．国外大都市区治理研究的演进．城市问题，2010（1）.

人政府论"[①]。该理论的核心逻辑在于强调城市区域的整体性和综合性，以集权化的大都市区统一政府为手段，强化政府对资源的配置能力。然而，这种以集权化为核心特征的区域主义理论受到了一些学者的批评，因为区域性政府存在体制机制僵化且规模膨胀等弊端，往往带来跨区服务成本提高和效率低下等问题[②]。在这种情况下，一种与之截然相反的理论派系产生，即以多中心治理为核心的公共选择学派理论。

2. 公共选择学派：多中心治理

多中心治理学派以"用脚投票"假设的公共选择理论为基础[③]，在20世纪60年代至80年代开始兴盛。多中心治理学派强调个人具有经济理性和自我利益驱动，但并非标准经济学假定的完全经济人，因而该理论关注个体的多样化偏好，强调多元主体和市场竞争在公共产品联合供给中的作用。该主张与传统区域主义所强调的单一行政权力中心不同，主张多元主体的互动以及多中心特征的自主治理，这有助于打破单一性区域大政府的行政垄断局面，有效解决外部不经济问题[④]。该理论认为俱乐部、联合会等形式有利于公共政策的实施，有利于公民积极参与、实现邻里自治，同时丰富公私合作领域的市场治理机制。但是，有学者对理性经纪人假说、公共资源分配不均等问题提出了批评，新区域主义治理理论在这种质疑中应运而生。

3. 新区域主义：网络化合作

新区域主义治理理论是对统一政府模式和多中心治理模式的反思，其核心特征可以概括为"治理手段、多部门、过程性、协作性、网络化结构"[⑤]，该理论注重谈判的过程[⑥]。该理论是在一大批城市与区域研究的学者开始关注中心城市与外围城市之间的相互联系的背景下产生的，摒弃了纵向治理体系的逻辑基础，转向强调政府、市场、个人、非营利组织等利益相关者之间的协作机制，从横向网络化的视角进行区域整体性治理[⑦]。新区域主义主张分权式地方政府合作模式，大都市区治理可通过协商谈判的方式构建横纵向联系，进而实现地方的网络化合作。整体而言，新区域主义理论介于传统区域主义理论（强调政府机制）和多中心治理（强调市场机制）之间（如图16-1所示），该理论的核心贡献在于提出了区域网络化治理的新思路，在具体实践中区域联盟组织、区域协同合作框架协议、自愿协议安排等机制得到了广泛的应用。

---

① WOOD C R. Metropolitan government，1975：an extrapolation of trends the new metropolis：green belts，grass roots or gargantua?. The American political science review，1958，52（1）.

② OSTROM V，TIEBOUT C，WARREN R. The organization of government in metropolitan areas：a theoretical inquiry. American political science review，1961，55（4）.

③ TIEBOUT C M. A pure theory of local expenditures. Journal of political economy，1956，64（5）.

④ 王旭．美国城市发展模式：从城市化到大都市区化．北京：清华大学出版社，2006.

⑤ WALLIS A D. The third wave：current trends in regional governance. National civic review，1994，83（3）.

⑥ BRENNER N. Decoding the newest "metropolitan regionalism" in the USA：a critical overview. Cities，2002，19（1）.

⑦ 张紧跟．新区域主义：美国大都市区治理的新思路．中山大学学报（社会科学版），2010，50（1）.

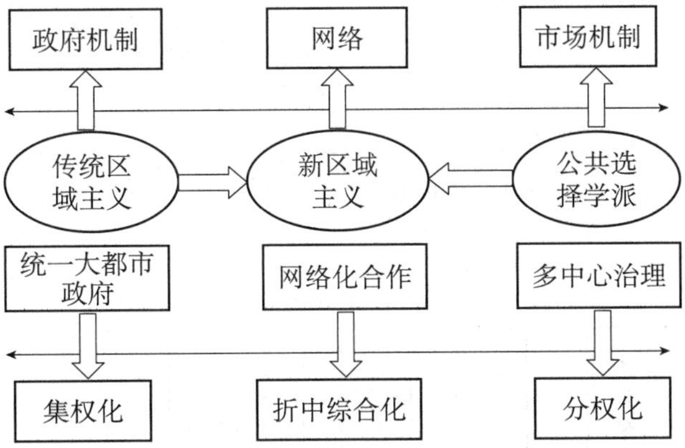

图 16－1　城市区域治理三种理论的比较及演变关系

16.2　国内外城市区域治理模式与工具

16.2.1　国外城市区域治理的经验与模式

1. 伦敦：双层制大都市政府治理

英国作为世界上最早开始城市化的国家，其首都伦敦亦是最早迈入大都市区发展阶段的城市之一，在世界大都市区体系中具有重要地位。伦敦大都市区的政府治理机制经历了从分散到集中的过程。20 世纪 90 年代以来，伦敦大都市区出现了政府内部分割化，因而在 1999 年英国议会对伦敦市治理机制进行了大幅度的改革，确立了两级治理结构（大伦敦市政府-自治市委员会）（如图 16－2 所示）和三级管理体制（大伦敦管理局-自治市政府-选区）的区域治理体制。在职权方面，大伦敦市政府主要负责制定区域战略规划以及与部门之间的协调、预算管理等公共事务，其下属大伦敦警署、伦敦交通局、伦敦发展局、伦敦消防和紧急救济局等核心职能部门，强化集中治理的权威性。自治市则负责对区域内重大问题进行调查，主要对区域内城市规划、道路养护等公共事务负责。同时，大伦敦市政府下属的职能业务部门均有自治区派出的代表，他们可利用自身更熟悉本地社区情况的优势，为交通、经济发展、环境保护等公共事务总体战略规划提供相关建议，与大伦敦市市长平等地进行交流与磋商①。因此，大伦敦市政府与自治市委员会并非上下级关系，两者各司其职、平等协商。除此之外，大伦敦市政府还充分鼓励市场力量和社会公众参与到治理当中，通过合同外包、特许经营等形式将垃圾收集、道路养护等公共服务交由私营部门，鼓励公民参与“伦敦现状辩论会”“人民质询时间”等公共活动，提升公众参与治理的积极性和影响力②。

---

① 张紧跟．新区域主义：美国大都市区治理的新思路．中山大学学报（社会科学版），2010，50（1）．

② 高秉雄，姜流．伦敦大都市区治理体制变迁及其启示．江汉论坛，2013（7）．

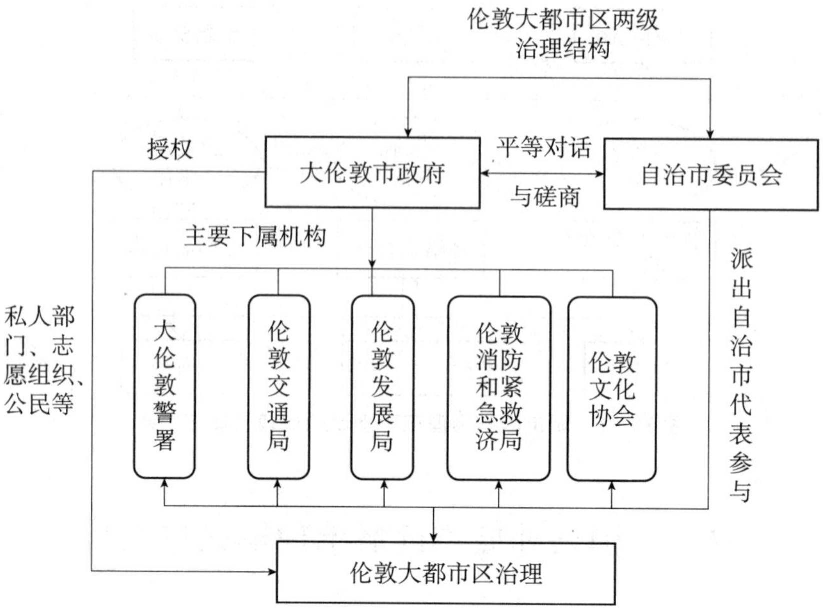

图 16-2　伦敦大都市区双层制治理结构

2. 纽约：多中心分布式网络治理

纽约大都市区作为世界上最大的城市密集区域，在空间区划上横跨了美国纽约州、康涅狄格州与新泽西州三个大州。与伦敦大都市区的政府集中治理结构不同，纽约大都市区并没有建立一个统一的大都市区政府，而是引入私营部门、非营利组织等多元主体共同参与的市场化运作模式。该模式的特点是多中心分布式治理，治理结构相对松散。其中，最有名的是第三部门公共交通机构纽约和新泽西港口事务管理局（简称"纽约新泽西港务局"），其组建了审计委员会、资产管理委员会等六个管理委员会。该机构主要负责纽约大都市区的商业和运输设施的规划、建设、运营与服务，通过发行债券和出售免税债券获得集装港建设所需资金，同时将这些资金用于地产开发、城市复兴等基础设施项目，通过项目的管理费和租金实现自负盈亏经营。除此之外，纽约大都市区还引入特许经营、服务外包等市场化工具手段，尤其是社会参与的民间区域规划组织成为区域治理的重要力量。其中最为著名的是纽约区域规划协会，该组织的资金主要来自社会捐赠和会员缴费，主要负责基础设施、生态环境、公共空间等区域总体规划和功能规划。作为非官方第三部门组织，成员主要由政府领导人、大学老师、基金会负责人、行业领袖等，因而该组织在大都市区规划中能够得到多方专业力量的决策建议。同时，纽约区域规划协会在纽约大都市区总体规划过程中，通过开展听证会、规划论坛、民主评议会等活动吸引了众多社会力量参与，成为参与式区域治理模式的典范，得到了社会民众的广泛赞誉①。

---

① 陆军，等. 中国都市圈协同发展水平测度. 北京：北京大学出版社，2020.

3. 华盛顿：俱乐部自愿合作治理

华盛顿大都市区是一个典型的政治功能性城市区域。其区域治理模式的特点可以总结为委托授权的协作治理。从纵向府际关系看，特区政府不受其他州的管辖，与其他政府不存在隶属关系，属于委托授权的市政自治。从横向府际关系看，华盛顿大都市区的合作治理绩效突出，通过互动参与的方式有序促成了跨政区政府之间的合作，其中最为突出的是大都市政府委员会，也称华盛顿大都市政府联席会。作为一个半官方的松散型非营利组织，该委员会由地方政府官员、联邦政府官员和众参议员代表等组成。其成员全部自愿参与，且随时可以退出。从资金来源看，该组织资金包括联邦和州政府的拨款、地方政府会费、契约费、各类基金和私人部门的捐赠等。从组织架构看，大都市政府委员会的董事会主要负责政策设计、资金拨付管理等，下设空气质量、交通运输规划、公共工程等多个专业委员会。从作用职能看，大都市政府委员会的主要职能是将每年联邦和州的拨款就不同领域进行分配，同时还为成员提供信息发布、社会服务、居民通勤等众多公众关注的跨地区服务①。这种统一管理的区域委员会模式在区际政府协调、污染治理和交通拥堵治理等方面取得了良好成效。

4. 东京：自主联合的广域规划治理

日本最早提出“都市圈”的概念，其中东京都市圈最具代表性。东京都市圈作为世界上人口规模最大的城市区域，除了发达的交通基础设施网络，最大的特点是自下而上的区域性统一规划。在 20 世纪 50 年代，东京首都圈的区域规划主要由中央主导，即由中央政府主要负责规划体系、资金保障、政策配套以及宏观调控以实现跨区协作，规划主体是东京大都市圈整备局。后来随着区域经济结构的转型，东京都市圈规划开始突出地方政府的自主作用，形成了自主联合的广域地方规划。2008 年，东京都市圈成立首都圈广域地方规划协会，并通过了《首都圈广域行政规划》。该协会由中央政府、地方政府和社会公众组成，其决策主体包括财务局、整备局、运输局等多个行政机关，以及所在区域都道府县、政令指定都市等地方政府。作为一种全新的区域规划类型，其通过广域联合的方式在交通建设、公共服务、灾害防治等多个领域形成合作，如图 16－3 所示。同时，日本还吸引了多方利益主体形成广域联合体，赋予他们参与规划的权利，从而以外部联合机制的形式共同推进区域治理的可持续发展②。

16.2.2 国外城市区域治理的典型机构

跨域治理机构是解决区域公共问题，协助政府开展跨域事务治理的重要力量。在长期的演进发展过程中，城市区域逐步建构生成类型多样、功能各异的跨域治理机构。依据类同度和依存度两个标准，可以将城市区域的跨域治理机构划分为官方型、半官

---

① 张军扩．华盛顿城市治理经验：委托授权的协作治理．中国经济时报，2016－08－24．

② 苏黎馨，冯长春．京津冀区域协同治理与国外大都市区比较研究．地理科学进展，2019，38（1）．

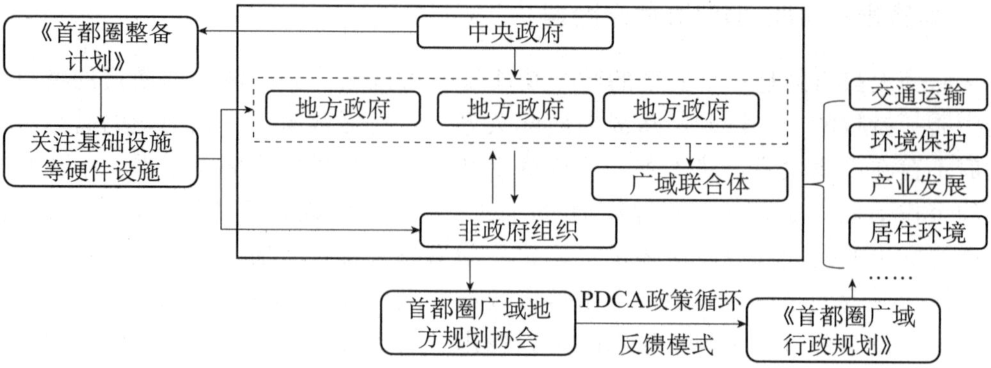

图 16-3 东京大都市区广域规划治理模式

资料来源：苏黎馨，冯长春．京津冀区域协同治理与国外大都市区比较研究．地理科学进展，2019，38（1）．

方型、专区型、商会型、协会型等五种类型，如表 16-1 所示①。

表 16-1 国外典型城市区域治理机构分类

机构类型	机构名称	运作机制	隶属关系	资金来源	核心成员	意见输出
官方型	日本东京湾区的国土交通省・都市局	类政府运作	隶属于政府	财政拨款	公务员	自行采纳、执行
	日本东京湾区的国土交通省・关东地方整备局	类政府运作	隶属于政府	财政拨款	公务员	自行采纳、执行
半官方型	旧金山湾区大都市交通运输委员会	委员会治理制	与政府存在一定的隶属关系	联邦/州政府拨款、水路桥费	现任官员与相关协会的董事兼任	政府、协会、社会
	纽约北泽西交通规划局	委员会治理制	与政府存在一定的隶属关系	联邦政府拨款	现任官员兼任、民选代表	政府
	旧金山湾区空气质量管理委员会	委员会治理制	与政府存在一定的隶属关系	联邦/州政府拨款、行政收费与罚金	民选代表	政府、协会、社会
专区型	纽约湾区纽约-新泽西港务局	公司化运作	与政府无直接隶属关系	水路桥费、不动产租金、债券收入	政府委任、雇用专员	政府与公民
商会型	旧金山湾区委员会	公司化运作	与政府无隶属关系	会员费、基金会/企业/私人捐赠	会员	政府、协会、社会

① 杨爱平，林振群．世界三大湾区的跨域治理机构：模式分类与比较分析．公共行政评论，2020，13（2）．

续表

机构类型	机构名称	运作机制	隶属关系	资金来源	核心成员	意见输出
协会型	旧金山湾区政府协会	委员会治理制	与政府无隶属关系	财政拨款	政府	政府、协会
	东京都市圈交通计划协会	委员会治理制、定期会晤机制	与政府无隶属关系	协会成员提供资金支持	政府、企业	政府、协会、社会

资料来源：杨爱平，林振群．世界三大湾区的跨域治理机构：模式分类与比较分析．公共行政评论，2020，13(2).

1. 官方型城市区域治理机构

官方型的城市区域治理机构与政府系统内部存在隶属关系，一般采用由政府对区域内利益相关主体进行统一集权管理与指导，从而实现城市区域内部协同治理的目的。在该类型的区域组织机构下，政府能够充分利用权威实现区域统一规划与治理。如日本东京湾区的国土交通省·都市局和国土交通省·关东地方整备局，它们均隶属于国土交通省，采取类政府的运作模式，其资金、成员等主要由政府安排，因而机构规划或政策输出意见也主要以服务政府为主。

2. 半官方型城市区域治理机构

半官方型城市区域治理机构通常不是具体的政府行政单位，但又与政府存在一定的隶属关系。它们依据相关条例、协议，并通过政府相关审核而成立，其核心运作模式多采取委员会治理制，核心成员主要包括政府官员、选民代表、协会董事等。作为半官方型组织，其资金来源和意见输出对象不仅包括政府，同时还包括协会、社会等。其中，较具代表性的半官方型跨域治理机构有旧金山湾区大都市交通运输委员会、纽约北泽西交通规划局、旧金山湾区空气质量管理委员会等。

3. 专区型城市区域治理机构

专区型城市区域治理机构与政府不存在明显的隶属关系，多采取公司化运作的模式，因而在财政上以自负盈亏为主，核心成员构成也较为多元，主要包括政府委任、雇用专员等。相比于官方型和半官方型组织，该治理机构对政府的依存度较低，所以能够在一定程度上弥补统一大都市政府带来的体制性障碍，更有效率地提供跨区服务和更有针对性地解决城市区域治理难题。此外，其企业化运作模式引入社会资本来解决跨区治理问题，不仅缓解了政府财政压力，也降低了公众的纳税负担。专区型跨域治理机构中知名度最高的是纽约湾区的纽约-新泽西港务局。

4. 商会型城市区域治理机构

商会型城市区域治理机构通常由商会自愿组织而成，与政府不存在隶属关系，其运作机制以公司化运作为主，资金来源主要包括会员费和基金会、企业及私人捐赠等。其主要会员多为非政府民间组织，企业、政府、科研机构、非政府组织等多方力量协作商讨、处理跨区事务，这有利于推动多元主体力量参与跨区治理过程。相比于官方型、半官方型、专区型城市区域治理机构，商会型组织具有更高的市场敏锐度，关注住房、交通、医疗、环境等多领域的跨区公共事务。其中，旧金山湾区委员会是美国影响力最大的商会型治理组织机构，其由商界赞助成立，主要关注跨区公共政策议题。

5. 协会型城市区域治理机构

协会型城市区域治理机构一般是根据组织间的协议建立而成，主张通过多方协调、沟通等方式进行合作解决跨区公共问题。其运作模式包括委员会治理制、定期会晤机制，运作模式较为扁平化。协会型城市区域治理机构一方面较少涉及区域内部现有组织的既得利益，另一方面依靠制度设计使得各组织根据专业领域问题进行商讨制定对策方案，在信息、激励、约束等机制方面具有灵活性与有效性。其中，旧金山湾区政府协会、东京都市圈交通计划协会是典型的协会型跨域治理机构。

16.2.3 中国城市区域治理模式

中国城市区域治理模式主要有五种，分别是行政区域规划调整、公私合作伙伴关系、跨地方合作协议、城市区域规划、城市联盟和政府联席会；按其运作特征可分为集权化、市场化、网络化三类，如表 16-2 所示。

表 16-2 中国城市区域治理模式及典型案例

运作特征	治理模式	具体内容	典型案例
集权化	行政区域规划调整	撤县设市、撤县（市）设区	珠三角地区深圳、广州、佛山等城市进行了多次县区合并与调整
市场化	公私合作伙伴关系	授权经营、特许经营、业务外包、发展基金等形式	垃圾处理、城市道路等项目实施特许经营，PPP“京津冀协同发展基金”
	跨地方合作协议	多边政府合作协议	合肥都市圈签订超 10 项合作专题框架协议；南京都市圈 8 市签订了 8 个合作协议
网络化	城市区域规划	都市圈和城市群规划	如粤港澳大湾区、上海都市圈、成渝经济圈等区域发展规划
	城市联盟和政府联席会	有中国特色的跨区合作方式	典型的有厦门-泉州-漳州城市联盟、南京城市发展联盟

资料来源：陆军，等．中国都市圈协同发展水平测度．北京：北京大学出版社，2020.

1. 行政区域规划调整

在传统区域主义理论指导下，合并地区政府可以扩大地区管辖范围，更好地发挥区域集聚经济和规模经济，提升地方财政实力。因此，行政区域调整成为中国城市区域治理最为常用的手段之一，主要形式为城市区域内部兼并与市县之间的合并，如图 16－4 所示[①]。自改革开放以来，中国的行政区划调整的主要形式有撤县设市、撤县（市）设区、撤地设市等。具体来看，珠三角地区深圳、广州、佛山等城市均进行了系列行政区调整，如 2000 年广州的番禺和花都进行了撤市设区改革，将这两个县级市改为区，2002 年佛山亦撤销了高明市改设高明区；2011 年贵州铜仁和毕节分别完成了撤地设市。该区域治理手段的优势是实现了城市空间扩张，同时也在区域城市化和集约发展方面发挥了积极作用。当然，缺点是削弱了区域内市辖县的经济活力[②]，并不能从根本上促进城市区域内部中心城市和外围城市的有序竞争和协同发展。

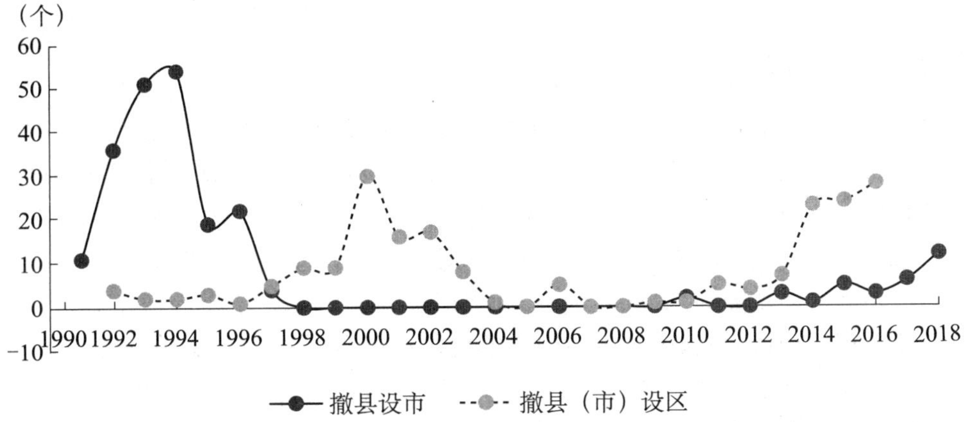

图 16－4　20 世纪 90 年代以来中国撤县设市和撤县（市）设区情况

2. 公私合作伙伴关系

与行政区划强调的集权化过程不同，公私合作伙伴关系是一种强调分权的市场化竞争工具。该工具的理论基础是多中心治理理论，主张通过多中心治理主体以竞争和协作的方式参与治理。在城市区域的发展和治理过程中，囿于单体城市的资源有限性，常见的公私合作伙伴关系发生在公共基础设施的建设、融资、运营、服务等方面，通过引入市场主体、第三方组织等机构形成稳定互惠的区域合作关系。该模式打破了以政府为主导的公共服务供给模式，在中国城市区域治理中的应用较为普遍。例如，在长三角、珠三角和京津冀等区域，上海、广州、深圳、北京等城市的供水、供电、垃圾处理、城市道路等项目实施了特许经营管理，并对社区物业服务、环境维护、治安管理等进行业务外包。其中，2016 年河北省设立了 PPP 区域性基金“京津冀协同发展基金”，提出以公私合作的形式提高区域公共产品的供给质量与效率。

3. 跨地方合作协议

跨地方合作协议是中国城市区域治理的另一新兴手段，其一般为城市区域内部的多

---

① 洪世键．基于新区域主义的我国大都市区管治转型探讨．国际城市规划，2010，25（2）．

② 张京祥，程大林．由行政区划调整到都市区管治．规划师，2002（9）．

个地方政府签订的一体化多边合作框架协议，其核心是秉持互惠互利、合作共赢的基本原则，以联动发展和协同治理的方式总体谋划区域发展，重点包括交通基础设施建设、市场一体化、公共服务、技术创新合作等领域。例如，自2017年以来，合肥都市圈内的城市围绕科技创新、工业发展、交通基础设施建设、污染联防联治、旅游合作、教育优质资源共享、公共卫生健康等10多个领域签订了专项合作协议；2018年，南京都市圈以“共建、共享、同城化”为目标，区域内8个城市市长联合签订了打通城际“断头路”、宁镇扬城市群住房联动发展、宁芜一体化及交通基础设施等8个重点合作协议以及科技创新和产业转型升级的专项合作协议；2019年，长三角地区就关系民生的人才、教育、科技等多个领域签订了系列战略合作框架协议，加快了长三角地区一体化发展的速度。

4. 城市区域规划

共同制定统一的大都市区规划是西方国家推进区域治理的常用手段之一，亦是中国正在兴起的城市区域治理的重要工具①。随着都市圈和城市群日益成为中国新型城镇化的主体空间形态，为了提高中心城市资源配置等级，辐射带动周边中小城市和城镇的协同发展。特别是“十一五”以来，中国都市圈和城市群的发展规划相继被编制，这意味着城市区域的治理转向功能规划，促进城市间互联互通、要素流动和专业分工成为核心议题。截至2020年1月，我国已经得到国务院批复的城市群有13个，包括长江三角洲城市群、长江中游城市群、成渝城市群、关中平原城市群、粤港澳大湾区等，规划针对区域组织协调方式、发展路径、实施保障等提出了详细的战略设计和重点发展方向。2019年国家发展改革委发布《关于培育发展现代化都市圈的指导意见》，并相继颁布南京都市圈、杭州都市圈等都市圈的发展规划，这标志着中国进入都市圈发展新时期。

5. 城市联盟和政府联席会

城市联盟和政府联席会是一种具有中国特色的城市区域治理工具，其一般建立在两个及以上的城市，是一种跨越行政边界的地方合作组织②。城市联盟成为核心城市和外围城市联系的重要纽带，有利于打破行政分割、加速要素流动、实现区域优势互补和协调发展。例如，厦门-泉州-漳州城市联盟是国内较早建立的区域联盟，该联盟的核心目标是打破城市无序竞争、避免重复建设，构建一个合作与对话协商的多层次平台，合作内容涉及设施共建、环境共保共治、规划引导等③。2013年，南京城市发展联盟揭牌，这标志着南京都市圈开始从“蓝图”转变为“任务书”。

此外，政府联席会也是城市区域治理新兴发展形式。根据锁利铭的统计，在“十二五”期间，中国四大城市群55个城市召开了党政联席会议近600次④。例如，长三角城市经济协调会定期由会员城市举办市政联席会议共商发展大计、签订合作协议，截至

---

① 洪世键．基于新区域主义的我国大都市区管治转型探讨．国际城市规划，2010，25（2）．

② 靳景玉，刘朝明．城市联盟的动力与价值创造机制研究．上海财经大学学报，2004，6（6）．

③ 刘克华，陈仲光．区域管治的新探索：厦泉漳城市联盟规划战略．经济地理，2005，25（6）．

④ 锁利铭．府际联席会：城市群建设的有效协调机制．学习时报，2017-09-18（6）．

2020 年 9 月，会员城市已达 41 个，召开了 20 次全体代表会议，成为长三角区域协同治理的重要议事平台。

16.3　区域公共产品的供给模式与机制

16.3.1　区域公共产品的典型供给模式

区域公共产品具有非竞争性和非排他性，超越单一行政区的供给范畴。城市区域的公共问题根本上是区域性的公共产品和公共服务供给低效率的问题，有效的跨区合作机制与模式的缺失则是根源所在，因而如何实现城市区域公共产品与公共服务的空间区域优化配置、协调供给是区域协同治理的重要手段①。根据既有实践，区域公共产品可分为以下四种典型供给模式：

1. 政府垄断供给模式

政府垄断供给模式是指依托政府权威和计划组织手段统一安排区域公共产品的生产供给，主要包括直接生产和间接生产两种类型。直接生产适用于具有非排他性的纯公共产品的供给，间接生产则以政府作为供给责任主体，采取授权经营、合同外包等形式安排生产。中国各级政府在解决区域公共产品供给中具有绝对的权威性，但囿于地方公共问题与公共事务的跨区域和外溢性特征，各级政府尤其是高级别政府在面对复杂化的区域性问题时存在信息搜集、财政分担等方面的限制和地方博弈行为，供给效果和资源配置并不理想②。因此，随着市场主体和社会组织的不断成长壮大，在现实中政府供给模式的适用范围不断缩小。相比于政府单一垄断供给方式，构建不同区域间的协同合作治理机制，强化地方政府的横向和纵向协调是有效提供区域性公共产品的有效途径。

2. 市场主导供给模式

市场主导供给模式的核心特征是通过多元主体参与和市场化机制来调控区域公共产品供给，解决单一政府的供给失灵问题。当前适合于市场机制供给的公共产品需具备如下特点：第一，供给对象一般是具有一定排他性和竞争性的准公共产品；第二，区域性公共产品具有“选择性进入”的消费排他性技术，对消费者的使用有一定的约束条件，如付费；第三，为避免垄断、外部性等市场失灵的情况，需要一系列的制度和政府规制来保障，例如产权制度保护、公私合作的规划流程以及必要的政府干预等。在具体的供给方式上，市场主导的区域公共产品供给模式主要有市场化独立供给、公私合作经营、

① 王佃利，王玉龙，苟晓曼．区域公共物品视角下的城市群合作治理机制研究．中国行政管理，2015（9）.
② 吴长剑，谢礼圣．区域公共物品供给模式研究．甘肃行政学院学报，2007（4）.

私人和社区联合供给[①]。其中，市场化独立供给是指由市场主体全面负责公共产品的生产、经营和运作。公私合作经营是民营企业和地方政府针对一些跨区域的公共基础设施采取合作模式进行建设和运营。

3. 社会自愿供给模式

社会自愿供给是社会组织高度发育和现代社会不断进步背景下的产物，旨在动员社会力量解决区域性公共产品的供给难题。自愿供给模式的特征是社会各主体跳出政府强制和市场化机制，以单独和联合供给的方式不计报酬的自愿供给区域性公共产品与服务；或者在区域公共产品的供给过程中，由社会组织与政府、企业之间就公共产品生产达成委托-代理机制。如美国居民自愿参与社区消防服务活动，志愿者甚至自愿投入完成政府仅提供部分资金支持的公共服务项目或社区服务项目[②]。然而，该模式也存在一定的局限性：第一，不适用于面向大规模群体的公共产品供给；第二，在政府拨款或社会捐赠不足的情况下，不适用于资金需求规模巨大的公共产品供给；第三，该模式因缺乏激励机制不适用于高质量公共产品的长期可持续性供给。

4. 多元联合供给模式

多元联合供给源于奥斯特罗姆提倡的“多中心”模式，试图充分发挥政府、企业、事业单位、社会组织、居民等多元主体的互补作用和集体行动的综合优势，更好地满足消费者日益多元化的差异性偏好或个性化需求，从根本上摆脱政府、市场或社会组织的单一解决方案。该模式的核心特征是政府在保证基本公共服务职能的前提下，引入竞争机制、价格机制、供求机制等市场化手段，将区域公共产品和基本公共服务的生产职能由政府包揽转交给企业或社会组织，实现区域公共产品供给的公平、效率，充分体现价值多元、主体多样和权责共担等原则。适用于多元联合供给的典型服务领域包括跨区水资源供应、交通运输、电力、教育等。多元主体联合供给模式的优势在于，能有效整合跨区域的社会公共资源，回应不同微观主体的多样化偏好，大幅提升区域公共产品的供给效率和服务质量。该模式涉及众多的利益攸关者，因此针对多主体的博弈过程须完善政府监管体系，优化机制框架设计，实现区域联合治理组织与治理能力的现代化。

16.3.2 区域公共产品供给困境的博弈模型分析

为了分析解决城市区域治理中区域公共产品的供给困境问题，此处引入一个简单的博弈模型。其中，城市政府满足利益和效用最大化的理性人假设，假设两个城市面临区域性公共产品供给与否的抉择问题，该公共产品的总成本为 c，而能从供给该产品的消费中得到总效应 u，其中 $c/2<u<c$。若两个城市联合生产该公共产品，则双方分担成本；

---

① 王佃利．跨域治理：城市群协同发展研究．济南：山东大学出版社，2018.

② 丁元竹．国际上社会公共服务供给的主要模式．学习时报，2015－03－16.

若仅有一个城市参与供给，则其要单独承担该公共产品的供给成本。双方的博弈收益矩阵见表 16－3。

表 16－3　区域公共产品提供与否的收益矩阵：两城市模型

		城市 B	
		供给	不供给
城市 A	供给	$(u-c/2, u-c/2)$	$(u, u-c)$
	不供给	$(u-c, u)$	(0，0)

在博弈模型中，每个城市政府拥有供给与不供给两个策略，其各自的收益不仅取决于本人的策略选择，也同时取决于对方的策略选择。该博弈模型存在四个可能的结果，其中，每个城市所能得到的最大收益为 u，最坏的收益为 $u-c$，由于两者的共同目标是自身利益最大化，因此一个城市政府怀有强烈的“搭便车”动机，因为若自身不供给而依靠对方供给，自身可获得的利益最高（$u>u-c/2>0>u-c$）。相反，如果己方供给而对方不供给，则自己的效用水平远低于对方，甚至出现负数（$u-c<0$）。因此，模型的最终稳定均衡策略为（不供给，不供给）。这说明，在跨区域的公共产品联合供给中，尽管双方合作供给是最优的策略选择，但理性的城市政府主体还是会选择不供给，这种“囚徒困境”必然会导致区域公共产品的生产短缺和供给不足。因此，有必要通过设计构建城市区域公共产品的联合供给机制解决难题。

16.3.3　区域公共产品供给的协同合作机制构建

1. 构建跨区域的税收基础共享机制

税基共享的基本原理是选取区域内财政收入来源，然后基于一定规则与标准将税收收入分拨给具有成员资格的地方政府，用以解决不同城市政府在财力上的不均衡以及行政区域分割的负效应。相比两个政府联合购买商品或提供公共服务的合作模式，税基共享机制能够较好地解决不同发展区域、不同外溢性公共产品的税基不平等问题。在这方面最成功的是美国圣保罗大都市区的双子城区域。1967 年该区域设立大都市联席会并通过了税基分享改革方案，将在规划区内建设形成的新增税基放入一个共同资金池中，用以解决区域内的公共事务与公共问题，如图 16－5 所示。在设置程序上，首先确定工商业房地产价值增值分享的税基，其中 60%由政府保留，其余 40%由当局纳入共享资金池中；然后依据成员单位的需要进行收入分配，分配比例与其对共同基金的贡献并不直接关联，仅起到再分配的作用。税基共享机制使双子城彻底摆脱了地方政府之间的恶性竞争。因此，在有条件的地区探索税基共享模式，对缩小区域公共服务供给不平衡和深化区域一体化融合发展具有重要意义。

2. 优化地方公共财政市场激励机制

在跨区公共产品供给中存在“搭便车”和“囚徒困境”的难题，因此必须构建市场

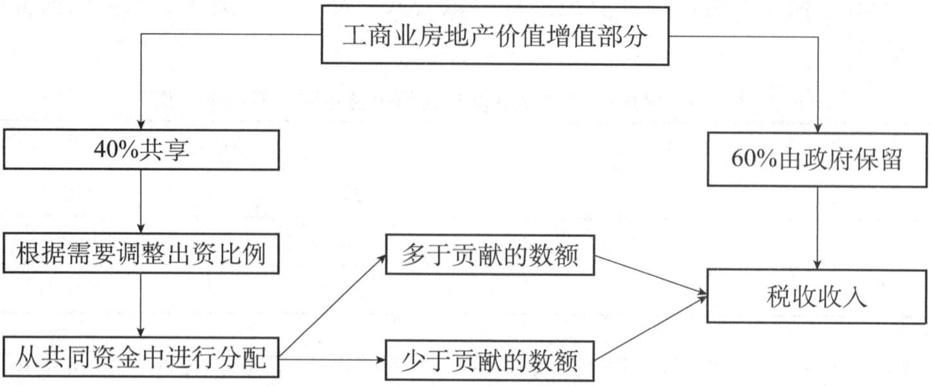

图 16－5　美国圣保罗大都市区双子城的税基分享机制

资料来源：MILLER D Y. Regional governing of metropolitan America. New York：Westview Press，2002.

机制与公共财政体制相容机制，充分利用政府和市场合作关系吸引和撬动社会资本，以提高跨区公共产品的供给质量和效率。首先，以市场化为导向创新跨区域公共产品的投入机制。充分发挥政府和市场主体以及第三方组织的比较优势，大力推进公共产品供给的市场化，采用合同承包、使用者付费、特许经营等多种市场化手段进行公共产品跨区联合供给，有序实现资源的优化合理配置。其次，健全并完善社会资本参与公共产品供给的制度保障。在明确政府和市场行为边界的基础上，推广政府与社会资本合作模式，提高公共产品项目投资的招投透明度，完善供给成本评估、利益调整和共享机制，通过PPP模式、财政补贴等手段引导社会资本参与公共产品供给项目，并保障其相关合法权益，为广大民众提供优质的公共产品服务①。

3. 建立有效的制度约束与合作机制

缺乏相关的制度约束是地方政府供给区域公共物品陷入"囚徒困境"的原因之一，因此，建立并完善有效制度约束与区域合作机制是破解区域公共联合供给问题的重要手段。首先，构建区域性地方政府合作协议框架。根据不同公共产品的供给特点和地区比较优势，城市政府间可签订系列保障公共产品联合供给的协议框架，该方式有序表达双方意愿、责任、义务，并约束双方行为，同时也能在协商合作中促成联合供给模式的创新。一般而言，区域内不同城市政府可通过签订服务合同和形成联合服务战略合作协定等方式提供区域性公共产品②。其次，跨区合作的持续开展亦需要相应的规章制度约束。一方面，在具备条件的区域建立区域公共产品联合供给统筹机制，尤其是在都市圈和城市群层面，以国家重大区域战略为指引，探索区域协调联动公共服务政策网络联盟。另一方面，深化区域互助机制，创新性开展公共服务共享与对口协作新模式，支持欠发达地区提升公共服务供给能力。

---

① 杨刚强，孟霞．促进跨区域公共产品有效供给．经济日报，2016－06－02.

② 柳春慈．区域公共物品供给中的地方政府合作思考．湖南社会科学，2010（1）.

16.4 跨区域重大突发事件联防联治策略

我国的“分类管理、分级负责、属地管理”传统应急管理体制客观上存在部门职能交叉、跨区域应急联动困难、处置速度慢等问题。近年来，跨区域性的突发性应急事件频发，尤其是 2020 年新冠疫情全面暴发，凸显了跨区突发事件应急合作机制构建的紧迫性。随着国内外政府应对各种重大突发事件实践的不断深入，各国在应对跨区域重大突发事件的联防联治策略方面积累了丰富的经验。

16.4.1 签订应急合作协议

横向政府之间和部门之间的应急合作机制是影响跨区应急联动效果的关键因素[①]。为积极有效地应对跨区域的突发事件，应急合作框架协议是跨区政府应急联动机制最为典型的内容之一。在合作框架协议中，合作方往往就不同应急事件的合作框架、目标、原则、重点内容、联动方式、双方责任、实施保障等达成一致协议。该机制是在地方政府合作框架下制定的，因而有利于打破条块分割、跨区协同不畅的应急合作局面。近年来，长三角地区在区域经济一体进程中，十分注重跨区应急合作，在交通信息类、事故灾害类、社会安全类等方面签订了一系列应急合作协议，有力地保障了跨区重大突发事件的联防联控。例如，在重大活动的安保问题方面，长三角地区签订《重大活动安保警务合作框架协议》；在应对各类灾害和公共卫生安全方面，签订《上海江苏浙江安徽应急管理合作协议》等，具体内容见表 16－4。

表 16－4　长三角地区重大突发事件应急合作协议（部分）

应急合作协议具体名称	涉及的省份	具体的应急合作协议类型
《长三角交通运输信息资源共享合作框架协议》	江苏、浙江、上海	交通信息类
《苏浙沪危险化学品道路运输安全监管联控协议》	江苏、浙江、上海	事故灾害类
《长江流域环境联防联治合作协议》	长江沿岸 27 个城市	事故灾害类
《苏浙皖沪公安治安部门区域警务合作操作办法》	江苏、浙江、安徽、上海	社会安全类
《重大活动安保警务合作框架协议》	上海、江苏、浙江、安徽	社会安全类
《国际峰会安保警务合作框架协议》	上海、江苏、浙江、安徽	社会安全类
《长三角地区知识产权一体化发展与保护合作框架协议》	江苏、浙江、上海	社会安全类
《沪苏浙边界区域市级环境污染纠纷处置和应急联动工作方案》	上海、江苏、浙江	社会安全类和事故灾害类

① 王薇．跨域突发事件府际合作应急联动机制研究．中国行政管理，2016（12）．

续表

应急合作协议具体名称	涉及的省份	具体的应急合作协议类型
《沪苏浙省际内河水路查控公安、地方海事协作协议》	上海、江苏、浙江	社会安全类和事故灾害类
《沪苏浙皖人感染 H7N9 禽流感疫情区域联防联控工作会议》	上海、江苏、浙江、安徽	公共卫生
《上海江苏浙江安徽应急管理合作协议》	上海、江苏、浙江、安徽	自然灾害、事故灾害、公共卫生、社会安全

资料来源：魏玖长，卢良栋．跨区域突发事件应急合作与协调机制研究：以长三角区域为例．中国社会公共安全研究报告，2017（1）．

16.4.2 建立应急联席会议制度

应急联席会议制度是跨区联合治理的重要行政协调组织，其一般由应急管理部门负责人或者党政负责人担任联席会议组组长，定期就重大合作事项开展协调商议工作，并实施推进。该工作机制的优势是在坚持统筹联动的基础上实现资源整合和优势互补，尤其是强化跨区应急协同响应过程。例如，在《长三角应急管理专题合作组工作方案》中明确建立了部省联席会议制度和应急管理合作小组，并对重大突发事件的会商、信息报送和联络做出具体制度安排。在新冠疫情联防联控中，长三角地区多次召开联席会议，卫生健康部门联合成立形成了健康码互认、信息互通、物资保障相互调配、产业链复工复产协同互助等合作机制，实现了重大疫情跨区治理一体化、协同化。除此之外，粤港澳大湾区通过联席会议制度，在应急指挥平台互联互通、气象灾害预警发布、港珠澳大桥应急救援体系等方面达成了共识。有些地方在联席会议的基础上，成立了联防联控工作委员会，如京津冀晋内蒙古多地区成立的跨域水污染治理、森林防火、疫情信息共享等多个联防联控委员会。

16.4.3 编制联动应急预案

为了有效应对各类自然灾害、环境污染、重特大事故、重大疫情等跨区域性的应急管理问题，编制联动应急预案是区域应急管理与治理的重要抓手。总体来看，应急预案包括综合应急预案、专项应急预案和现场处置方案等，预案对重大突发事件的信息通报、指挥协调、人员和物资调配、救援计划等各个环节的具体要求和工作职责进行说明，使得应急联动内容的总体程序要求、应急响应流程、现场应急处置措施等规范化、制度化。例如，泛珠三角地区先后就自然灾害、食品安全、突发环境事件、安全生产、交通运输等领域编制了多个专项应急预案；长三角地区为了实现对大气污染的协同治理，各省市建立了《空气重污染专项应急预案》，并计划建立区域性总体专项应急预案①；京津冀地

① 国务院应急管理办公室．跨区域应急管理合作机制建设调研报告．中国应急管理，2014（3）．

区在常态化的应急管理信息交流机制的基础上，对于跨区突发应急事件联合编制应急预案，三地密切配合开展联合演练和联合处置。

16.4.4　加强应急信息通报

协同式应急联动过程是一个涉及多层级、跨部门、跨行政区划的复杂管理过程，其中应急信息的共享机制有助于提前为突发事件做好应急准备，共同防范应对风险。一方面，各地区政府基于各种经济、社会、政治、文化等区域联系，构建起了口岸查验信息、司法信息、道路预警监测信息等系列信息共享机制（如长三角区域），为建立协同一体化的合作机制奠定了良好基础。典型的有长三角共建区域环境合作机制。另一方面，部分区域建立政府应急信息共享平台，如长三角地区建立的公共卫生信息共享平台、战略物资储备共享平台等，更好地实现了跨区应急信息资源共享和高效联动响应。除此之外，随着大数据、云计算、人工智能、态势感知等新兴技术的发展，一些城市开始与大数据平台公司合作建立应急防控协同平台，如 2021 年深圳与腾讯公司达成协议，共建智慧疾控数字化平台，助力跨区应急联动数字化转型升级。

本章小结

传统城市管理面临着公共治理跨行政区的广域化趋势与属地化管理体制之间的突出矛盾，城市区域治理理论应运而生。其中，传统区域主义强调统一大都市政府机制，以集权化为核心特征；公共选择学派则认为多中心治理对区域治理更为有效；新区域主义对以上两种理论进行了折中，强调网络化合作的重要性。

国外城市区域治理的模式主要包括：伦敦双层制大都市政府治理、纽约多中心分布式网络治理、华盛顿俱乐部自愿合作治理、东京自主联合的广域规划治理。治理机构主要包括官方型、半官方型、专区型、商会型和协会型五种。我国目前城市区域治理手段主要有行政区域规划调整、公私合作伙伴关系、跨地方合作协议、城市区域规划以及城市联盟和政府联席会五种。

区域公共产品的供给主要有政府垄断供给、市场主导供给、社会自愿供给和多元联合供给四种模式。为了更好地解决区域公共产品供给存在的“囚徒困境”问题，可建立跨区域的税收基础共享机制、地方公共财政市场激励机制以及制度约束与合作机制。跨区域重大突发事件联防联治策略主要包括签订应急合作协议、建立应急联席会议制度、编制联动应急预案和加强应急信息通报。

关键术语

城市区域治理　新区域主义　城市区域治理模式　城市区域治理组织机构　区域公共产品供给　突发事件联防联治机制

复习思考题

1. 为什么要进行城市区域治理？
2. 简述城市区域治理的三大主要理论的主要内容。
3. 简述国外城市区域治理的典型模式。
4. 简述国内外城市区域治理的组织机构。
5. 简述区域公共产品供给的典型模式。
6. 简述当前国内应对重大突发事件的跨区域应急联动机制。

进一步阅读的文献

1. ABELS G，BATTKE J. Regional governance in the EU：regions and the future of Europe. Cheltenham：Edward Elgar Publishing，2019.

2. HERMELIN B，PERSSON B. Regional governance in second-tier city-regions in Sweden：a multi-scalar approach to institutional change. Regional studies，2021，55 (8).

3. MACLEOD G，GOODWIN M. Space，scale and state strategy：rethinking urban and regional governance. Progress in human geography，1999，23 (4).

4. 蔡之兵，张可云．经济区与行政区适度分离改革：实践逻辑、典型模式与取向选择．改革，2021 (11).

5. 陈建军．区域协同治理的体制困境与模式选择．探索与争鸣，2020 (10).

6. 熊竞．区域城市一体化的政区逻辑：政区治理化与治理政区化．上海行政学院学报，2022，23 (1).

7. 张衔春，胡国华，单卓然，等．中国城市区域治理的尺度重构与尺度政治．地理科学，2021，41 (1).

8. 陆军．中国都市圈综合发展能力评价．北京：北京大学出版社，2021.

人大版公共管理类教材

公共管理类专业教材——学科基础课教材

书名	作者
现代管理学原理（第三版）（“十一五”国家级规划教材）	娄成武　魏淑艳
一般管理学原理（第四版）	张康之　周　军
管理学基础（第三版）	方振邦
管理学教程	方振邦
政治学原理（第三版）	景跃进　张小劲
现代政治学原理（第四版）	石永义　刘玉萼　张　瑋
公共管理学（第二版）	陈振明
公共管理学——一种不同于传统行政学的研究途径（第二版）	陈振明
公共管理学（第三版）（数字教材版）（“十二五”国家级规划教材）	蔡立辉　王乐夫
公共管理学（精编版）	王乐夫　蔡立辉
公共管理学（第二版）	张康之　郑家昊
公共管理概论（第二版）	朱立言　谢　明
公共政策导论（第五版）（数字教材版）	谢　明
公共政策概论（第二版）	谢　明
公共政策学——政策分析的理论、方法和技术（“十一五”国家级规划教材）	陈振明
公共政策学	杨宏山
政策科学——公共政策分析导论（第二版）	陈振明
公共经济学（第三版）（“十二五”国家级规划教材）	高培勇
公共经济学教程	秦立建
政府经济学（第四版）（“十一五”国家级规划教材）	郭小聪
政府经济学（第四版）	潘明星　韩丽华

公共管理类专业教材——方法课教材

书名	作者
公共管理研究方法	何兰萍　张俊艳
行政学研究方法与应用案例	萧鸣政　等
管理定量分析：方法与技术（第二版）	刘兰剑　李　玲
公共管理的方法与技术（第二版）	魏　娜

公共管理类专业教材——行政管理、公共事业管理专业教材

书名	作者
行政法学导论	姜晓萍
行政法学	朱新立　唐明良　李春燕
公共部门人力资源管理（第四版）	孙柏瑛　祁凡骅
公共部门人力资源开发与管理（第五版）（“十二五”国家级规划教材）	孙柏瑛　祁凡骅
公共部门人力资源开发与管理（第三版）	孙柏瑛
公共部门人力资源管理（第三版）	滕玉成　于　萍
公共部门人力资源管理	方振邦
公共部门人力资源管理概论	方振邦
公共部门人力资源管理案例	周均旭
行政管理学（第五版）（数字教材版）	郭小聪

书名	作者
公共行政学（第五版）	彭和平
公共行政学（第二版）	张康之　张乾友
行政学导论（第三版）	齐明山
行政管理学导引与案例	陈季修
管理心理学（第二版）	范逢春
公共组织行为学（第三版）（“十一五”国家级规划教材）	孙　萍　张　平
公共组织学（第三版）	李传军
行政组织学（第二版）	张　昕　李　泉
公共组织理论	陆明远　冯　楠
公共事业管理概论（第三版）	朱仁显
公共事业管理概论（“十一五”国家级规划教材）	娄成武　李　坚
公共组织财务管理（第三版）（“十一五”国家级规划教材）	王为民
国家公务员制度（第四版）（数字教材版）（“十二五”国家级规划教材）	舒　放　王克良
国家公务员制度概论（第二版）	刘碧强　郗永勤
公务员制度概论	李如海
公务员制度导论	孙德超
当代国家公务员制度：理论与实践	胡春艳
行政领导学（第三版）	朱立言　李国梁
领导学（第五版）	邱霈恩
领导学	王自亮
领导学：理念、行为与艺术	祁凡骅
领导学	孙　健
现代市政学（第五版）（数字教材版）	王佃利
市政管理学（第五版）（“十一五”国家级规划教材）	杨宏山
市政学导引与案例（第二版）	李燕凌
社区管理（第四版）	汪大海　魏　娜　郇建立
社区管理原理与案例	魏　娜
电子政务教程（第三版）（“十一五”国家级规划教材）	赵国俊
电子政府与电子政务（第二版）（“十一五”国家级规划教材）	张锐昕
电子政府概论（第二版）	张锐昕
行政伦理学教程（第三版）（“十二五”国家级规划教材）	张康之　李传军
公共危机管理导论（“十一五”国家级规划教材）	肖鹏军
公共危机管理概论（第二版）	王宏伟
公共危机管理	唐　钧
公共危机与应急管理：原理与案例	王宏伟
非营利组织管理	吴东民　等
非营利组织管理导引与案例	崔向华　张　婷
当代中国政府与政治	景跃进　陈明明　肖　滨
当代中国政府与行政（第三版）	魏　娜　吴爱明
当代中国政府（第二版）（“十一五”国家级规划教材）	吴爱明
地方政府学概论（第二版）	方　雷
地方政府管理（第二版）	陈瑞莲　张紧跟

书名	作者
管理秘书实务（第三版）	赵锁龙
行政秘书学	唐　钧
公文写作与处理	赵国俊
机关管理的原理与方法（第三版）	赵国俊　陈幽泓
公共部门绩效管理	方振邦
政府绩效管理	方振邦　葛蕾蕾
政府绩效评估	蔡立辉
公共关系概论（第二版）	邹正方
政府公共关系（第二版）（“十一五”国家级规划教材）	廖为建　张　宁
社会管理	汪大海
西方行政学理论概要（第二版）（“十一五”国家级规划教材）	丁　煌
公共行政学史（第二版）	何艳玲
西方公共管理名著导读	汪大海
管理思想史教程	方振邦　葛蕾蕾
文化管理学（第三版）（“十二五”国家级规划教材）	孙　萍
文化创意产业导论	魏鹏举
卫生事业管理（第二版）（“十一五”国家级规划教材）	李　鲁
教育经济与管理（第二版）（“十一五”国家级规划教材）	娄成武　史万兵
现代公用事业管理	崔运武

公共管理类专业教材——劳动与社会保障专业教材

书名	作者
社会保障概论（第六版）（数字教材版）	孙光德　董克用
劳动经济学（“十一五”国家级规划教材）	董克用　刘　昕
劳动法与社会保障法	黎建飞　李　静
人力资源管理	彭剑锋
社会保险学（第三版）	孙树菡　朱丽敏
社会保障基金管理	李春根
社会保险精算原理与实务	王晓军
社会保障国际比较	仇雨临
员工福利概论（第二版）（“十一五”国家级规划教材）	仇雨临

公共管理类专业教材——土地资源管理专业教材

书名	作者
土地经济学（第八版）（“十一五”国家级规划教材）	毕宝德
土地法学（中国人民大学“十三五”规划教材）	严金明
土地法学	王守智　吴春岐
土地资源学	张正峰　赵文武
土地科学导论	叶剑平
土地资源管理学（第二版）	张正峰
国土空间规划学	张占录　张正峰
土地利用规划学	张占录　张正峰
不动产估价（第二版）（“十一五”国家级规划教材）	叶剑平　曲卫东
土地信息系统	曲卫东　韩　琼
地籍管理（第五版）（“十一五”国家级规划教材）	谭　峻　林增杰

公共管理类专业教材——城市管理专业教材

书名	作者
城市管理学（第三版）	杨宏山
城市管理学：公共视角	陆 军 等
城市管理法	王丛虎
城市总体规划原理	郐艳丽 田 莉

公共管理硕士（MPA）教材——核心课教材

书名	作者
全国公共管理硕士（MPA）核心课程教学指导纲要	全国公共管理专业学位研究生教育指导委员会
社会主义建设理论与实践（第三版）	李景治 蒲国良
公共管理英语（修订版）	顾建光
学术规范和论文写作	胡宏伟
公共管理学（第三版）	张成福 党秀云
公共管理学原理（修订版）	陈振明
公共管理导论	竺乾威 朱春奎 李瑞昌
公共政策分析	陈振明
公共政策分析导论	陈振明
公共政策分析概论（修订版）	谢 明
政治学：基本理论与中国视角	任剑涛
公共部门经济学（第三版）	高培勇 崔 军
公共经济学	唐任伍
行政法学（修订版）	皮纯协 张成福
行政法学概论（第三版）	胡锦光
非营利组织管理概论（修订版）	王 名
非营利组织管理	王 名 王 超
公共管理伦理学（修订版）	张康之
社会研究方法	陈振明
定量分析方法（第三版）	谭跃进
电子政务理论与方法（第五版）	金江军
电子政务	吴爱明 何 滨
公文写作概论	高永贵

公共管理硕士（MPA）教材——专业方向必修课、选修课教材

书名	作者
公务员制度教程（第六版）	舒 放 王克良
比较政府与政治（修订版）	卓 越
当代中国政府与政治（第三版）	吴爱明 朱国斌 林 震
公共部门人力资源管理及案例教程（第三版）	陈天祥
领导学教程	常 健
领导理论与实践	邱霈恩
社会管理概论	唐 钧
公共部门绩效评估（修订版）	卓 越
公共危机管理（修订版）	王宏伟
公共部门危机管理（第三版）	张小明
公共部门战略管理（修订版）	陈振明
城市管理理论与实务	杨宏山
MPA 学位论文写作指南	汪大海

图书在版编目（CIP）数据

城市管理学：公共视角/陆军等著. --北京：中国人民大学出版社，2023.5
新编21世纪公共管理系列教材
ISBN 978-7-300-31358-0

Ⅰ.①城… Ⅱ.①陆… Ⅲ.①城市管理-高等学校-教材 Ⅳ.①C912.81

中国国家版本馆CIP数据核字（2023）第016673号

新编21世纪公共管理系列教材
城市管理学：公共视角
陆军 等 著
Chengshi Guanlixue：Gonggong Shijiao

出版发行	中国人民大学出版社		
社　　址	北京中关村大街31号	**邮政编码**	100080
电　　话	010－62511242（总编室）		010－62511770（质管部）
	010－82501766（邮购部）		010－62514148（门市部）
	010－62515195（发行公司）		010－62515275（盗版举报）
网　　址	http://www.crup.com.cn		
经　　销	新华书店		
印　　刷	鑫艺佳利（天津）印刷有限公司		
开　　本	787 mm×1092 mm　1/16	**版　　次**	2023年5月第1版
印　　张	22 插页1	**印　　次**	2023年5月第1次印刷
字　　数	501 000	**定　　价**	59.00元

中国人民大学出版社　管理分社

教师教学服务说明

中国人民大学出版社管理分社以出版工商管理和公共管理类精品图书为宗旨。为更好地服务一线教师，我们着力建设了一批数字化、立体化的网络教学资源。教师可以通过以下方式获得免费下载教学资源的权限：

★ 在中国人民大学出版社网站 www.crup.com.cn 进行注册，注册后进入“会员中心”，在左侧点击“我的教师认证”，填写相关信息，提交后等待审核。我们将在一个工作日内为您开通相关资源的下载权限。

★ 如您急需教学资源或需要其他帮助，请加入教师 QQ 群或在工作时间与我们联络。

中国人民大学出版社　管理分社

教师 QQ 群： 648333426（工商管理）　114970332（财会）　648117133（公共管理）
教师群仅限教师加入，入群请备注（学校 + 姓名）

联系电话： 010-62515735，62515987，62515782，82501048，62514760

电子邮箱： glcbfs@crup.com.cn

通讯地址： 北京市海淀区中关村大街甲 59 号文化大厦 1501 室（100872）

管理书社　　人大社财会　　公共管理与政治学悦读坊